全国水利水电高职教研会规划教材

公路工程施工组织与计价（第2版）

主编 田国锋 冷爱国 及凤云

中国水利水电出版社
www.waterpub.com.cn

内 容 提 要

本书是全国水利水电高职教研会规划教材。全书共 10 章，内容包括：公路工程建设项目概论，公路工程施工组织设计，流水施工组织原理，网络计划技术，公路工程定额，公路工程概、预算文件编制与工程量计算，公路工程概、预算费用计算与编制示例，公路工程量清单计价与招标投标，公路工程概、预算审查与工程结（决）算，同望 WECOST 软件在编制公路工程概、预算中的应用。

本书立足高职高专教育，以部颁法规、规范、标准及现行公路定额为依据编写，并附以示例解析。该书基本概念清楚，内容新颖，逻辑性强，着重突出岗位技能培养和训练，具有较强的针对性、实用性和前瞻性。

本书可作为高职高专道路桥梁工程技术、公路监理、桥梁隧道工程技术和市政工程技术等专业的教材，亦可作为通、市政行业的岗位培训教材或供土建工程技术人员和专门从事公路造价人员学习参考。

图书在版编目（CIP）数据

公路工程施工组织与计价 / 田国锋，冷爱国，及凤云主编. -- 2版. -- 北京：中国水利水电出版社，2013.7(2019.12重印)
 全国水利水电高职教研会规划教材
 ISBN 978-7-5170-0973-3

Ⅰ.①公… Ⅱ.①田… ②冷… ③及… Ⅲ.①道路施工－施工组织－高等职业教育－教材②道路工程－工程造价－高等职业教育－教材 Ⅳ.①U415

中国版本图书馆CIP数据核字(2013)第136284号

书　　名	全国水利水电高职教研会规划教材 **公路工程施工组织与计价（第 2 版）**
作　　者	主编　田国锋　冷爱国　及凤云
出版发行	中国水利水电出版社 （北京市海淀区玉渊潭南路1号D座　100038） 网址：www.waterpub.com.cn E-mail：sales@waterpub.com.cn 电话：（010）68367658（营销中心）
经　　售	北京科水图书销售中心（零售） 电话：（010）88383994、63202643、68545874 全国各地新华书店和相关出版物销售网点
排　　版	中国水利水电出版社微机排版中心
印　　刷	清淞永业（天津）印刷有限公司
规　　格	184mm×260mm　16 开本　19.5 印张　462 千字
版　　次	2008 年 7 月第 1 版　2008 年 7 月第 1 次印刷 2013 年 7 月第 2 版　2019 年 12 月第 3 次印刷
印　　数	3301—4300 册
定　　价	**56.00 元**

凡购买我社图书，如有缺页、倒页、脱页的，本社营销中心负责调换
版权所有·侵权必究

前言

《公路施工组织与计价》是按照全国水利水电高职教研会规划教材的建设规划、要求和审定的教材大纲编写的。

本书根据"工学结合、校企合作"高职高专教育教学基本理念,其内容吸收了现行公路行业前沿技术,具有较强的岗位实用性、技术先进性和前瞻性,尤其是参照了现行2007年版公路工程系列定额及编制办法,2009年版《公路工程标准施工招标文件》等交通运输部颁发规范、标准,使内容更结合岗位应用实际。为突出岗位应用能力,编入了综合工程案例,配备了较多数量的例题、思考题和可操作性强的实训题。本书内容理论联系实际,概念清楚、逻辑性强、数据齐全,兼有工具书的特性。总之,本书着力培养学生工程施工组织管理能力和概、预算编制及公路造价管理能力,为培养适应我国公路建设一线需要的高等岗位技术人才提供智力支持。

全书共10章,内容包括:公路工程建设项目概论,公路工程施工组织设计,流水施工组织原理,网络计划技术,公路工程定额,公路工程概、预算文件编制与工程量计算,公路工程概、预算费用计算与编制示例,公路工程量清单计价与招标投标,公路工程概、预算审查与工程结(决)算,同望WECOST软件在编制公路工程概、预算中的应用。本书第一版2008年7月出版,使用5年来受到了各高职高专院校较高评价。本次出版是根据2012年全国水利水电高职教研会成都会议精神。进一步强化"公路工程计算""公路工程量清单计价与招标投标"、"公路工程概、预算审查与工程结(决)算"、"同望WECOST软件在编制公路工程概、预算中的应用"等,同时增加了全书各章实训内容。教材重点突出,内容精练、新颖、适用,章节编排逻辑性强,更符合教学和阅读规律。

本书的学习任务是使学生能解决公路工程施工组织和计价中实际问题,重点掌握施工组织设计文件和公路工程的概算、预算文件的编制能力,并培养施工组织管理和公路计价管理的素质。本课程与工程制图、建筑材料、道路勘测设计、路基路面工程、桥梁工程、道路工程施工技术,以及工程经济学、运筹学、计算机技术应用等学科有着较密切的联系，应学完这些课程再进行本学科的学习，同时应理论结合实际，不断提高其素质和技能。

本书编写人员：河北工程技术高等专科学校田国锋编写前言、第5章、第7章及附录，及凤云编写第2章、第3章和第8.1节；山东水利职业学院冷爱国编写第4章，刘祥柱编写第6章的第6.1节～第6.3节；山西水利职业技术学院邵正荣编写第1章，广西水利电力职业技术学院廖明菊编写第9章，杨凌职业技术学院王敏编写第10章；安徽水利水电职业技术学院何俊编写第6.4节和第8.2节；湖南水利水电职业技术学院胡彩虹编写第8.3节；各章实训题由田国锋编写。田国锋对全书稿件进行统稿和审核。田国锋、冷爱国、及凤云担任主编，刘祥柱、邵正荣任副主编。

在本书编写过程中，参考或引用了有关院校编写的教材、专著和公路建设管理部门有关文献资料和规范、标准，编者在此致以衷心的感谢。本书还得到了河北省沧州市高速公路管理处满红工程师的鼎力支持，为本书提供了宝贵的工程实例资料，在此一并致谢。

由于时间仓促和编者水平所限，书中疏漏或不足之处，敬请同行专家和读者提出宝贵意见并指正。

编 者

2013年4月

目 录

前言

第 1 章 公路工程建设项目概论 ……………………………………………………… 1
1.1 公路工程建设项目的内容、特点与投资来源 ……………………………… 1
1.2 公路基本建设及其程序 ……………………………………………………… 4
1.3 公路工程建设领域的重要制度 ……………………………………………… 10
1.4 公路施工组织与计价在公路建设中的运用 ………………………………… 16
思考题 ……………………………………………………………………………… 18
实训题 ……………………………………………………………………………… 18

第 2 章 公路工程施工组织设计 ……………………………………………………… 19
2.1 概述 …………………………………………………………………………… 19
2.2 单位工程施工组织设计的编制 ……………………………………………… 22
2.3 施工组织总设计 ……………………………………………………………… 46
2.4 公路工程施工组织设计示例 ………………………………………………… 53
思考题 ……………………………………………………………………………… 62
实训题 ……………………………………………………………………………… 62

第 3 章 流水施工组织原理 …………………………………………………………… 63
3.1 施工组织的基本方法 ………………………………………………………… 63
3.2 流水施工组织方法 …………………………………………………………… 66
3.3 流水施工基本类型 …………………………………………………………… 70
思考题 ……………………………………………………………………………… 75
实训题 ……………………………………………………………………………… 75

第 4 章 网络计划技术 ………………………………………………………………… 76
4.1 网络计划技术概述 …………………………………………………………… 76
4.2 双代号网络计划的编制 ……………………………………………………… 80
4.3 单代号网络计划的编制 ……………………………………………………… 89
4.4 双代号时标网络计划 ………………………………………………………… 92
4.5 网络计划优化 ………………………………………………………………… 95
思考题 ……………………………………………………………………………… 106
实训题 ……………………………………………………………………………… 106

第 5 章　公路工程定额 109
5.1　概述 109
5.2　定额的分类 113
5.3　定额中人工、材料、机械台班消耗量的确定方法 115
5.4　《公路工程施工定额》及其应用 119
5.5　《公路工程概算定额》及其应用 122
5.6　《公路工程预算定额》及其应用 128
5.7　《公路工程机械台班费用定额》及其应用 134
思考题 138
实训题 139

第 6 章　公路工程概、预算文件编制与工程量计算 140
6.1　概述 140
6.2　公路工程概、预算文件组成 147
6.3　公路工程概、预算项目 156
6.4　公路工程量计算 158
思考题 169
实训题 169

第 7 章　公路工程概、预算费用计算与编制示例 170
7.1　建筑安装工程费 170
7.2　设备、工具、器具及家具购置费 184
7.3　工程建设其他费用 186
7.4　预备费和回收金额 191
7.5　各项费用的计算程序和计算方式 193
7.6　公路工程概、预算文件编制步骤 194
7.7　公路工程概、预算编制示例 199
思考题 217
实训题 217

第 8 章　公路工程量清单计价与招标投标 219
8.1　工程量清单计价概述 219
8.2　公路工程量清单招标 227
8.3　公路工程量清单投标报价 231
思考题 244
实训题 244

第 9 章　公路工程概、预算审查与工程结（决）算 245
9.1　公路工程概、预算审查 245
9.2　公路工程结算 247

  9.3 公路工程竣工决算 ·· 255
  思考题 ·· 262
  实训题 ·· 262

第 10 章 同望 WECOST 软件在编制公路工程概、预算中的应用 ············· 263
  10.1 同望 WECOET 软件介绍 ··· 263
  10.2 同望 WECOST 公路工程造价管理系统应用 ·································· 268
  思考题 ·· 278
  实训题 ·· 278

附录 ·· 279
  附录一 公路交工前养护费指标 ·· 279
  附录二 绿化补助费指标 ··· 279
  附录三 冬雨季及夜间施工增工百分率、临时设施用工指标 ·············· 279
  附录四 设备与材料的划分标准 ·· 280
  附录五 公路工程概、预算项目表 ··· 282

参考文献 ··· 302

第1章 公路工程建设项目概论

1.1 公路工程建设项目的内容、特点与投资来源

现代公路运输在整个交通运输业中占有较大比重，因为它具有机动、灵活、直达、迅速、适应性强、服务面广等优点。

发展公路运输业，首先必须进行公路工程项目建设。现代公路建设周期长、规模大、技术复杂、分工细、协作面广、机械化和自动化程度高，为保证公路建设在一定时间内顺利完成，必须将人力、资金、材料、机械、施工方法等各种因素进行科学、合理地组织安排。公路工程项目的建设是一项涉及面广、程序复杂的活动，必须科学、有序地组织实施，以达到建设周期短、工程质量好、建设成本低的管理目标，更好的达到基本建设投资效果，为国民经济发展服务。

1.1.1 公路工程建设项目内容

公路运输业是一个特殊的物质生产部门。公路建筑产品都是固定资产，路基、路面、桥涵等构筑物就是固定资产，公路建设就是固定资产的简单再生产和扩大再生产。

公路工程建设项目的内容，按其任务与分工不同可以分为以下三方面。

1. 公路工程基本建设

社会在不断前进，为了适应生产和流通发展的需要，必须通过新建、扩建和重建三种基本建设形式来实现固定资产的扩大再生产，达到不断扩大公路运输能力的目的。

2. 公路工程大、中修与技术改造

由于公路建筑产品是由多种不同性质的材料构成的，受到材料、结构、设备等功能方面的制约，从而使公路建筑产品各组成部分的寿命不同，因此，固定资产经过维修可延长使用寿命，但不可能无限期地使用下去，到一定年限某些组成部分就会丧失原有的功能，这就需要对公路建筑产品的某些部位完全更新。公路工程大、中修这种固定资产的更新，一般是与公路的技术改造相结合进行的，如局部改线，改造不合标准路段，提高路面等级等，通过这种更新与技术改造可提高公路的通行能力，实现固定资产简单再生产和部分扩大再生产。

3. 公路工程的小修与保养

公路工程构造物在长期使用过程中，受到行车和自然因素的作用不断磨蚀而损坏，只有通过定期和不定期的维修保养，才能保证固定资产的正常使用，保持运输生产不间断地进行，使原有生产能力得到维持。所以，公路工程的小修、保养是实现固定资产简单再生产的重要手段之一。

1.1.2 公路工程建设项目特点

公路工程是呈线性分布的一种人工构筑物，是通过勘察设计和施工，消耗大量资源

（人力、物力、财力）而完成的公路建筑产品。公路建筑产品具有形体庞大、复杂多样、整体难分、不能移动等特点，公路工程施工具有流动性、生产周期长、易受气候影响和外界干扰等特点。充分了解这些特点，才能更好地进行公路施工组织与管理。

1. 公路建筑产品的特点

（1）产品的固定性。公路工程的构造物固定于一定的地点，永久地占用大量土地，不能移动，只能在建造的地方供长期使用。

（2）产品的多样性。由于公路的具体使用目的、技术等级、技术标准、自然条件、结构形式以及主体功能不同，使得公路的组成、结构千差万别，复杂多样。

（3）产品部分结构的易损性。公路工程构造物受行车作用及自然因素影响，其暴露于大自然的部分以及直接受行车作用的部分极易损坏。

（4）产品形体的庞大性。公路工程是线性构造物，其组成部分（路基、路面、桥梁等）的形体庞大，占用土地及空间多。

2. 公路工程施工的特点

公路工程施工具有以下的技术经济特点。

（1）工程线形分布，施工流动性大。公路建设线长点多，工程数量分布不均匀，其构造物在建造过程和建成后都无法移动。由于其产品的固定性和严格的施工顺序，因而要组织各类工作人员和各种机械围绕这一固定产品在同一工作面不同时间，或在同一时间不同工作面上进行施工活动，这就需要科学地解决空间布置上和时间安排上两者之间的矛盾。此外，当某一公路工程竣工后，还要解决施工队伍向新的施工现场转移的问题。

（2）产品类型繁多，施工协作性高。公路工程类型多种多样，标准化难度大，施工环节多，工序复杂，每项工程又具有不同的功能、不同的施工条件，不仅要进行个别设计，而且要个别组织施工。每项工程都涉及建设、设计、施工、监理等单位的密切配合，需要材料、动力、运输等各个部门的通力协作，以及地方各级政府部门和施工沿线各相关单位的大力支持。因此，施工过程中的综合平衡和调度、严密的计划和科学管理就显得特别重要。

（3）工程形体庞大，施工周期长。公路工程包括路基、路面、桥梁、涵洞、隧道、交通工程设施等工程，产品形体特别庞大，产品固定且不能分割，而且同一地点要依次进行多个分部作业，使施工周期长，在较长时间内大量占用和耗费人力、物力和财力，直到整个施工周期完结，才能出产品。

在施工过程中，各阶段、各环节必须有条不紊地组织起来，在时间上不间断，空间上不闲置。如果施工的连续性受到破坏或中断，必然会拖延工期，大量占用资金，造成人力、物力、财力的浪费。所以，要求我们统筹安排，遵守施工程序，合理地、科学地组织施工。

（4）受外界干扰及自然因素影响大。公路工程施工主要是野外露天作业，因此，受自然条件的影响很大，特别是不良天气，如夏季高温、冬季冰冻、洪水、雨雪，不良地质如泥沼、熔岩、流沙。设计变更、物资供应条件、环境因素等对工程进度、工程质量、成本等都有很大影响。此外，由于公路部分结构的易损性，需不断进行维修养护，才能维持正常的使用性能。

公路工程项目建设的这些特点决定了公路施工活动的特有规律，研究和遵循这些规律对科学地组织与管理公路工程施工，提高公路建设的经济效益具有重要意义。

1.1.3 公路工程建设项目投资来源

1. 国家投资

国家投资是由国家预算直接安排的投资，通过国家财政拨款的方式，根据建设进度分期拨给建设单位，然后用到工程建设上去。

2. 地方投资

在国家预算安排之外，由各地区、各部门按照国家规定自筹资金安排的投资。这是我国建设投资的一项补充来源。

3. 银行贷款

银行信贷是以银行为主体，根据信贷自愿的原则，依据经济合同所施行的有偿有息投资，贷款期限一般不超过10年。基本建设贷款是由国家从财政预算中提供贷款资金，实行先拨后用的原则，交由建设银行按照信贷方式进行分配和管理，借款期限（包括建设期和还款期）一般不超过15年。

4. 国外资金

在国家统一政策的指导下，积极慎重地引进国外的先进技术和国外投资，以弥补我国建设资金的不足，加速我国经济建设的发展。目前我国可利用的外资来源主要是从国外以及港、澳、台地区借入资金和由投资者直接投资两个方面，大致可归纳为国际金融机构贷款，如世界银行、亚洲开发银行等机构提供的贷款；国外政府贷款，指西方国家为鼓励资本输出和商品输出而设置的信贷；国际金融市场贷款，指各国商业银行和私人银行利用吸收的外汇存款发放的贷款；合资经营，是由境外合营者提供设备、技术、培训人员，我国合营者提供土地、厂房、动力、原材料、劳动力等，双方按协议计算投资股份，分享利润和承担风险；以及租信贷、发放国外债券，等等。

5. 其他资金来源

其他资金来源包括：联营投资、股票投资、发行债券等。

我国公路交通运输全面紧张，而公路建设资金又严重不足，在国务院直接领导和支持下，制定了如下几项发展交通的政策，建立了国家公路建设特别基金：一是提高养路费率；二是新增汽车购置附加费；三是允许集资、贷款修建高速公路、独立大桥和隧道等，以收取一定费用偿还本息；四是确定能源、交通基金返还，实行"以工代赈"地方集资等政策和措施，使公路建设部分资金有了长期稳定的来源。

公路建设固定资产再生产的管理方式是：公路小修保养由养护部门自行安排和管理；公路大中修工程由养护部门提出计划，报上级主管部门批准后自行管理和安排；对于新建、改建、扩建、重建的公路工程一般由地方（省、市、自治区）政府主管部门下达任务，对其中列入基本建设投资的必须纳入全国统一的基本建设计划，一切基本建设活动必须按照国家规定和要求进行管理，一切基本建设资金活动必须通过中国建设银行进行拨款监督和办理结算。公路建设中凡由养路费开支的项目的建设资金也应由中国建设银行拨款和办理结算。

1.2 公路基本建设及其程序

1.2.1 基本建设的概念与内容

1. 基本建设的概念

基本建设是指国民经济中建造新的固定资产,从而扩大生产能力或工程效益的过程,在西方国家,相当于国家"资本投资"(Capital Investment)。例如,为了增加社会生产能力,新建工厂、学校、公路、桥梁、码头、矿井、电站、水坝、铁路等;为了扩大生产和提高效益而扩建生产车间、提高路面等级、修建永久性桥梁;为了提高生产效率,改进产品质量,对原有设备及工艺进行整体性技术改造,原有公路的全面改建等,都属于基本建设的范畴。由此可见,凡是固定资产扩大再生产的新建、改建、扩建、恢复工程的建筑、添置、安装等活动与之连带的工作称为基本建设。

公路基本建设是通过勘察、设计和施工,以及有关的经济活动来实现的。

2. 基本建设的内容

(1) 建筑工程。指消耗建筑材料,使用工程机械,通过施工活动而建成的工程实体,如路基、路面、桥梁、隧道、厂房、水坝等构筑物。

(2) 安装工程。指基本建设项目需用的各种机械和设备的安设、装配、调试等工作,如工业生产设备、公路及大型桥梁所需的各种机械、设备、仪器的安装及调试等。广义的安装工程包括生产设备和生活设施的安装系列活动。

(3) 设备、工具及器具的购置。指属于固定资产的机器、设备、工具等用品的购置,如机械厂的机床、发电站的电力设备、高速公路的监控设备、路面养护用的沥青混合料拌和设备和摊铺机械等。

(4) 勘察、设计及相关工作。指编制勘察设计文件所进行的工作,如公路工程的初步设计、施工图设计等,以及勘察、设计过程中必须进行的地质调查、钻探、材料试验和技术研究工作等。

(5) 其他基本建设工作。指为确保基本建设工程的顺利实施和正常运行而进行的基础工作,如土地征用、拆迁安置、人员培训等。

1.2.2 基本建设的分类

基本建设按其形式及项目管理方式等的不同大致分为以下几类。

1. 按照用途分类

按照用途不同,基本建设可划分为生产性建设和非生产性建设。

2. 按建设形式分类

(1) 新建项目。是指新开始建设的基本建设项目,或在原有固定资产的基础上扩大3倍以上规模的建设项目。这是基本建设的主要形式。

(2) 扩建项目。是指在原有固定资产的基础上扩大3倍以内规模的建设项目。这也是基本建设的主要形式。其建设目的是为了扩大原有产品的生产能力或效益。

(3) 改建项目。是指为了提高生产效率或使用效益,对原有设备、工艺流程进行技术改造的建设项目。这是基本建设的补充形式。

（4）迁建项目。是指由于各种原因迁移到另外的地方建设的项目。如某市因城市规模扩大，需将在新市区的化肥厂迁往郊县，就属于迁建项目。这也是基本建设的补充形式。

（5）恢复（又称重建）项目。是指因遭受自然灾害或战争使得建筑物全部报废而投资重新恢复建设的项目。

3．按建设过程分类

（1）筹建项目。是指在计划年度内正准备建设还未正式开工的项目。

（2）施工项目。是指原已开工而正在施工的项目。

（3）投产项目。是指建设项目已经竣工验收，并且投产或交付使用的项目。

（4）收尾项目。是指已经竣工验收并投产或交付使用，但还有少量扫尾工作的建设项目。

4．按资金来源渠道分类

（1）国家投资项目。是指国家预算计划内直接安排的建设项目。

（2）自筹建设项目。是指国家预算以外的投资项目。自筹建设项目又分地方自筹项目和企业自筹项目。

5．按建设规模分类

基本建设按建设规模的不同，分为大型、中型、小型建设项目。一般是按产品的设计能力或全部投资额来划分。具体划分标准按国家划分标准执行。

1.2.3 基本建设项目的划分

每项基本建设工程，就其实物形态来说，都由许多部分组成。为了加强对基本建设工作的管理，便于编制设计文件、概预算文件和施工组织设计文件，便于工程招投标工作和施工管理，必须对基本建设项目进行科学的分解和合理的划分。基本建设工程可以划分为建设项目、单项工程、单位工程、分部工程和分项工程。

1．建设项目

建设项目也称基本建设项目，是指经批准在一个设计任务书范围内按同一总体设计进行建设的全部工程。建设项目由一个或几个单项工程所组成，经济上实行统一核算，行政上实行统一管理，一般以一个企业（或联合企业）、事业单位或独立工程作为一个建设项目。公路工程以单独设计的公路路线、独立桥梁作为基本建设项目。

2．单项工程

单项工程也称工程项目，它是建设项目的组成部分。一个建设项目，可以是一个单项工程，也可以包括许多个单项工程。所谓单项工程是指建设项目中具有独立的设计文件，建成后可独立发挥生产能力或使用效益的工程。如工业建筑中的生产车间、办公楼、仓库，民用建筑中的教学楼、图书馆、实验室、住宅，公路工程中独立合同段的路线；大桥、隧道等属于单项工程。

3．单位工程

单位工程是单项工程的组成部分，是指在单项工程中不能独立发挥生产能力（或效益），但具有单独设计文件和独立施工条件，而又单独作为一个施工对象的工程。如某隧道单项工程,可分为土建工程、照明和通风工程等单位工程;一条公路中的路基工程、路面工程、桥梁涵洞工程等属于单位工程。

4．分部工程

分部工程是单位工程的组成部分,一般是按工程结构、构造或施工方法不同或按照单位工程的各个部位划分的,例如房屋的基础、地面、墙体、门窗,公路路基的土石方、排水、涵洞、大型挡土墙,桥梁的上、下部构造、引道等均属于分部工程。

5．分项工程

分项工程是分部工程的组成部分,是按照工程的不同结构、不同材料和不同施工方法等因素划分的,如基础工程可划分为围堰、挖基、砌筑基础、回填等分项工程。分项工程的独立存在是没有意义的,它只是建筑或安装工程的一种基本的构成因素,是为了组织施工以及为确定建筑安装工程造价而设定的一种产品。

1.2.4 公路基本建设程序及各个阶段的内容与要求

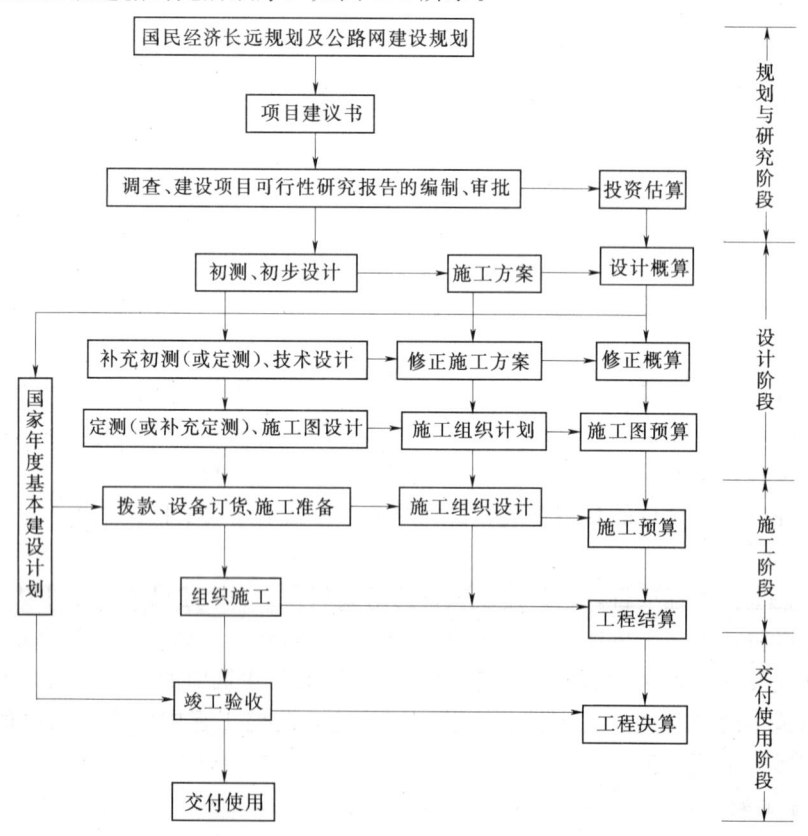

1.2.4.1 公路基本建设程序

1．公路基本建设程序的概念

公路基本建设程序是指公路基本建设项目从规划立项到竣工验收的整个建设过程中各项工作阶段及必须遵循的先后顺序,如图1.1所示。

图1.1 公路基本建设程序

公路基本建设程序是由固定资产的建设过程，即基本建设发展进程的客观规律所决定的。科学的基本建设程序能正确地处理基本建设工作中建设规划、勘察设计、施工组织、竣工验收等各阶段、各环节之间的关系，指导基本建设工作有计划、按步骤地进行。

公路基本建设涉及面广，既受地质、气候、水文等自然条件的制约，又受物资供应、技术水平等物质技术条件的影响，同时还需要建设单位与设计、施工、监理、质量监督等单位和部门的协作配合。因此，公路基本建设项目必须严格按照规定的程序实施，依次进行各个方面的工作，才能达到预期的效果，否则将可能给国家造成严重的经济损失或给工程带来无法弥补的缺陷。

2. 我国现行公路基本建设程序的规定

根据交通部颁布的《公路建设监督管理办法》的规定，我国公路建设应当按照国家规定的建设程序和有关规定执行。政府投资公路建设项目实行审批制，企业投资公路建设项目实行核准制。

(1) 政府投资公路建设项目的实施，按照下列程序进行：

1) 根据国民经济长远规划及公路网建设规划进行预可行性研究，编制项目建议书。

2) 根据批准的项目建议书进行工程可行性研究，编制可行性研究报告。

3) 根据批准的可行性研究报告，编制初步设计文件。

4) 根据批准的初步设计文件，编制施工图设计文件。

5) 根据批准的施工图设计文件，编制项目招标文件。

6) 根据批准的项目招标文件、资格预审结果和公路建设计划，组织项目招标投标。

7) 根据国家有关规定，进行征地拆迁等施工前的准备工作，编制项目开工报告，并向交通主管部门申报施工许可。

8) 根据批准的项目开工报告，组织项目实施。

9) 项目完工后，编制竣工图表、工程决算和竣工财务决算，办理项目交工验收、竣工验收和财产移交手续。

10) 竣工验收合格后，组织项目后评价。

(2) 企业投资公路建设项目的实施程序，在编制施工图设计文件之前与政府投资公路建设项目的建设程序有所不同。

1) 根据规划，编制工程可行性研究报告。

2) 组织投资人招标工作，依法确定投资人。

3) 投资人编制项目申请报告，按规定报项目审批部门核准。

4) 根据核准的项目申请报告，编制初步设计文件，其中涉及公共利益、公众安全、工程建设强制性标准的内容应当按项目隶属关系报交通主管部门审查。

5) 根据初步设计文件，编制施工图设计文件。

6) 根据批准的施工图设计文件，编制项目招标文件。

7) 根据批准的项目招标文件、资格预审结果和公路建设计划，组织项目招标投标。

8) 根据国家有关规定，进行征地拆迁等施工前准备工作，并向交通主管部门申报施工许可。

9) 根据批准的项目施工许可，组织项目实施。

10) 项目完工后，编制竣工图表、工程决算和竣工财务决算，办理项目交工验收和竣工验收。

11) 竣工验收合格后，组织项目后评价。

1.2.4.2 各阶段的主要内容与要求

公路基本建设程序各阶段的主要内容和要求阐述如下。

1. 项目建议书阶段

项目建议书是建设单位（业主）向国家提出要求建设某一项目的建议文件，是对建设项目的轮廓构想，这种构想可来自国家、部门和地方的发展规划与计划安排，或来自市场调查研究，或来自某种资源发现。项目建议书应对拟建项目的社会需求进行分析研究，明确为满足此需求所要达到的建设目标，包括经济目标、社会目标和环境目标，并考虑可能承担的风险。项目建议书是进行各项准备工作，为进行可行性研究提供依据。

2. 可行性研究阶段

项目建议书批准后，由政府交通主管部门组织项目的可行性研究。可行性研究是对拟建项目在技术上和经济上是否"可行"进行科学分析和论证工作，为项目决策（即该项目是继续实施还是放弃）提供依据。可行性研究的主要任务是通过多方案比较，提出评价意见，推荐最佳方案。

根据发展国民经济的长远规划、公路网建设规划以及项目建议书，对建设项目进行可行性研究，以减少项目决策的盲目性，使建设项目的确定具有切实的科学性和经济合理性。在1988年6月重新制定的《公路可行性研究报告编制方法》中规定，大中型、高等级公路及重点工程建设项目（含国、边防公路）均应进行可行性研究，小型项目可适当简化。

公路可行性研究按其工作深度，分为预可行性研究和工程可行性研究。工程可行性研究的投资估算与初步设计概算之差，应控制在10%以内。公路建设项目经可行性研究后，应编制可行性研究报告。

可行性研究报告的主要内容包括：建设项目依据、历史背景；建设地区综合运输网的交通运输现状和建设项目在交通运输网中的地位及作用；原有公路的技术状况及适应程度；论述建设项目所在地区的经济特征，研究建设项目与经济发展的内在联系，预测交通量、运输量的发展水平；建设项目的地理位置，如地形、地质、地震、气候、水文等自然特征；筑路材料来源及运输条件；论证不同建设方案的路线起讫点和主要控制点、建设规模、标准，提出推荐意见；评价建设项目对环境的影响；测算主要工程数量、征地拆迁数量，估算投资，提出资金筹措方式；提出勘测、设计、施工计划安排；确定运输成本及有关经济参数，进行经济评价、敏感性分析。收费公路、桥梁、隧道还需作财务分析，评价推荐方案，提出存在问题和有关建议。

可行性研究报告经审查批准后，项目才能正式"立项"。大中型项目和限额以上项目的可行性研究报告经批准后，可根据实际需要组成筹建机构，即组建项目法人。一般改建、扩建项目不单独设置机构，仍由原企业负责筹建。

经可行性研究，认为项目可行的应下达设计任务书或可行性研究报告。设计任务书是编制设计文件的主要依据，其内容包括：建设依据和建设规模；路线走向和主要控制点，建设项目地址和主要特点；地理位置、自然条件和社会经济现状；工程技术标准和主要技术指标；设计阶段及完成时间；环境保护、城市规划、抗震、防洪、防空、文物保护等要求和采取的措施方案；投资估算和资金筹措；经济效益和社会效益；建设期限和实施方案。

3．勘察设计阶段

勘察设计是安排建设项目、控制投资、编制招标文件、组织施工和竣工验收的重要依据。必须精心编制设计文件，认真贯彻国家有关方针政策，严格执行基本建设程序的规定。

(1) 公路设计阶段划分。公路基本建设项目一般采用两阶段设计，即初步设计和施工图设计。对于技术简单、方案明确的小型建设项目，也可采用一阶段设计，即一阶段施工图设计。对于技术上复杂、基础资料缺乏和不足的建设项目，或建设项目中的特大桥、互通式立交枢纽、地质复杂的长大隧道、高速公路和一级公路的交通工程及沿线设施中的机电设备等，必要时采用三阶段设计，即初步设计、技术设计和施工图设计。

(2) 各阶段的设计依据。初步设计应根据批复的可行性研究报告、测设合同及勘测资料进行编制。一阶段施工图设计应根据批复的可行性研究报告、测设合同及定测、详勘资料进行编制。两阶段设计时，施工图设计应根据批复的初步设计、测设合同和定测、详勘资料（含补充资料）进行编制。三阶段设计时，技术设计应根据批复的初步设计、测设合同和定测、详勘资料进行编制；施工图设计应根据批复的技术设计、测设合同和补充定测、详勘资料进行编制。

(3) 施工图设计文件组成。不论按几个阶段设计，其中的施工图设计文件由以下13篇及附件组成：总说明书；总体设计；路线；路基、路面及排水；桥梁、涵洞；隧道；路线交叉；交通工程及沿线设施；环境保护；渡口码头及其他工程；筑路材料；施工组织计划；施工图预算；附件。其中第2篇总体设计只用于高速公路和一级公路，附件内容为补充地质勘探、水文调查及计算等基础资料。

4．列入年度基本建设计划阶段

建设项目的初步设计和概算经上级批准后，才能列入国家基本建设计划。建设单位批准的年度基本建设计划是国家进行基本建设拨款和向银行贷款的重要依据。

5．建设准备阶段

项目在开工建设之前，要做好以下前期准备工作。

(1) 预备项目。初步设计已经批准的项目可列为预备项目。国家的预备项目计划是对列入部门、地方编报的年度建设预备项目计划中的大中型项目和限额以上项目，经过对建设总规模、生产力布局、资源优化配置以及外部协作条件等方面进行综合平衡后安排和下达的。

(2) 建设准备的内容。建设准备的主要工作内容包括：征地、拆迁和安置；完成施工用水、电、路工程；设备、材料订货；准备施工图纸；监理、施工招标投标。

(3) 申报项目施工许可。待完成了规定的建设准备和具备了开工条件以后，应申报项目施工许可。年度大中型项目和限额以上项目须经国务院批准，并由国家发展和改革委员会下达项目计划，其他项目可由部门和地方政府批准。

6．组织施工阶段

建设项目开工报告一经批准，项目便进入了建设施工阶段。本阶段是项目决策的实

施、建成投入使用、发挥效益的关键，因此建设单位、施工企业、监理单位都应认真做好各自的工作。

公路项目开工建设的时间以开始进行土石方施工的日期作为正式开工日期。分期建设的项目，分别按各期工程开工的日期计算。施工活动应严格按照设计要求、技术规程、合同条款、预算投资、施工程序和顺序、施工组织设计要求，在保证质量、工期、成本等计划目标的前提下进行，达到竣工标准要求，经验收后移交使用。

7. 竣工验收与交付使用阶段

竣工验收是建设全过程的最后一道程序，是投资成果转入使用的标志，是建设单位、设计单位和施工单位向国家汇报建设项目的生产能力或效益、质量、造价等全面情况及交付新增固定资产的过程。验收工作在建设项目按施工合同文件的规定全部完成后进行。

公路项目验收分为单项工程交工验收和整体项目竣工验收两个阶段。竣工验收由建设主管部门主持，依据国家有关规定组成验收委员会，按照交通部《公路工程竣（交）工验收办法》的要求组织验收。在工程验收前，建设单位要做好以下准备工作：组织设计、施工等单位进行工程初验，并向主管部门提出验收报告；整理技术资料，包括各种文件；绘制竣工图，必须准确、完整、符合档案管理的要求；编制竣工决算。验收合格的工程，应移交使用，并按有关规定办理交接手续。

8. 项目后评价阶段

公路建设项目正常运营一段时间后，再对项目的立项决策、设计施工、竣工验收、生产运营等全过程进行系统评价的技术经济活动，称为项目后评价，它是固定资产投资管理的最后一个环节。通过后评价可以肯定成绩、总结经验、探讨问题、汲取教训，并提出建议，作为今后改进投资规划、评估和管理工作的参考。

项目后评价应经过建设单位自评和投资方评价两个阶段，包括以下内容：评估项目的实际成效；确定项目是否达到了预期目标和设计要求；检查设计、施工各个环节的实际质量，重新计算实际财务效益和国民经济效益。

1.3　公路工程建设领域的重要制度

1.3.1　建设项目法人责任制

按照《关于实行建设项目法人责任制的暂行规定》，经营性政府投资项目必须组建项目法人，项目法人为依法设立的独立性机构，对项目的策划、资金筹措、建设实施、生产经营、债务偿还和资产的保值、增值实行全过程负责。

实行项目法人责任制是适应发展社会主义市场经济，转换项目建设与经营体制，提高投资效益，实现我国建设管理模式与国际接轨，在项目建设与经营全过程中运用现代企业制度进行管理的一项具有战略意义的重大改革措施。

1. 实行项目法人责任制的范围

根据行业特点和建设项目不同的社会效益、经济效益和市场需求等情况，将建设项目划分为生产经营性、有偿服务性和社会公益性三类项目。今后新开工的生产经营性项目原则上都要实行项目法人责任制；其他类型的项目应积极创造条件，实行项目法人责任制。

2. 项目法人及组成

投资各方在酝酿建设项目的同时,即可组建并确立项目法人,做到先有法人,后有项目。公路建设项目法人分为经营性公路建设项目法人和公益性公路建设项目法人。依法投资建设经营性公路项目的国内外经济组织为经营性公路建设项目法人。非经营性公路建设项目法人为公益性公路建设项目法人。

经营性公路建设项目应依法成立有限责任公司或股份有限公司,对建设项目筹划、资金筹措、建设实施、运营管理、债务偿还和资产管理全过程负责。

公益性公路建设项目应明确或组建项目法人,根据交通主管部门授权,对建设项目筹划、资金筹措、建设实施全过程负责。

3. 项目法人的主要管理职责

项目法人对项目的立项、筹资、建设和生产经营、还本付息以及资产的保值增值的全过程负责,并承担投资风险。

4. 项目法人与各方的关系

项目法人与各方的关系是一种新型的适应社会主义市场经济机制运行的关系。实行项目法人责任制后,在项目管理上要形成以项目法人为主体,项目法人向国家和各投资方负责,咨询、设计、监理、施工、物资供应等单位通过招标投标和履行经济合同为项目法人提供建设服务的建设管理新模式。

政府部门要依法对项目进行监督、协调和管理,并为项目建设和生产经营创造良好的外部环境,帮助项目法人协调解决征地拆迁、移民安置和社会治安等问题。

1.3.2 建设监理制度

1. 实行工程建设监理制后我国的建设管理体制

工程建设监理制实施以后,我国工程项目建设管理的组织格局如图1.2所示。这种由"三方"构成的工程建设管理体制是目前工程项目建设的国际惯例,是绝大多数国家公认的工程项目建设的重要原则,是合理使用资金和满足物质文明需要的关键。

实施工程建设监理制,按照新型工程项目建设管理体制来进行工程项目建设,使直接参加工程项目建设的业主、监理单位、承建商通过承发包关系、委托服务关系和监理被监理关系有效地联系起来,形成了完整的工程项目组织系统。这个项目组织系统在政府有关部门的监督管理之下规范地、一体化地运行,必然会产生巨大的组织效应,对顺利完成工程项目建设将起巨大作用。

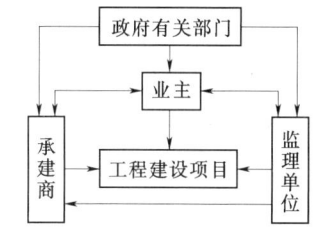

图1.2 工程建设项目建设管理体制图

工程监理可以理解为对工程项目建设的有关活动实施监督和管理,是对工程建设的参与者的行为进行监控、督导和评价,并采取相应的管理措施,保证工程建设行为符合国家法律、法规和有关政策,制止建设行为的随意性和盲目性,促使工程建设的进度、造价、质量等目标按合同计划实现,确保工程建设行为的合法性、科学性、合理性和经济性。

公路建设项目工程监理是指由具有公路工程监理资格的监理单位,按国家有关规定、受项目法人委托对施工承包合同的执行、工程质量、进度、费用等方面进行监督与管理。根据《公路工程施工监理规范》及国家有关规定,公路工程施工监理的定义为:具有公路工程监理资格的监理单位受项目法人委托,根据合同文件及监理服务合同的要求,在施工准备阶段、施工阶段及缺陷责任期阶段,对施工承包合同的执行、工程质量、进度、费用等方面进行监督与管理。

2. 公路工程施工监理的阶段划分及主要工作内容

公路工程施工监理是一个施工全过程的监理,可划分为三个阶段:施工准备阶段监理;施工阶段监理;交工及缺陷责任期阶段监理。由于各阶段监理的特点不同,其工作内容与重点也各有侧重。

(1) 施工准备阶段监理。监理单位在与项目法人签订监理服务合同之后,即进入施工准备阶段监理。施工准备阶段监理的主要内容是在开工前熟悉合同文件的内容(包括监理合同及施工单位与项目法人签订的合同协议书、招投标文件)、复核施工图纸,参加施工招标,了解现场用地占有权和使用权的解决情况,复核定线数据,制定监理程序,督促承包商提交施工组织设计,审查承包商的工程总进度计划、现金流动估算、临时用地计划,自检系统,落实承包商的材料来源,准备第一次工地会议、准备发布开工通知等。其内容要点如下。

1) 发布开工令。

2) 召开第一次工地会议。第一次工地会议应由监理工程师主持,建设单位、承包商的授权代表必须出席会议。

3) 审批承包商的工程进度计划(含施工组织设计)。

4) 审批承包商的质量保证体系。

5) 检验承包商的进场材料,以决定同意采购与否。材料或商品构件需按规定的频率进行抽样试验,不合格的材料或商品构件不准用于工程。

6) 审批承包商的标准试验,包括各种标准击实试验、骨料的级配试验、混合料的配合比强度试验等。

7) 检查承包商的保险及担保,支付动员预付款。

8) 审查承包商的施工机械设备。

9) 验收承包商的施工定线。

10) 验收承包商测定的地面线。

11) 审批承包商提交的施工图。在各项工程开工前合同规定的时间内,监理工程师应对承包商依据合同规定应完成的各种施工图进行审核批准。

12) 审批承包商占用的工程场地。监理工程师应督促项目法人将全部工程或施工段落的工程场地移交给承包商使用。

13) 监理与保证按期开工有关的其他施工准备工作。对上述各项内容,如果没有达到有关规定的要求,则通知承包商进行补充和修正,直到符合合同要求或使监理工程师满意为止。

(2) 施工阶段监理。这个阶段是工程主体开始实施的阶段。监理工程师利用业主授予的权力,从组织、技术、合同和经济的角度采取措施,对工程质量、进度、费用实施全面监理,并严格地进行合同管理,以使工程建设的质量、进度、费用三大目标最合理地实现,承包商按监理工程师批准的施工方案及进度计划实施工程,监理工程师协助承包商完善工序控制,在这一阶段中,监理工程师应提出工序控制的质量要求,具体有以下几项。

1) 对进入现场的所有材料、设备、构件、配件、混合料都要做检验,不符合规定要求的要拒收。

2) 对构件、设备和重要材料的生产、制造和装配场所要实行监督。

3) 抓好工序管理。每道工序开工都要申请和审批,只有最后验收合格才能进行下一道工序的施工。

4) 落实合同要求的试验,并对实际工程的重要部位和薄弱环节安排增加试验。

5) 制定巡视工地的次序和周期,对重要部位或操作实行旁站监督。

6) 审批设计变更和图样修改。

7) 开好经常的工地会议,组织质量专题会议,形成现场质量管理的制度。

8) 监理工程师在必要时下达停工令,以处理工程质量事故。

9) 审批分包合同和分包工程内容。

10) 抓紧隐蔽工程的检验,未经监理人员检验或同意,不得将隐蔽工程覆盖。

11) 监理工程师认为必要时,可以要求承包商撤换工作不力的人员。

12) 严格进行中间交工验收。

(3) 缺陷责任期阶段监理。

缺陷责任期自实际竣工日起计算。承包人应在缺陷责任期内对已交付使用的工程承担缺陷责任。自监理工程师签发工程交工证书至监理工程师签发《工程缺陷责任终止证书》的时间称为缺陷责任期。缺陷责任期内,发包人对已接受使用的工程负责日常维护工作。发包人在使用过程中,发现已接收工程存在新的缺陷或已修复的缺陷部位或部件又遭损坏的,承发包应负责修复,直至检验合格为止。经查明,属于承包人原因造成的缺陷,应由承包人承担修复和查验费用;属于发包人原因造成的缺陷,发包人应承担修复和查验费用,并支付承包人合理利润。

在缺陷责任期,监理工程师的工作内容主要包括:

1) 按合同要求进行竣工工程的检查和验收,对工程交接时存在的缺陷及签发交工证书之后发生的工程缺陷情况进行记录,并指示承包商进行修复。

2) 审阅承包商关于未完工作的计划和保证,检查承包商未完工程计划的实施,并视工程具体情况,建议承包商对未完工程的计划进行调整。

3) 确定缺陷责任和修复费用。监理工程师首先应对工程缺陷发生的原因和责任者进行调查。对非承包商原因造成的工程缺陷,监理工程师应对修复工作做出费用估算,安排承包商修复时应向建设单位签发追加费用证明。

4) 监督工程项目的试运行,及时解决质量问题,监督承包商完成未完工程和缺陷修补直至签发缺陷责任终止证书。

5) 督促承包商按合同规定完成竣工资料和图样,并审核竣工资料和竣工图样。

对照上述监理工作内容,监理工程师应配备缺陷责任期的监理工作人员,包括现场巡视和旁站、试验检测、合同事宜、资料整理等方面人员。

3. 公路工程施工监理的性质

从施工监理的工作内容和任务可以看出，公路工程施工监理工作具有以下性质。

（1）服务性。监理单位是智力密集型的组织，为建设单位提供智力服务，其本身不是建设产品的直接生产者和经营者。它与施工企业不同，监理单位不承包工程造价，不参与工程承包的盈利分配。

（2）公正性和独立性。公正性和独立性是监理单位顺利实施监理职能的重要条件。监理单位单位和监理人员的工作不受来自建设任何一方的干扰，必须保持自己的独立性；监理单位在人际、业务、经济关系上必须独立，不得同参与工程建设的各方发生利益关系。我国《建设工程质量管理条例》第三十五条规定："工程监理单位与被监理工程的施工承包单位以及建筑材料、建筑构配件和设备供应单位有隶属关系或者其他利害关系的，不得承担该项建设工程的监理业务。"

监理的公正性是指工程建设监理工程师的工作应该遵守国家的法律法规，严格按照合同法规办事，尊重事实，依据事实，客观公正地行事，而不应盲目偏袒任何一方。所以工程建设监理单位根据监理委托合同，在为业主提供工程建设监理服务、维护业主利益的同时，也要维护承包商的合法权益，制止业主损害承包商利益的不合法和不规范的行为。

（3）科学性。监理单位区别于其他一般服务性组织的重要特征是监理单位必须具有能发现与解决承建单位所存在的技术和管理方面问题的能力，能够提供高水平的专业服务，这是科学性原则。监理人员的高素质是监理单位科学性的前提条件。监理工程师都必须具有相当学历，并有长期从事工程建设工作的丰富的实践经验，精通技术与管理，通晓经济与法律，才能为项目法人提供高水平的技术服务，才能在建设市场的竞争中生存发展。

应强调指出，监理单位和监理人员应按照"严格监理、热情服务、秉公办事、一丝不苟"的监理原则认真贯彻执行有关施工监理的各项方针政策、法规，制订详细的工作计划，明确岗位职责，严格检查制度，努力做好施工监理工作。

1.3.3 招标投标制度

招标投标是市场经济体制下买卖双方的一种竞争性交易方式。公路建设市场推行招标投标制的宗旨是在公路工程建设中引进竞争机制，形成公平、公正、公开、诚信的市场交易方式，建立统一、开放、竞争、有序的公路建设市场，减少对建设市场的行政干预，规范业主行为，择优选择承包单位，促使设计、施工、监理、材料设备生产供应等企业不断提高技术和管理水平，以保证建设项目质量、工期、费用目标的实现，提高投资效益。

1999年8月30日第九届全国人民代表大会常务委员会第十一次会议通过并颁布的《中华人民共和国招标投标法》，对规范招标投标活动，保护国家利益、社会公共利益和招投标活动当事人的合法权益，提高经济效益，保证项目质量，具有特别重要的意义。

公路工程招标投标工作具体要求详见本教材第8章"公路工程量清单计价与招标投标"。

1. 招投标的基本性质和法律特征

（1）招标投标是在双方（业主与承包商，业主与监理单位等）协商一致基础上的买卖交易行为。

1.3 公路工程建设领域的重要制度

(2) 招标投标是市场竞争的表现形式，是竞争机制在建设市场产生作用的体现。它是由业主设立标的，招请若干投标单位公平竞争，通过秘密报价，择优选定中标者并达成交易协议。

(3) 招标投标方式是建筑产品的价格形成方式，是价格机制（价值规律和供求规律）在建设市场产生作用的体现。

(4) 招标投标的结果是招标者和中标者订立合同。当事人双方的合同关系是一种法律关系。因此，招标投标是一种合同法律行为。

在招标投标工作中，必须明确政府、业主、承包商、监理四者之间关系，以确保招标投标工作有序而顺利地进行。四者之间关系如图1.3所示。

在工程承包合同实施过程中，可以用下图来表示业主、承包商、工程师及分包商、贷款方之间的关系，如图1.4所示。

图1.3 工程建设中四方关系

2. 招标投标的基本原则和要求

(1) 合法原则。招标投标行为是一种法律行为，它必然要受到法律的规范和约束，服从法律的规范和要求。合法原则包括主体合法、内容合法、程序合法、代理合法等要求内容。

(2) 平等原则。平等原则即公平交易，这是市场交易的基本要求，包括地位平等、权利平等、意志平等以及平等竞争、投标机会均等等内容。

(3) 优胜劣汰原则。竞争机制条件下，必然是优胜劣汰，也是通过市场优化资源配置的结果。

(4) 遵循价值规律和服务供求规律的原则。

3. 公路工程招标

根据招标目的的不同，我国目前公路工程招标主要有以下四种形式：勘察设计招标、施工监理招标、材料设备招标及施工招标。

施工招标是通过招标的方式来正确选择施工单位，是关系工程目标能否实现的关键一环。因为施工单位是在不突破工程投资的前提下，确保工程质量和工期的直接实施者和责任者。施工招标的要点如下。

(1) 做好招标准备工作。首先要成立招标组织机构、编制招标文件、发布招标通告或资格预审通知、投标单位资格审查等。

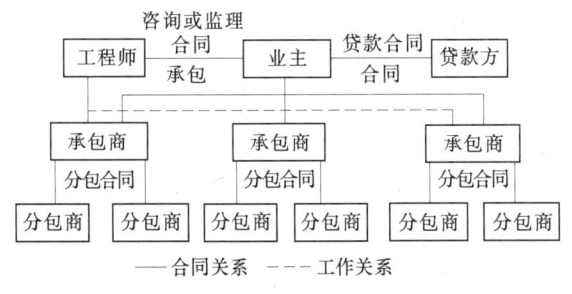

图1.4 工程建设项目实施阶段各方关系图

(2) 做好投标组织工作。根据投标单位资格审查的结果，对投标的合格者发送投标邀请书、发售招标文件、组织现场考察、组织标前会议并解答投标单位提出的问题等。

(3) 做好评标定标的工作。开标、评标定标、签订合同。

(4) 设计施工总招标。需要指出：

国内外近年来兴起的设计施工总承包招标，因其节约投资、缩短建设周期等优势越来越受到业界重视。设计施工总承包招标是在上述四种招标基本形式之外的另一种形式。其招标的要点是：由业主事先提出设计施工的基本原则和要求，由设计单位和施工单位组成设计施工联合体进行投标，业主从中选择一家工程造价低、能确保工程质量并符合工期要求的单位承担本项目的设计施工。

4．公路工程投标

公路工程施工企业在得到招标信息后首先应做出投标决策，即：投标还是不投标；若决定投标，决定投什么性质的标；投标中如何运用以长制短、优胜劣汰的策略和技巧达到中标目的。

同时，投标者必须按招标文件要求结合自身实际状况开展投标的各项工作，如仔细研读招标文件、参加标前会议、勘查现场、计算标价、编制投标书、送达标书及参加开标会议等各项工作。投标报价及投标文件的编制等是企业参加工程投标的重点工作内容。

1.3.4　合同管理制度

市场经济的本质就是法制经济，而具有法律效力的合同是宏观法律在工程建设中的微观体现，是合同各方履行义务、维护自身利益、创造效益的关键，工程建设中的一切活动都要围绕合同来进行，合同管理的好坏直接关系到项目建设目标的最优实现程度。只有严格进行合同管理，才能保证整个工程建设市场的健康有序。

公路建设项目合同包括勘察设计合同、施工合同、监理合同、设备材料采购合同等。根据国家规定，公路建设项目的勘察设计、施工、监理以及与工程建设有关的重要设备、材料的采购，必须遵循诚实信用的原则依法签订合同。合同双方应按合同履行自己的义务，不得违约。合同一方有权按规定程序，对不能履行合同义务的另一方提出索赔，违约方应按合同规定承担赔偿责任。

1.4　公路施工组织与计价在公路建设中的运用

1.4.1　公路施工方案与施工组织设计在公路建设中的运用

现代公路建设周期长、规模大、技术复杂、分工细、协作面广，占用着成千上万的劳动力，使用着大量构件、配件、半成品和原材料，采用越来越多的筑路机械和运输工具。为了保证有节奏地和不间断地施工，保证按期完成施工任务，使人力、资金、材料、机械发挥最大效力，就要求我们根据工程特点、自然条件、资源情况、周围环境等对工程进行科学、合理地安排；为了保证在一定的时间和空间内能有组织、有计划、有秩序地完成施工过程，必须不断改善施工计划和管理的组织工作，及时整理收集到的各种信息，迅速和优质地编制施工组织方案和施工计划。这就是公路施工组织所研究的内容。

目前公路建设者已经广泛利用网络技术和计算机来编制施工进度计划、施工作业计划，并进行施工管理。在施工组织和计划中使用计算机技术，又是与应用数学，尤其是各种数学规划（线性规划、非线性规划、动态规划）理论的发展密切联系着的。

采用数学方法和电子计算机解决施工组织问题时，可归纳为两类任务：一是选择组织工作与计划工作的最佳方案；二是信息处理和编制施工进度计划与作业计划。

第一类任务是设计施工组织方案，属于求极值问题。例如材料供应基地的企业（附属企业）与部门的布局；编制最佳的建筑工程物资运输计划；最合理地安排建造各类施工项目所需的筑路机械及其负荷等，均可利用线性规划的方法解决。由于在公路施工中运用了线性规划的方法和计算技术，施工效率得到了显著地提高。同时，由于编制了合理的运输计划，大大地节省了运费。

第二类任务是编制施工组织设计，包括编制各个工程项目和施工机构的作业计划，并监督其完成；计算所需的材料资源、劳动资源和资金；安排施工的配套和材料设备供应等。这类任务的特点是原始资料的数量很大，并且种类繁多，解决这些任务不仅要求完成大量的计算工作，而且还要进行大量的逻辑推理和加工，最终表现为用图表、报表、统计表和计算书形式表示工作结果的信息。通常，为了编制和整理这些资料，需要很多工作人员和较长的时间，这不符合编制作业计划和管理工作的要求，而采用计算机处理这些资料，就能保证迅速、高质量地完成这些工作。为了在公路建设中广泛采用电子计算机，这就需要编制各类计算机程序。例如，采用网络计划来编制施工进度计划时，就需要编制网络计划的计算程序。

在公路建设的计划与管理工作中采用网络图，可大大提高指挥施工的作业效率，并加强对施工全过程的监督。

综上所述：工程建设项目施工的合理组织，是实现项目质量目标、成本目标和进度目标的先决条件。

1.4.2 公路工程建设项目计价及其运用

公路工程计价以建设项目、单项工程、单位工程为对象，是运用定额计价方法、工程量清单计价方法编制不同建设阶段的计价文件和进行造价管理的基本方法。其重点是公路工程量的计量和合理确定造价。

公路工程项目是单件性和多样性的复杂体系。每个项目都是按照业主特定需要单独设计、单独施工，不能批量生产，不能制定统一的批量价格和总价格，只能以特殊的计价程序和计价方法确定造价，需要将整个工程项目进行分解，划分成工艺较为单一、并选用适当的计量单位计算的基本单元子项——分部工程、分项工程，然后计算出基本子项的工程数量和费用，继而计算出工程项目总造价。

结合我国公路造价改革发展的状况，公路工程计价有两大方法，即：属于基础方法的定额计价方法，这是运用公路定额和有关费用文件，按照一定的方法程序和标准格式计算公路造价，主要用于编制设计概算和施工图预算；另一种是广泛适用于工程招投标的计价方法，用综合单价法编制的工程量清单计价方法，综合单价是包括了分部分项工程直接费、间接费、利润和税金的全费用单价，主要用于招标标底或招标控制价、投标报价。

根据定额计价方法和工程量清单计价方法的有关规定，其计量和计价有着密切的联系，也有着不同的内容、方法和实质。

公路工程定额是计价的重要基础依据，包括：定额的概念与性质，定额的特点，定额的作用，定额分类，定额人工、材料、机械台班消耗量的确定，公路工程的定额体系及其应用方法，预算定额组成及应用方法。

公路工程概、预算是指在公路基本建设各个设计阶段，按照国家有关政策和规定，依据设计文件计算公路建设项目的全部建设费用的文件；交通部有专门的规范指导公路工程建设项目概、预算的编制，应严格准遵照执行。工程量清单计价是改革和完善工程价格的管理体制的一个重要组成部分。工程量清单计价方法是相对于传统定额计价的一种新的计价模式，或者说是一种市场定价模式，是由建设产品的买方和卖方在建设市场上根据供求状况、信息状况进行自由竞价，它为建设市场的交易双方提供了一个平等的平台。它可以实现工程量计算规则统一化、工程量计算方法标准化、工程造价确定市场化。工程量清单编制依据中华人民共和国交通运输部（以下简称交通运输部）颁布《公路工程标准施工招标文件》（2009年版）执行。

公路工程计价是一项极为繁琐而又复杂的计算工作，费时费力，为了提高效率，利用计算机技术的优点，运用概、预算软件，解决工程实解际问题。应用计算机软件编制公路工程计价文件在公路建设领域得到广泛应用。

思 考 题

1. 公路工程建设项目的内容是什么？公路建筑产品有哪些特点？
2. 我国公路工程基本建设项目投资来源有哪些？
3. 什么是基本建设？如何对基本建设进行分类？
4. 公路基本建设的各个阶段有哪些内容？试分析在不同的建设阶段，应该编制哪些施工组织文件和工程计价文件？
5. 建设项目法人的组成、主要职责是什么？与其他建设各方的关系是什么？
6. 简述公路工程施工监理的性质。
7. 简述公路工程施工招标的主要内容。
8. 公路建设合同主要包括哪几个类型？
9. 施工组织在公路建设领域有哪些运用？
10. 简述公路工程计价的应用要点。

实 训 题

以所在地区熟悉的某公路建设项目案例为背景，对其内容、特点、建设程序、建设管理、施工组织、投资等进行针对性的综合分析。

第 2 章　公路工程施工组织设计

2.1　概　　述

施工组织设计是指导施工全过程的技术、经济文件，是施工企业开展施工组织工作、科学管理施工全过程的重要依据。其主要内容是：根据工程的具体特点、建设要求、施工条件和施工管理水平确定主要项目的施工方案，编制施工进度计划和资源供应计划，绘制施工平面图，考核主要技术经济指标，并提出工程技术、质量、安全与文明施工、成本等具体保障措施。

2.1.1　施工组织设计的概念、作用与分类

1. 施工组织设计的概念

施工组织设计是施工企业在工程施工过程中，根据工程实际和企业本身的经济技术条件，有计划、合理地安排人力、材料、机械设备和资金等资源，科学地组织施工过程，为以最少的资源投入达到最佳的经济效益而编制的用来规划和指导拟建工程投标、签订合同、施工准备、竣工验收全过程的全局性的技术经济文件。

2. 施工组织设计的作用

施工组织设计作为规划工程项目全局性和综合性的技术经济文件，是落实工程设计内容的具体体现，同时符合工程施工的客观规律，对施工的全过程起着重要的指导作用。主要作用有：

（1）施工组织设计是施工企业参加工程投标的主要内容。交通运输部规定：凡是实行招标的工程，施工企业必须有施工组织设计才能参与投标。事实证明，施工组织设计的质量对施工企业中标起着一定的作用。

（2）施工组织设计是具体指导和组织工程施工的重要技术文件。施工组织设计编制了拟建工程的施工顺序、施工方法、施工方案、施工进度计划、资源供应计划、施工现场的平面布置及施工质量和安全保证措施等内容。所以有了科学合理的施工组织设计，施工全过程就有了可靠的依据和具体的标准。

（3）施工组织设计是加强施工管理的重要措施文件。施工组织设计不仅是施工准备工作的重要依据，而且还是做好施工各环节管理工作不可缺少的重要措施。实践证明，如果一项工程的施工组织设计编制得好，能正确地反映客观实际并认真贯彻执行，工程施工就可以有条不紊地进行，取得较好的经济效益，否则就会出现盲目施工的混乱局面，造成不必要的损失。

3. 施工组织设计的分类

（1）根据编制阶段分类。根据编制阶段的不同可将其划分为两类：一是投标前编制的

施工组织设计,简称标前设计;另一类是签订工程承包合同后编制的施工组织设计,简称标后设计。标前设计是施工单位在参加投标时,根据工程招标文件的具体要求并结合本单位的技术经济状况而编制的,作为投标文件的组成部分。标后设计是施工单位中标后,在工程开工前对标前设计的进一步审查、修订或重新编制。

随着公路建设市场竞争日趋激烈,在招标中对施工组织的要求越来越严格,竞标性施工组织设计越来越受到重视。竞标性施工组织设计实质为现行的一种标前设计,以满足业主的要求为主,按照招标文件要求对招标文件做出实质性的响应而编制的组成投标书内容的施工组织设计。其特性主要表现为:强制性、理念性、答题性、时间性、可视性。强制性是指投标人应对业主的各项要求响应,不可修改其指标内容的各项要求;理念性是为表达投标人遵从的原理和业主要求的思路;答题性是根据业主的要求,表达投标人的承诺,满足业主具体要求;时间性是编制施工组织设计受到时间的限制;可视性是直观、明了、一目了然,以便于评委在有效评标时间内打出合理分数。这需要编标人员通过到现场观摩学习及与设计人员交流之后精心策划编制。

(2) 根据工程对象分类。根据工程对象不同可将其划分为三类:施工组织总设计、单位工程施工组织设计和分部分项工程施工组织设计(也称施工方案)。

1) 施工组织总设计。它是以整个建设项目或群体工程为对象编制的,用以指导建设项目施工全过程的全局性、控制性的技术经济文件,是整个建设项目施工的战略部署。它由总承包单位负责,会同建设单位、设计单位和分包单位共同编制。

2) 单位工程施工组织设计。它是施工组织总设计的具体化,是以单位工程为对象编制的,用以直接指导单位工程施工全过程各项活动的局部性、指导性文件,是拟建工程施工的战术安排。单位工程施工组织设计由工程项目的项目经理或主管工程师负责编制。

3) 分部分项工程施工组织设计,也称施工方案。它是以工期较短的简单工程或规模较大、技术复杂的分部分项工程为研究对象,由项目经理部的技术负责人编制的较为详细的施工作业计划。分部分项施工组织设计突出的是施工作业的可操作性。

2.1.2 施工组织设计的编制原则和依据

1. 施工组织设计的编制原则

(1) 严格遵守合同工期的原则。总工期较长的大型建设项目,应根据工程的需要,安排分期分批施工,配套投产或交付使用,从实质上缩短工期,尽早地发挥建设投资的经济效益。

(2) 遵循科学程序进行编制的原则。工程施工有其本来的客观规律,要按照反映这种规律的程序组织施工,能够保证各项施工活动相互促进、紧密衔接,避免不必要的重复工作,加快施工进度,缩短工期。在安排施工程序时,一般应坚持先地下后地上的原则,对整个施工现场要进行统筹规划合理安排,并注意其技术经济效果。

(3) 应用先进的施工工艺和作业设备。先进的施工工艺方法和机械设备配套施工,不但能提高施工的机械化、装配化程度,提高劳动生产率,而且还能降低工程的施工成本,提高施工企业的经济效益。

(4) 采用合理的施工组织方式。在施工过程中组织流水作业和使用网络计划技术安排

2.1 概　　述

进度计划，合理地安排人力、物力、财力等资源的供应，把握住关键工程的施工进程，使工程均衡有序进行。

（5）妥善安排施工现场，做到安全文明施工。统筹规划整个施工现场，使施工井然有序，制定一系列的安全文明施工措施，提高企业安全文明施工的程度，提高经济效益。

2．施工组织设计的编制依据

（1）计划文件。包括国家批准的基本建设计划文件、单位工程项目一览表、项目所在地区主管部门的批件、施工单位主管上级下达的施工任务。

（2）设计文件。包括批准的可行性研究报告、初步设计、技术设计和施工图设计、设计说明书、总概算或修正总概算、施工图预算。

（3）合同文件。即施工单位与建设单位签订的工程承包合同。

（4）项目所在地区的调查资料。包括水文、气象、地形、地质等自然条件资料，当地的地区定额、规范、人工单价、材料价格、运输条件以及政策法规等技术经济资料。

（5）施工单位本身对工程施工可配备的人力、机械和技术力量。

（6）国家现行的有关定额、规范、标准、规程、设计手册等。

2.1.3 施工组织设计的内容组成

施工组织设计的内容，根据工程性质、规模、结构特点、施工工艺的复杂程度和施工条件的不同而有所区别。但一般应包括以下主要内容：

（1）工程概况。

（2）总体施工方案部署与施工方法。

（3）施工进度计划。

（4）各种资源需求计划。

（5）施工平面图。

（6）主要技术组织措施和主要技术经济指标。

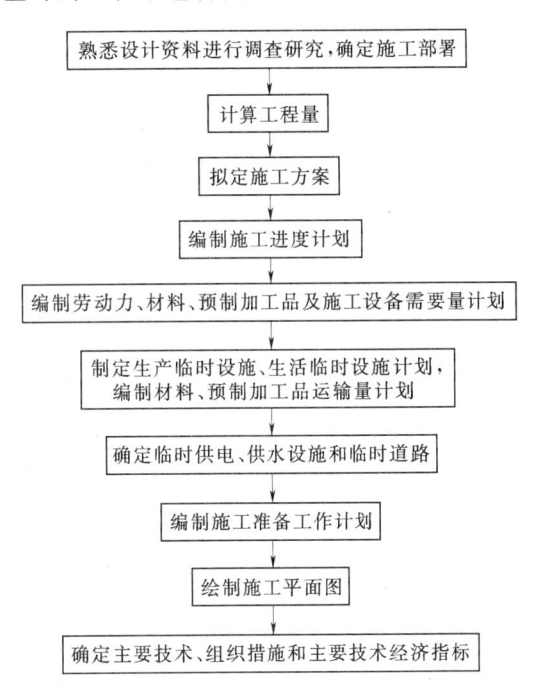

图 2.1　单位工程施工组织设计编制程序

2.1.4 单位工程施工组织设计的编制程序

施工组织设计，应按照施工过程中各种因素之间的相互影响和变化规律，运用科学的方法进行编制，其程序如图 2.1 所示。

施工组织设计要根据实际工程的客观内容而编制，编制前应做好充分的准备工作，要对设计资料和工程所在地的技术经济状况及现场条件进行深入细致的调查研究，在此基础上编制出来的施工组织设计才会具有指导性和可操作性。

2.2 单位工程施工组织设计的编制

单位工程施工组织设计的内容主要包括：工程概况、施工方案、施工进度计划、各种资源供应计划、施工平面图和各项技术组织管理措施。具体内容分述如下。

2.2.1 工程概况

工程概况是对拟建工程的工程特点、现场情况、施工条件等内容作一个简要的、突出重点的文字介绍，必要时还可以附以图表来弥补文字介绍的不足。

1. 工程建设特点

主要介绍拟建工程的建设单位、工程名称、建设地点、工程性质、建设规模、总投资、开竣工日期及分期分批施工的项目和期限；总占地面积、体积和主要实物工程量；主要结构特征；抗渗、抗冻、抗震的要求；管线铺设、设备安装及其他设施的建设要求。

2. 施工现场特点

主要反映工程所在位置、地形、地貌、工程地质与水文地质条件、气象条件和地震烈度、地方资源和交通运输条件、劳动力和生活设施等内容。

3. 施工条件

主要应反映建设单位可提供的临时设施、技术经济协作条件；施工企业的生产能力、技术人员、技术装备、管理水平、市场竞争能力和完成指标的情况以及主要设备和材料的供应情况等内容。

此外对工程项目有关的协议、土地的征用范围、数量和搬迁拆迁时间及临时用地等情况，也可以做简要说明。

2.2.2 施工方案的确定

施工方案是施工组织设计的核心，要根据工期要求、材料、机械和劳动力的供应情况，以及协作单位配合条件和其他现场条件进行周密的考虑。

对于一个具体的工程，可以拟定若干不同的施工方案，从技术、经济两个方面对此进行综合分析，决定取舍。施工方案一经确定，则整个施工的进程、人力和机械的需要和布置、工程质量及施工安全、工程成本、现场的状况等也随之被规定下来。施工组织的各个方面都无一不与施工方案发生联系而受到重大影响。施工方案的优劣，在很大程度上决定了施工组织设计的质量和施工任务完成的好坏。选择施工方案的基本要求是：可行性强；施工期限满足业主要求；确保工程质量和施工安全；经济合理、工料消耗和施工费用最低。

施工方案拟定的内容，一般包括施工顺序、施工方法、施工机具、施工过程组织的确定等。

1. 施工顺序的确定

公路工程施工点多线长、情况各异、自然条件复杂，所以合理确定施工项目中各单位工程或关键项目的施工顺序是确定施工方案的首要问题，对工程的经济效益具有决定性的影响。

安排好一个施工项目的施工顺序，要考虑到多方面的因素，每个具体工程项目又各不相同，不可能有统一的模式，因此要进行具体的分析，根据其施工规律来确定施工顺序，但应遵循和考虑以下几点。

(1) 影响全局的关键工程部位。首先要考虑影响全局的关键工程的合理施工顺序。如路线工程中的某大桥、某隧道、某深路堑，若不在前期完工，将导致其他工程不能施工（如无法运输材料、机械或工期太长等）而拖延工期，此时应集中力量首先完成关键工程。又如路基土方采用机械化施工，但路基中有桥涵工程，如果能安排小桥、涵洞工程在机械施工开始之前完成，并达到承载强度，则为机械化施工创造了条件，否则要预留路基缺口，所以这些都涉及统筹安排的问题。

(2) 必须充分考虑自然条件的影响。安排施工项目施工顺序时，必须考虑水文、地质、气象等的影响。如桥梁的基础工程一定要安排在汛期之前完成或安排在汛期之后进行。

(3) 施工顺序要与施工方法、施工机具协调一致。如现浇钢筋混凝土梁桥上部构造的施工顺序与采用架桥机进行装配化施工顺序就显然不同。

(4) 要考虑施工条件对施工顺序的影响。如某种关键机械能否按时供应；某拆迁工程能否按时拆迁；高寒地区的生活条件或生活供应能否按时解决等。

(5) 必须符合工艺要求。公路工程的各施工过程或工序之间，存在着一定的工艺顺序要求。如钻孔灌注桩在钻孔后应尽快灌注水下混凝土，以防坍孔，所以两道工序必须紧密衔接。

(6) 必须考虑施工质量要求。在安排施工顺序时，要以能确保工程质量作为前提条件之一。例如桥梁工程的钻孔灌注桩基础采用钻孔机钻孔时，通常每个墩台基础都有两个或两个以上的桩基，一个基础中的不同桩基不能以相邻顺序施工，否则会发生坍孔，一般要间隔施工。

(7) 必须考虑安全生产的要求。在安排施工顺序时，必须力求各施工过程的衔接不至于产生不安全因素，以防安全事故的发生。

(8) 应能使工期在满足业主方要求条件下，实现工期—费用优化。

(9) 尽力体现施工过程组织的基本原则，即施工过程的连续性、协调性、均衡性以及经济性。

2. 施工方法的选择

正确地选择施工方法是确定施工方案的关键。施工方法在技术上必须满足保证工程质量，提高劳动生产率以及充分利用机械的要求，做到技术先进、经济合理。

每个施工过程均可采用不同施工方法进行施工，而每一种方法都有其各自的特点。关键是从若干个可行的施工方法中，选择一个最先进、最可行、最经济的施工方法。选择施工方法的主要依据是：

(1) 工程特点。主要指工程项目的规模、构造、工艺要求、技术要求等方面的特点。

(2) 工期要求。要明确本工程的总工期或分部工程的工期是属于紧迫、正常、充裕三种情况中的哪一种。

(3) 施工组织条件。主要是气候等自然条件，施工单位的技术水平和管理水平，所需

设备、材料、资金等供应的可能性。

例如有些桥梁的基础开挖施工，可以人力开挖，也可机械开挖，这就需要选择确定施工方法。如果人力多，基础深度不大，人工开挖可能有利；如施工单位拥有反铲挖土机，用机械施工可节省人力和施工时间。若两者都可使用就需要进行经济比较。又如一座大桥的高墩台灌注混凝土施工，可以选择多台钢塔架吊装混凝土浇灌的施工方法，也可选架设缆索吊车（如果两岸有高坡可利用）的施工方法，还可选择吊臂可伸长达到一定高度的吊车的施工方法。最终选择哪一种方法，要从实际出发，一要保证技术安全可靠，二要经济合理。总之，工程项目施工往往有多种方法，只要经过比较，就可以选择出一个好的方案。

3. 施工机械的选择

正确拟定施工方法和施工机械是合理地组织施工的关键。

施工方法确定后，机械设备选择就只能以满足施工方法的要求为基本依据。而正确地选择好施工机械能使施工方法更为先进、合理。在现代化的施工条件下，施工机械的选择好坏很大程度上决定了施工方案的优劣。

施工机械的选择只能在现有的或可能获得的机械中进行选择。尽管某种机械在各方面都是适合的，或对工期的缩短、人力的节省很有利，但如不能得到，则就不能作为一个供选择的方案。在一定的机械设备条件下，施工机械的选择应从以下几个方面考虑。

（1）选择机械类型应与施工条件相符合。施工条件指施工现场的地质、地形、工程量大小和施工进度要求等，特别是工程量和施工进度是合理选择机械的重要依据。一般地说，为了保证施工进度和提高经济效益，工程量大应采用大型机械；工程量小则应采用小型机械。但也不是绝对的，如一大型土方工程，由于施工地区偏僻，道路、桥梁狭窄或载重量限制了大型机械的通过，如果只是专门为了它的运输问题而修路、架桥，显然是不经济的，因此应选用中型机械施工。

（2）固定资产损耗费与运行费是否经济。固定资产的损耗与施工机械费的消耗成正比。施工机械费消耗的经济性是在机械选择时重点考虑的因素，是选择施工机械必须考虑的一项原则。如有时采用大型机械施工，虽然投资大，但可以提高生产效率，所以可能对工程成本影响很小，因此这时选择大型工程是经济的。施工机械的经济选择基础是施工单价，故必须权衡机械费（包括不变费用和可变费用）与工程量的关系。通常施工机械的容量越大，其施工单价越便宜。如果只使用大型施工机械的部分容量不如最大限度地发挥中小型机械的容量，这在许多情况下则是经济的。

（3）施工机械的组合是否合理。选择施工机械时，要考虑到各种机械的合理组合，这是使选择的施工机械发挥效率的关键。合理组合一是指主机与辅助机械在台班和生产能力上的相互适应；二是指作业线上的各种机械相互配合的组合。

主机与辅机的组合。一定要在保证主机充分发挥作用的前提下，考虑辅机的台数和生产能力。如挖土机或装载机进行土方作业，需要自卸汽车运土，则主机就是挖土机或装载机，而辅机则是自卸汽车。一台主机配几台辅机，应视主机的容量（生产能力）而定，如主机容量大，配的自卸车容量小，则自卸车的数量就要多，少了保证不了主机连续不断地作业。

作业线上各种机械的配套组合。一条机械化施工作业线是由几种机械联合作业，组合成一条龙施工才能形成生产能力。如果其中的某种机械的生产能力不适应作业线上的其他机械，或机械可靠性不好，都会使整条作业线的机械发挥不了作用。

（4）从全局出发统筹考虑选择施工机械。全局出发就是不仅考虑本项工程，而且要考虑所承担的同一现场的其他工程的施工机械使用。这就是说从局部考虑选择的机械可能不合理，但从全局考虑则是合理的。例如挖土机的选择，如果要在几个工程项目上连续使用，则宜按最大土方量的需要选择某种容量与之相适应的挖土机，虽然在成本上是大了些，但从总的来看则是经济合理的。同样，如果几个工程需要的混凝土量大，而又相距不太远，采用混凝土搅拌站比采用分散于各工程的搅拌机要经济得多。

应该指出，在某一条件下的最佳方案在另外特殊条件下可能是不适应的，所以施工方案确定要因地制宜，合理优选。当施工方案确定之后，即可考虑采用哪一种作业方法，进行时间组织，并最后编出施工进度图。

2.2.3　施工进度计划

单位工程的施工进度计划，以确定的施工方案为基础，根据规定的工程工期和技术物资供应条件，遵循各施工过程合理的工艺顺序，统筹安排各项施工活动。施工进度计划的任务，既是为各施工过程明确一个确定的施工期限，又以此确定各施工期内的劳动力和各种技术物资的供应计划。

2.2.3.1　施工进度计划的作用

（1）施工进度计划是控制工程施工进度和开工、竣工期限等各项施工活动的计划，是直接指导建筑安装工程施工的重要文件之一。

（2）通过编制施工进度计划，可以确定单位工程各个施工过程的施工顺序、施工持续时间及相互衔接和合理配合的关系。

（3）施工进度计划是确定劳动力和各种资源需要计划的依据，也是编制单位工程施工准备工作计划的依据。

（4）施工进度计划为编制年、季、月作业计划提供依据，以保证按组织施工的原则，以最少的资源消耗，在规定的工期内完成质量合格的产品。

2.2.3.2　施工进度计划的编制依据与编制步骤

1. 施工进度计划的编制依据

（1）工程的全部设计图纸和设计文件。

（2）有关地形、地质、水文、气象及其他技术经济资料。

（3）合同规定的开、竣工日期。

（4）已确定的工程的施工方案。

（5）劳动定额及机械使用定额。

（6）劳动力、材料、机械设备供应情况。

（7）施工区域内的施工条件。

2. 施工进度计划的编制步骤

（1）研究施工设计图和有关资料及施工条件。

（2）划分工程项目，计算实际工程量。

（3）编制合理的施工顺序并选择确定施工方法。

(4) 计算各工序的劳动量。
(5) 确定各工序的劳动力需要量和机械台班数量及规格。
(6) 计算各工序的作业持续时间。
(7) 绘制施工进度图。
(8) 检查并调整施工进度。

2.2.3.3 施工进度图的形式

施工进度计划通常是以图表表示，主要形式有：横道图法、垂直图法和网络图法等三种。

1. 横道图

横道图的常用格式如图 2.2 所示。其内容有两大部分：左面工程内容数据表格部分和右面的指示图表部分。左面部分是以分部分项工程为主要内容的表格，包括了相应的工程量、定额和劳动量等计算依据；右面部分是指示图表，它是由左面表格中的有关数据经计算得到的。指示图表用横向线条形象地表示出分部分项工程的施工进度，线的长短表示施工期限；线的位置表示施工过程；线上的数字表示劳动力数量；线的不同符号表示不同的

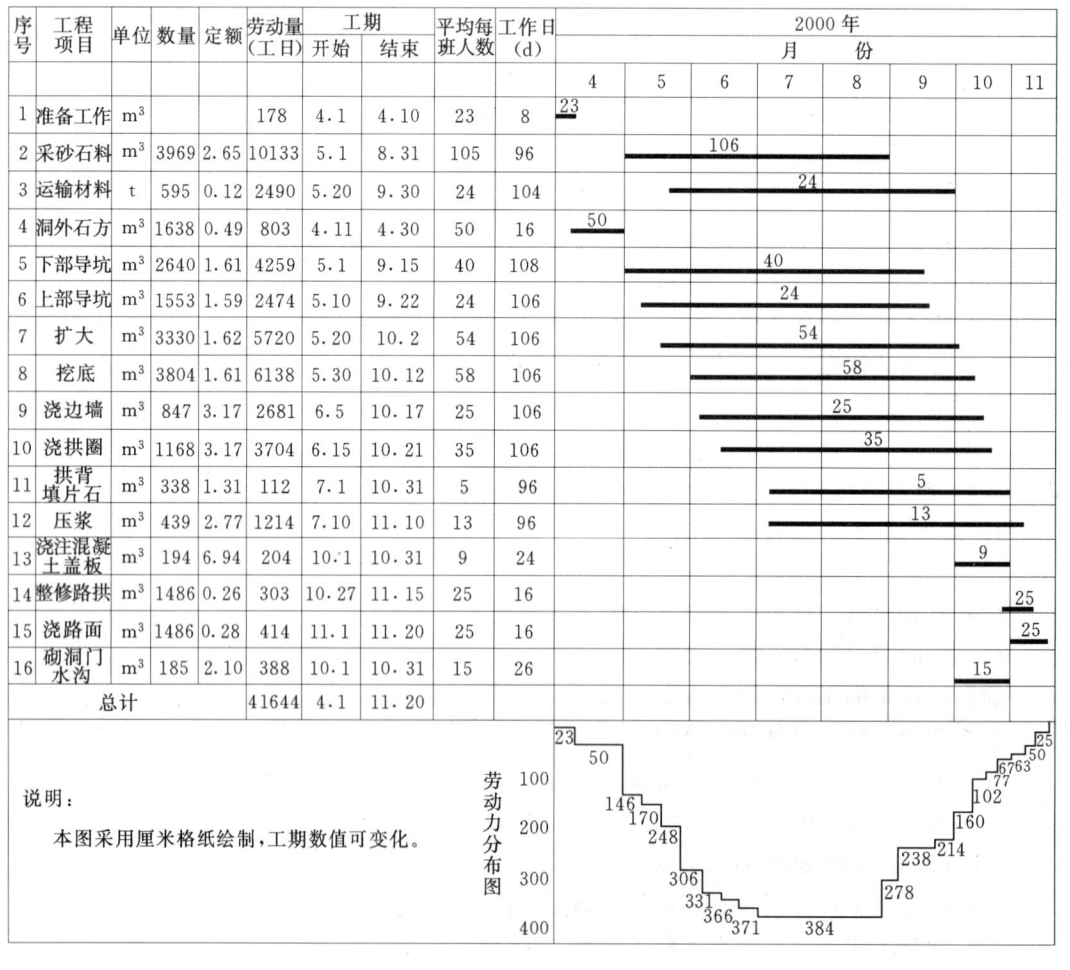

序号	工程项目	单位	数量	定额	劳动量(工日)	工期开始	工期结束	平均每班人数	工作日(d)
1	准备工作	m³			178	4.1	4.10	23	8
2	采砂石料	m³	3969	2.65	10133	5.1	8.31	105	96
3	运输材料	t	595	0.12	2490	5.20	9.30	24	104
4	洞外石方	m³	1638	0.49	803	4.11	4.30	50	16
5	下部导坑	m³	2640	1.61	4259	5.1	9.15	40	108
6	上部导坑	m³	1553	1.59	2474	5.10	9.22	24	106
7	扩大	m³	3330	1.62	5720	5.20	10.2	54	106
8	挖底	m³	3804	1.61	6138	5.30	10.12	58	106
9	浇边墙	m³	847	3.17	2681	6.5	10.17	25	106
10	浇拱圈	m³	1168	3.17	3704	6.15	10.21	35	106
11	拱背填片石	m³	338	1.31	112	7.1	10.31	5	96
12	压浆	m³	439	2.77	1214	7.10	11.11	13	96
13	浇注混凝土盖板	m³	194	6.94	204	10.1	10.31	9	24
14	整修路拱	m³	1486	0.26	303	10.27	11.15	25	16
15	浇路面	m³	1486	0.28	414	11.1	11.20	25	16
16	砌洞门水沟	m³	185	2.10	388	10.1	10.31	15	26
	总计				41644	4.1	11.20		

说明：本图采用厘米格纸绘制，工期数值可变化。

图 2.2 隧道工程施工进度横道图

作业队或施工段别。横道图表示出各施工阶段的工期和总工期,并综合反应了各分部分项工程相互间的关系。这种表示方法比较简单、直观、易懂,容易编制,但有以下缺点:

(1) 分项工程或工序的相互关系不明确。

(2) 施工日期和施工地点无法表示,只能用文字说明。

(3) 工程数量实际分布情况不具体。

(4) 仅反映出平均施工强度,它用于绘制集中性工程进度图、材料供应计划图,或作为辅助性的图示附在说明书内用来向施工单位下达任务。

2．垂直图

垂直图的表示特点是:以纵坐标表示施工日期,以横坐标表示里程或工程位置,而各分部分项工程的施工进度则相应地以不同的斜线表示。工程量在图表上方相应地表示,施工组织平面示意图可在图表的下方相应地表示,资源平衡可在图表右侧以曲线表示。图2.3为垂直图的应用实例。

垂直图的优点是消除了横道图的不足之处,工程项目的相互关系、施工的紧凑程度和施工速度都十分清楚,工程在各施工段上的分布情况和施工日期一目了然。从图2.3中可以直接找出任何一天各施工队的施工地点和应完成的工程数量,但仍有一些不足之处:

(1) 反应不出某项工作提前(或推迟)完成对整个计划的影响程度。

(2) 反映不出哪些工程是主要的,不能明确表达出哪些是关键工作。

(3) 计划安排的优劣程度很难评价。

(4) 不能使用电子计算机,因而绘制和修改进度图的工作量很大。

3．网络图

网络图与横道图、垂直图比较,不仅能反应施工进度,而且能清楚地表达各施工项目、各施工专业队之间错综复杂的联系、制约、协作等关系。它的最大优点是在计划的执行过程中可以很方便地根据当时的条件进行调整,指导工程施工按最佳的进度运行。因此不论是集中型工程还是线型工程,都可以用网络图表示工程进度,尤其是时标网络图更能准确、直观地表达工程进度。图2.4是三座管涵的施工网络图,施工采用流水作业,自然分成三个施工段(一个管涵一个施工段)四个专业队即挖槽、砌基础、安管、做洞口。

2.2.3.4　施工进度计划的编制方法要点

1．划分施工项目

在编制单位工程施工进度计划时,首先要将工程项目划分若干个施工过程(或称工序),并填入进度计划表相应的栏内。划分施工项目时应注意:

(1) 划分施工项目应与施工方法相一致,使进度计划能够完全符合施工实际进展情况,真正起到指导施工的作用。

(2) 划分施工项目的粗细程度一般要按工程量清单的细目和子目来填列,这样既简明又清晰,又便于查定额计算。

(3) 在进度计划表内填写施工项目时,应按工程的施工顺序排列(指横道图),并应优先安排好主导工程。

(4) 施工项目的划分一定要结合工程结构特点仔细分项填列,切不可漏填,以免影响进度计划的准确性。

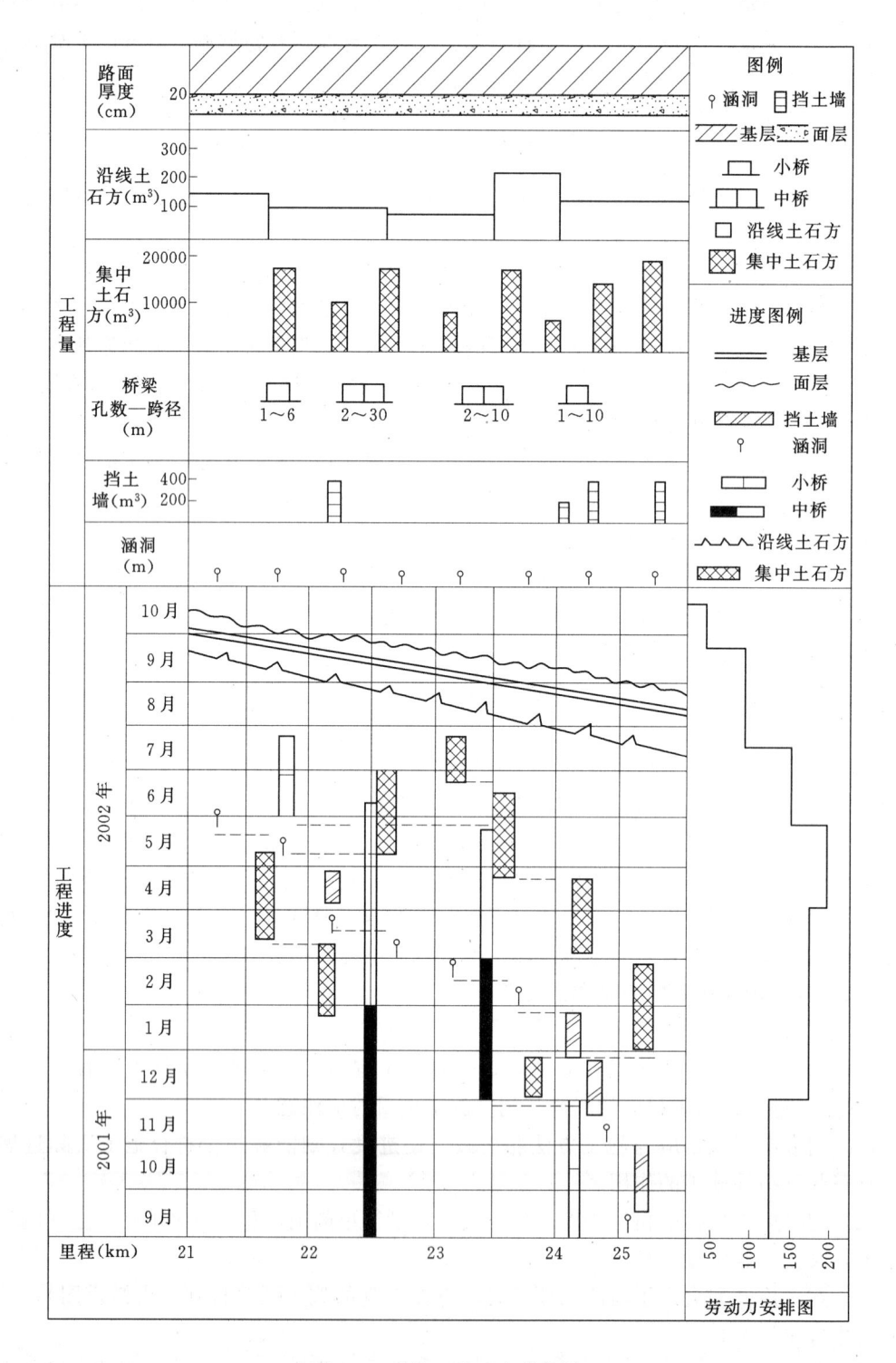

图 2.3 道路工程垂直进度图

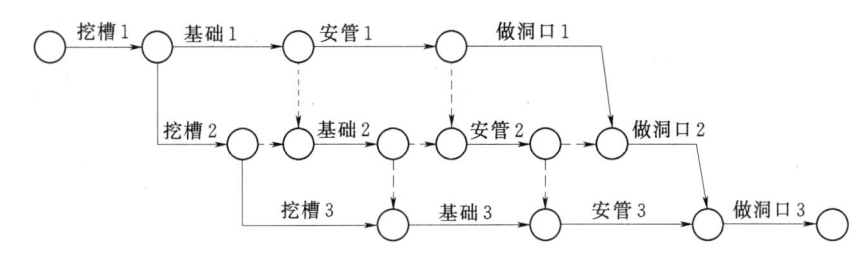

图 2.4 管涵工程施工进度网络图

2. 工程数量计算

施工进度计划的项目列好以后，即可根据施工图纸及有关工程数量的计算规则，按照施工顺序的排列，分别计算各个施工过程的工程数量并填入表中。工程数量的计算单位应与工程量清单种计算单位相一致。

3. 劳动量计算

所谓劳动量，就是施工过程的工程量与相应的时间定额的乘积，如劳动力数量与生产周期的乘积，机械台数与生产周期的乘积。人工操作时叫劳动量，机械操作时叫作业量。

劳动量（或作业量）可按下式计算：

$$P=\frac{Q}{C} \tag{2.1}$$

或

$$P=QS$$

式中 P——劳动量，工日或台班；

Q——工程量；

C——产量定额；

S——时间定额。

劳动量的计算，对于人工为工日，对于机械则为台班。计算劳动量时应根据现行的相应定额（施工定额或预算定额）计算。

受施工条件或施工单位人力或设备数量的限制，对生产周期起控制作用的那个劳动量称为主导劳动量。一般取生产周期较长的劳动量作为主导劳动量。

在人员、机械数量不变，采用两班制或三班制将会缩短施工过程的生产周期。当主导劳动量生产周期过于突出，就可以采用两班制或三班制作业缩短生产周期。

4. 生产周期的计算

由于要求工期不同和施工条件的差异，生产周期的具体计算方法有以下两种。

以施工单位现有的人力、机械的实际生产能力以及工作面大小，来确定完成该劳动量所需的持续时间（周期）。一般可按下式计算：

$$t=\frac{P}{Rn} \tag{2.2}$$

式中 t——生产周期（即持续时间）；

P——劳动量，工日或台班；

R——施工班组人数或机械台数；

n——生产工作班制数。

根据规定的工期来确定施工队伍（班组）人数或机械台数。在某些情况下，可以根据已规定的或后续工序需要的工期来计算在一班制、两班制或三班制条件下，完成劳动量所需作业队的人数或机械台数，一般按下式计算：

$$R=\frac{P}{tn} \tag{2.3}$$

5．填写作业工期时间表

准备作业工期计算表，见表 2.1，将施工项目列项填入表中，把工程量、劳动量以及作业班制、实用人数和机械台数填入表中，并逐项确定主导工期。

表 2.1　　　　　　　　　　作业工期计算表

序号	施工项目	施工方法	工程数量		定额编号	主导工期	人工劳动量		实用人数		人工作业工期
			单位	数量			定额	数量	作业班制	每班人数	
1	2	3	4	5	6	7	8	9	10	11

序号	机械作业量（台班）						实用机械台数与作业工期								
	机$_1$		机$_2$		机$_3$		机$_1$			机$_2$			机$_3$		
	定额	数量	定额	数量	定额	数量	班制	台数	工期	班制	台数	工期	班制	台数	工期
	12	13	14	15	16	17	18	19	20	21	22	23	24	25	26

6．绘制施工进度图

(1) 横道图的绘制。横道图直观、明了，绘制步骤也比较简单。其绘制步骤如下：

1) 参照图 2.2 绘制横道图的图框和表格。

2) 将作业工期计算表中的施工项目、有关数据抄录于图中。

3) 按合同规定的开工、竣工日期，在图中填列日历。

4) 按作业工期计算表计算主导工期，根据施工项目（工序）之间的逻辑关系，确定施工作业组织方法（顺序作业法、平行作业法、流水作业法），在进度图上合理设计各施工项目的施工起止日期，即用直线或不同符号、不同颜色的线条在施工进度图上绘制作业进度。

5) 绘制劳动力、材料等资源的数量—时间曲线。

6) 在施工项目进度安排上进行反复比较，反复修改，同时修改作业工期计算表，直至合理为之止。

7) 编写施工进度图的说明，并抄录于进度图的适当位置。

8) 在进度图的适当位置，列出图例。

(2) 垂直图的绘制。采用垂直图时应注意：在作业工期计算表中，线形工程要按里程顺序，并以千米（km）为单位计算列项，集中性工程要按工程的桩号顺序，并单独计量列项。具体绘制步骤如下。

1) 根据施工项目的多少，参照图 2.3 绘制图表轮廓、表格、标注里程。

2) 按数量、里程、不同符号，将作业工期计算表中的施工项目，展绘于进度图的上部各栏内。

3) 按合同签订的开工、竣工日期，将进度日历绘于图左的纵坐标上。

4) 按里程将工程的空间组织（即施工平面设计草图）展绘于进度图的下部。

5) 按各施工项目的主导工期、施工方法，依据施工组织原理，用不同符号的斜线或垂线进行施工项目的进度安排设计，此项设计工作要反复比较、修改，具体设计方法如下：

a. 小桥涵工程。首先要明确施工组织方法，然后根据每座小桥涵工程的开工、竣工日期，在各小桥涵的相应位置用直线或其他符号垂直地绘出施工期。

b. 大中桥工程。其绘制方法与小桥涵工程相同，但习惯上将桥梁上、下部工程用两种线条符号表示。

c. 路基工程。当路基工程的施工组织方法确定之后，可根据工程量、施工力量配置、施工条件，逐千米或逐施工段按主导工期，以斜线表示时间—里程之间的进度关系。在绘制路基进度线时，必须充分考虑各项施工项目之间的关系。由于多方面的原因，路基施工进度线可能是一条或多条直线，也可能是一条或多条连续或间断的折线（注意：所有斜线不能和桥涵线相交）。

d. 路面工程。路面工程一般组织成一段或多段连续施工，所以进度线一般是一条或多条斜线。斜线的垂直高度为路面施工的总工期，斜线的水平长度等于路面总里程。安排路面施工进度时，不得与路基进度线相交，避免路基施工间断，因为这违反了施工的客观规律。

6) 绘制资源（人工、材料、机械台班等）消耗量—时间曲线。

7) 进行反复比较、修改，检查总工期是否符合合同规定，资源需要量是否均衡等。

8) 编写施工进度图的说明。

9) 绘制图例。

(3) 网络图的绘制。网络图绘制按照下面步骤进行。

1) 工程任务分解。将一个庞大的工程项目划分为若干个单项工作，或将横道图中各个施工项目（工序）在各个施工段上的操作重新命名为其他工作名称。

2) 确定施工方法。工程任务分解后，即可确定各单项工作的施工方法。

3) 确定施工作业组织方法。应尽量采用流水作业法，或几种作业方法综合运用。

4) 划分施工段。按流水作业法的要求划分施工段，因为这样更容易得到最佳的网络计划。

5) 确定各单项工作（工序）之间的逻辑关系，即明确指出紧前或紧后工作关系，列出工作关系草表。

6) 确定各单项工作的持续时间（流水节拍）。估计因气候或其他原因的停工时间，将

各单项工作的持续时间（流水节拍）填入工作关系表。

7）列表。将前六项内容反复斟酌，确认无不合理之处后列出正规的工作关系表。通常工作关系表的内容包括：工作代号、工作名称、紧前（紧后）工作、持续时间等。

8）绘制双代号网络草图。根据工作关系表，按照网络图的绘制方法绘制双代号网络草图；并进行网络图的计算，找出关键线路，确定计划总工期。

9）整理成图。经过对网络图的反复计算和反复检查调整，确认工期满足要求后，资源基本平衡，将优化后的网络草图，合理布局，重新成图。

对于规模较大、内容复杂的网络图，可先规划，分块绘制，再拼接起来，统一检查调整。

2.2.3.5 施工进度计划的检查与调整

施工进度计划初步编制后，应对工期、劳动力均衡性进行检查、调整，使其满足要求。

1. 施工工期检查

施工进度计划的工期应当符合合同规定的工期，并尽可能适当缩短，以保证工程按期或提前交付使用，从而达到最好的经济效果。

2. 劳动力消耗的均衡性检查

每天出勤的工人人数力求不发生大的变动，即劳动力消耗力求均衡。劳动力需用量图表明了劳动力需用量与施工期限之间的关系，图 2.5 是劳动力需用量的三种典型图式。正确的施工组织设计应该使劳动力需用量均衡。图 2.5（a）在短期内出现高峰现象，图 2.5（b）则起伏不定，这两种在施工安排上应尽力避免，图 2.5（c）是最好的情况。

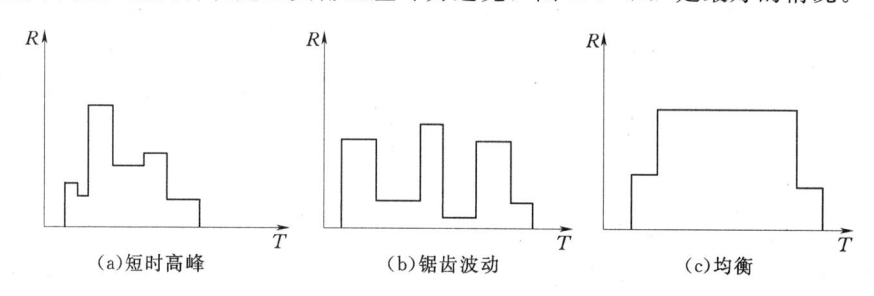

图 2.5 劳动力需求图

劳动力消耗的均衡性，可用劳动力不均衡系数 K 表示，计算式为

$$K = R_{\max} / \overline{R} \tag{2.4}$$

式中　$R_{\max}$——施工期间人数最高峰值；

　　　$\overline{R}$——施工期间加权平均人数，即总劳动量除以计算总工期。

劳动力不均衡系数不小于 1，一般不允许超过 1.5；当劳动力不均衡系数大于 1.5 时，说明劳动力消耗不均衡，应调整施工进度计划。

3. 施工工期和劳动力均衡性的调整

（1）如果要使工期缩短，则可对工期较长的主导劳动量施工采取措施，如增加班制或工人数（或机械数量）来达到缩短工期的目的。

(2) 若所编计划的工期不允许再延长,而劳动力出现较大的不均衡性,则可在允许的范围内,通过调整次要工序的施工人数、开工或完工日期等,使劳动力需要量较为均衡。

某些工程由于特定的条件,工期没有严格的限制,而在投资、主要材料及关键设备等某一方面有时间或数量的限制时,就要将这些特定条件作为控制因素进行调整。复杂的工程要经过反复调整,才能达到比较合理的效果。

2.2.4 施工准备和各项资源供应计划

单位工程施工进度计划编制完成后,即可着手编制施工准备工作计划和各项资源需要量计划,并应满足施工进度计划的需要,保证施工进度计划的实施。

1. 施工准备工作计划

单位工程施工前应编制施工准备工作计划。它主要反映工程施工前和施工中必须做的有关准备工作,其内容一般包括施工组织准备、技术准备、施工现场准备、所需资源准备、后勤准备等五个方面。一般以表格的形式表示,见表 2.2。

表 2.2　　　　　　　　　　　单位工程施工准备工作计划

序 号	准备工作名称	准备工作内容	主办单位	协办单位	完成时间	负责人

2. 各种资源需要量计划

(1) 劳动力需用量计划。根据已确定的施工进度计划,可计算出各个施工项目每天所需的人工数,将同一时间内所有施工项目的人工数进行累加,即可绘出如图 2.2 所示的每日人工数随时间变化的劳动力需用量图。同时还可以编制劳动力需用量计划(见表 2.3)附于施工进度图之后,为劳动部门提供劳动力进退场时间,保证及时调配,搞好平衡,以满足施工的需要。如现有劳动力不足或过多时,应提出相应的解决措施,或增加工作面,保证按时或提前完成任务。劳动力需要量计划是确定临时生活设施的依据。

表 2.3　　　　　　　　　　　劳动力需用量计划

序号	工种名	需要人数及时间										备注
		年					度					
		一季度	二季度	三季度	四季度	合计	一季度	二季度	三季度	四季度	合计	
1	2	3	4	5	6	7	8	9	10	11	12	

(2) 主要材料需用量计划。主要材料需用量计划包括施工需要的材料、构件和半成品,以及有关的临时设施及施工中拟采取的技术措施用料,如钢材、水泥、木材、沥青、砂石料、爆破器材及土工合成材料、外掺剂等。

材料的需用量可按照工程量和定额规定进行计算,然后根据施工项目的施工进度编制年、季、月主要材料计划表(见表 2.4)。主要材料(包括预制构件、半成品)计划应包括材料的规格、名称、数量，材料的来源及运输方式等。材料计划是为物资部门提供采购供应、组织运输和筹建仓库及堆料场的依据。

表 2.4 主 要 材 料 计 划 表

序号	材料名称及规格	单位	数量	来源	运输方式	年　度										备注
						一季度	二季度	三季度	四季度	合计	一季度	二季度	三季度	四季度	合计	
1	2	3	4	5	6	7	8	9	10	11	12	13	14	15		16

（3）主要施工机具、设备需用量计划。在确定施工方法时，已经考虑了各个施工项目应选择何种施工机具或设备。为了做好机具或设备的供应工作，应根据已确定的施工进度计划，将每个项目采用的施工机具种类、规格和需用数量，以及使用的具体日期等综合起来编制施工机具、设备计划，以配合施工，保证施工进度的正常进行。

主要施工机具、设备用量包括基本施工过程、辅助施工过程所需的主要机具、设备，并应考虑设备进出场（厂）所需台班以及使用期间的检修、轮换的备用数量，见表 2.5。

表 2.5 主要机具、设备计划

序号	设备、机具名称及规格	数　量		使用期限		××年								备注
		台班	台辆	开始日期	结束日期	一季度		二季度		三季度		四季度		
						台班	台辆	台班	台辆	台班	台辆	台班	台辆	
	1	2	3	4	5	6	7	8	9	10	11	12	13	14

3．工地运输组织计划

工地运输包括场内运输和场外运输。工地运输组织计划不仅直接影响施工进度，而且在很大程度上也影响工程造价。为了确保施工进度计划执行，力求最大限度降低工程造价，要求编制出合理的运输组织计划。

工地运输组织应解决的问题有：确定运输量、选择运输方式、计算运输工具需用量等。

（1）确定运输量。工地需要运输的物资有建筑材料、构件及半成品、机械设备、施工生活用品等。这些物资由外地运来（即场外运输），一般都由专业运输单位承运。工地内的运输（即场内运输）通常由施工单位承担，仅当运输力量不足时，才由运输部门承运一部分。工地运输的货运量可用下式计算：

$$q = \frac{\sum(Q_i L_i)}{T} K \tag{2.5}$$

式中　q——每日货运量，t·km；

Q_i——各种物资的年度需用量或整个工程的物资用量；

L_i——运输距离,km;

T——工程年度运输工作日数或计划运输天数,d;

K——运输工作不均衡系数,公路运输取 $K=1.2$,铁路运输取 $K=1.5$。

(2) 选择运输方式。目前工地运输的方式有铁路(包括窄轨铁路)、公路运输、水路运输和特种运输(索道、管道)等。选择运输方式,必须充分考虑各种影响因素:例如运输量大小、运距和物资性质,现有运输设备条件,利用永久性道路的可能性,地形、地质及水文等自然条件,运杂费用等。

对外部运输来说,主要是如何利用原来的交通系统,将大量的外购材料与物资及时送至工地。采用何种运输方式就决定了运输的起讫点、运距和运输方向等。

工地内部运输主要有汽车、拖拉机、畜力车和各种民间运输工具。某些集中性工程也常用轻便铁轨、索道和溜槽等,这些运输方式应根据当地具体条件加以选择和组织。一般来说,汽车具有较好的越野性、深入性和灵活性,故在工地运输中采用较广。拖拉机行驶较慢,但牵引力大,故当运距短而运量集中,在施工泥泞便道上是一种较好的牵引工具。轻便铁轨在集中性工地上应用比较普遍,它拆迁方便、运输能力也很大,消耗动力较小,并且适用于狭窄地段,因此是集中性工地内部的主要运输方式。索道等特种运输适用于地势狭窄、高差大、工程量集中、施工地点比较固定和工作面狭窄的短途运输。畜力车和各种民间运输在短途运输中应用较普遍。因此,根据具体条件,做好全部工程的运输规划,选择合理的运输工具就显得很重要。

运输方案是否合理,应结合具体条件加以分析,一般应达到下列几个要求:

1) 运距最短,运输量最小。

2) 减少运转次数,力求直达工地。

3) 装卸迅速和运转方便。

4) 尽量运用原有交通条件,尤其要充分利用价格低廉的水运,以减少临时运输设施的投资。

5) 运输工具应与所运物资的性能、价值和要求相适应,充分发挥运输工具的载运能力。

6) 符合安全技术规定。

(3) 计算运输工具的需用量。运输方式确定后,即可计算运输工具的需用量。每班所需的运输工具数量可用下式计算:

$$m=\frac{QK_1}{qTnK_2} \tag{2.6}$$

式中 m——所需的运输工具台数;

Q——全年(季)度最大运输量;

K_1——运输不均衡系数,场外运输一般取 $K_1=1.2$,场内运输取 $K_1=1.1$;

q——汽车台班产量(根据运距按定额确定),台班;

T——全年(季)的工作天数;

n——每日的工作班制数;

K_2——运输工具供应系数,一般取 $K_2=0.9$。

（4）编制运输工具调度计划。各种运输工具均宜集中管理和统一调度使用，但少量小型的非机动运输工具可分散由施工基层掌握使用。运输工具的管理单位一般可以与材料供应单位合而为一，大规模施工可以建立专门材料运输队。

运输单位应按工程总进度计划和各施工队的施工进度计划定期指派运输小组或运输工具前往配合施工（如配合挖土机运土所需的汽车以及沥青混凝土拌和站运送沥青混凝土至摊铺工地的汽车等）。除此以外，必须按工程进度计划，进行全部工程的物资和材料供应的运输工作。为此，必须在施工管理机构统一安排下，编制出详细的调度计划，规定运输工具在施工过程中使用的地点期限、运输任务和性质、检修要求和时间等，对主要运输工具排列运输图表。

（5）工地运输的辅助设施。其辅助设施主要有临时道路、车库、加油站和检修车间等。

2.2.5 施工现场平面图设计

施工现场平面图设计是结合工程的具体特点和现场实际条件，按照一定的设计原则，对所需要的各种临时设施进行平面上的规划和布置。将布置方案绘制成图即施工现场平面图。它是施工组织设计的重要内容，是现场文明施工的基本保证。

2.2.5.1 施工现场平面图的设计依据、原则和步骤

1. 施工现场平面图的设计依据

（1）工程平面图。

（2）施工进度计划和主要施工方案。

（3）各种材料和半成品的供应计划和运输方式。

（4）各类临时设施的性质、形式、面积和尺寸。

（5）各类加工车间、场地的规模和设备数量。

（6）水源、电源资料。

（7）施工组织调查资料和设计图样。

（8）其他有关设计资料。

2. 施工现场平面图的设计原则

（1）在保证施工安全和现场施工顺利的条件下，要尽量布置紧凑，减少施工用地，尽量不占或少占农田。

（2）合理规划场地内的交通路线，缩短运输距离，尽量避免二次搬运。

（3）尽量利用已有的建筑物、构筑物和各种管线、道路，以降低临时设施的费用。

（4）尽量采用装配施工设施，减少搬迁损失，提高施工设备安装速度。

（5）各项设施的布置必须符合技术要求和劳动保护、安全、防火的要求。

3. 施工现场平面图的设计步骤

（1）分析有关调查资料。

（2）合理确定起重机、吊装、运输机械的布置，它直接影响仓库、料场、加工厂的位置和水、电线路及道路的布置。

（3）确定水泥混凝土、沥青混凝土搅拌站的位置。

（4）考虑各种材料、半成品的合理堆放。

(5) 布置水、电线路。

(6) 确定各种临时设施的布置和尺寸。

(7) 确定临时道路的位置、长度和标准。

2.2.5.2 施工现场平面图的分类及其主要内容

1. 按用途和工程范围分类

(1) 施工总平面图。施工总平面图是以整个工程项目或一个合同段为对象的平面布置。从工程沿线的地形情况、料场位置、运输路线、生活设施等的位置和相互关系出发布置，施工总平面图的形式如图 2.6 所示。

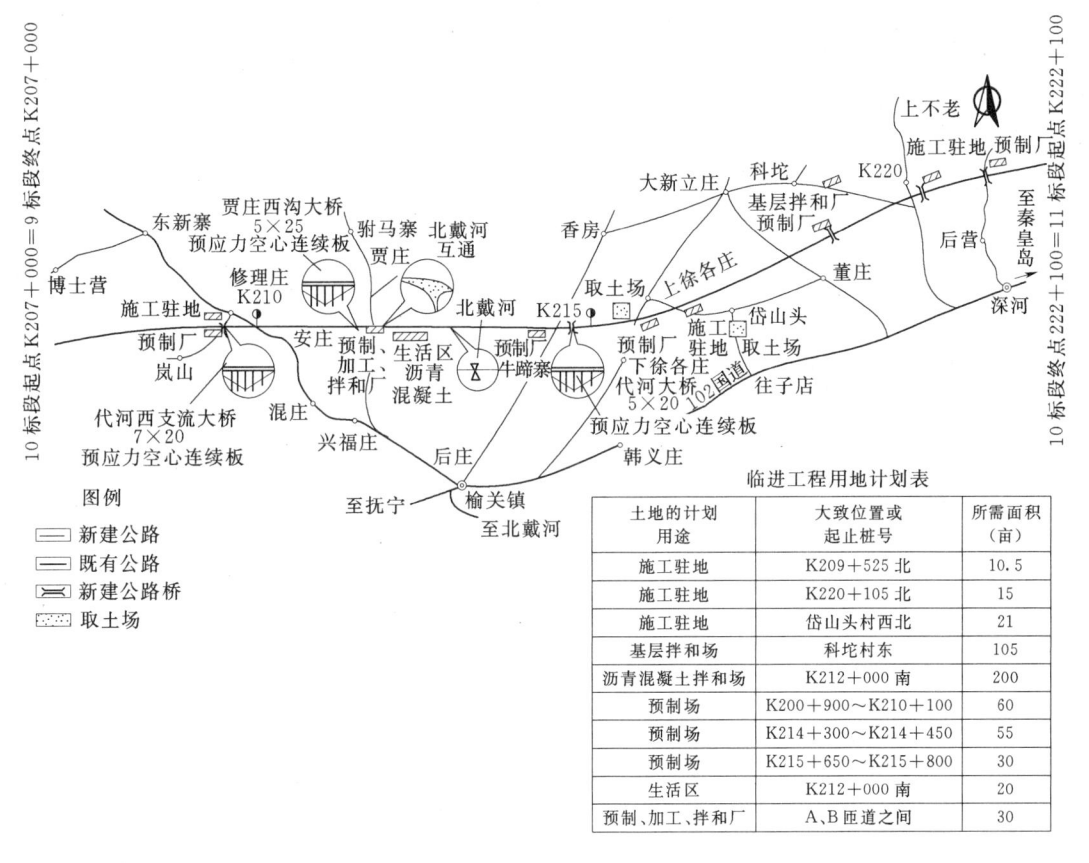

临进工程用地计划表		
土地的计划用途	大致位置或起止桩号	所需面积（亩）
施工驻地	K209+525 北	10.5
施工驻地	K220+105 北	15
施工驻地	岱山头村西北	21
基层拌和场	科坨村东	105
沥青混凝土拌和场	K212+000 南	200
预制场	K200+900～K210+100	60
预制场	K214+300～K214+450	55
预制场	K215+650～K215+800	30
生活区	K212+000 南	20
预制、加工、拌和厂	A、B 匝道之间	30

图 2.6 某公路工程施工总平面图

(2) 单项工程、分部分项工程施工平面图。该类平面图的布置有两种情况，一种是在施工总平面图的控制下进行布置，另一种是以施工总平面图为依据，即基本上按照施工总平面图的有关内容进行布置。但无论哪一种，都应比施工总平面图更加深入和具体。

1) 重点工程施工场地布置图。一般来说，大桥、隧道、立交枢纽等都是重点工程，其施工场地布置图应在等高线的地形图上按比例绘制。图上应详细绘出施工现场、辅助生产、生活等区域的布置情况，绘出原有地质情况。

2) 其他单项局部平面布置图。对于大型项目，因施工周期长，管理工作量大，附属、辅助企业多，必要时应绘制其他的平面图。这类图主要有：沿线砂石料场平面布置图；大

型附属企业，如沥青混合料拌和厂、预制构件厂、主要材料加工厂等平面布置图；临时供水、供电、供热基地及管线分布图；主要施工管理机构的平面布置图。

2. 按主体工程形态分类

(1) 线路工程施工平面图。线路工程施工平面图是沿路线全长绘制的一个狭长的带状平面图。图中一方面要反应地形、地物，如河流、道路、房屋、田地等，另一方面应反映出施工过程中的场地情况，如材料加工厂、仓库、施工管理机构、临时工程、便道、便桥等。必要时应分别绘制路基施工平面图和路面施工平面图。路线工程施工平面图可以按道路中线为假想的直线进行相对的展绘，也可以在平面图的下方绘出路线纵断图。

(2) 集中型工程施工平面图。集中型工程包括大、中桥工程和预制厂等的施工平面设计，其特点是场地狭小，工作面集中。某桥梁工程施工平面图如图 2.7 所示。

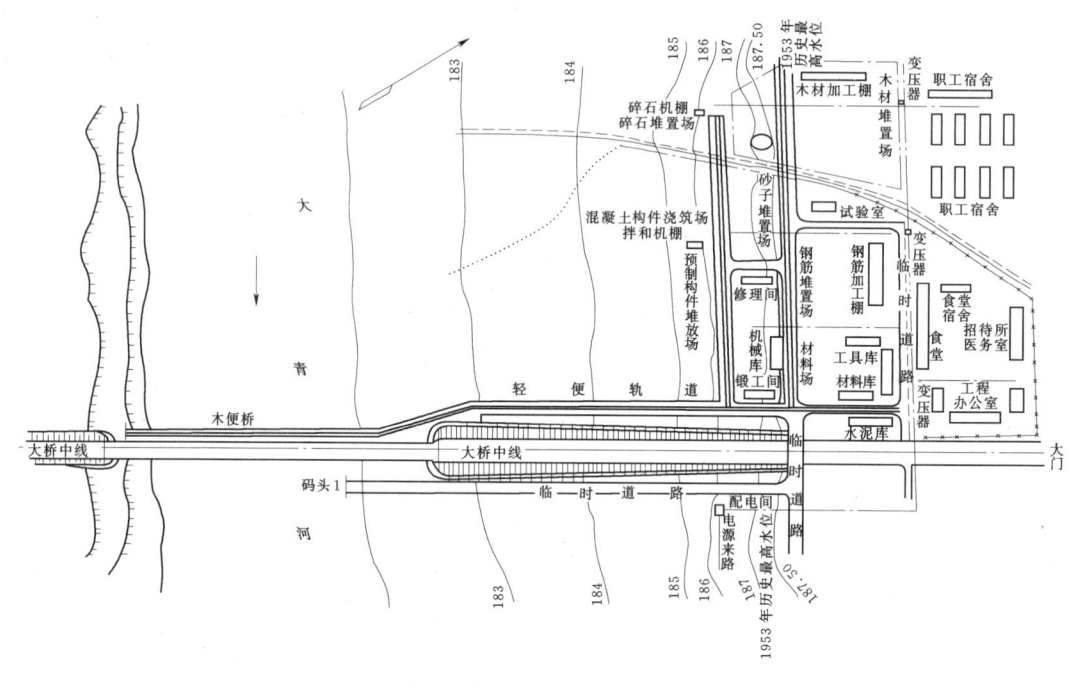

图 2.7 某桥梁工程施工平面图

2.2.5.3 施工现场临时设施布置

为保证公路工程施工的正常进行，除了安排合理的施工进度计划外，还需在正式开工前充分做好各种临时设施的准备工作，如：临时道路、临时供水、供电、通信、工棚、办公室、仓库、加工厂、工地运输等组织计划。

各种临时设施的设计是施工平面图设计中的一部分，尤其是实施性施工平面图设计，除了应确定各个临时设施的相互位置外，还应确定其容量和面积等内容。

开工前准备工作中，应着重解决如工棚、仓库、料场及加工场地、施工用水、供电、通信设施等问题。

1. 工地加工场地

(1) 工地加工场地一般包括钢筋、木工、金属结构等的加工场地。其平面设计的任

务是确定建筑面积和结构型式,通常参照有关资料或按经验确定,也可以按以下公式计算:

$$F=\frac{KQ}{TS\alpha} \tag{2.7}$$

式中　F——所需建筑面积,m^2;
　　　Q——加工总量,m^3 或 t;
　　　K——不均衡系数,取 $K=1.3\sim1.5$;
　　　T——加工总工期,月;
　　　S——每平方米场地的月平均产量;
　　　α——场地或建筑面积利用系数,取 $\alpha=0.6\sim0.7$。

(2) 水泥混凝土搅拌站面积用下式计算:

$$F=NA \tag{2.8}$$

$$N=\frac{QK}{TR} \tag{2.9}$$

式中　F——搅拌站面积,m^2;
　　　A——每台搅拌机所需的面积,m^2;
　　　N——搅拌机的台数;
　　　Q——混凝土总需用量,m^3;
　　　K——不均衡系数,取 $K=1.5$;
　　　T——混凝土工程施工总工作日;
　　　R——混凝土搅拌机台班产量。

(3) 大型沥青混凝土拌和设备的场地面积,应根据说明书的要求确定。

上述建筑场地的结构型式应根据当地条件和使用期限而定。使用年限短的用简易结构,如油毡屋面的竹木结构;使用年限长的则可采用瓦屋面的砖木结构或活动房屋。

2. 临时仓库

工地临时仓库分为转运仓库、中心仓库和现场仓库等,其施工组织的任务是:确定材料储存量和仓库面积,选择仓库位置和进行仓库设计等。

(1) 确定建筑材料储存量。材料储存量既要保证施工的需要,又要避免材料积压,使仓库面积增大。对于场地狭小、运输方便的现场可少储存;对供应不易保证、运输困难、受季节影响大的材料可多储存些。常用材料,如砂、石、水泥、钢材、木材等储备量可按下式计算:

$$P=T_e\frac{Q_iK}{T} \tag{2.10}$$

式中　P——材料储备量,m^3 或 t;
　　　T_e——储备期,d,按材料来源确定,一般不小于10d,即保证10d的需要量;
　　　Q_i——材料、半成品等总需用量;
　　　K——材料使用不均匀系数,取 $K=1.2\sim1.5$;
　　　T——有关施工项目的总工日数。

对于不经常使用或储备期长的材料,可按年度需用量的某一百分比储备。

(2) 确定仓库面积。一般仓库面积可按下式计算:

$$F=\frac{P}{qK} \tag{2.11}$$

式中　F——仓库总面积,m^3;

　　　P——仓库材料储备量,由式(2.10)确定;

　　　q——每平方米仓库面积能存放的材料数量;

　　　K——仓库面积利用系数,考虑人行道和车道所占面积,一般取 $K=0.5\sim0.8$。

特殊材料,如爆炸品、易燃或易腐蚀品的仓库面积应按有关安全要求确定。

在设计仓库时,除满足仓库总面积外,还要正确地确定仓库的平面尺寸。仓库的长度应满足装卸要求,宽度要考虑材料存放方式、使用方便程度和仓库结构型式。

3. 临时房屋建筑

临时房屋建筑包括行政、生活用房,其建筑面积主要取决于工地的人数,包括职工和家属人数,建筑面积可按下式计算:

$$S=NP \tag{2.12}$$

式中　S——建筑面积,m^2;

　　　N——工地人数;

　　　P——建筑面积指标,见表2.6。

做施工组织设计时,应尽量利用工地附近的现有建筑物,或提前修建能利用的永久房屋,如:道班房、加油站等,不足部分再修建临时建筑。

表2.6　　　　　　　　行政、生活临时建筑面积指标

项次	名　称	面积定额	说　明
1	办公室(m^2/人)	3~4	
2	宿舍(m^2/人)	3.0~3.5	
3	食堂(m^2/人)	0.7	
4	卫生所(m^2/人)	0.06	
5	浴室及理发室(m^2/人)	0.1	
6	招待所(m^2/人)	0.06	包括家属招待所
7	会议及文娱室(m^2/人)	0.1	
8	商店(m^2/人)	0.07	
9	锅炉房(m^2)	10~40	总面积
10	厕所(m^2/人)	0.02~0.07	

临时建筑应按节约、适用、装拆方便的原则设计,其结构型式按当地气候、材料来源和工期长短确定。临时建筑有帐篷、活动房屋和就地取材的简易工棚等。

4. 工地临时供水

工地临时供水解决的主要问题有:确定用量,选择供应来源,设计管线网络等。如需

2.2 单位工程施工组织设计的编制

工地自行解决供应来源，还需确定相应的设备。

(1) 用水量计算。

1) 工程用水量。

$$q_1 = k_1 \sum \frac{Q_1 N_1}{T_1 n} \times \frac{k_2}{8 \times 3600} \tag{2.13}$$

式中　q_1——工程用水量，L/s；

　　　k_1——未预见的施工用水系数，取 $k_1=1.05\sim1.15$；

　　　Q_1——年（季）度工程量（以实物计算单位表示）；

　　　N_1——施工用水定额，见表 2.7；

　　　T_1——年（季）度有效作业日，d；

　　　n——每天工作班制数；

　　　k_2——用水不均衡系数，见表 2.8。

表 2.7　　　　施工用水参考定额表

序号	用水对象	单位	耗水量	备注
1	浇注混凝土全部用水	L/m³	1700～2400	
2	搅拌混凝土用水	L/m³	250～350	
3	混凝土养护用水	L/m³	200～700	
4	湿润、冲洗模板用水	L/m³	5～15	
5	洗石子、砂用水	L/m³	600～1000	
6	砌砖工程全部用水	L/m³	150～250	
7	砌石工程全部用水	L/m³	50～80	
8	搅拌砂浆用水	L/m³	300	
9	抹灰用水	L/m²	4～6	不包括调制用水
10	素土路面、路基用水	L/m²	0.2～0.3	
11	消化生石灰用水	L/t	3000	
12	烧砖用水	L/10³ 块	200～250	

表 2.8　　　　施工用水不均衡系数

k 号	用水名称	系数	k 号	用水名称	系数	k 号	用水名称	系数
k_2	施工工程用水	1.50	k_3	施工机械运输机械用水	2.00	k_4	施工现场生活用水	1.30～1.50
	生产企业用水	1.25		动力设备用水	1.05～1.10	k_5	居住区生活用水	2.00～2.50

2) 施工机械用水量。

$$q_2 = k_1 \sum Q_2 N_2 \frac{k_3}{8 \times 3600} \tag{2.14}$$

式中 q_2——施工机械用水量,L/s;

k_1——未预见的用水系数,取 $k_1=1.05\sim1.15$;

Q_2——同一种机械台数,台;

N_2——施工机械台班用水定额,见表2.9;

k_3——施工机械用水不均衡系数,见表2.8。

表 2.9 施工机械用水量参考定额表

序号	机械名称	单位	耗水量	备注
1	内燃挖掘机	L/(台班·m²)	200~300	以斗容量计
2	内燃起重机	L/(台班·t)	15~18	以起重吨数计
3	蒸汽打桩机	L/(台班·t)	1000~2000	以锤重吨数计
4	内燃压路机	L/(台班·t)	12~15	以压路机吨数计
45	拖拉机	L/(d·台)	200~300	
6	汽车	L/(d·台)	400~700	
7	空气压缩机	L/(台班·m³/min)	40~80	以压缩空气排气量计
8	内燃动力装置	L/(台班·kW)	160~480	直流水
9	内燃动力装置	L/(台班·kW)	35~35	循环水
10	锅炉	L/(h·t)	1000	以小时蒸发量计
11	锅炉	L/(h·m²)	15~30	以受热面积计
12	电焊机	L/h	100~350	
13	对焊机	L/h	300	
14	冷拔机	L/h	300	
15	凿岩机	L/min	8~12	

3)施工现场生活用水量。

$$q_3 = \frac{p_1 N_3 k_4}{8 \times 3600 n} \tag{2.15}$$

式中 q_3——施工现场生活用水量,L/s;

p_1——施工现场高峰人数,人;

N_3——施工现场生活用水定额,一般取 $N_3=20\sim60$L/(人·班);

n——每天工作班制数;

k_4——用水不均衡系数,见表2.8。

4)生活区生活用水量。

$$q_4 = \frac{p_2 N_4 k_5}{24 \times 3600} \tag{2.16}$$

式中 q_4——生活区生活用水量,L/s;

N_4——生活区生活用水定额,见表2.10;

p_2——生活区居住人数,人;

k_5——用水不均衡系数,见表2.8。

2.2 单位工程施工组织设计的编制

表 2.10　　　　　　　　　　　生活用水量参考定额

序　号	用水名称	单　位	耗水量	备　注
1	生活用水	L/(人·日)	20～30	漱洗、饮用
2	食堂	L/(人·日)	15～20	
3	淋浴	L/(人·日)	50	入浴人数按出勤人数30%计
4	洗衣	L/人	30～50	
5	理发室	L/(人·次)	15	
6	工地医院	L/(病床·日)	100～150	
7	家属	L/(人·日)	50～60	有卫生设备
8	家属	L/(人·日)	15～30	无卫生设备

5) 消防用水量。消防用水量用 q_5 表示,见表 2.11。

表 2.11　　　　　　　　　　　消防用水量参考表

序　号	用水区域	用水情况	火灾同时发生次数	用水量(L/s)
1	生活区	5000人以内	一次	10
		10000人以内	二次	10～15
		25000人以内	二次	15～20
2	施工现场	施工现场在 $25\times10^4\text{m}^2$ 以内	一次	10～15
		施工现场每增加 $25\times10^4\text{m}^2$	一次	5

6) 总用水量。总用水量并不是所有用水量的总和,因为,施工用水是间断的,生活用水时多时少,而消防用水是又偶然的,因此,工地总用水量按以下公式计算:

当 $(q_1+q_2+q_3+q_4) \leq q_5$ 时,则

$$Q = q_5 + 0.5\times(q_1+q_2+q_3+q_4) \quad (2.17)$$

当 $(q_1+q_2+q_3+q_4) > q_5$ 时,则

$$Q = q_1+q_2+q_3+q_4 \quad (2.18)$$

当工地面积小于 $5\times10^4\text{m}^2$,而且 $(q_1+q_2+q_3+q_4) > q_5$ 时,则

$$Q = q_5 \quad (2.19)$$

式中　Q——总用水量,L/s;

其余符号意义同前。

(2) 水源选择。工地临时供水水源,首先应考虑当地的自来水,如不可能时,才另选天然水源。天然水源有河水、湖水、水库蓄水等地面和泉水、井水等地下水。任何临时水源都应满足以下要求:

1) 水量充足稳定,能保证最大需水量供应。
2) 符合生活饮用水和生产用水的水质标准。
3) 取水、输水、净水设施安全可靠。
4) 施工安装、运转、管理和维护方便。

(3) 临时供水系统。供水系统由取水设施、净水设施、储水构造物、输入管网组成。取水设施由取水口、进水管及水泵站组成，取水口距河底或井底不得小于 0.25~0.9m，距冰层下部边缘的距离也不得小于 0.25m。水泵要有足够的抽水能力和扬程。当水泵不能连续工作时，应设置储水构造物，其容量以每小时消防用水量来确定，但一般不小于 10~20m³。

输入管网的管径可用式（2.20）计算，干管一般为钢管或铸铁管，支管为钢管。

$$D=\sqrt{\frac{Q}{250\pi v}} \tag{2.20}$$

式中 D——输水管径，m；
Q——耗水量，L/s；
v——管网中的水流速度，m/s，见表 2.12。

表 2.12　　　　　　　　　　水管经济流速表

序号	管径 (m)	流速 (m/s)	
		正常时间	消防时间
1	支管 $D<0.10$	0.5~1.2	
2	生产消防管道 $D=0.1~0.3$	1.0~1.6	2.5~3.0
3	生产消防管道 $D>0.3$	1.5~1.7	2.5~3.0
4	生产用水管道 $D>0.3$	1.5~2.5	2.5~3.0

5. 工地临时供电

(1) 工地总用电容量。工地用电可分为动力用电和照明用电两类，总用电容量可用下式计算：

$$P=(1.05~1.10)\times\left(K_1\frac{\sum P_1}{\cos\phi}+K_2\sum P_2+K_3\sum P_3+K_4\sum P_4\right) \tag{2.21}$$

式中 P——工地总用电容量，kVA；
P_1——电动机额定功率，kW；
K_1——电动机的需要系数，$K_1=0.5~0.7$，电动机 10 台以下取 0.7，10~30 台取 0.6，超过 30 台取 0.5；
P_2——电焊机额定容量，kVA；
K_2——电焊机的需要系数，$K_2=0.5~0.6$，电焊机 10 台及以下取 0.6，10 台以上取 0.5；
P_3——室内照明容量，kW；
K_3——室内照明需要系数，$K_3=0.8$；
P_4——室外照明容量，kW；
K_4——室外照明需要系数，$K_4=1.0$；
$\cos\phi$——电动机的平均功率因数，根据用电量和负荷情况而定，最高为 0.75~0.78，一般为 0.65~0.75。

由于施工现场照明用电所占比例较小，因此在估算总用电量时也可以不考虑照明用电，只需在动力用电量之外再增加 10% 作为照明用电即可。

（2）选择电源与确定变压器。根据所确定的总用电量来选择电源，并确定变压器。一般首先考虑将附近的高压电通过工地的变压器引入。

变压器的总容量按下式计算：

$$P = K \frac{\sum P_{\max}}{\cos \phi} \tag{2.22}$$

式中　P——变压器的总容量，kVA；

　　　K——功率损失系数，取 1.05；

　　　$\sum P_{\max}$——各施工区的最大计算负荷，kW；

　　　$\cos \phi$——功率因数。

（3）选择导线截面。合理的导线截面应满足三个方面的要求：

1）足够的机械强度，即在各处不同的敷设方式下，确保导线不至于因一般机械损伤而折断或损坏漏电。

2）应满足通过一定的电流强度，即导线必须能承受电流长时间通过所引起的温度升高。

3）导线上引起的电压降必须限制在允许范围内。

按这三项要求，选其截面最大者。

（4）配电线路的布置要点。线路宜架设在道路的一侧，并尽可能选择平坦路线。线路距建筑物的水平距离应大于 1.5m。在 380/220V 低压线路中，电杆间距为 25～40m。分支线及引入线均应从电杆处接出。

临时布线一般都用架空线，因为架空线工程简单、经济、便于检修。电杆及线路的交叉跨越要符合有关输变电规范。配电箱要设在便于操作的地方，并设有防雨、防晒设施。各种施工用电机具必须单机单闸，绝不可一闸多用。闸刀的容量按最高负荷选用。

6．工地临时供热

工地临时供热的主要对象是：临时房屋（办公室、宿舍、食堂等）的冬季采暖、给某些冬季施工项目供热、预制场（钢筋混凝土构件的蒸汽养护等）供热。

建筑物内部采暖耗热量，按有关建筑设计手册计算。

临时供热的热源，一般都设立临时性的锅炉房或个别分散设备（煤火炉），如果有条件，也利用当地的现有热力管网。临时供热的蒸汽用量用下式计算：

$$W = \frac{Q}{IH} \tag{2.23}$$

式中　W——蒸汽用量，kg/h；

　　　Q——所需总热量，J/h，按建筑采暖设计手册计算；

　　　I——在一定压力下蒸汽的含热量，J/kg，查有关热工手册；

　　　H——有效利用系数，一般取 $H=0.4\sim0.5$。

蒸汽压力根据供热距离确定，供热距离在 300m 以内时，蒸汽压力为 30～50kPa 即可；在 1000m 以内时，则需要 200kPa。确定了蒸汽压力后，又按式（2.23）计算得到了蒸汽用量，即可查阅锅炉手册，选定锅炉的型号。

施工组织设计中，还会遇到其他临时工程设施，如便道、便桥、临时堆料场、电信设施等，一般均采用简易结构。

2.2.6 各种技术和管理保证措施

为确保工程项目的施工质量和工程的顺利进行，在确定方案、编制计划、保证资源合理供应等的前提下，根据工程的具体特点编制相应的技术、质量、安全文明施工等一系列措施，以满足工程项目的要求。

1. 主要技术措施

（1）明确施工方法的特殊要求和具体的工艺流程。
（2）提供需要注明的平面、立面、剖面图及工程数量表。
（3）制定季节性施工及水下施工措施。
（4）编制关键工作（部位）作业方案。
（5）确定技术、质量要求和安全注意事项。

2. 主要质量保证措施

（1）建立质量保证体系、制定质量检查制度、保证上岗人员的质量培训。
（2）确保定位放线、标高测量等准确无误的措施。
（3）确保地基承载力及各种基础、地下结构施工质量的措施。
（4）确保主体结构中关键部位施工质量的措施。

3. 主要安全生产、文明施工措施

（1）建立和完善安全文明施工保证体系。
（2）建立安全制度，包括安全生产制度、安全教育制度、安全技术措施制度、安全检查制度、事故分析制度等。
（3）建立文明施工措施。施工现场应设置围栏与标志牌，出入口应确保交通安全、道路畅通、场地平整；临时设施的安排与环境卫生；各种材料的堆放与管理；保护环境和防止污染的措施；成品保护与施工机械保养措施。

4. 降低成本措施

主要包括以下几个方面：
（1）合理进行土石方平衡，节约土方运输费用。
（2）综合利用施工机械，提高机械效率，节约机械台班费用。
（3）合理组织施工，保证工序衔接，施工组织均衡、连续、有节奏，提高劳动生产率。
（4）采用新工艺、新技术，节约成本消耗，如钢筋绑扎改为焊接，使用混凝土外掺剂节约水泥等。
（5）建立成本管理的奖惩制度等。

2.3 施工组织总设计

施工组织总设计是以整个建设项目为编制对象，用以指导施工全过程各项活动的全局性、控制性的技术文件。一般由建设总承包单位负责编制，它是编制单位工程施工组织设计的依据。

施工组织总设计的内容一般包括：工程概况和工程特点、施工部署及主要项目的施工方案、施工总进度计划、施工资源总需要量计划、施工总平面图和各种主要技术经济指标等。

2.3.1 编制程序及要点

施工组织总设计的编制程序是根据各项工作内容的内在联系确定的，其一般编制程序如图2.8所示。

施工组织总设计的要点如下：

（1）施工组织总设计，首先是从战略全局出发，对建设地区的自然条件和技术经济指标情况进行深入细致地调查研究，对工程特点和施工要求进行全面系统的分析研究，从而找出主要矛盾，发现薄弱环节，以便在确定施工部署时拟定出相应的技术措施和解决问题的方法，及早克服和清除施工中的障碍，避免造成损失和浪费。

（2）根据工程特点和生产工艺流程，合理安排施工总进度，确保施工能均衡、连续、有节奏进行，确保建设项目能分期分批投入生产、交付使用，充分发挥投资效果。

（3）根据施工总进度计划，提出建设资金、国拨物资、成套设备分年度需用量；对勘察、设计、施工、设备、材料供应部门的工作，在配合时间上提出

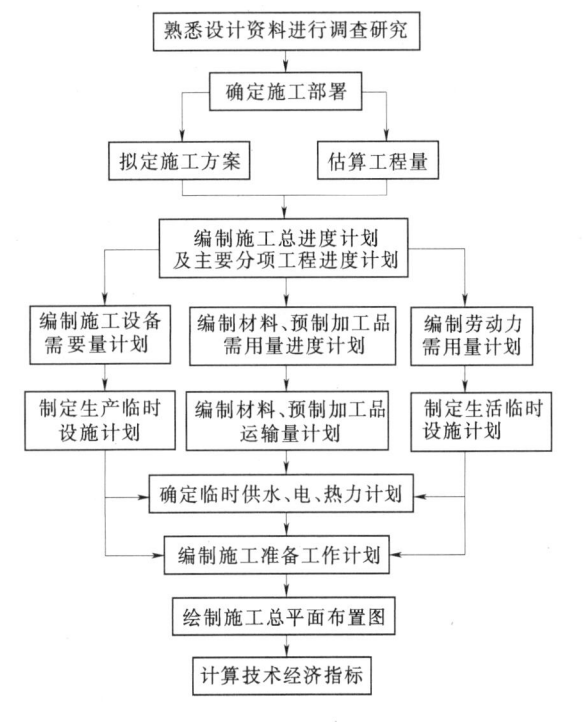

图2.8 施工组织总设计编制程序

具体要求；对所需图纸、技术资料、劳动力、施工机械、建筑材料、设备、加工品、运输能力等提出分年度供需计划。

（4）为了保证施工总进度计划的实现，对各项单位工程、各道工序等，都要结合工程特点和具体施工条件，科学选择施工机械，采用有效的施工方法，制定机械化、工厂化计划，合理选择冬雨季施工的技术措施，确定主要工程施工的流水方案。对一些新结构、新技术、新工艺、新材料具有特殊要求的工程项目，更要做好必要的准备工作，提前进行科学研究和技术攻关，以达到节省劳力、降低成本、缩短工期的综合经济效益。

（5）做好全面施工准备工作是编制施工组织总设计的重要内容，也是搞好施工全过程的前提。

（6）施工组织总设计为进一步编制各单位工程的施工组织设计提供了依据，也为制定施工作业计划，实现科学管理、进行经常的检查和监督，创造了良好的条件。

2.3.2 施工部署与施工方案

施工部署是对整个建设项目全局做出统筹规划和全面安排，其主要是解决影响建设项目全局的重大战略问题。它是施工组织设计的中心环节，是对整个建设项目的总体规划。

施工方案是在施工部署确定后，针对某一个单项或单位工程而确定的施工工艺流程和施工方法。它是施工部署的具体实现。确定一个科学合理的施工方案，能够大大提高建设项目的综合效益。

1. 确定工程开展顺序

确定工程开展顺序，就是根据建设项目总目标的要求，确定工程分期分批施工的合理开展顺序。同时应主要考虑以下几点。

（1）在保证工期要求的前提下，尽量实行分期分批施工。对于大中型、总工期较长的工程建设项目，一般应当在保证总工期的前提下，实行分期分批建设，即可使各具体项目迅速建成，及早发挥工程效益，又可在全局上实现施工的连续性和均衡性，减少暂设工程数量，降低工程成本。如何实现分期分批，要根据生产工艺要求、工程规模大小、施工难易程度、建设单位要求、资金和技术资源等情况，由建设单位、监理单位和施工单位共同研究确定。

（2）统筹安排各类项目的施工。既要保证重点，又要兼顾其他。在安排施工项目的施工顺序时，应按照各工程项目的重要程度，优先安排如下工程。

1）按生产工艺要求，必须先期投入生产或起主导性作用的工程项目。

2）工程量大、施工难度大、施工工期长的工程项目。

3）为施工顺利进行必须的工程项目，如运输系统、动力系统等。

4）供施工使用的项目。如钢筋加工厂、木材加工厂、各种预制构件加工厂、混凝土搅拌站、采砂（石）场等附属企业及其他为施工服务的临时设施。

（3）注意施工顺序的安排。建筑施工活动必须在同一场地上进行。如果前一阶段的工作没有完成，后一阶段就不能进行。在施工组织总设计中，虽然不必像单位工程施工组织设计那样写得比较详细，但也要将某些较特殊项目的施工顺序作为重点安排对象列出，以引起足够重视。

（4）注意施工季节的影响。不同季节对施工有很大影响，它不仅影响施工进度，而且还影响工程质量和投资效益，在确定工程开展顺序时应特别注意。例如大规模的土方工程和深基础工程施工，最好不要安排在雨季；寒冷地区的工程施工，最好在入冬时转入室内作业和设备安装。

2. 拟定主要工程的施工方案

在施工组织总设计中，施工方案一般是针对建设项目中的单个建筑物而言，也就是对主要建筑物的施工工艺流程以及施工段划分提出原则性的意见。

施工方案编制的依据主要是：施工设计图纸，施工现场的勘察资料和信息，施工质量检查标准和验收规范，安全技术操作规程，施工机械性能手册，新技术、新设备、新工艺的资料。

施工方案编制的主要内容包括：确定主要的施工方法、施工工艺流程、施工机械设备等。对施工方法的确定，要兼顾技术工艺的先进性和经济的合理性；对施工工艺流程的确定,要符合施工的技术规律;对施工机械的选择,应使主导施工机械的性能能满足工程的需要,辅助配套机械的性能应与主导施工机械相适应,并能充分发挥主导施工机械的工作效率。

拟定施工方案的关键是选择确定施工机械,因此在确定主要建筑物施工方案时,应注意考虑以下几个问题。

(1) 所选择的主要施工机械的类型和数量,应能满足各个主要建筑物的施工要求,并能在各工程上进行流水作业。

(2) 所选择的施工机械的类型和数量,尽量在当地或本企业内解决。

(3) 所选择的机械化施工总方案,不仅在技术上先进、适用,而且在经济上是合理的。

3. 编制施工准备工作计划

施工准备工作是完成建设项目的重要阶段,它直接影响项目施工的经济效益,必须优先安排。根据施工项目开展的顺序和主要工程的施工方案,编制施工项目全场性的施工准备工作计划。其主要内容包括:

(1) 安排好场内外运输、施工用主要道路,水、电、气来源及其引入方案。

(2) 安排好场地平整方案和全场性排水、防洪方案。

(3) 安排好生产和生活基地建设,包括:水泥混凝土搅拌站、沥青混凝土搅拌站、预制构件厂、钢筋和木材加工厂、机修厂等。

(4) 安排现场区域内的测量工作,设置永久性测量标志,为放线定位做好准备。

(5) 安排建筑材料、成品、半成品的货源、运输、储存方式。

(6) 编制新技术、新工艺、新材料、新结构的试制试验计划和职工技术培训计划。

(7) 冬季、雨季施工所需的特殊准备工作。

2.3.3 施工总进度计划

施工总进度计划是用以控制整个建设项目总工期的时间性技术文件。正确、合理地编制施工总进度计划是保证各项工程至整个建设项目按期交付使用,充分发挥投资效果,降低工程成本的重要手段。

1. 施工总进度计划的主要作用

(1) 确定各施工项目施工准备工作、各主要工程项目和全场性工程的施工期限、开工和竣工日期。

(2) 确定施工现场各种劳动力、材料、成品、半成品、施工机械需要数量及调整情况。

(3) 确定施工现场临时设施的数量,水、电供应数量,能源交通的需要数量。

(4) 为各项重要资源供应提供依据。

2. 施工总进度计划的编制要点

施工总进度计划是反应建设项目的各单项或单位工程的开展顺序、开始及结束的时间以及相互衔接关系的工作计划。其基本要求是:保证拟建工程项目在规定的期限内按时或提前完成;使工程的施工具有连续性和均衡性;节省施工费用,降低工程造价。为编制出科学合理的施工总进度计划,应掌握以下几个要点:

(1) 划分主要工程项目，并计算所有项目的工程量，填写工程量汇总表。

(2) 根据施工经验、施工企业的生产力水平、建设规模、建筑物类型，参考有关资料，确定建设总工期和单位工程工期。

(3) 根据使用要求和施工条件，结合物资技术供应情况，以及施工准备工作的实际，分期分批地组织施工，并明确每个施工阶段的主要施工项目和开、竣工时间。

(4) 同一时间开工的项目不宜过多，以免施工干扰较大，人、机、料的供应过于分散。但应优先安排工程规模大、施工难度大、施工周期长的工程。

(5) 尽量做到连续、均衡、有节奏地施工。

(6) 施工总进度计划要按以上各项要求进行综合平衡，对不适当部分进行调整，按要求编制网络计划或形象进度计划。

3. 施工总进度计划的编制步骤

根据施工部署和已确定的施工方案，编制项目的施工总进度计划，其主要步骤如下：

(1) 计算拟建工程的工程数量。根据批准的总承建工程一览表，分别计算各工程项目的工程量。根据计算工程量选择施工方案和主要人力、运输、施工、安装机械的劳动量，计算劳动力、材料、施工机械等的需要量。

在编制施工总进度计划时，工程量计算不必过于详细和精确，可使用概算定额法、扩大指标法等方法来计算，并将计算出来的工程量填入统一的工程量汇总表中。

(2) 确定各单项或单位工程的施工期限。各单位工程的施工期限，随着各单位工程的施工机械化程度、施工方法、施工技术和管理水平等的不同有着很大的差别。同时也与建筑物类型、结构特征、现场施工条件、资源供应等有着密切的关系。因此在确定单位工程施工期限时，不仅应考虑工期定额，而且还应根据以上影响因素加以综合考虑。

(3) 确定各单位工程开竣工时间和相互衔接关系。在安排各单位工程开竣工时间和相互搭接关系时，应充分注意以下几点。

1) 保证重点，兼顾一般。在安排施工总进度时，要分清主次抓住重点，对工程量大、质量要求高、施工工期长、施工难度大、影响建设项目的工程，应优先考虑安排。同时，其他项目的安排也不可忽视。

2) 满足连续均衡施工的要求。科学合理的施工总进度计划，应尽量使各主要工种施工人员、施工机械在施工全过程中连续施工，同时尽量使劳动力、施工机械和物资消耗在施工全过程中达到均衡，以利于劳动力调配、材料供应和充分利用临时设施。

3) 满足生产工艺的要求。生产工艺将各项施工活动串联在一起，要根据生产工艺的要求，确定分期分批的实施方案，合理安排各主要单位工程的施工顺序，以缩短建设工期，及早发挥投资效益。

4) 全面考虑各种条件的限制。在确定各单位工程开、竣工时间和相互搭接关系时，还要考虑到各种客观条件的限制，也就是使施工总进度计划有一定的余地，全面考虑施工中遇到的困难和问题。

(4) 安排施工进度，编制计划。施工总进度计划主要是控制性的，不必过细，过细不利于针对施工中变化的进行调整。施工总进度计划一般只列到单位工程和全工地性工程。

施工总进度计划可以用横道图表达，也可以用网络图表达。工程实践证明，用有时间坐标的网络图表达施工总进度计划，比横道图表达更直观明了，并且还可以表达出各工程项目之间的逻辑关系，同时还能应用电子计算机对总进度计划进行调整和优化。

（5）施工总进度计划的调整。施工总进度计划编制后，应根据施工组织设计的原则，对其进行综合平衡和调整。具体调整方法是：将同一时期各项工程的工作量叠加在一起，按一定比例绘制在施工总进度计划的底部，即可得出建设项目资源需要量动态曲线。若动态曲线上出现较大峰值或低谷，可以进行必要的调整与修正，使各个时间的工作量尽量达到均衡。

调整和修正后的施工总进度计划也不是固定不变的。在建设项目的实施过程中，也可随着施工的进展情况，对不适应的部分及时进行必要的调整；对于跨年度的建设项目，还应根据年度基本建设投资的实际情况，对施工总进度计划进行一定的调整。

2.3.4 施工总平面图设计

施工总平面图应包括以下设计内容：原有河流、居民点、交通路线、车站、码头、通信、运输点及工地附近与施工有关的建筑物等；施工用地范围和工程主要项目，如沿路线里程的大中桥梁、隧道、渡口、交叉口、集中土石方等的位置，道班房、加油站等运输管理服务建筑物位置；各类临时设施，如采料场、附属工厂和基地、仓库、临时动力站、临时便桥、便道、电源线路、变压器位置以及大型机械设备的停放场、维修厂；施工管理机构，如项目部、工区、施工队及工程指挥系统的驻地；其他与施工有关的内容，如地质不良地段、国家测量标志、气象台、水文站、防洪、防风、防火、安全设施等需要表示的内容。施工总平面图示例如图2.6所示。

施工总平面图设计的原则和临时设施布置设计方法与本章2.2.5中基本相同。

2.3.5 主要技术经济指标及分析方法

在施工组织总设计中，主要技术经济指标分析的作用是：论证施工组织总设计技术上是否先进可行、经济上是否合理，选择技术经济效果最佳的施工方案，为不断改进和完善施工组织总设计提供依据，寻求增产节约和提高经济效益的施工组织方案。技术经济指标分析是施工组织总设计中重要内容之一，也是必要的设计手段。

1．技术经济指标体系

技术经济指标体系一般包括如下内容。

（1）质量指标。优良品率。

（2）工期指标。总工期和单位工程工期。单位工程工期又包括路基工程工期、路面工程工期、桥涵工程工期、隧道工程工期、防护工程和其他沿线设施工程工期等。

（3）劳动指标。用工指标（总用工和分部工程用工）、劳动力均衡系数、劳动生产率、劳动效率、节约工日。

（4）材料使用指标。主要材料节约量、主要材料节约额、主要材料节约率。

（5）机械使用指标。大型机械单方耗用量、大型机械单方消耗费用。

（6）降低成本指标。降低成本额、降低成本率。

（7）其他指标。

施工组织总设计的技术经济指标应反映出方案的技术水平和经济性，在编制施工组织总设计时,可有选择地使用指标体系中的内容,以进行技术经济评价。

2. 技术经济指标分析的基本要求

对技术经济指标分析,有以下几点基本要求。

(1) 对施工组织总设计要进行全面的分析。即对施工的技术方法、组织方法及经济效果进行分析;对前述指标异常所反映出的施工组织设计可能出现的不合理情况进行分析;对施工的具体环节和全过程进行分析。

(2) 进行技术经济指标分析时,应抓住施工部署与施工方案、施工总进度计划和施工总平面图三大重点,并以此建立技术经济指标体系。

(3) 进行技术经济指标分析时,要灵活运用定性方法和有针对性地应用定量的方法。在进行定量分析时,应对主要指标、辅助指标和综合指标区别对待。

(4) 进行技术经济指标分析时,应以设计方案要求、国家的有关规定及工程的实际需要为依据。

3. 施工组织总设计技术经济指标的内容

根据我国工程的实践经验,施工组织总设计中的技术经济指标应包括:施工周期;劳动生产率;单位工程优良率;降低成本指标;机械化程度指标;临时工程费用比例;主要材料节约指标;其他指标。

(1) 施工周期。施工周期是指建设项目从正式开始施工到全部竣工投入使用为止的持续时间,一般为日历天数。它包括建设项目的总工期、单位工程工期、分部工程工期。

(2) 劳动生产率。劳动生产率包括的相关指标有:全员劳动生产率[元/(人·年)],单位面积用工(工日/m^2),劳动力不均匀系数。其中劳动力不均匀系数的计算公式为

$$劳动力不均匀系数 = 施工高峰人数/施工平均人数 \qquad (2.24)$$

(3) 单位工程优良率。这是在施工组织总设计中确定的主要控制目标,它是按照工程质量评定标准,通过保证每个单位工程质量措施来实现,是衡量承建单位技术水平和管理水平的重要指标。单位工程优良率是达到优良标准的单位工程的数量占建设项目单位工程总个数的百分比。

(4) 降低成本指标。降低成本指标包括降低成本额和降低成本率两种,是衡量施工企业技术水平和管理水平高低的重要指标。降低成本额和降低成本率可用下式表示:

$$降低成本额 = 预算成本 - 施工组织总设计计划成本$$

$$降低成本率 = 降低成本额 \div 预算成本 \times 100\%$$

(5) 机械化施工程度指标。机械化施工程度指标主要包括:施工机械完好率、施工机械利用率和机械化程度指标三种。

$$施工机械完好率 = 报告期机械完好台日数 \div 报告期机械制度台日数 \times 100\%$$

$$施工机械利用率 = 报告期机械实作台日数 \div 报告期机械制度台日数 \times 100\%$$

$$机械化程度指标 = 机械化施工完成的工作量 \div 总工作量 \times 100\%$$

(6) 临时工程费用比例。临时工程费用比例大小直接影响着工程总投资、施工企业的经济效益、施工进度的快慢和施工平面布置,也是技术经济的一项重要指标。

$$临时工程费用比 = 全部临时工程费 \div 建筑安装工程总值$$

(7) 主要材料节约指标。主要材料指标包括:主要材料节约量和主要材料节约率两

种。主要材料指标可用下式表示：

主要材料节约量＝预算用量－施工组织总设计计划用量

主要材料节约率＝主要材料节约量÷主要材料预算用量×100%。

4．技术经济指标分析的方法

技术经济指标分析的方法主要有定性分析方法和定量分析方法两种。

(1) 定性分析方法。定性分析方法是根据经验对施工组织总设计的优劣进行分析。如工程工期是否适当，可按一般规律或工期定额进行评价；选择的施工机械是否适当，主要看它能否满足使用要求；流水段的划分是否适当，主要看其能否给流水施工带来方便；施工平面图设计是否合理，主要看场地是否合理利用，临时设施费用比例是否适当；主要技术经济指标是否可行，主要与同期同类工程相比较。定性分析方法快速、简捷，但不准确，不能优化，决策易受主观因素制约。

(2) 定量分析法。定量分析方法分为多指标分析法、评分法和价值法三种。

1) 多指标分析法。多指标分析法简便实用，应用较多。但比较时要选用适当的指标，一定要具有可比性。有两种情况要分别对待：一是一个方案的技术经济指标均优于另一个方案，优势明显，可比性强；另一种情况是通过计算几个方案的技术经济指标，优劣相互有穿插，分析比较时要进行必要加工，最好形成统一的、适用的单项指标，然后分析其优劣性。

2) 评分法。评分法实际上是对多种方案中的多项技术经济指标进行认真分析、科学评分，综合评价某种方案的优劣。

3) 价值法。价值法即对各种方案均计算出最终价值，用各自的价值大小，评定方案的优劣。这种方法准确性强，但计算较繁琐。

2.4 公路工程施工组织设计示例

2.4.1 工程概况

1．工程特征

本工程是某省一条公路工程 A 合同段，起点为 K0＋000，终点为 K12＋450，本标段路线全长 12.45km。本合同段主要工程量如下：

(1) 路基工程。路基挖方 76983m^3，其中土方 55656m^3，石方 21327m^3。路基填方 57181m^3。

(2) 路面工程。厚 15cm 砂砾垫层 15502m^2，厚 16cm 砂砾垫层 6900m^2，厚 25cm 砂砾垫层 13715m^2，15cm 厚 5% 水泥稳定碎石基层 39935m^2，厚 22cm 水泥混凝土面层 37455m^2；厚 6cm 沥青面层 6900m^2。

(3) 小桥 6 座。其中 2～13m 装配式空心板桥三座，长 135.38m，1～13m、1～10m、1～6m 装配式空心板桥各一座，长度计 79.98m。

(4) 钢筋混凝土盖板涵 52 道，长度 659.5m；钢筋混凝土拱涵 (2.0～5.0) m× 5.0m 一道，长度 24.8m。

(5) 排水工程。7.5 号浆砌梯形边沟 690m，排水沟 120m；急流槽 46.52m，C20 混凝土拦水带 740m。

(6) 防护工程。7.5 号浆砌挡土墙 1884.34m³；干砌片石 892.5m³；7.5 号浆砌片石护肩 752m³。

(7) 沿线公路设施及预埋管线。钢筋混凝土立柱 630 根，单柱式交通标志 26 个，双悬臂式交通标志 8 个，里程碑 5 个，公路界碑 25 个，热溶性反光标线 1485.5m²，轮廓标 289 个。

2．技术标准

本标段采用交通部颁发的 JTJ 001－97《公路工程技术标准》。

公路等级：二级（山岭重丘区）。设计车速：40km/h。路基宽度：7.5～12.0m。路面宽度：7.0～9.0m。最小半径：60m。最大纵坡：7％。桥涵设计荷载：汽－20，挂－100。设计洪水频率：路基及小桥涵 50 年一遇，大桥 100 年一遇。

3．沿线建设条件

(1) 地形地貌。本路段属中低山丘陵地形，构造剥蚀中低山残丘地貌。路线通过的地形山岭起伏较大，地形复杂。

(2) 工程地质。本工程沿线工程地质条件总体情况较好，未发现危及线路安全的大型滑坡，泥石流，地下洞穴等地质现象，路线通过的自然环境较好自然边坡稳定，不良地质病害少，有利于工程建设。

(3) 水文地质。沿线主要河流为沪溪，其余均为山间溪流，长年流水，洪水季节水流急，易涨易落。主要河流顺山间溪流水质较好，符合工程用水标准。

(4) 地震烈度。根据村省地震烈度分区查明，本标段路线所经地区地震烈度小于 6 度区，在地震作用下，大型桥梁不会发生断层错位、斜坡失稳等地震效应。

(5) 交通条件。本标段为国道 316 线战备公路改建工程，局部路段进行了改线，全线交通状况良好，只需局部路段设置施工便道。施工时局部路段进行分隔施工，以维持原路交通。

(6) 筑路材料。本标段沿线天然石料丰富，易于开采，砂、砂砾从资溪、大陂及城关供应，其余材料从资溪、城关或从南平运至工地。

2.4.2 施工方案

1．施工方法的确定

本合同段路基共有挖方：土方 55656m³，石方 21327m³，路基填方 57181m³。根据工期安排和工地实际情况，将组织两个土石方机械化作业队共同完成本合同段的土石方施工任务。土方开挖及运输采用机械化作业，当运距在 100m 内用推土机推送，运距大于 100m 时，用挖掘机配合自卸汽车施工。单边坡路基开挖时采用纵断面开挖，以增加开挖工作面。双边坡路基开挖时采用横断面开挖。对于风化层和松软岩石部位，用大马力推土机推挖。边坡用人工清刷。次坚石和坚石地段采用深孔控制爆破，边坡用预留光爆层实施光面爆破；根据本合同段石方开挖特点，采用深孔控制爆破施工和光面爆破两种施工工艺。水泥混凝土路面面层采用拌和场集中拌和后用混凝土运输车运送至施工现场进行摊铺。小桥施工方法略。

2. 主要分项工程的施工顺序

在做好施工准备后,便可进行路基土石方、排水工程、防护工程、涵洞工程等的施工。有挡土墙、护脚、护肩及涵洞等的路段,路基土石方应在前面的施工工序完成后方可进行施工。在路基施工时,优先安排进行 K0+000～K3+200 及 K8+600～K12+200 段的改线段(控制工期地段)施工,以保证整个合同段的施工工期。路基边沟在路堑开挖后进行施工;路面在路基填筑完成,检测合格后开始挖路槽,依序进行天然砂砾垫层、水泥稳定碎石基层及水泥混凝土面层的施工。小桥工程在工程开工后便可进行施工。最后进行公路设施及预埋管线施工,并清理场地,交工验收。

根据本合同段的工程项目内容及工程量,项目经理部以施工队为基本作业单位,根据工程需要划分三个施工队,备施工队设置及任务如下:

路基施工队:负责全标段路基土石方、排水防护工程及附属工程的施工。

路面施工队:负责全标段路面垫层、基层、面层及土路肩加固施工。

桥涵施工队:负责全标段小桥及涵洞工程施工。

2.4.3 施工进度计划

1. 施工总体计划安排原则

(1) 根据合同段工程范围内各主要工程项目数量,在合同工期的前提下,运用网络计划技术,统筹兼顾,合理地投入该工程的资源(劳力、机械设备、材料、资金等)。

(2) 在保证工程质量,施工安全的基础上,优化资源配置,挖掘设备潜力,确保优质、高效地完成施工任务。

(3) 以组织均衡法施工为基本方法,考虑该地区雨水充沛,施工受降雨影响较大等因素,应抓住每个黄金施工时期,对控制工期的高填深挖土石方工程以及影响土石方工程施工的涵洞工程迅速组织施工,为每个施工环节创造有利条件。

(4) 优化施工方案,采用先进技术和工艺,攻克难关,加快施工进度。

2. 施工总工期

本合同段合同工期为 2002 年 12 月 31 日前完工。本施工方案按(含施工准备)180 天安排。开工时间暂定 2002 年 7 月 1 日。具体开工时间依开工令为准,接到开工令后,2 天内开工。

3. 各主要工程项目计划工期

施工准备:2002 年 7 月 1 日～7 月 15 日

路基土石方:2002 年 7 月 15 日～10 月 30 日

桥梁工程:2002 年 7 月 20 日～12 月 15 日

路面垫层:2002 年 9 月 15 日～11 月 30 日

路面基层:2002 年 9 月 25 日～12 月 10 日

路面面层:2002 年 10 月 5 日～12 月 20 日

涵洞工程:2002 年 7 月 20 日～10 月 10 日

排水及防护:2002 年 7 月 15 日～11 月 30 日

其他工程:2002 年 11 月 15 日～12 月 30 日

施工进度计划见表2.13,根据施工计划绘制的劳动力曲线图如图2.9所示。

表 2.13　　　　　　　　　　施 工 进 度 计 划 表

序号	分项工程	7月上	7月中	7月下	8月上	8月中	8月下	9月上	9月中	9月下	10月上	10月中	10月下	11月上	11月中	11月下	12月上	12月中	12月下
1	施工准备	―																	
2	路基土石方		―	―	―	―	―	―	―	―									
3	涵洞工程			―	―	―	―	―	―	―	―								
4	防护与排水			―	―	―	―	―	―	―	―	―	―						
5	路面施工																		
(1)	天然砂砾垫层								―	―	―	―							
(2)	水泥稳定土基层									―	―	―	―						
(3)	水泥混凝土面层										―	―	―	―					
(4)	土路肩硬化												―	―	―				
6	桥梁工程																		
(1)	基础工程			―	―	―	―	―											
(2)	墩台工程					―	―	―	―										
(3)	梁体预制安装			―	―	―	―	―	―	―	―								
(4)	桥面铺装及人行道										―	―	―	―	―				
7	其他												―	―	―	―	―	―	―

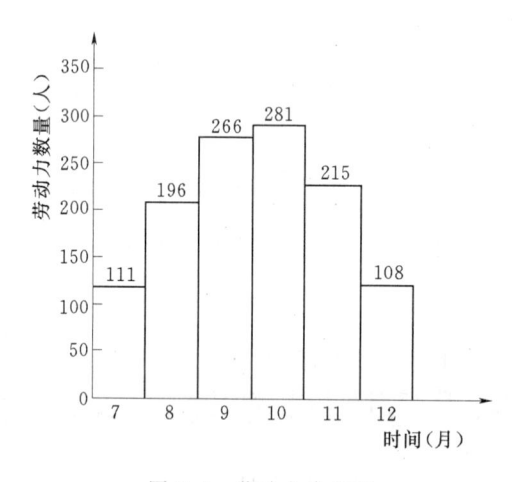

图 2.9　劳动力分布图

（劳动力数量：7月 111人，8月 196人，9月 266人，10月 281人，11月 215人，12月 108人）

2.4.4　资源需要量计划表

1. 劳动力配置计划

施工中所需劳动力的工种、数量参见表2.14,劳动力进退场时间和施工进度计划与表2.13一致。

2.4 公路工程施工组织设计示例

表 2.14 劳动力用量计划表

工 种	人 数 2002年					
	7月	8月	9月	10月	11月	12月
机械工	25	40	45	50	40	20
监炮工	3	4	4	3		
爆破工	4	6	6	6		
砌筑工	20	40	4	40	22	
钢筋工	4	6	8	10	10	6
木 工	3	5	10	12	12	8
电焊工	2	2	4	4	3	2
机修工	2	3	3	3	3	2
混凝土工	6	8	10	12	12	8
钢模工			8	12	14	10
电 工	2	2	3	3	3	2
起重工			5	6	6	
普通工	40	80	120	120	90	50
合计（人）	111	196	230	281	215	108

2. 主要材料用量计划

施工中所需材料主要有钢筋、水泥、原木、锯材、砂、碎石、片石等。其中钢筋、水泥、木材等拟考虑在资溪、城关或南平购买；碎石、片石等地材拟考虑利用现场开炸出的多余石方进行加工使用；砂、砂砾从资溪、大波乡的砂、砂砾料场购买。各种材料按照施工进度计划中各项目所需数量分期供应，主要材料用量计划见表 2.15。

表 2.15 主要材料用量计划

材料名称	规 格	计量单位	总数量	计 划 数 量 2002年					
				7月	8月	9月	10月	11月	12月
原木		m³	37	5	8	8	8	7	
锯材		m³	58	8	10	15	15	10	
钢筋	Ⅰ级	t	40		8	10	9	9	4
钢筋	Ⅱ级	t	160		30	40	45	35	10
型钢		t	13	1	3	4	3	2	
空心钢钎		kg	442	82	120	120	120		
合金钻头		个	655	120	200	200	135		
铁件		kg	10192	1500	2000	2500	2500	1400	292

续表

材料名称	规 格	计量单位	总数量	计 划 数 量 2002年					
				7月	8月	9月	10月	11月	12月
铁丝		kg	1271	171	300	300	300	200	
标线漆		kg	728					228	500
水泥	325号	t	2309	209	400	500	500	450	250
水泥	425号	t	3806		106	200	1100	1400	1000
硝铵炸药		t	5400	1000	1500	1700	1200		
导火线		m	12465	2500	3500	3500	2965		
普通雷管		个	9915	1915	3000	3000	2000		
石油沥青		t	79		6	10	8	20	35
汽油		kg	2091		300	450	500	450	391
柴油		kg	234854	40000	80000	80000	15000	12000	6854
电	度		81658	2658	10000	15000	25000	16000	8000
水		m^3	23061	1500	3000	3000	7000	6000	2561
中粗砂		m^3	9346	300	1500	1500	2500	2500	1046
砂砾		m^3	9000		200	1800	3500	3500	
天然砂砾		m^3	394	94	100	100	100		
片石		m^3	10820	1320	2500	2800	2500	1700	
碎石	2cm	m^3	298			58	80	100	60
碎石	4cm	m^3	7885		400	485	2000	3000	2000
碎石	8cm	m^3	2150	150	500	600	500	400	
路面用碎石		m^3	548					188	360
块石		m^3	207	17	50	70	50	20	

3. 施工机具及试验、质检仪器设备的使用计划

施工中施工机具、设备的种类、规格及数量投入以满足施工需要为原则,拟投入本工程的主要施工机械种类、规格及数量、使用时间见表2.16。

材料试验仪器和质检设备配备的种类、规格、数量略。

表2.16　　　　　　　　　　主要施工机械设备使用计划

设备名称	单位	数量	型号、产地	出厂日期(年)	使用时间(年.月)
推土机	台	1	TY220,中国山东,165kW	1997	2002.7～2002.10
推土机	台	1	D8N,美国卡特彼勒,225kW	1995	2002.7～2002.10
挖掘机	台	3	320L,美国卡特彼勒,247kW	1997	2002.7～2002.10
轮胎式装载机	台	2	ZL50,中国厦门,$2m^2$	1998	2002.7～2002.10

续表

设备名称	单位	数量	型号、产地	出厂日期（年）	使用时间（年.月）
轮胎式装载机	台	2	ZL50，中国厦门，2m²	1997	2002.7～2002.10
光轮压路机	台	1	ZY8/15W 中国福建三明 8J.15t	1995	2002.7～2002.12
振动式压路机	台	2	YZT18，中国西安 95kW	1997	2002.7～2002.12
小型式压路机	台	2	HZD.250，中国河南安阳	1996	2002.7～2002.11
平地机	台	2	780.Ⅱ，美国德莱塞，180kW	1996	2002.7～2002.12
自卸汽车	台	20	CQ19210，中国四川，9.5t	1996	2002.7～2002.12
平板拖车	台	1	日本，30t	1995	2002.7～2002.12
汽车吊	台	2	TL.300E，日本，180kW	1998	2002.9～2002.12
汽车吊	台	1	16T，中国北京丰台	1998	2002.7～2002.12
柴油发电机	台	1	TFW75，中国福州，75kW	1998	2002.7～2002.12
柴油发电机	台	1	TFW135，中国福州，147kW	1997	2002.7～2002.12
砂浆拌和机	台	4	HB200，中国福建	1997	2002.7～2002.11
混凝土搅拌站	座	3	HZ403/12，中国山东，90kW	1998	2002.8～2002.12
混凝土搅拌机	台	2	JZC350，中国福建，350L	1997	2002.8～2002.12
路面施工机械设备	套	2	振动梁、三滚轴、真空吸水机、磨光机、压纹机、切割机（中国温州）	2001	2002.10～2002.12
洒水车	台	2	CQ19210 9.57	1997	2002.7～2002.12
沥青洒布车	台	1	JN162，中国徐州，8m²	1997	2002.11～2002.12
混凝土运输车	辆	3	IPF85B.2，中国湖北，87kW	1997	2002.7～2002.12
空压机	台	3	VY.12/7.6，中国广西，112kW	1998	2002.7～2002.11
水泵	套	6	DA50*9，中国江西赣州，55kW	1996	2002.7～2002.12
交流电焊机	台	10	BX3.500，中国上海康华	1997	2002.7～2002.12
钢筋加工机械	套	3	中国福建	1997	2002.7～2002.12
木工加工机械	套	1	中国邵武	1997	2002.7～2002.12

2.4.5 施工总平面图设计

1. 临时设施的布置

（1）施工便道。本合同段为旧路改建工程，可以直接利用原有道路进入现场施工。在 K2+700～K3+200 段铁关桥两端修建长约 500m 的施工便道，便于预制场及小桥施工。

（2）项目经理部与施工队生产、生活用房。项目经理部拟设在 K1+630 的右侧，租用铁关村民房，作为整个合同段的指挥中心，各施工队的生活用房租用路线附近的民房，生产工棚在预制场、拌和站等设置点内进行搭设。

（3）试验室、工地测量。项目经理部设立一个中心试验室与一个测量组。试验室配足

土工试验仪器，进行本标段的土工试验检测，水泥、混凝土等试验检测委托相邻标段的试验室进行。工地试验人员值班作业，确保原材料和施工中各项试验工作及时正常进行。测量组配备全站仪、水平仪等测量仪器，确保线路中心及构造物各部尺寸放样准确，保证工程质量。

（4）电力供应。本合同段拟设置一座350kVA变压器，并配备一台135kW发电机组备用，其他沿线路段配备三台75kW移动发电机，供小桥及涵洞施工使用。

（5）生产、生活用水。本合同段生产用水从就近河流取用，生活用水从山涧溪流取用或自打井抽取地下水。

（6）拌和设施。本合同段拟在K3+000左侧设1座50m^3/h混凝土拌和站，负责本标段小桥下部及预制场的混凝土施工；在K1+630右侧及K8+500左侧各设置1座50m^3/h的路面混合料拌和站，向全段供应混凝土和水稳层混合料。

（7）构件预制场。

2. 施工总平面布置图

本合同段拟在K3+000左侧设置一个小桥空心板、涵洞盖板等构件预制场。空心板预制底座设在填筑路基上。预制构件完成后再用平板车通过316国道运往各桥位安装。

根据合同段地貌及各主要工程分布情况，结合投标人确定的施工方案及机械设备配置。施工总平面本着尽量利用原有道路，少占地，减少临时工程的原则。路基开挖及各桥涵施工等临时生产设施大部分均在桥涵施工现场或征地范围内布置，料库、维修车间与停车场在施工队内布置。项目经理部与施工队均设置在路线附近，炸药库和雷管库设在规定的安全地方，并报请当地公安部门批准，派专人看守。施工总体平面布置详如图2.10所示。

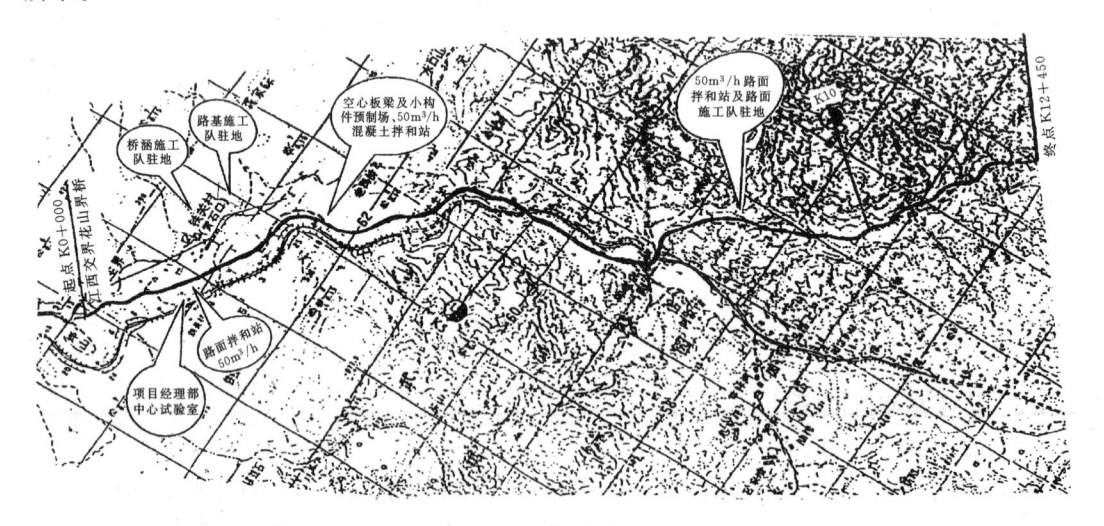

图2.10 施工总体平面布置图

2.4.6 主要工程项目的施工技术措施

该部分应详细阐述路基、路面工程、桥梁工程、涵洞工程、防护及排水工程、附属工程的施工工艺、各施工过程的技术方法和要求等内容。篇幅所限，这里作了删减。

2.4.7 施工中的各项保证措施

1. 工程质量保证措施

(1) 创优方针、目标和承诺。

1) 质量方针：科学管理、质量第一、顾客至上、创优争先。

2) 创优目标及承诺：争创国内公路施工一流水平，确保工程质量达到优良工程。整个合同段工程质量优良、出精品、绝次品。单位工程合格率100%，优良率85%以上。

(2) 技术保证措施。

1) 建立技术管理机构，健全技术保证体系。

2) 运用网络技术编制实施性施工组织设计指导工程施工，做到科学管理。

3) 制定技术管理制度，运用现代化技术手段进行质量管理控制。

(3) 组织保证体系措施。

1) 形成项目部、施工区段和作业班组三级质量保障体系，层层把关，奖惩分明。

2) 建立质量管理制度。建立技术交底制度、材料检验制度、施工检查与验收制度等。

3) 加强质量意识教育及科学管理。

2. 确保工期的主要措施

保证合同工期是发挥投资效益、降低工程成本的有效途径，也是业主与施工企业的共同目标。在本项目中承包人将严格遵守合同工期。

(1) 工期目标。本合同段工程按合同要求在2002年12月31日前完工。采取有效措施，确保在合同工期内保质保量、安全、按时地完成施工任务。

(2) 确保工期目标实现的措施。

1) 优化施工方案，优化配套机械设备，提高设备利用率和机械化作业程度，为工程施工赢得时间，确保工期。

2) 做好人员、材料及机械设备的进场。

3) 精心编制实施性施工组织设计，实行动态网络管理，及时调整各分项工程的计划进度和劳力、机械，确保工程按时完工。

4) 合理安排冬季、雨季、农忙季节及节假日的施工，确保工程顺利开展。

5) 搞好物资设备管理和物资供给，准备充足的货源，保障施工。

6) 重抓质量、安全，保证进度，确保不出任何安全质量事故，确保工程顺利开展。

7) 强化施工调度指挥与协调工作，超前布局，密切监控落实，及时解决问题，避免搁置延误。重点项目或工序采取垂直管理，横向强制协调的强硬手段，减少中间环节，提高决策和工作效率。

3. 施工安全保证措施

全面建立健全安全生产管理体系。施工中贯彻执行国家有关安全、环境保护的法规。定期进行安全大检查，召开安全工作会议，发现问题及时处理。安全管理主要有以下几个方面：

(1) 建立安全管理制度。

(2) 施工期间爆破安全措施。

(3) 消防安全措施。

(4) 治安措施。

(5) 防汛措施。

4．环境保护措施

环境保护是我国的一项基本国策，搞好环境保护是我们每一位公民的责任和义务，是我国建设、资源开发的重要的课题。本项目部将开展文明施工，场地布置统一规划，施工段材料堆放，各种物质材料按 ISO9002 系列标准正确配置，场区内管线布置线条整齐、清洁，废弃物统一深埋，定时处理。施工路基土石方弃土，严格按设计图指定位置集中堆放、分层压实并种植防护植被，保护工作与周围环境保持相协调。

(1) 建立环境保护体系。

(2) 减少、消除污染源。对于环境污染来讲，减少消除污染源是保护环境最直接、最有效的措施，是环境保护的根本。施工中的污染主要是指施工机械、设备、车辆、施工人员因施工造成的对环境的污染。

(3) 阻断污染传播途径。阻断污染的传播途径，隔离污染源和污染敏感受体是环境保护的又一有力措施，是环境污染标本兼治的一个方面。如施工现场噪音、异味、粉尘、生活污水、油污质废水的控制管理等。

5．其他措施

雨季及夏季施工措施、农忙季节安排、施工期间维持旧路通车措施等（略）。

思 考 题

1．施工组织设计的概念、作用与分类。
2．施工组织设计的编制原则。
3．施工组织设计的编制依据。
4．单位工程施工组织设计所包含的主要内容。
5．施工顺序应考虑哪些主要因素？
6．试说明施工进度计划的编制依据。
7．施工进度图的形式有几种？
8．试说明工程量与劳动量的关系。
9．生产周期如何计算？
10．劳动力分配图如何绘制？如何根据分布图来判断施工进度计划的优劣？
11．施工平面图有几种形式？
12．施工现场应建立哪些安全制度？
13．试说明施工组织总设计的编制程序。
14．试说明施工组织总设计技术经济指标体系的主要内容。
15．试说明技术经济指标分析的方法。

实 训 题

结合本地区工程实际，收集公路工程施工组织设计的工程实例，并进行内容分析。

第3章 流水施工组织原理

3.1 施工组织的基本方法

公路工程施工过程中的基本的方法归纳为顺序作业法、平行作业法和流水作业法三种，并可将上述三种方法综合运用形成综合作业法。

3.1.1 顺序作业法

顺序作业法是指将拟建工程分成若干个施工段，各施工段上的全部施工过程划分为若干道工序，前一道工序完成后，后一道工序才开始；一个施工段完成后，下一个施工段才开始，以此类推，直至全部工程施工完毕为止。顺序作业法就是按固定的程序组织施工。有客观要求的工艺流程和施工顺序必须按先后次序进行顺序作业；也有人为组织安排各工程项目之间的顺序作业。后者才是施工组织的顺序作业法。

例如，某路段有3座同类型的涵洞，有一个施工班组依次完成第一、第二、第三座涵洞，此时的施工组织安排就是顺序作业法。其工期可用下列公式计算。

（1）假设每一道工序的持续时间为 t_i，某施工段有 n 道工序，则该施工段的施工期限 t 为

$$t = t_1 + t_2 + t_3 + \cdots + t_n = \sum_{i=1}^{n} t_i \tag{3.1}$$

（2）设施工段的数目为 m，则完成全部施工任务的总工期 T 等于各施工段的施工期限之和。

$$T = \sum_{i=1}^{n_1} t_{i,1} + \sum_{i=1}^{n_2} t_{i,2} + \cdots + \sum_{i=1}^{n_m} t_{i,m} = \sum_{j=1}^{m} \sum_{i=1}^{n} t_{ij} \tag{3.2}$$

式中 t_{ij}——第 j 个施工段的第 i 道工序的施工持续时间。

显然，这种顺序施工法用于工序相同的多个施工段的施工作业安排是不合适的。其缺点为：整个工期长，专业队施工不连续，容易造成窝工现象，大部分施工段上的工作面空闲，工作面得不到充分利用。

3.1.2 平行作业法

平行作业法是指将拟建工程分成若干个施工段，每个施工段划分成若干道工序，同一工序在不同施工段上同时施工，一个施工段完工则全部工程施工完毕。几个施工段或几个作业点，分别同时按工艺顺序施工的作业方法。例如，上述3座涵洞，同时建立3个作业班组，同时按涵洞施工顺序开工的施工组织就是平行作业法。其工期的计算可按下列公式

进行:

(1) 假设每一道工序的持续时间为 t_i, 施工段有 n 道工序,则该工程项目的施工期限 t 为

$$t = t_1 + t_2 + t_3 + \cdots + t_n = \sum_{i=1}^{n} t_i \qquad (3.3)$$

(2) 设施工段数目为 m,则完成全部施工任务的总工期 T,就是施工时间最长的施工项目(或施工段)的施工期限 t,即:

$$T = \max\{t\} \qquad (3.4)$$

平行作业法与顺序作业法相比较,虽然整个工期缩短,工作面也得到充分利用,但是劳动力和机具的需用量是顺序作业法的 m 倍,而且专业队施工也是不连续的。

3.1.3 流水作业法

流水作业法是指将拟建工程分成若干个施工段,每个施工段都划分为若干道相同的工序,按照施工的工艺顺序,各工序在不同施工段上相继投入施工,最后投入施工的施工段上的最后一道工序完成后,则全部工程施工也随之完毕,这种施工组织方法就是流水作业法。例如,上述3座涵洞都可分解为挖基坑、砌基础、砌涵台、上部安装等4道工序,分别建立4个专业班组,依次在各座涵洞上完成各自的工序称为流水作业施工组织。

下面举例说明并比较三种基本作业方法的特点。例如,某路段需要修建同一类型的4座小桥,每座桥的施工过程可分解为挖基坑、砌基础、砌桥台、上部安装4道工序。为了简化起见,例题中的比较范围仅限于施工工期和劳动力用量之间的关系,并假定4座小桥上每道工序所需的持续时间固定不变,且均为5d,由此绘制的顺序作业法、平行作业法及流水作业法的施工进度横道图和劳动力需要量调配图,如图3.1所示。

由图3.1可以看出,顺序作业是4座小桥按先后顺序进行施工,第Ⅱ座小桥的施工,必须待第Ⅰ座小桥全部完工后才能进行,同理依次进行第Ⅲ座、第Ⅳ座小桥施工。各座小桥的施工期限均为20d,所以4座小桥的总工期为80d;投入施工中的劳动力用量最多时为12人,最少时只有3人。

平行作业法是将4座小桥看作4个独立的项目,配以4组相等的劳动力同时开工。此时施工总工期不因施工对象数目的多少而变化,只取决于某座小桥的施工期限(各小桥施工期限不等时,应取施工期限最长的小桥作为平行作业的总工期)。本例中平行作业总工期为20d,但所需的劳动力却按施工对象的倍数增加,最多时为48人,最少时为12人。

流水作业法与上述两种方法不同,它将各座小桥的全部施工过程,按相同的工作内容划分为挖基坑、砌基础、砌桥台、上部安装4道独立的工序,分别建立4个专业施工班

3.1 施工组织的基本方法

劳动力	组织方法\工序	顺序作业法																平行作业法				流水作业法						
	进度	5	10	15	20	25	30	35	40	45	50	55	60	65	70	75	80	5	10	15	20	5	10	15	20	25	30	35
6	挖基坑	Ⅰ			Ⅱ			Ⅲ						Ⅳ				Ⅰ Ⅱ Ⅲ Ⅳ				Ⅰ	Ⅱ	Ⅲ	Ⅳ			
5	砌基础		Ⅰ				Ⅱ				Ⅲ					Ⅳ			Ⅰ Ⅱ Ⅲ Ⅳ				Ⅰ	Ⅱ	Ⅲ	Ⅳ		
12	砌桥台			Ⅰ					Ⅱ				Ⅲ				Ⅳ			Ⅰ Ⅱ Ⅲ Ⅳ					Ⅰ	Ⅱ	Ⅲ	Ⅳ
3	上部安装				Ⅰ					Ⅱ					Ⅲ			Ⅳ				Ⅰ Ⅱ Ⅲ Ⅳ				Ⅰ	Ⅱ	Ⅲ	Ⅳ
劳动力需用量调配图		6	5	12	3	6	5	12	3	6	5	12	3	6	5	12	3	24	20	48	12	6	11	23	26	20	15	3

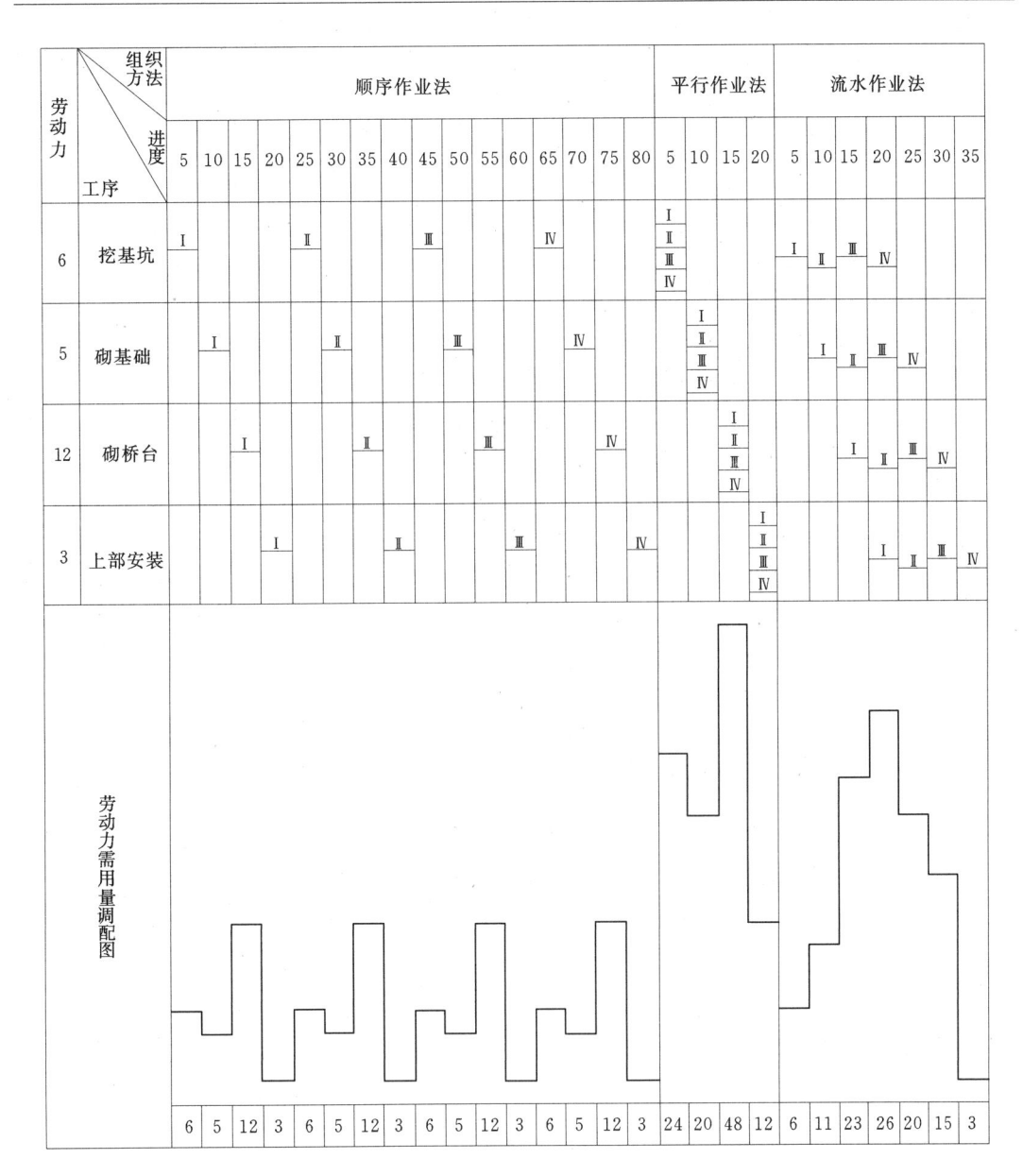

图 3.1 三种作业方法施工进度及劳力调配图
Ⅰ、Ⅱ、Ⅲ、Ⅳ—4 座小桥

组,依次在每座小桥上执行同一工序的施工,即相同的工序顺序作业,不同工序平行作业。本例的流水作业施工总工期为 35d,劳动力需要量随着各专业班组的先后投入施工而逐渐增加,当全部施工班组都投入后,就开始保持稳定,直到第一施工班组退出施工时才开始减少,最后全部施工班组退出施工现场。所以投入施工的劳动力最多时为 26 人,最少时则只有 3 人。

由此可见,三种基本施工组织方法的特点分别是:

(1) 顺序作业法：工期长、专业队施工不连续，大部分施工段上的工作面空闲。

(2) 平行作业法：工期短、工作面利用合理，但资源用量集中。

(3) 流水作业法：顺序作业和平行作业相结合的一种施工方法。它保留了前两种方法的优点，克服了它们的缺点，其特点是工期适中、工作面可充分利用，专业队施工连续、资源用量均衡，在进行多施工段的施工组织中，其优点是显而易见的。

3.1.4 综合作业方法

顺序作业法、平行作业法、流水作业法在施工过程中可以单独运用，也可以根据具体条件，将两种以上作业方法综合运用，即形成综合作业方法。综合作业方法的主要形式有平行流水作业法、平行顺序作业法，以及立体交叉平行流水作业法等其他施工组织方法。

平行流水作业法是平行作业法和流水作业法的结合，兼具二者优点，可以保证在施工期限要求紧的条件下，实现均衡施工，因此在工程实际中运用广泛。

平行顺序作业法实质是用增加资源供应来达到缩短工期的目的，使顺序作业法和平行作业法的缺点更加突出，所以仅适用于必须突击赶工的施工情况。

立体交叉平行流水作业法适用于大型结构物的施工，例如大桥工程、立体交叉工程等工序数很多，工程量大且特别集中，而施工作业平面又较小，按一般施工组织安排施工需要很长的工期的工程。为了充分利用有限的作业面，在平行流水作业的基础上，采用上、下、左、右全面施工的方法，从而达到缩短工期的目的。

综上所述，流水作业法是科学的、合理的一种作业方法，以下主要介绍流水作业的施工组织原理。但是公路工程施工中，可根据具体情况适当选择使用其他各种作业方法。

3.2 流水施工组织方法

流水施工作业方法是一种建立在合理分工、紧密协作和大批量生产的基础之上的较为科学的施工组织方法。这种施工组织方法不仅使得每个专业队都能连续进行其熟练的专业工作，而且由各施工段构成的工作面也得到充分利用。因此，工程施工具有鲜明的节奏性、均衡性和连续性，同时工程施工的劳动生产率和经济效益也得到提高。

3.2.1 流水施工组织方法的步骤

(1) 依据已选择的施工方案和工程结构特性、空间位置及施工工艺过程（工序），确定拟建工程流水作业的工程项目。

(2) 将组织流水施工的工程项目，从工艺上分解为若干工序并确定施工的先后顺序。不同的工序由不同的专业队按其先后顺序进行施工。

(3) 将流水作业的工程项目尽可能地划分为劳动量大致相等或成倍数的若干施工段。每个专业队按照施工顺序，沿着拟定的方向，依次在不同的施工段上施工。

(4) 确定各施工段的施工组织顺序，以便各专业队按照规定的顺序，携带必要的施工机具，连续地由一个施工段转移到另一个施工段，反复进行同类工作。

(5) 合理确定流水作业参数，使各流水作业尽可能地相互协调，具有节奏性、连续性、平行性。

(6) 按照施工顺序的要求,将各施工过程彼此排列和衔接起来,绘制施工进度计划图。

3.2.2 流水施工组织方法的特点

在公路工程施工中,公路产品具有固定性,人员、机械设备和建筑材料等资源供应则是流动的。公路工程形体都比较庞大,而且又多为线型工程,不同专业的工人、不同的机具可以在不同的部位进行作业,故能够进行连续、均衡、有节奏地施工。

流水作业法的特点归纳为以下几点。

(1) 充分利用了工作面,缩短了工期。

(2) 前后工序衔接紧凑,消除了时间间歇,实现了生产的连续性和均衡性。

(3) 根据不同的工序建立了不同的专业队,而专业队重复循环从事同一技术工作,工人的操作熟练程度不断提高,为保证工程质量及进一步改进工艺奠定了基础,工作效率也会不断提高。

(4) 由于工效提高、劳动量减少、物资供应均衡、工期缩短等原因,可降低工程成本。

3.2.3 流水作业法的实质与组织原则

流水作业的实质是同时容纳公路工程不同专业队伍在不同的位置上进行平行施工生产或顺序施工,而且施工过程具有鲜明的连续性、均衡性和节奏性。它与工业生产的流水作业根本差别在于产品固定不动,而劳动力、建筑材料和施工机具则按一定的顺序流动。

流水作业的效益具体表现在施工连续、进度加快、工期缩短,由于专业化程度较高,不仅能保证质量,而且提高了劳动生产率;又由于资源供应均衡,降低了工程成本。因此公路工程施工组织应尽可能采用流水作业法。流水施工的基本组织原则有以下几点。

(1) 根据施工项目对象划分施工段。

(2) 划分工序并编制工艺流程,且按工艺原则建立专业班组。

(3) 各专业班组依次、连续进入各个施工段,完成同类工种的作业。

(4) 计算或确定流水作业参数。

(5) 相邻施工段及相邻工序尽可能连接紧密。

3.2.4 流水施工作业法的分级与表达方式

1. 流水施工的分级

根据流水施工组织的范围划分,流水施工通常可分为:

(1) 分项工程流水施工。分项工程流水施工也称为细部流水施工。它是在一个专业工种内部组织起来的流水施工。在项目施工进度计划表上,它是一条标有施工段或工作队编号的水平进度指示线段或斜向进度指示线段。

(2) 分部工程流水施工。分部工程流水施工也称为专业流水施工。它是在一个分部工程内部、各分项工程之间组织起来的流水施工。在项目施工进度计划表上,它由一组标有施工段或工作队编号的水平进度指示线段或斜向进度指示线段来表示。

（3）单位工程流水施工。单位工程流水施工也称为综合流水施工。它是在一个单位工程内部、各分部工程之间组织起来的流水施工，在项目施工进度计划表上，它是若干组分部工程的进度指示线段，并由此构成一张单位工程施工进度计划。

（4）群体工程流水施工。群体工程流水施工也称为大流水施工。它是在若干单位工程之间组织起来的流水施工。反映在项目施工进度计划上，是一张项目施工总进度计划。

2．流水施工的表达方式

流水施工的表达方式，主要有横道图（水平图表和垂直图表）和网络图两种表达方式。

（1）水平图表。在流水施工水平指示图表的表达方式中，横坐标表示流水施工的持续时间；纵坐标表示开展流水施工的施工过程、专业工作队的名称、编号和数目；呈梯形分布的水平线段表示流水施工的开展情况。

（2）垂直图表。在流水施工垂直指示图表的表达方式中，横坐标表示流水施工的持续时间；纵坐标表示开展流水施工所划分的施工段编号；n 条斜线段表示各专业工作队或施工过程开展流水施工的情况。

（3）网络图。网络图在第 4 章详细讲述。用于流水施工组织的网络图，主要有横道式网络图、流水步距式流水网络图 、搭接式流水网络图和三维流水网络图等，请参见有关文献。

3.2.5　流水施工作业参数

流水施工作业参数有空间参数、工艺参数、时间参数，以此表达空间和时间的展开情况。

1．空间参数的确定

（1）施工段。施工段 m 划分的方法有两种：一种是自然形成的，如几座桥、几个构件等；另一种是人为划分的，如路面工程分为若干施工段。施工段的数目过多会引起资源集中，数目划分过少会拖延工期。一般要求施工段数目不小于工序数（或专业队数），以利于同一时间能进入工作面流水作业。施工段的划分，应考虑以下原则：

1）划分施工段应使主要工种在各施工段上所需劳动量大致相等，其相差幅度以不超过 10%～15% 为宜，以免破坏流水的协调性。

2）常将构筑物的外形边缘、构造特点、伸缩缝、沉降缝、接缝等作为划分施工段的自然界限；对于管道工程，分段的界限尽量划分在各种检查井处。

3）每个施工段的大小应满足专业工种对工作面的要求。

施工段的划分要适当，应不小于工序数（专业队数），这样有利于安排流水作业，可使各专业队在同一时间都进入工作面施工，而不致窝工。不能把施工段数划分得少于工序数，因为这样会使专业队不能在进入工作面之后同时展开施工，无法形成流水作业的格局。

（2）工作面。工作面 A 的大小可以表明施工对象上可能安置多少工人操作或布置多少施工机械，为流水节拍的确定提供依据。一般施工中，工作面大小要求紧前工序结束后能为紧后工序提供工作面，且应满足施工技术规范和安全操作规程的要求。

2. 工艺参数的确定

工艺参数包括工序数 n 和流水强度 V。

(1) 施工过程数 n。施工过程数 n 有时也称工序数。它的划分应与工程项目及施工组织分工相适应,对简单的施工过程,工序可划分得少些;对技术复杂的施工过程,工序可划分得多些。工序划分应使各道工序的持续时间相差不致太大,以便于专业队合理分工。同时施工过程数的划分要符合施工专业队的施工习惯,以便于组织施工。

(2) 流水强度 V。单位时间完成的工程数量称为流水强度 V。流水强度等于专业队的工人数或机械台数与产量定额的乘积。

人工作业的流水强度可表示为

$$V_i = R_i C_i \tag{3.5}$$

式中 R_i——投入施工过程 i 的专业队工人数;

C_i——投入施工过程 i 的专业班组每一工人的产量定额。

机械作业的流水强度可用下式表示:

$$V_i = \sum_{i=1}^{L} R_i C_i \tag{3.6}$$

式中 R_i——某施工过程某主导机械同一型号机械台数;

C_i——施工过程 i 的施工机械台班产量定额;

L——主导施工机械的各种型号的种类数。

3. 时间参数的计算

(1) 流水节拍的计算。流水节拍 t_i 是指某道工序在施工段上完成工序操作的持续时间。其计算方法如下。

1) 根据施工单位投入的劳动力或机械数量计算,其计算公式为

$$t_i = \frac{Q_{ij}}{C_i R_i N_i} = \frac{P_{ij}}{R_i N_i} \tag{3.7}$$

式中 Q_{ij}——某施工段上第 i 道工序第 j 段的工程量;

C_i——该工序施工操作中每工日或每台班产量;

R_i——施工班组人数或施工机械台数;

P_{ij}——该工序所需的劳动量(工日数或台班数);

N_i——每天工作班数。

上式计算结果应取整天数或 0.5d 的整数倍,以利于施工作业安排。

2) 根据合同分解的阶段工期要求确定,其计算公式为

$$t_i = \frac{T_e - \sum t_g}{m + n - 1} \tag{3.8}$$

式中 T_e——流水施工项目的合同分解工期;

$\sum t_g$——工序间停顿时间之和;

m——施工段数;

n——工序数。

3）根据有关定额和施工经验或实际的劳动生产率确定。

（2）流水步距的计算。流水步距是指相邻专业队相继投入同一施工段开始操作的时间间隔，用 $K_{i,i+1}$ 表示。流水步距的大小直接关系到施工中的连续性。流水步距的个数和工序数 n 存在这样的关系：

$$流水步距数＝工序数－1$$

确定流水步距的根本目的是保证施工专业队进入流水线后，能连续不断地依次完成所有施工段的工程量，直到退出流水线为止，并使相邻专业队时间搭接紧凑、严密，施工组织合理，工期短。确定流水步距的要求为：

1）始终保持两相邻施工工序的先后工艺顺序。

2）保证各专业队连续、均衡、有序的施工，而工作面则允许有一定的空闲。

3）保证专业队连续施工的同时，还要使工程的工期最短，必须使前后两工序在施工时间上保持最大搭接，以此确定出最小流水步距。

其计算方法可按"累计数列求和错位相减取大差法"进行，即采用相邻两施工工序在每个施工段的持续时间（即流水节拍）累加数列错位相减，取最大值作为流水步距的方法。具体计算步骤为：首先将相邻两道工序的流水节拍分别累计得到两个数列；然后将后一工序的累计数列向后错一位与前一工序累计数列对齐相减得到第三个数列；最后从第三个数列中取最大的正值即为流水步距。

3.3 流水施工基本类型

流水施工按其参数的特性可分为等节奏流水施工、异节奏流水施工和无节奏流水施工三大类。

3.3.1 等节奏流水施工

等节奏流水施工又称为全等节拍流水或固定节拍流水，是指各道工序的流水节拍在各个施工段上完全相等，工序之间的流水节拍也完全相等，且等于流水步距 $K_{i,i+1}$。这是一种理想状态的流水作业类型，其特点为

$$t_i = K_{i,i+1} = 常数$$

其工期计算公式为

$$T = \sum K_{i,i+1} + T_n + \sum t_g = (n-1)t_i + mt_{ij} + \sum t_g = (m+n-1)t_{ij} + \sum t_g \quad (3.9)$$

式中　T——全等节拍流水施工的工期；

　　　T_n——最后一个施工过程在各个施工段上的施工延续时间；

　　　$\sum t_g$——工序间停顿时间之和，工序间停顿是指技术间歇和组织间歇；

　　　其他符号意义同前。

【例 3.1】　某桥梁工程 4 个桥墩，有支模、扎筋、浇筑混凝土 3 个施工过程，流水节

拍均相等，$t_{ij}=1$。试组成等节奏流水作业。

解：本例流水节拍全相等，也等于流水步距 $t_{ij}=K_{i,i+1}=1(d)$。

工期 $T=\sum K_{i,i+1}+T_n+\sum t_g=(m+n-1)t_{ij}+\sum t_g=(4+3-1)\times1+0=6(d)$。本例工序间停顿时间为0，如果施工过程具有停顿时间，在工期中还要计算进去。组成流水作业如图3.2所示。

施工过程	施工进度(d)					
	1	2	3	4	5	6
支模	Ⅰ	Ⅱ	Ⅲ	Ⅳ		
扎筋		Ⅰ	Ⅱ	Ⅲ	Ⅳ	
浇筑混凝土			Ⅰ	Ⅱ	Ⅲ	Ⅳ

图3.2 某桥梁工程4个桥墩施工进度计划

3.3.2 异节奏流水施工

1. 异节奏流水施工的概念

异节奏流水施工法是指同一施工过程在各个施工段上的流水节拍全部相等，而不同施工过程之间的流水节拍不一定相等的流水施工组织方式。异节奏流水施工的特点是：

(1) 同一施工过程在各个施工段上的流水节拍全部相等。

(2) 不同施工过程的流水节拍全部或部分不相等。

(3) 各施工过程可连续施工。

2. 异节奏流水施工的组织形式

(1) 异节奏流水的一般方法。按照保持各施工过程的连续性、彼此搭接的原则组织的异节拍流水施工，可以看作无节奏施工的一个特例，可按照无节奏施工方法进行组织。其组织方法将在3.3.3中进行阐述。

(2) 成倍节拍流水法。因为异节奏施工法的上述特点，不同施工过程的流水节拍之间存在着一个最大公约数。为加快流水施工速度，可按照最大公约数的倍数组建每个施工过程的专业工作队，这样就构成了一个工期最短的流水施工方案，称为成倍节拍流水施工法。这是一种加快施工速度的方法，其施工工期的计算步骤为：

1) 计算各道工序流水节拍的最大公约数 $K_{i,i+1}$，也称为公共流水步距。

2) 求各道工序所需的专业队数 $b_i(b_i=t_i/K)$。

3) 把专业队总数 $\sum b_i$ 看成工序数 n，即 $n=\sum b_i$，并将 $K_{i,i+1}$ 看成流水步距。

4) 按全等节拍流水计算工期。

工期（T）的计算公式为

$$T=(\sum b_i-1)K_{i,i+1}+T_n \tag{3.10}$$

式中　$\sum b_i$——各施工过程施工队数之和；

其他符号意义同前。

【例 3.2】 谋道路工程某道路工程，划分 6 个施工段，每个施工段包含挖路基、做垫层、做基层 3 个施工过程，即 $m=6$，$n=3$。各施工过程在 6 个施工段上的流水节拍均相等，挖路基 $t_{1j}=1(d)$，$t_{2j}=3(d)$，$t_{3j}=2(d)$，试组成成倍节拍流水作业。

解：计算各施工过程的专业队数。由于流水节拍的最大公约数是 1，则成倍节拍作业的流水步距为 1。则专业队数为

$$b_1 = \frac{t_{1j}}{K_{i,i+1}} = \frac{1}{1} = 1(队)$$

$$b_2 = \frac{t_{1j}}{K_{i,i+1}} = \frac{3}{1} = 3(队)$$

$$b_3 = \frac{t_{1j}}{K_{i,i+1}} = \frac{2}{1} = 2(队)$$

施工段 $m=6$，$\sum b_i = 1+3+2 = 6(队)$。工期 $T = (\sum b_i - 1)K_{i,i+1} + T_n = (6-1) \times 1 + 6 = 11(d)$。绘制成倍节拍流水作业进度计划如图 3.3 所示。

图 3.3 某道路工程施工进度图

3.3.3 无节奏流水施工

1. 无节奏流水施工的基本概念

无节奏流水施工也称为分别流水法，是指相同工序在各个施工段上的流水节拍不完全相等，各工序之间的流水节拍也不完全相等的流水作业方式。这种流水作业方法只要能按照施工顺序的要求，使相邻两个专业施工队在开工时间上能够彼此搭接起来，并使每个专业队都能够连续作业形成非节奏性的流水施工即可达到目的。因此，无节奏流水施工比较符合公路工程施工的一般情况，是流水施工的普遍形式。

2. 无节奏流水施工的基本特点

(1) 各个工序在各个施工段上的流水节拍通常不相等，流水步距在很多情况下也不相等。

(2) 施工专业队数目等于施工过程数，即 $\sum b_i = n$。

(3) 每个施工专业队必须保证连续施工，但工作面允许有间歇。

(4) 不一定将每个施工段上的每个施工过程都纳入流水作业，往往只考虑主要施工过程。

无节奏流水施工的施工工期计算公式为

$$T = \sum K_{i,i+1} + T_n + \sum t_g \tag{3.11}$$

【例 3.3】 某工程项目划分为 4 个施工段（Ⅰ、Ⅱ、Ⅲ、Ⅳ）和 3 道施工工序（A、B、C），各工序在各个施工段上的流水节拍见表 3.1，试组织无节奏流水作业。

表 3.1 各工序在各个施工段上的流水节拍

施工工序	施工段上的流水节拍（工序持续时间）(d)				施工工序	施工段上的流水节拍（工序持续时间）(d)			
	Ⅰ	Ⅱ	Ⅲ	Ⅳ		Ⅰ	Ⅱ	Ⅲ	Ⅳ
A	3	4	4	5	C	2	2	3	3
B	3	3	2	2					

解：由表 3.1 可知，$m=4$，$n=3$，流水步距 K_{AB}、K_{BC} 按"累计数列错位相减取大差法"计算。

```
     3   7   11   16
 -)      3    6    8   10
     3   4    5    8  -10
```

则 $K_{AB} = 8 \text{(d)}$。

```
     3   6    8   10
 -)      2    4    7   10
     3   4    4    3   10
```

则 $K_{BC} = 4 \text{(d)}$。

$$T = \sum K + T_n + \sum t_g = (8+4) + (2+2+3+3) + 0 = 22 \text{(d)}$$

由 $T = 22 \text{(d)}$、$K_{AB} = 8 \text{(d)}$、$K_{BC} = 4 \text{(d)}$，以及各道工序在各个施工段上的持续时间，可绘制出流水施工进度横道图，如图 3.4 所示。

图 3.4 某工程项目流水施工横道图

【例 3.4】 某路段有 4 座相同性质的通道工程,其施工过程均可分解为挖基坑 A、砌基础 B、浇注墙身 C、安装盖板 D 4 道工序,各道工序在各座通道上的持续时间(流水节拍)见表 3.2,试按一、二、三、四自然顺序和四、二、一、三顺序施工,分别组织流水作业。

表 3.2 各施工过程及其持续时间

施工段 m / 工序 n	一	二	三	四	施工段 m / 工序 n	一	二	三	四
A	3	4	3	2	C	6	5	4	6
B	5	6	4	5	D	3	2	2	3

解:根据流水施工组织原则,施工段数 $m=4$,工序数 $n=4$,然后根据施工组织顺序分别计算相邻工序之间的流水步距 K,最后计算其总工期 T 并绘制施工进度横道图。

(1) 按一、二、三、四自然顺序组织流水作业。

$$\begin{array}{rrrrr}
 & 3 & 7 & 10 & 12 \\
-) & & 5 & 11 & 15 & 20 \\
\hline
\boxed{3} & 2 & -1 & -3 & -20
\end{array}$$

则 $K_{AB}=3(\mathrm{d})$。

$$\begin{array}{rrrrr}
 & 5 & 11 & 15 & 20 \\
-) & & 6 & 11 & 15 & 21 \\
\hline
\boxed{5} & 5 & 4 & 5 & -21
\end{array}$$

则 $K_{BC}=5(\mathrm{d})$。

$$\begin{array}{rrrrr}
 & 6 & 11 & 15 & 21 \\
-) & & 3 & 5 & 7 & 10 \\
\hline
6 & 7 & 10 & \boxed{14} & -10
\end{array}$$

则 $K_{CD}=14(\mathrm{d})$。

$T=(K_{AB}+K_{BC}+K_{CD})+T_n+\sum t_g = (3+5+14)+(3+2+2+3)+0=32(\mathrm{d})$

由 $T=32(\mathrm{d})$ 和 $K_{AB}=3(\mathrm{d})$、$K_{BC}=5(\mathrm{d})$、$K_{CD}=14(\mathrm{d})$,可绘制流水作业施工进度横道图(略)。

(2) 按四、二、一、三顺序组织施工时,应按其顺序重新列表于 3.3。

表 3.3 按四、二、一、三顺序组织的各施工过程及其施工持续时间

施工段 m / 工序 n	四	二	一	三	施工段 m / 工序 n	四	二	一	三
A	2	4	3	3	C	6	5	6	4
B	5	6	5	4	D	3	2	3	2

$$\begin{array}{r} 2\quad 6\quad 9\quad 12\quad \\ -)\quad 5\quad 11\quad 16\quad 20\\ \hline \boxed{2}\quad 1\quad -2\quad -4\quad -20 \end{array}$$

则 $K_{AB}=2$(d)。

同理 $K_{BC}=5$(d)，$K_{CD}=13$(d)。

$$T=(2+5+13)+(3+2+3+2)=30(\mathrm{d})$$

其流水施工进度横道图略。

由上述示例可以看出，施工段的组织次序不同，其施工进度的总工期可能不同，在无特殊顺序要求的条件下，应以总工期最短作为组织施工段顺序的依据。

思 考 题

1. 施工组织的基本方法及特点是什么？
2. 常见的综合作业方法有几种？
3. 流水作业参数的类型有哪些？每一种类型中又包括哪些参数？
4. 流水节拍的概念及其计算方法是什么？
5. 试简述流水步距的概念及其计算方法。
6. 流水作业如何分级？有哪些表达形式？
7. 流水施工包括哪些类型？流水施工组织方法的步骤有哪些？
8. 什么是异节奏节拍流水施工？工期如何计算？
9. 什么是无节奏流水施工？无节奏流水施工的基本特点是什么？

实 训 题

某公路工程，划分甲、乙、丙、丁 4 个施工段，每个施工段上有 A、B、C、D 4 个施工过程。根据下表的流水节拍，按甲乙丙丁和丙乙丁甲的顺序组织流水施工，分别计算该工程项目的流水步距、工期，并绘制横道图和垂直图施工进度计划。

表 3.4　　　　　　　　　施工过程及其持续时间

工序 n ＼ 施工段 m	甲	乙	丙	丁
A	4	5	4	6
B	4	4	3	3
C	3	3	2	2
D	2	3	3	3

第4章 网络计划技术

4.1 网络计划技术概述

4.1.1 网络计划的概念及优缺点

网络计划技术是一种科学的计划管理方法，包括关键线路法（CPM）和计划评审技术（PERT）。工程建设领域主要应用关键线路法。网络计划技术自20世纪50年代创始于美国，之后推广到世界各国，广泛应用于工业、农业、国防以及科研计划与管理中。我国20世纪60年代开始在工业管理中引进了关键线路，经多年实践与应用，至今已广泛应用于工程建设领域。

网络计划技术的基本模型是网络图，网络图是指由箭线和节点组成的，用来表示工作流程的，有向、有序的网状图形。用网络图表达任务构成、工作顺序，并加注工作时间参数的进度计划成为网络计划。

网络计划与横道计划相比，具有以下优点。

（1）网络图把施工过程中的各有关工作组成了一个有机的整体，能全面而明确地表达出各项工作开展的先后顺序和反映出各项工作之间的相互制约和相互依赖的关系。

（2）能进行各种时间参数的计算。

（3）在名目繁多、错综复杂的计划中找出决定工程进度的关键工作，便于管理者集中力量抓好主要矛盾，确保工期，避免盲目施工。

（4）能够从许多可行方案中，选出最优方案。

（5）在计划的执行过程中，某一工作由于某种原因推迟或者提前完成时，可以预见到它对整个计划的影响程度，而且能根据变化的情况，迅速进行调整，保证自始至终对计划进行有效的控制与监督。

（6）利用网络计划中反映出的各项工作的时间储备，可以更好地调配人力、物力，以达到降低成本的目的。

（7）更重要的是，它的出现与发展使现代化的计算工具——计算机在建筑施工计划管理中得以应用。

网络计划也存在表达不直观、不易看懂、计算编制复杂，以及不易显示资源平衡等缺点。

网络计划技术可以为施工管理提供许多信息，有利于加强施工管理。它既是一种科学的编制计划的方法，也是一种科学的管理手段，有助于管理人员全面了解、重点掌握、灵活安排、合理组织、多快好省地完成计划任务，不断提高管理水平。因此，网络计划技术在公路建设领域也逐步得到广泛应用。

4.1.2 网络计划的分类

1. 按代号不同分类

网络计划分为双代号网络计划和单代号网络计划。

2. 按目标多少分类

(1) 单目标网络计划。网络计划所用的网络图只有一个终点节点的网络计划称单目标网络计划。

(2) 多目标网络计划。网络计划所用的网络图有多个终点节点的网络计划。

3. 按照时间坐标分类

(1) 时标网络计划。时标网络计划是以时间坐标为尺度编制的网络计划。它的特点是箭线长度根据时间的多少绘制。

(2) 非时标网络计划。非时标网络计划是不按照时间坐标绘制的网络计划。它的特点是箭线长度与时间的多少无关，时间多少有数字标注来表现。

4. 按照工作衔接分类

(1) 普通网络计划。普通网络计划是按照工作间逻辑关系，各工作首尾衔接绘制的网络计划，是指通常的双代号、单代号网络计划等，本书限于篇幅介绍的均指此类。

(2) 搭接网络计划。搭接网络计划是指前后工作之间逻辑关系较多，在普通网络计划中引入工作间各种规定搭接时距绘制的网络计划。

(3) 流水网络计划。流水网络计划是指在普通网络计划中引入流水步距并充分反映流水施工组织特点的网络计划。

5. 按肯定与否分类

(1) 肯定型网络计划。肯定型网络计划指子项目（工作）、工作之间的逻辑关系及各工作的持续时间都肯定的网络计划。本文只涉及肯定型网络计划。

(2) 非肯定型网络计划。非肯定型网络计划指计划子项目（工作）、工作之间的逻辑关系及各工作的持续时间三者之中有一项以上不肯定的网络计划。

6. 按网络计划包含的范围分类

(1) 局部网络计划。局部网络计划指以一个建筑物或构筑物中的一部分，或以一个施工段为对象编制的网络计划。

(2) 单位工程网络计划。单位工程网络计划是指以一个单位工程或单体工程为对象编制的网络计划。

(3) 综合网络计划。综合网络计划是指以一个单项工程或以一个建设项目为对象编制的网络计划。

4.1.3 网络计划的表达方法

网络图是由箭线和节点组成，用来表示工作流程的有向、有序网状图形。

网络图中的工作是按施工组织对象的需要而划分的消耗时间或同时也消耗资源的一个子项目或子任务。它可以是单位工程、分部工程或分项工程，也可以是划分得更细的施工过程。在一般情况下，完成一项工作既需要消耗时间，也需要消耗劳动力、原材料、施工机具等资源。但也有一些工作只消耗时间而不消耗资源，如混凝土浇筑后的养护过程等。

网络图有双代号网络图和单代号网络图两种表达形式。

1. 双代号网络图

双代号网络图又称箭线式网络图。它以箭线表示工作过程,同时,节点表示工作的开始或结束,以及工作之间的连接状态。

2. 单代号网络图

单代号网络图又称节点式网络图。它以节点及其编号表示工作,箭线表示工作之间的逻辑关系。

网络图中工作的表示方法如图 4.1 和图 4.2 所示。

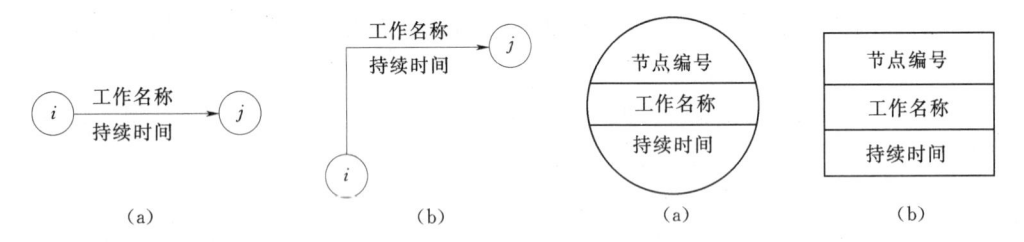

图 4.1 双代号网络图中工作的表示方法

图 4.2 单代号网络图中工作的表示方法

节点必须有编号。一个工程对象的网络图还形成由起始节点到终止节点的多条通道,称为线路。

在双代号网络图中,有时存在虚箭线,虚箭线不代表实际工作,既不消耗时间,也不消耗资源,以此表示的工作称为虚工作(或虚过程)。虚工作主要用来表示相邻两项工作之间的逻辑关系。在单代号网络图中,虚拟工作只能出现在网络图的起点节点或终点节点处。

4.1.4 逻辑关系

工艺关系和组织关系是工作之间先后顺序关系——逻辑关系的组成部分。

1. 工艺关系

生产性工作之间由工艺过程决定的、非生产性工作之间由工作程序决定的先后顺序关系称为工艺关系。例如,建筑施工时,先做基础,后做结构,就是一种工艺关系。

2. 组织关系

工作之间由于组织安排需要或资源(劳动力、原材料、施工机具等)调配需要而规定的先后顺序关系称为组织关系。例如,某桥梁墩台开工的先后,一栋建筑中各施工段间的施工顺序,等等,这就是各自的组织关系。

在施工方案确定后,一般说来工艺关系是不变的,而组织关系则应优化,即它是可变的。无论工艺关系或组织关系,在网络图中均表现为工作进行的先后顺序。

3. 逻辑关系的表达

(1) 紧前工作。在网络图中,相对于某工作而言,紧排在该工作之前的工作称为该工作的紧前工作。在双代号网络图中,工作与其紧前工作之间可能有虚工作存在。

(2) 紧后工作。在网络图中,相对于某工作而言,紧排在该工作之后的工作称为该工作的紧后工作。在双代号网络图中,工作与其紧后工作之间也可能有虚工作存在。

(3) 平行工作。在网络图中，相对于某工作而言，可以与该工作同时进行的工作即为该工作的平行工作。

紧前工作、紧后工作及平行工作是工作之间逻辑关系的具体表达，只要能根据工作之间的工艺关系和组织关系明确其紧前或紧后关系，即可据此绘出网络图。它是正确绘制网络图的前提条件。

4.1.5 线路、关键线路和关键工作

1. 线路

网络图中从起点节点开始，沿箭头方向顺序通过一系列箭线与节点，最后到达终点节点的通路称为线路。线路既可依次用该线路上的节点编号来表示，也可依次用该线路上的工作名称来表示。

2. 关键线路和关键工作

在关键线路法（CPM）中，线路上所有工作的持续时间总和称为该线路的总持续时间。总持续时间最长的线路称为关键线路，关键线路的长度就是网络计划的总工期。

在网络计划中，关键线路可能不止一条。而且在网络计划执行过程中，关键线路还会发生转移。

关键线路上的工作称为关键工作。在网络计划的实施过程中，关键工作的实际进度提前或拖后，均会对总工期产生影响。因此，关键工作的实际进度是建设工程进度控制工作中的重点。

4.1.6 网络计划时间参数

所谓时间参数是指网络计划、工作及节点所具有的各种时间值。

1. 工作持续时间和工期

(1) 工作持续时间。工作持续时间是指一项工作从开始到完成的时间。在双代号网络计划中，工作 $i—j$ 的持续时间用 D_{i-j} 表示；在单代号网络计划中，工作 i 的持续时间用 D_i 表示。

(2) 工期。工期泛指完成一项任务所需要的时间。在网络计划中，工期一般有以下三种：

1) 计算工期。计算工期是根据网络计划时间参数计算而得到的工期，用 T_c 表示。

2) 要求工期。要求工期是任务委托人所提出的指令性工期，用 T_r 表示。

3) 计划工期。计划工期是指根据要求工期和计算工期所确定的作为实施目标的工期，用 T_p 表示。

2. 工作的 6 个时间参数

(1) 最早开始时间和最早完成时间。工作的最早开始时间是指在其所有紧前工作全部完成后，本工作有可能开始的最早时刻。工作的最早完成时间是指在其所有紧前工作全部完成后，本工作有可能完成的最早时刻。

在双代号网络计划中，工作 $i—j$ 的最早开始时间和最早完成时间分别用 ES_{i-j} 和 EF_{i-j} 表示；在单代号网络计划中，工作 i 的最早开始时间和最早完成时间分用 ES_i 和

EF_i 表示。

（2）最迟完成时间和最迟开始时间。工作的最迟完成时间是指在不影响整个任务按期完成的前提下，本工作必须完成的最迟时刻。工作的最迟开始时间是指在不影响整个任务按期完成的前提下，本工作必须开始的最迟时刻。

在双代号网络计划中，工作 $i—j$ 的最迟完成时间和最迟开始时间分别用 LF_{i-j} 和 LS_{i-j} 表示；在单代号网络计划中，工作 i 的最迟完成时间和最迟开始时间分别用 LF_i 和 LS_i 表示。

（3）总时差和自由时差。工作的总时差是指在不影响总工期的前提下，本工作可以利用的机动时间。在双代号网络计划中，工作 $i—j$ 的总时差用 TF_{i-j} 表示；在单代号网络计划中，工作 i 的总时差用 TF_i 表示。

工作的自由时差是指在不影响其紧后工作最早开始时间的前提下，本工作可以利用的机动时间。在双代号网络计划中，工作 $i—j$ 的自由时差用 FF_{i-j} 表示；在单代号网络计划中，工作 i 的自由时差用 FF_i 表示。

从总时差和自由时差的定义可知，对于同一项工作而言，自由时差不会超过总时差。当工作的总时差为零时，其自由时差必然为零。

3. 相邻两项工作之间的时间间隔

相邻两项工作之间的时间间隔是指本工作的最早完成时间与其紧后工作最早开始时间之间可能存在的差值。工作 i 与工作 j 之间的时间间隔用 LAG_{i-j} 表示。

4.2 双代号网络计划的编制

4.2.1 双代号网络图

双代号网络图如图 4.3 所示。图中的每一条箭线表示一项工作。箭线的箭尾节点表示该工作的开始，箭线的箭头节点表示该工作的结束。在非时标网络图中，箭线的长度不直接反映该工作所占的时间长短。箭线应画成水平直线、折线或斜线，而以水平直线为主，其水平投影的方向应自左向右，表示工作的进行方向。

双代号网络图的基本符号是圆圈、箭线及编号。

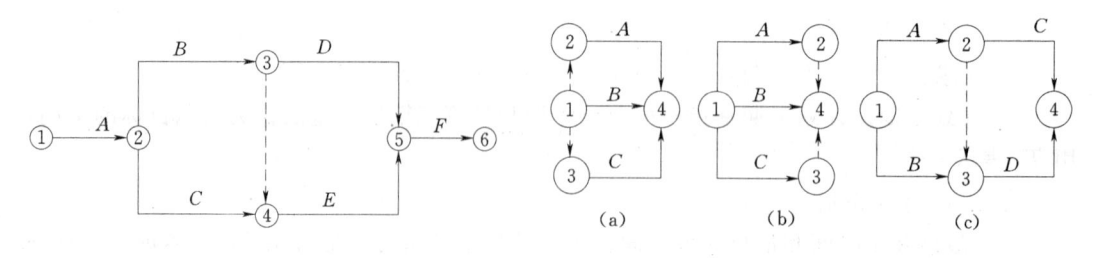

图 4.3 双代号网络图

图 4.4 虚箭线的作用

图 4.3 中有一条虚箭线③---④。该箭线表示一项虚工作。虚箭线的惟一功能是用以正确表达相关工作的逻辑关系。它不消耗资源，持续时间为 0。虚工作可垂直向上、向下，也可以水平方向向右。图 4.4 中的 3 个图表示了虚工作的作用：图 4.4（a）用虚箭线将

节点①到节点④的3项工作从开始节点区分开来；图4.4（b）用虚箭线将节点①到节点④的3项工作从结束节点区分开来；图4.4（c）表示 A 工作完成后进行 C，A、B 完成后进行 D，A、D 两项工作就是用虚箭线相连的，由于箭头向下，证明 B、C 工作被隔断，并无联系。

4.2.2 双代号网络图的绘制

1. 绘图规则

《工程网络计划技术规程》（JGJ/T 121—1999）确定了网络计划的 7 条规则如下。

(1) 双代号网络图必须正确表达已定的逻辑关系。

(2) 双代号网络图中，严禁出现循环回路。

(3) 双代号网络图中，在节点之间严禁出现带双向箭头或无箭头的连线。

(4) 双代号网络图中，严禁出现没有箭头节点或箭尾节点的箭线。

(5) 当双代号网络图的某些节点有多条外向箭线或多条内向箭线时，在保证一项工作有唯一的一条箭线和对应的一对节点编号前提下，允许使用母线法绘图。箭线线型不同，可在从母线上引出的支线上标出，如图 4.5 所示。

(6) 绘制网络图时，箭线不宜交叉，当交叉不可避免时，可用过桥法或指向法，如图 4.6 所示。

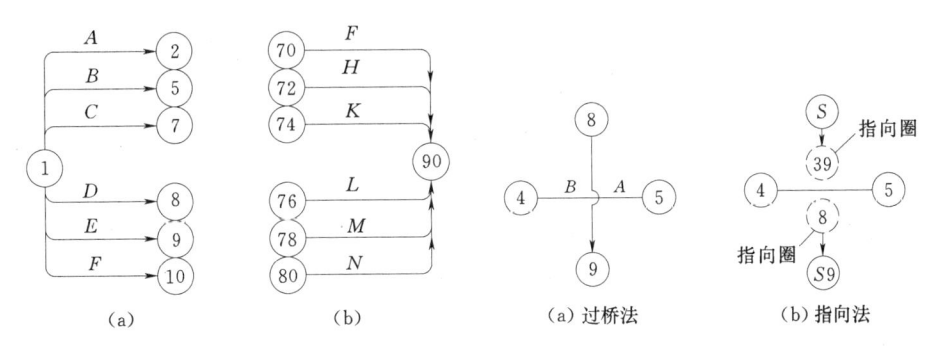

图 4.5 母线法绘图

图 4.6 箭线交叉的表示方法

(7) 双代号网络图是由许多条线路组成的、环环相套的封闭图形，只允许有一个起点节点和一个终点节点，而其他所有节点均是中间节点（既有指向它的箭线，又有背离它的箭线）。

2. 网络图的绘制

绘制双代号网络图的关键有两点：

(1) 正确运用虚箭线，正确反映工作之间的既定关系，使有关系的工作一定把关系表达准确，且不要漏画"关系"，使没有关系的工作一定不要扯上"关系"。

(2) 严格按上述 7 条绘图规则绘图。

双代号网络图逻辑关系的表达见表 4.1。

为了说明网络图的绘制方法，下面根据表 4.2 的逻辑关系绘制双代号网络图，如图 4.7 所示。

表 4.1　　　　　　　双代号网络图中各工作逻辑关系表示方法

序号	工作之间的逻辑关系	网络图中表示方法	说　　明
1	有 A、B 两项工作，按照施工方式进行		B 工作依赖着 A 工作，A 工作约束着 B 工作的开始
2	有 A、B、C 3 项工作同时开始		A、B、C 3 项工作称为平行工作
3	有 A、B、C 3 项工作同时结束		A、B、C 3 项工作称为平行工作
4	有 A、B、C 3 项工作，只有在 A 完成后，B、C 才能开始		A 工作制约着 B、C 工作的开始。B、C 为平行工作
5	有 A、B、C 3 项工作，C 工作只有在 A、B 完成后才能开始		C 工作依赖着 A、B 工作。A、B 为平行工作
6	有 A、B、C、D 4 项工作，只有当 A、B 完成后 C、D 才能开始		通过中间节点 j 正确地表达了 A、B、C、D 之间的关系
7	有 A、B、C、D 4 项工作，A 完成后，C 才能开始，A、B 完成后 D 才开始		D 与 A 之间引入了逻辑连接，(虚工作) 只有这样才能正确表达它们之间的约束关系
8	有 A、B、C、D、E 5 项工作，A、B 完成后 C 开始，B、D 完成后 E 开始		虚工作 i—j 反映出 C 工作受到 B 工作的约束；虚工作 i—k 反映出 E 工作受到 B 工作的约束
9	有 A、B、C、D、E 5 项工作，A、B、C 完成后 D 才能开始，B、C 完成后 E 才能开始		虚工作表示 D 工作受到 B、C 工作制约
10	A、B 两项工作分 3 个施工段，平行施工		每个工种，工程建立专业工作队，在每个施工段上进行流水作业

4.2 双代号网络计划的编制

表 4.2　　　　　　　　　某网络计划工作逻辑关系及持续时间表

工作	紧前工作	紧后工作	持续时间(d)	工作	紧前工作	紧后工作	持续时间(d)
A_1		A_2、B_1	2	C_3	B_3、C_2	E、F	2
A_2	A_1	A_3、B_2	2	D	B_3	G	2
A_3	A_2	B_3	2	E	C_3	G	1
B_1	A_1	B_2、C_1	3	F	C_3	I	2
B_2	A_2、B_1	B_3、C_2	3	G	D、E	H、I	4
B_3	A_3、B_2	D、C_3	3	H	G		3
C_1	B_1	C_2	2	I	F、G		3
C_2	B_2、C_1	C_3	4				

4.2.3 时间参数计算

4.2.3.1 按工作计算法计算时间参数

1. 几点说明

（1）按工作计算法计算时间参数，应在确定各项工作的持续时间之后进行。各项工作的持续时间的确定方法有两种：定额计算法和三时估计法。

1）定额计算法计算公式为

$$D_{i-j}=\frac{Q_{i-j}}{RS} \tag{4.1}$$

式中　D_{i-j}——$i-j$ 工作持续时间；
　　　Q_{i-j}——$i-j$ 工作的工程量；
　　　R——人数；
　　　S——劳动定额（产量定额）。

2）当工作持续时间不能用定额计算法计算时，便可采用三时估计法，其计算公式为

$$D_{i-j}=\frac{A+4C+B}{6} \tag{4.2}$$

式中　D_{i-j}——$i-j$ 工作的持续时间；
　　　A——工作的乐观（最短）持续时间估计值；
　　　B——工作的悲观（最长）持续时间估计值；
　　　C——工作的最可能持续时间估计值。

（2）虚工作必须视同工作进行计算，其持续时间为零。

（3）按工作计算法计算时间参数，其计算结果标注在箭线之上，如图 4.8 所示。

2. 工作最早时间的计算

现以图 4.7 为模型进行网络计划时间参数的计算。

（1）工作最早开始时间的计算。工作的最早开始时间指各紧前工作（紧排在本工作之

第 4 章 网络计划技术

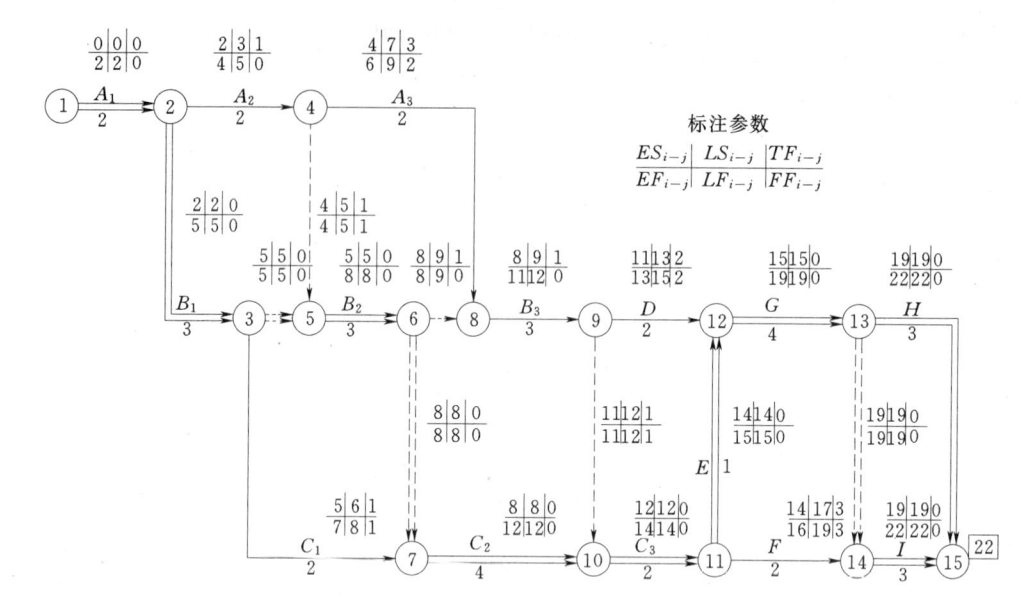

图 4.7 按工作法计算时间参数示例

图 4.8 按工作计算法的标注内容

前的工作）全部完成后，本工作有可能开始的最早时刻。工作 i—j 早开始时间 ES_{i-j} 的计算应符合下列规定：

1) 工作 i—j 的最早开始时间 ES_{i-j} 应从网络计划的起点节点开始，顺着箭线方向依次逐项计算。

2) 以起点节点 i 为箭尾节点的工作 i—j，当未规定其最早开始时间 ES_{i-j} 时，其值应等于零。即

$$ES_{i-j}=0(i=1) \tag{4.3}$$

因此，图 4.7 中，$ES_{1-2}=0$。

3) 当工作 i—j 了只有一项紧前工作 h—i 时，其最早开始时间 ES_{i-j} 应为

$$ES_{i-j}=ES_{h-i}+D_{h-i} \tag{4.4}$$

式中 ES_{i-j}——工作 i—j 的紧前工作的最早开始时间；

D_{h-i}——工作 i—j 的紧前工作 h—i 的持续时间。

4) 当工作 i—j 有多个紧前工作时，其最早开始时间 ES_{i-j} 应为

$$ES_{i-j}=\max\{ES_{h-i}+D_{h-i}\} \tag{4.5}$$

按式（4.4）和式（4.5）计算图 4.7 中其他各项工作的最早开始时间，其计算结果如下：

$$ES_{2-3}=ES_{1-2}+D_{1-2}=0+2=2(\text{d})$$

$$ES_{2-4}=ES_{1-2}+D_{1-2}=0+2=2(\text{d})$$

$$ES_{3-6}=ES_{2-3}+D_{2-3}=2+3=5(\text{d})$$

$$ES_{4-5}=ES_{2-4}+D_{2-4}=2+2=4(\text{d})$$

$$ES_{5-6} = \max\{ES_{3-5} + D_{3-5}, ES_{4-5} + D_{4-5}\} = \max\{5+0, 4+0\} = \max\{5, 4\} = 5(\text{d})$$
$$ES_{6-7} = ES_{5-6} + D_{5-6} = 5 + 3 = 8(\text{d})$$
$$\cdots$$

依次类推，算出其他工作的最早开始时间，如图 4.7 所示。

(2) 工作最早完成时间的计算。工作最早完成时间指各紧前工作完成后，本工作有可能完成的最早时刻。工作 $i—j$ 的最早完成时间 EF_{i-j} 应按下式进行计算：

$$EF_{i-j} = ES_{i-j} + D_{i-j} \tag{4.6}$$

按式（4.6）计算图 4.7 的各项工作，结果如下：

$$EF_{1-2} = ES_{1-2} + D_{1-2} = 0 + 2 = 2(\text{d})$$
$$EF_{2-3} = ES_{2-3} + D_{2-3} = 2 + 3 = 5(\text{d})$$
$$EF_{3-5} = ES_{3-5} + D_{3-5} = 5 + 0 = 5(\text{d})$$
$$EF_{4-5} = ES_{4-5} + D_{4-5} = 4 + 0 = 4(\text{d})$$
$$EF_{5-6} = ES_{5-6} + D_{5-6} = 5 + 3 = 8(\text{d})$$
$$EF_{6-7} = ES_{6-7} + D_{6-7} = 8 + 0 = 8(\text{d})$$
$$\cdots$$

依次类推，算出其他工作的最早开始时间，标注如图 4.7 所示。

3. 网络计划工期的计算

(1) 网络计划的计算工期。网络计划的计算工期 T_c 指根据时间参数计算得到的工期，它应按下式计算：

$$T_c = \max\{EF_{i-n}\} \tag{4.7}$$

式中 EF_{i-n}——以终点节点（$j=n$）为箭头节点的工作 $i—n$ 的最早完成时间，按式（4.7）计算。

图 4.7 网络计划的计算工期为：

$$T_c = \max\{EF_{13-15}, EF_{14-15}\} = \max\{22, 22\} = 22(\text{d})$$

此数用方框标于图 4.7 的终点节点⑮之右。

(2) 网络计划的计划工期。网络计划的计划工期 T_p 指按要求工期和计算工期确定的作为实施目标的工期。其计算应按下述规定：

1) 当已规定要求工期 T_r 时，

$$T_p \leqslant T_r \tag{4.8}$$

2) 当未规定要求工期 T_r 时

$$T_p = T_c \tag{4.9}$$

由于图 4.7 未规定要求工期，故其计划工期取其计算工期，即

$$T_p = T_c = 22(\text{d})$$

此工期标注在终点节点⑮之右侧，并用方框框起来。

4. 工作最迟时间的计算

(1) 工作最迟完成时间的计算。工作最迟完成时间指在不影响整个任务按期完成的前提下，工作必须完成的最迟时刻。

1) 工作 $i\text{—}j$ 的最迟完成时间 LF_{i-j} 应从网络计划的终点节点开始，逆着箭线方向依次逐项计算。

2) 以终点节点（$j=n$）为箭头节点的工作的最迟完成时间 LF_{i-n} 应按网络计划的计划工期 T_p 确定，即

$$LF_{i-n}=T_p \tag{4.10}$$

3) 其他工作 $i\text{—}j$ 的最迟完成时间 LF_{i-j} 应按下式计算：

$$LF_{i-j}=\min\{LF_{j-k}-D_{j-k}\} \tag{4.11}$$

式中　LF_{i-j}——工作 $i\text{—}j$ 的各项紧后工作 $j\text{—}k$ 的最迟完成时间；

　　　D_{j-k}——工作 j 的各项紧后工作（紧排在本工作之后的工作）的持续时间。

网络计划以终点节点⑮为结束节点的工作的最迟完成时间按式（4.10）计算如下：

$$LF_{13-15}=T_p=22(\text{d})$$

$$LF_{14-15}=T_p=22(\text{d})$$

网络计划其他工作最迟完成时间按式（4.11）计算如下：

$$LF_{13-14}=\min\{LF_{14-15}-D_{14-15}\}=22-3=19(\text{d})$$

$$LF_{12-13}=\min\{LF_{13-15}-D_{13-15},LF_{13-14}-D_{13-14}\}=\min\{22-3,19-0\}=19(\text{d})$$

$$LF_{11-14}=\min\{LF_{14-15}-D_{14-15}\}=22-3=19(\text{d})$$

$$LF_{10-11}=\min\{LF_{11-12}-D_{11-12},LF_{11-14}-D_{11-14}\}=\min\{15-1,19-2\}=14(\text{d})$$

$$LF_{9-12}=\min\{LF_{12-13}-D_{12-13}\}=19-4=15(\text{d})$$

$$LF_{8-9}=\min\{LF_{9-12}-D_{9-12},LF_{9-10}-D_{9-10}\}=\min\{15-2,12-10\}=12(\text{d})$$

$$LF_{7-10}=\min\{LF_{10-11}-D_{10-11}\}=14-2=12(\text{d})$$

……

依次类推，算出其他工作的最迟完成时间，标注如图 4.7 所示。

(2) 工作最迟开始时间的计算。工作的最迟开始时间指在不影响整个任务按期完成的前提下，工作必须开始的最迟时刻。

工作 $i\text{—}j$ 的最迟开始时间应按下式计算：

$$LS_{i-j}=LF_{i-j}-D_{i-j} \tag{4.12}$$

网络计划图 4.7 的各项工作的最迟开始时间按式（4.12）计算如下：

$$LS_{14-15}=LF_{14-15}-D_{14-15}=22-3=19(\text{d})$$

$$LS_{13-15}=LF_{13-15}-D_{13-15}=22-3=19(\text{d})$$

$$LS_{12-13}=LF_{12-13}-D_{12-13}=19-4=15(\text{d})$$

$$LS_{13-14}=LF_{13-14}-D_{13-14}=19-0=19(\text{d})$$

$$LS_{11-12}=LF_{11-12}-D_{11-12}=15-1=14(\text{d})$$

4.2 双代号网络计划的编制

$$LS_{10-11} = LF_{10-11} - D_{10-11} = 14 - 2 = 12(d)$$
$$LS_{9-10} = LF_{9-10} - D_{9-10} = 12 - 0 = 12(d)$$
$$LS_{7-10} = LF_{7-10} - D_{7-10} = 12 - 4 = 8(d)$$
......

依次类推，算出其他工作的最迟开始时间，标注如图 4.7 所示。

5. 工作总时差的计算

工作总时差是指在不影响总工期的前提下，本工作可以利用的机动时间，应按下式计算：

$$TF_{i-j} = LS_{i-j} - ES_{i-j} \tag{4.13}$$

或

$$TF_{i-j} = LF_{i-j} - EF_{i-j} \tag{4.14}$$

图 4.7 各项工作的总时差 TF_{i-j} 按式（4.13）、式（4.14）计算结果如下：

$$TF_{1-2} = LS_{1-2} - ES_{1-2} = 0 - 0 = 0(d)$$
$$TF_{2-3} = LS_{2-3} - ES_{2-3} = 2 - 2 = 0(d)$$
$$TF_{2-4} = LS_{2-4} - ES_{2-4} = 3 - 2 = 1(d)$$
$$TF_{3-7} = LS_{3-7} - ES_{3-7} = 6 - 5 = 1(d)$$
$$TF_{5-6} = LS_{5-6} - ES_{5-6} = 5 - 5 = 0(d)$$
$$TF_{6-7} = LS_{6-7} - ES_{6-7} = 8 - 8 = 0(d)$$
$$TF_{7-10} = LS_{7-10} - ES_{7-10} = 8 - 8 = 0(d)$$
$$TF_{8-9} = LS_{8-9} - ES_{8-9} = 9 - 8 = 1(d)$$
......

依次类推，算出其他工作的总时差，标注如图 4.7 所示。

6. 工作自由时差的计算

工作自由时差是指在不影响其紧后工作最早开始时间的前提下，本工作可以利用的机动时间，工作 $i-j$ 的自由时差 EF_{i-j} 的计算应符合下列规定：

（1）当工作 $i-j$ 有紧后工作 $j-k$ 时，其自由时差应为

$$EF_{i-j} = ES_{j-k} - ES_{i-j} - D_{i-j} \tag{4.15}$$

或

$$FF_{i-j} = ES_{j-k} - EF_{i-j} \tag{4.16}$$

式中　ES_{j-k}——工作 $i-j$ 的紧后工作 $j-k$ 的最早开始时间。

（2）终点节点（$j=n$）为箭头节点的工作，其自由时差 EF_{i-j} 应按网络计划的计划工期 T_p 确定，即

$$FF_{i-n} = T_p - ES_{i-n} - D_{i-n} \tag{4.17}$$

或

$$FF_{i-n} = T_p - EF_{i-n} \tag{4.18}$$

图 4.7 的各项工作的自由时差 FF_{i-j} 按式（4.16）计算结果如下：

$$FF_{1-2} = ES_{2-3} - EF_{1-2} = 2 - 2 = 0(d)$$
$$FF_{2-3} = ES_{3-5} - EF_{2-3} = 5 - 5 = 0(d)$$
$$FF_{2-4} = ES_{4-5} - EF_{2-4} = 4 - 4 = 0(d)$$
$$FF_{4-5} = ES_{5-6} - EF_{4-5} = 5 - 4 = 1(d)$$

$$FF_{3-5} = ES_{5-6} - EF_{3-5} = 5 - 5 = 0(\text{d})$$

$$FF_{3-7} = ES_{7-10} - EF_{3-7} = 8 - 7 = 1(\text{d})$$

$$FF_{5-6} = ES_{6-8} - EF_{5-6} = 8 - 8 = 0(\text{d})$$

$$FF_{6-7} = ES_{7-10} - EF_{6-7} = 8 - 8 = 0(\text{d})$$

$$FF_{6-8} = ES_{8-9} - EF_{6-8} = 8 - 8 = 0(\text{d})$$

$$FF_{7-10} = ES_{10-11} - EF_{7-10} = 12 - 12 = 0(\text{d})$$

$$FF_{8-9} = ES_{9-12} - EF_{8-9} = 11 - 11 = 0(\text{d})$$

...

依次类推，算出其他工作的自由时差，标注如图 4.7 所示。

图中虚箭线中的自由时差归其紧前工作所有。

图 4.7 的结束工作 $i—j$ 的自由时差按式 (4.18) 计算如下：

$$FF_{13-15} = T_p - EF_{13-15} = 22 - 22 = 0(\text{d})$$

$$FF_{14-15} = T_p - EF_{14-15} = 22 - 22 = 0(\text{d})$$

含有终点节点的工作的自由时差标注如图 4.7 所示。

4.2.3.2 按节点法计算时间参数

1. 几点说明

(1) 按节点法计算时间参数也应在确定各项工作的持续时间之后进行。

(2) 按节点法计算时间参数，其计算结果应标注在节点之上，如图 4.9 所示。

图 4.9 按节点计算法的标注内容

2. 节点计算法

节点计算法以节点为对象分别计算各个节点的参数，以及工期。其计算方法是：

(1) 节点 i 的最早时间 ET_i 是指双代号网络计划中以该节点为开始节点的各项工作的最早开始时间。节点 i 的最早时间 ET_i 应从网络计划的起点节点开始，顺着箭线方向，依次逐项计算。

(2) 计算计划工期 T_c，$T_c = ET_n$。

(3) 节点最迟时间 LT_i 是指双代号网络计划中以该节点为完成节点的各项工作的最迟完成时间。节点 i 的最迟时间 LT_i 应从网络计划的终点节点开始，逆着箭线方向依次逐项计算，当部分工作分期完成时，有关节点的最迟时间必须从分期完成节点开始逆向逐项计算。

(4) 根据计算出的节点最早时间 ET_i 和节点最迟时间 LT_i，分别计算各项工作的最早开始时间 ES_{i-j}、最早完成时间 EF_{i-j}、最迟完成时间 LF_{i-j}、最迟开始时间 LS_{i-j}。

(5) 总时差 TF_{i-j} 和自由时差 FF_{i-j} 的计算同工作计算法。

节点计算法计算时间参数的示例见图 4.10。

4.2.4 关键工作和关键线路的确定

1. 关键工作的确定

(1) 关键工作的概念。关键工作是指网络计划中总时差最小的工作。

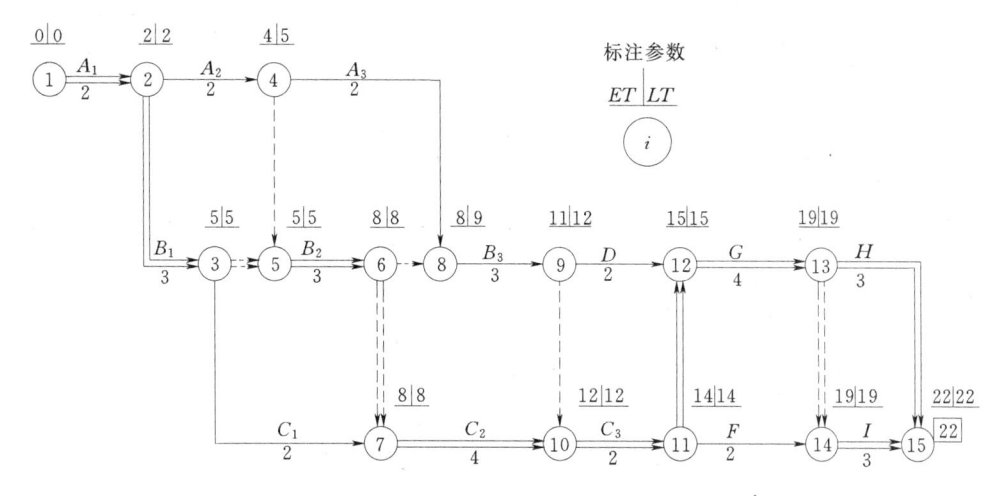

图 4.10 节点计算法示例

（2）关键工作的确定。根据上述关键工作的定义，为使图 4.7 的最小总时差为零，关键工作应为 1—2、2—3、3—5、5—6、6—7、7—10、10—11、11—12、12—13、13—14、13—15、14—15，共 12 项。

2．关键线路的确定

（1）关键线路的概念。关键线路是线路上总的工作持续时间为最长的线路。

（2）关键线路的确定。双代号网络计划的关键线路是将关键工作自左而右依次首尾相连而形成的线路。因此，图 4.7 的关键线路是 1—2—3—4—5—6—7—10—11—12—13—14—15 和 1—2—3—4—5—6—7—10—11—12—13—15 两条。

3．关键线路的标注

关键工作和关键线路在网络图上应当用粗线、双线或彩色线进行标注。

4.3 单代号网络计划的编制

4.3.1 单代号网络图组成内容

单代号网络图如图 4.11 所示。

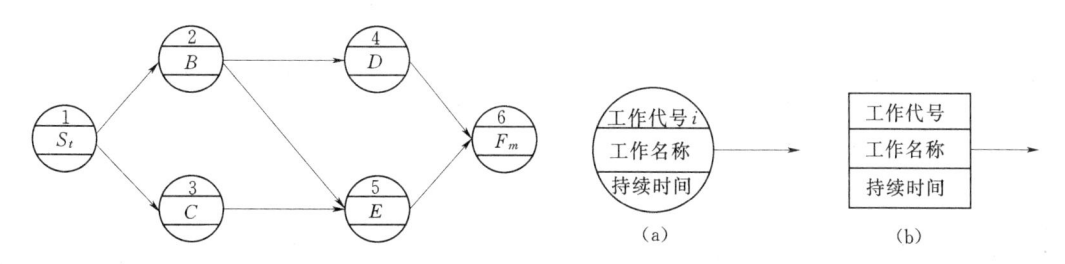

图 4.11 单代号网络图

图 4.12 单代号网络图中节点的表示方法

1．节点

在单代号网络图中，节点表示一项工作，宜用圆圈或方框表示，如图 4.12 所示。

2. 编号

单代号网络图中的节点必须编号,编号标注在节点内,其号码可间断,但严禁重复。一项工作必须有唯一的一个节点及相应的一个编号。

3. 箭线

单代号网络图中的箭线表示紧邻工作之间的逻辑关系。箭线应画成水平直线、折线或斜线。箭线水平投影的方向应自左向右,表示工作的进行方向。

4.3.2 单代号网络图绘制

1. 绘图规则

(1) 单代号网络图必须正确表述已定的逻辑关系。

(2) 单代号网络图中严禁出现循环回路。

(3) 单代号网络图中,严禁出现双向箭头或无箭头的连线。

(4) 单代号网络图中,严禁出现没有箭尾节点的箭线和没有箭头节点的箭线。

(5) 绘制网络图时,箭线不宜交叉。当交叉不可避免时,可采用过桥法或指向法绘制(过桥法绘图及指向法与双代号网络计划中的图 4.6 相同)。

(6) 单代号网络图中,只应有一个起点节点和一个终点节点。当网络图中出现多项无内向箭线的工作或多项无外向箭线的工作时,应在网络图的左端或右端分设一项虚工作,作为该网络图的起点节点(S_t)与终点节点(F_m)。

2. 单代号网络图绘制

单代号网络图的绘制比双代号网络图的绘制较易,也不易出错,关键是要处理好箭线交叉,使图形规则,容易读图。

单代号网络图工作关系表示方法见表 4.3。

表 4.3　　　　　　　　　单代号网络图逻辑关系表示方法

描　述	图　示
A 工作完成后进行 B 工作	A → B
B、C 工作完成后进行 D 工作	B,C → D
B 工作完成后,D、C 工作可以同时开始	B → D, C
A 工作完成后进行 C 工作,B 工作完成后同时进行 C、D 工作	A → C; B → C, D

仍用表 4.2 的逻辑关系绘制单代号网络图。绘出的图形如图 4.13 所示。

绘图时,要从左向右,逐个处理表中所给的关系。只有紧前工作都绘制完成后,才能绘制本工作,并使本工作与紧前工作用箭线相连。当出现多个"起点节点"或多个"终点节点"时,增加虚拟起点节点或终点节点,并使之与多个"起点节点"或"终点节点"相连,形成符合绘图规则的完整图形。绘制完成后要认真检查,看图中的逻辑关系是否与

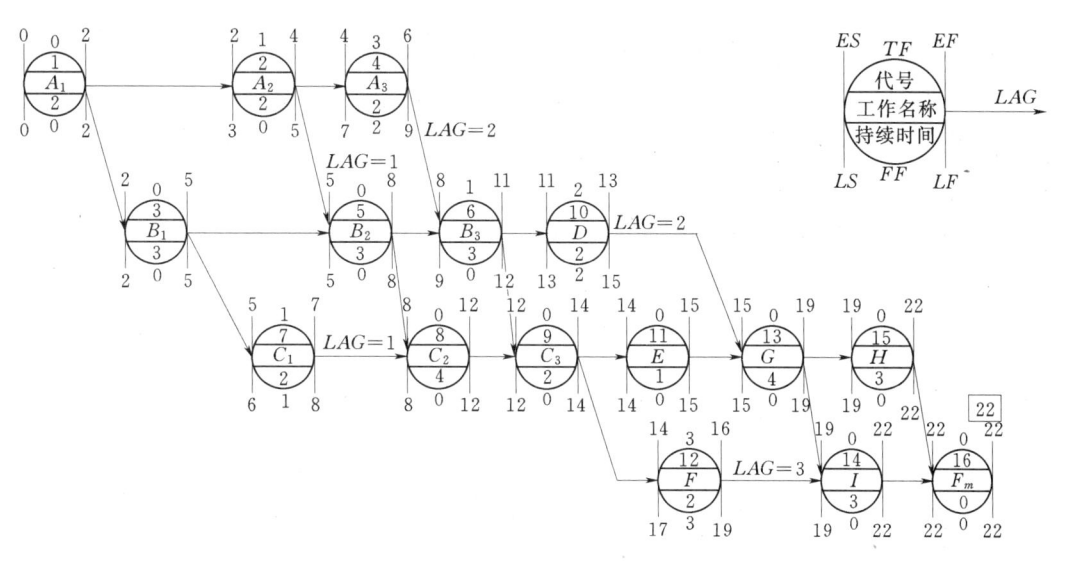

图 4.13 单代号网络计划时间参数计算示例

表中一致,是否符合绘图规则。如有问题,及时修正。

4.3.3 时间参数计算的几点说明

(1) 单代号网络计划时间参数的计算应在确定各项工作持续时间之后进行。计算方法也使用式 (4.1)、式 (4.2)。

(2) 单代号网络计划时间参数的标注方法见图 4.14。

(3) 工作时间参数的计算。单代号网络图的参数计算方法和双代号网络图基本相同。只是单代号网络途中一般没有虚工序,因此也没有虚工序的参数计算过程,其计算结果仅总时差和自由时差有一定区别。对同一个工程对象而言,单代号网络图的时间进度和双代号的表达结果完全相同。

按照表 4.2 的逻辑关系绘制单代号网络图的计算结果见图 4.13。

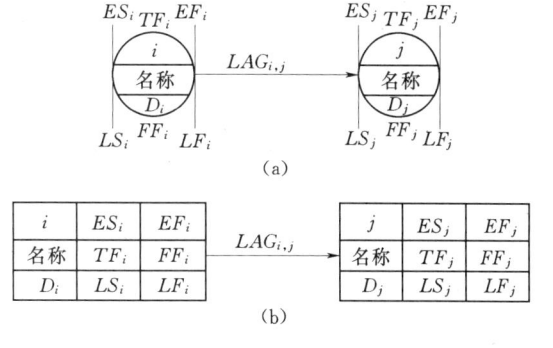

图 4.14 单代号网络计划时间参数的标注形式

4.3.4 单代号网络计划关键工作和关键线路的确定

单代号网络计划关键工作的确定与双代号网络计划相同。

单代号网络计划关键线路应符合该线路从起点节点开始到终点节点均为关键工作,且关键线路上所有工作间的时间间隔均为 0 的规定。

根据以上原理,图 4.14 的关键线路为两条:1—3—5—8—9—11—13—14—16 和 1—3—5—8—9—11—13—15—16 关键线路的标注方法与双代号网络计划的标注方法相同。

4.4 双代号时标网络计划

4.4.1 双代号时标网络计划的概念、特点及适用范围

1. 双代号时标网络计划的概念

双代号时标网络计划是以时间坐标为尺度编制的双代号网络计划。

2. 双代号时标网络计划的特点

（1）双代号时标网络计划兼有网络计划与横道计划两者的优点，能够清楚地表明计划的时间进程。

（2）双代号时标网络计划能在图上直接显示各项工作的开始与完成时间、工作自由时差及关键线路。

（3）双代号时标网络计划在绘制中受到时间坐标的限制，因此不易产生循环回路之类的逻辑错误。

（4）可以利用双代号时标网络计划图直接统计资源的需要量，以便进行资源优化和调整。

（5）因为箭线受时标的约束，故绘图不易，修改也较困难，往往要重新绘图。不过在使用计算机以后，这一问题已较易解决。

3. 双代号时标网络计划的适用范围

双代号时标网络计划适用于以下几种情况：

（1）工作项目较少、工艺过程比较简单的工程。

（2）局部网络计划。

（3）作业性网络计划。

（4）使用实际进度前锋线进行进度控制的网络计划。

由于单代号网络计划绘制成时标网络计划以后会使图形与双代号网络计划近似，故《工程网络计划技术规程》（JGJ/T 121—1999）没有提及，实际是不予提倡。还由于按最迟时间绘制时标网络计划会使时差利用产生困难，故也不主张使用。本文只涉及按最早时间绘制的双代号时标网络计划。

4.4.2 双代号时标网络计划的绘制方法

以图 4.7 为例，把它绘制成双代号时标网络计划，如图 4.15 所示。其绘制方法如下。

1. 先计算网络计划参数，再绘制时标网络计划的步骤

（1）按表 4.2 的逻辑关系绘制双代号网络计划草图，如图 4.7 所示。

（2）计算工作最早时间。

（3）绘制时标表。时标表如图 4.15 所示。该表的时标既可标注在顶部，亦可标注在底部或上下均标注，时标的长度单位必须注明。必要时可在顶部时标之上或底部时标之下加注日历的对应时间。中部的竖向刻度线宜为细线，为使图面清楚，竖线可少画或不画。

（4）在时标表上，按最早开始时间确定每项工作的开始节点位置（图形尽量与草图一致）。

4.4 双代号时标网络计划

(5) 按各工作的时间长度绘制相应工作的实线部分,使其在时间坐标上的水平投影长度等于工作时间;虚工作因为不占时间,故只能以垂直虚线表示。

(6) 用波形线把实线部分与其紧后工作的开始节点连接起来,以表示自由时差。

完成后的时标网络计划如图 4.15 所示。

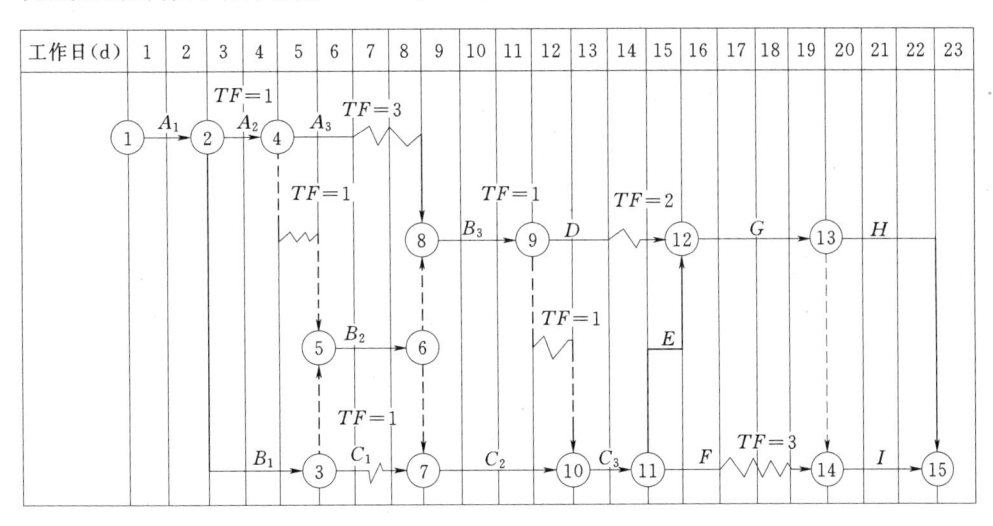

图 4.15 双代号时标网络计划示例

2. 直接按草图绘制双代号时标网络计划的步骤

(1) 按表 4.2 的逻辑关系绘制双代号网络计划草图,如图 4.7 所示。

(2) 绘制空白时标表。

(3) 将起点节点①定位在时标表的起始刻度线上。

(4) 按工作的持续时间绘制①节点的外向箭线①—②。

(5) 自左至右依次确定其余各节点的位置,如②、③、④、⑥、⑨、⑪节点之前只有一条内向箭线,则在其内向箭线绘制完成后即可在其末端将上述节点绘出;⑤、⑦、⑧、⑩、⑫、⑬、⑭、⑮节点则必须待其前面的两条内向箭线都绘制完成后才能定位在这些内向箭线中最晚完成的时刻处;其中,⑤、⑦、⑧、⑩、⑫、⑭各节点均有长度不足以达到该节点的内向实箭线,故用波形线补足。

(6) ⑮节点定位后,该时标网络计划即绘制完成。

4.4.3 关键线路和时间参数的确定

1. 关键线路的判定

双代号时标网络计划中,自终点节点向起点节点观察,凡自始至终不出现自由时差(波形线)的通路,就是关键线路。这是因为,如果某条线路自始至终都没有波形线,这条线路就不存在自由时差,也不存在总时差,没有机动余地,当然就是关键线路。或者说,这条线路上的各工作的最迟开始时间与最早开始时间是相等的,这样的线路特征只有关键线路才能具备。

按照上述标准,图 4.15 的关键线路是 1—2—3—5—6—7—10—11—12—13—14—15 和 1—2—3—5—6—7—10—11—12—13—15 两条。

93

2. 最早时间和计算工期的判定

每条箭线箭尾和箭头所对应的时标值，就是该工作的最早开始时间和最早完成时间。时标网络计划的计算工期，应是其终点节点与起点节点所在位置之差。

上述两点的理由是：我们是按最早时间绘制的时标网络计划，每一项工作都按最早开始时间确定其箭尾位置，起点节点定位在时标表的起始刻度线上，表示每一项工作的箭线在时间坐标上的水平投影长度都与其持续时间相对应，因此代表该工作的箭线末端（箭头）对应的时标值必然是该工作的最早完成时间，终点节点表示所有工作都完成，它所对应的时标值也就是该网络计划的总工期。

3. 时差的判定与计算

（1）时标网络计划中，工作的自由时差表示在该工作的箭线中，波形线部分在坐标轴上的水平投影长度。这是因为双代号时标网络计划其波形线的后面节点所对应的时标值，是波形线所在工作的紧后工作的最早开始时间，波形线的起点对应的时标值是本工作的最早完成时间。因此，按照自由时差的定义，紧后工作的最早开始时间与本工作的最早完成时间的差（即"波形线在坐标轴上的水平投影长度"）就是本工作的自由时差。

（2）总时差不能从图上直接识别，需要进行计算。计算应自右向左进行，且符合下列规定：

1）以终点节点（$j-n$）为箭头节点的工作的总时差 TF_{j-n} 应按网络计划的计划工期 T_p 计算确定，计算公式为

$$TF_{j-n} = T_p - EF_{j-n} \tag{4.19}$$

2）其他工作的总时间差的计算公式为

$$TF_{i-j} = \min\{TF_{j-k} + FF_{i-j}\} \tag{4.20}$$

式中 TF_{j-k}——$i-j$ 工作的紧后工作 $j-k$ 的总时差。

之所以自右向左计算，是因为总时差受总工期制约，故只有在其紧后工作的总时差确定后才能计算。

总时差值等于所有紧后工作总时差的最小值与本工作的自由时差之和，是因为总时差是某线路段上各项工作共有的时差，其值不小于其中任一工作的自由时差。因此，某工作的总时差除本工作独用的自由时差必然是其中之一部分之外，还必然包含其紧后工作的总时差。如果本工作有多项紧后工作，只有取所有紧后工作总时差的最小值才不会影响总工期。如果一项工作没有紧后工作，其总时差除包含其自由时差之外，就不会有其他的机动时间可用，这样的工作其实只能是计划中的最后工作。

如图 4.16 中：

$$TF_{14-15} = T_p - EF_{14-15} = 22 - 22 = 0(\text{d})$$

$$TF_{13-15} = T_p - EF_{13-15} = 22 - 22 = 0(\text{d})$$

$$TF_{13-14} = \min\{TF_{14-15} + FF_{13-14}\} = \min\{0+0\} = 0(\text{d})$$

$$TF_{12-13} = \min\{TF_{13-15} + FF_{12-13}, TF_{13-14} + FF_{12-13}\} = \min\{0+0, 0+0\} = 0(\text{d})$$

$$TF_{11-14} = \min\{TF_{14-15} + FF_{11-14}\} = \min\{0+3\} = 3(\text{d})$$

$$TF_{11-12} = \min\{TF_{12-13} + FF_{11-12}\} = \min\{0+0\} = 0(\text{d})$$

$$TF_{10-11} = \min\{TF_{11-14} + FF_{10-11}, TF_{11-12} + FF_{10-11}\} = \min\{3+0, 0+0\} = 0(\text{d})$$

$$TF_{9-12} = \min\{TF_{12-13} + FF_{9-12}\} = \min\{0+2\} = 2(\text{d})$$
$$TF_{9-10} = \min\{TF_{10-11} + FF_{9-10}\} = \min\{0+1\} = 1(\text{d})$$
$$TF_{8-9} = \min\{TF_{9-12} + FF_{8-9}, TF_{9-10} + FF_{8-9}\} = \min\{2+0, 1+0\} = 1(\text{d})$$
……

依此类推，算出其他工作的总时差，可标注于相应箭线之上。

4. 时标网络计划最迟开始时间与最迟完成时间的计算

由于最早时间与总时差已知，故最迟开始时间与最迟完成时间可用下列公式计算

$$LS_{i-j} = ES_{i-j} + TF_{i-j} \tag{4.21}$$
$$LF_{i-j} = EF_{i-j} + TF_{i-j} \tag{4.22}$$

仍以图 4.15 为例进行计算：

$$LS_{1-2} = ES_{1-2} + TF_{1-2} = 0 + 0 = 0(\text{d})$$
$$LF_{1-2} = EF_{1-2} + TF_{1-2} = 2 + 0 = 2(\text{d})$$
$$LS_{2-4} = ES_{2-4} + TF_{2-4} = 2 + 1 = 3(\text{d})$$
$$LF_{2-4} = EF_{2-4} + TF_{2-4} = 4 + 1 = 5(\text{d})$$
$$LS_{4-8} = ES_{4-8} + TF_{4-8} = 4 + 3 = 7(\text{d})$$
$$LF_{4-8} = EF_{4-8} + TF_{4-8} = 6 + 3 = 9(\text{d})$$
……

依此类推，可将各工作的最迟开始时间与最迟完成时间算出，并列表记录。

4.5 网络计划优化

网络计划的优化是指在时间、人力、物力、财力等指标要求下对初始方案进行调整，使之在既定条件下达到最佳状态，以取得最大经济效益。

网络计划的优化可分为工期优化、费用优化和资源优化。

4.5.1 工期优化

1. 计划工期与规定工期的关系

初始网络计划的总工期不符合规定的工期时，有两种情况。

(1) 当其关键路线长度小于规定工期时，意味着原计划中过多地增大了时差，从而使所需要的资源强度也增大了。在这种情况下，就应首先考虑适当地延长某些关键项目的持续时间（在不超过规定工期的限界内），从而减少单位时间内资源需要量的强度。

(2) 其关键路线长度超过规定的工期，在这种情况下，可以采用下述措施来缩短原计划的工期。

1) 缩短关键项目的工作历时。这种方法不改变原网络逻辑关系，只是对某些关键项目通过一定的措施（如一班制改两班制、增加设备），使其工作历时缩短，使计划的总工期缩短到符合要求为止，所以常被优先考虑采用。

2) 改变网络逻辑。如果缩短关键项目工作历时后，还不能满足工期的要求，便采用

改变网络逻辑关系的方法。如采用不同的施工方法或设备;采用新的工艺或新的施工顺序;将依次完成的工作采用平行流水作业的方式等,从而达到缩短工期的目的。

2. 《工程网络计划技术规程》(JGJ/T 121—1999) 关于工期优化的规定

(1) 当计算工期不满足要求时,可通过压缩关键工作的持续时间满足工期要求。

(2) 工期优化的计算,应按下述规定步骤进行。

1) 计算并找出初始网络计划的计算工期、关键线路及关键工作。

2) 按要求工期计算应缩短的持续时间。

3) 确定各关键工作能缩短的持续时间。

4) 选择关键工作,压缩其持续时间,并重新计算网络计划的计算工期。

5) 若计算工期仍超过要求工期,则重复以上步骤,直到满足工期要求或工期已不能再缩短为止。

6) 当所有关键工作的持续时间都已达到其能缩短的极限而工期仍不能满足要求时,应对计划的原技术、组织方案进行调整或对要求工期重新审定。

(3) 选择应缩短持续时间的关键工作宜考虑下列因素。

1) 缩短持续时间对质量和安全影响不大的工作。

2) 有充足备用资源的工作。

3) 缩短持续时间所需增加的费用最少的工作。

3. 工期优化举例

(1) 优化对象。某网络计划如图4.16所示。图中箭线上面括号外数字为工作正常持续时间,括号内数字为工作最短持续时间,假定上级指令性工期为100d。

(2) 优化过程。

1) 第一步,用工作正常持续时间计算图4.16的节点最早时间和最迟时间,并找出关键线路,如图4.17所示。其关键线路为1—3—4—6;关键工作为1—3,3—4,4—6。

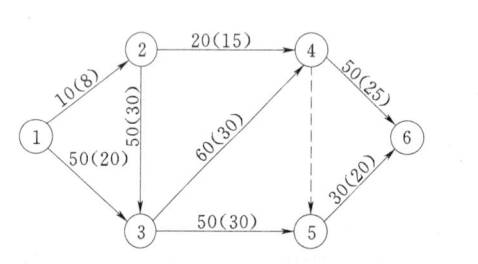

图4.16 待优化的网络计划   图4.17 第一步计算

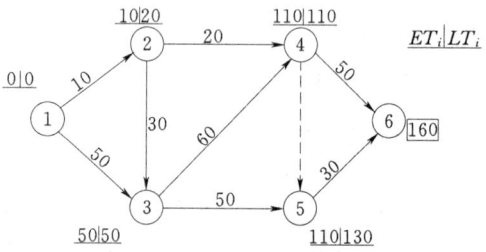

2) 第二步,计算需缩短的工期。根据图4.17为160d,要达到100d的指令工期,需要缩短时间60d。根据图4.16中数据,关键工作1—3可缩短30d,3—4可缩短30d,4—6可缩短25d,共计可缩短85d,考虑《工程网络计划技术规程》第(3)条中的选择因素,缩短工作4—6,增加劳动力较多,故仅缩短工作1—3和3—4,用最短持续时间代替正常工作时间,重新计算网络计划工期,如图4.18所示,其中关键线路为1—2—3—4—6和1—2—3—5—6,工期为120d,与上级指令性工期比较,尚差20d。

3) 第三步,继续压缩。根据《工程网络计划技术规程》第(3)条要求,选择工作

3—5 和 4—6 压缩较宜，用最短持续时间置换 3—5 的正常持续时间（即 50d 压缩为 30d），工作 4—6 缩短 20d（即 50d 压缩为 30d）。重新计算，结果如图 4.19 所示。工期达到 100d，满足了指令工期要求，优化结束。

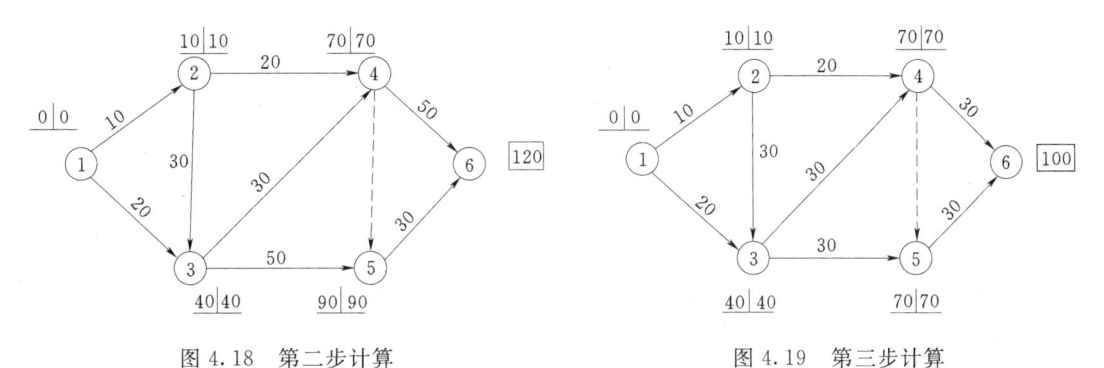

图 4.18 第二步计算　　　　图 4.19 第三步计算

4.5.2 费用优化

费用优化的主要目的是要寻求相应于工程成本最低的最优工期，或者是当原计划超过规定工期时，确定缩短哪些工作项目的历时最经济。

1. 工期—费用关系

一项工程的成本是由直接费用和间接费用组成的，它们与工期之间的关系如图 4.20 所示。

任一工程都是由若干工作组成的，整个工程的直接费用也就是完成各项工作所需的直接费用的总和。工程的工期也与某些工作项目的完成时间有关，就任何一项工作而言，如果采用不同的施工方法或不同的历时，即可得到该工作的直接费用与历时的关系曲线，称为 ATC 图，如图 4.21 所示。它们是网络时间—费用优化的基本实用数据。

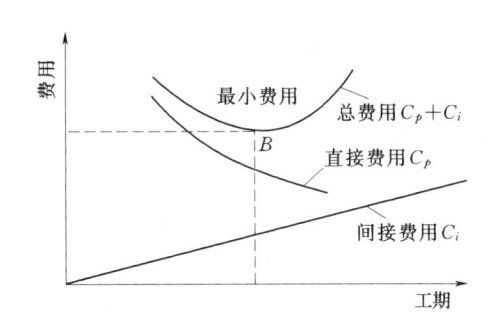

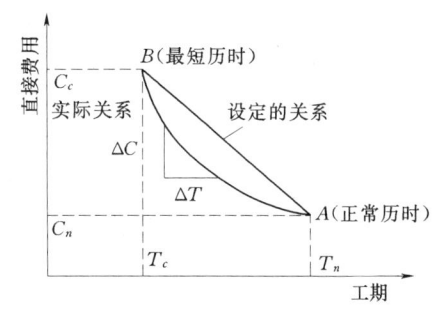

图 4.20 工期—费用关系曲线图　　　　图 4.21 工作时间—直接费用关系（ATC）

图 4.21 中相应于直接费用最小的 A 点，工作历时最长（T_n），叫做正常历时，若从 A 点起，增加劳力、设备等，就会缩短工作历时，加快工作进度，但费用也会相应增加，一直加快到 B 点。若想再加快，实际已无效，此时的相应时间 T_c 就叫做最快历时。曲线各段的斜率 $S = \Delta C / \Delta T$，就是该工作每加快单位时间的费用增加率，或称费用率。有时为了简化可以写为

$$S = (C_c - C_n)/(T_n - T_c) \tag{4.23}$$

不同的工作，S 值不同。所以，要缩短工程的工期。应优先缩短 S 值最小的关键工作的历时。在一般情况下，若缩短非关键项目的历时，就会使工程费用增加，而工期不会缩短。

根据有关工作的一些 ATC 图资料，对某工程的网络计划进行缩短工期的费用计算，可以得出该工程的总工期—费用关系图或 PTC 图（见图 4.22）。该曲线上的各点是通过依次选择某些工作，有效地压缩工作历时而得到的。

对于一项工程的优化计算，通常是以最小费用解（图 4.22 中点 A）及最短时间解（图 4.22 中点 B）为两个极端。点 A 是每项工作都以费用最小的正常历时完成工程得到的直接费用和工期。点 B 是能够完成该项工程的最短时间，而且在此时间内相应的费用最小。如果整个工程中每项工作都以最快时间去完成，工期虽与最短时间解相同，但是总费用却大得多，显然其中有一些工作缩短历时是多余而无效的。

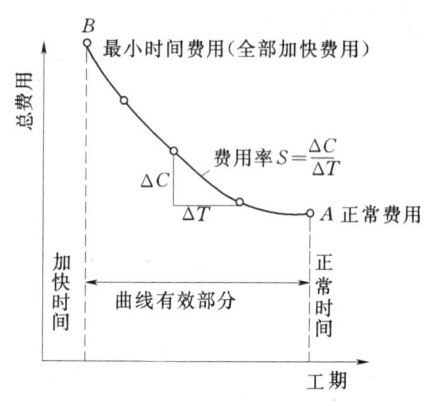

图 4.22 工程工期—费用关系（PTC）

2.《工程网络计划技术规程》（JGJ/T 121—1999）对费用优化的规定

（1）进行费用优化，应首先求出不同工期下最低直接费用，然后考虑相应的间接费的影响和工期变化带来的其他损益，包括效益增量和资金的时间价值等，最后再通过迭加求出最低工程总成本。

（2）费用优化应按下列规定步骤进行。

1）按工作正常持续时间找出关键工作及关键线路。

2）按下列规定计算各项工作的费用率。

对双代号网络计划：

$$\Delta C_{i-j} = \frac{CC_{i-j} - CN_{i-j}}{DN_{i-j} - DC_{i-j}} \tag{4.24}$$

式中　ΔC_{i-j}——工作 i—j 的费用率；

　　　CC_{i-j}——将工作 i—j 持续时间缩短为最短持续时间后，完成该工作所需的直接费用；

　　　CN_{i-j}——在正常条件下完成工作 i—j 所需的直接费用；

　　　DN_{i-j}——工作 i—j 的正常持续时间；

　　　DC_{i-j}——工作 i—j 的最短持续时间。

对单代号网络计划：

$$\Delta C_i = \frac{CC_i - CN_i}{DN_i - DC_i} \tag{4.25}$$

式中　ΔC_i——工作 i 的费用率；

　　　CC_i——将工作 i 持续时间缩短为最短持续时间后，完成该工作所需的直接费用；

4.5 网络计划优化

CN_i——在正常条件下完成工作 i 所需的直接费用；

DN_i——工作 i 的正常持续时间；

DC_i——工作 i 的最短持续时间。

3）在网络计划中找出费用率（或组合费用率）最低的一项关键工作或一组关键工作，作为缩短持续时间的对象。

4）缩短找出的工作或一组工作的持续时间，其缩短值必须符合不能压缩成非关键工作和缩短后其持续时间不小于最短持续时间的原则。

5）计算相应的费用增加值。

6）考虑工期变化带来的间接费及其他损益，在此基础上计算总费用。

7）重复上述 3）~6）步骤，直到总费用至最低为止。

3. 实例

（1）优化对象。已知网络计划如图 4.23 所示。试求出费用最少的工期。图中箭线上方为工作的正常费用和最短时间的费用（以千元为单位），箭线下方为工作的正常持续时间和最短的持续时间。已知间接费率为 120 元/d。

（2）优化步骤。

1）第一步，简化网络图。简化网络图的目的是在缩短工期过程中，删去那些不能变成关键工作的非关键工作，使网络图简化，减少计算工作量。

首先，按持续时间计算，找出关键线路及关键工作，如图 4.24 所示。

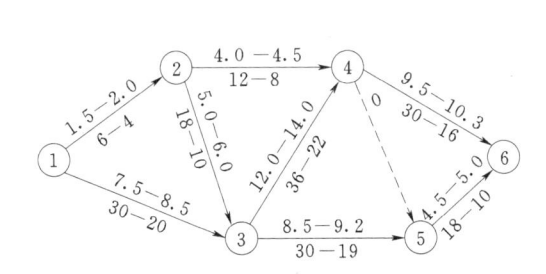

图 4.23 待优化网络计划

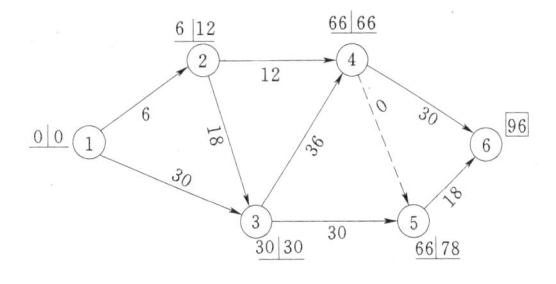

图 4.24 按正常持续时间计算的网络计划

其次，从图 4.24 中看，关键线路为 1—3—4—6，关键工作为 1—3、3—4、4—6。用最短的持续时间置换那些关键工作的正常持续时间，重新计算，找出关键线路及关键工作。重复本步骤，直至不能增加新的关键线路为止。

经计算，图 4.24 中的工作 2—4 不能转变为关键工作，故删去它，重新整理成新的网络计划，如图 4.25 所示。

2）第二步，计算各工作费用率。按式（4.24）计算工作 1—2 的费用率 ΔC_{1-2} 为

$$\Delta C_{1-2} = \frac{CC_{1-2} - CN_{1-2}}{DN_{1-2} - DC_{1-2}} = \frac{2000 - 1500}{6 - 4} = 250(元/d)$$

其他工作费用率均按式（4.24）计算，将它们标注在图 4.26 中的箭线上方。

3）第三步，找出关键线路上工作费用率最低的关键工作。在图 4.26 中，关键线路为 1—3—4—6，工作费用率最低的关键工作是 4—6。

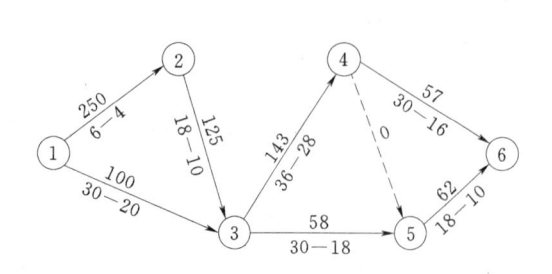

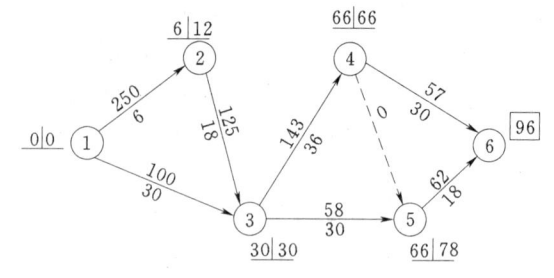

图 4.25 新的网络计划

图 4.26 按新的网络计划确定的关键线路

4) 第四步，确定缩短时间大小的原则是原关键线路不能变为非关键线路。

已知关键工作 4—6 的持续时间可缩短 14d，由于工作 5—6 的总时差只有 12d（96—18—66＝12）。因此，第一次缩短只能是 12d，工作 4—6 的持续时间应改为 18d，如图 4.27 所示。计算第一次缩短工期后增加费用 C_1 为

$$C_1 = 57 \times 12 = 684（元）$$

第二次缩短：通过第一次缩短后，在图 4.27 中关键线路变成两条，即 1—3—4—6 和 1—3—4—5—6。如果使该图的工期再缩短，必须同时缩短两关键线路上的时间。为了减少计算次数，关键工作 1—3、4—6 及 5—6 都缩短时间，工作 5—6 持续时间只能允许再缩短 2d，故该工作的持续时间缩短 2d。工作 1—3 持续时间可允许缩短 10d，但考虑工作 1—2 和 2—3 的总时差有 6d（12—0—6＝6 或 30—18—6＝6），因此工作 1—3 持续时间缩短 6d，共计缩短 8d，计算第二次缩短工期后增加的费用 C_2 为

$$C_2 = C_1 + 100 \times 6 + (57 + 62) \times 2 = 684 + 600 + 238 = 1522（元）$$

第三次缩短：从图 4.28 上看，工作 4—6 不能再缩，工作费用率用 ∞ 表示，关键工作 3—4 的持续时间缩短 6d，因工作 3—5 的总时差为 6d（60—30—24＝6），计算第三次缩短工期后，增加的费用 C_3 为

$$C_3 = C_2 + 143 \times 6 = 1522 + 858 = 2380（元）$$

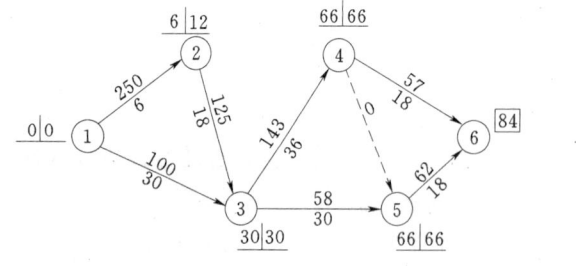

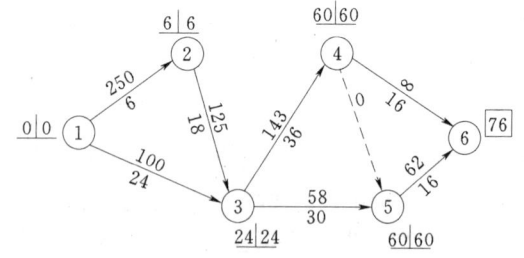

图 4.27 第一次工期缩短的网络计划

图 4.28 第二次工期缩短的网络计划

第四次缩短：从图 4.29 上看，缩短工作 3—4 和 3—5 持续时间 8d，因为工作 3—4 最短的持续时间为 22d，第四次缩短工期后增加的费用 C_4 为

$$C_4 = C_3 + (143 + 58) \times 8 = 2380 + 201 \times 8 = 3988（元）$$

第五次缩短：从图 4.30 上看，关键线路有 4 条，只能在关键工作 1—2、1—3、2—3

4.5 网络计划优化

中选择,只有缩短工作 1—3 和 2—3(工作费用率为 125+100)持续时间 4d。工作 1—3 的持续时间已达到最短,不能再缩短,经过五次缩短工期,不能再减少了,不同工期增加直接费用计算结束,第五次缩短工期后共增加费用 C_5 为

$$C_5 = C_4 + (125+100) \times 4 = 3988 + 900 = 4888(元)$$

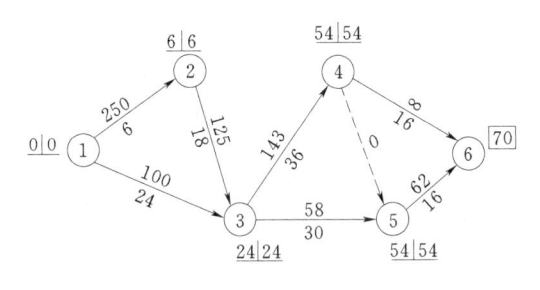

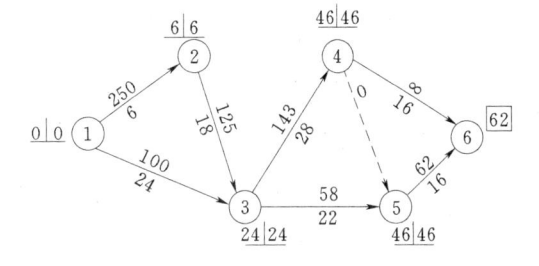

图 4.29 第三次工期缩短的网络计划

图 4.30 第四次工期缩短的网络计划

考虑不同工期增加费用及间接费用影响,见表 4.4,选择其中组合费用最低的工期作最佳方案。

表 4.4　　　　　　　　　　　不同工期组合费用表

不同工期 (d)	96	84	76	70	62	58
增加直接费用(元)	0	684	1522	2380	3988	4888
间接费用(元)	11520	10080	9120	8400	7440	6960
合计费用(元)	11520	10764	10642	10780	11428	11848

从表 4.4 中看,工期 76d 的合计费用最少,为 10642 元。费用最低方案如图 4.31 所示。

单代号网络计划进行费用优化计算时,除各工作费用率按式(4.25)计算外,其他步骤与双代号网络计划一样。

4.5.3 资源优化

"资源"是指完成任务所需人力、材料、机械设备、资金等的统称。

资源优化问题可归结两种类型:一是资源有限,寻求最短工期;二是规定工期,寻求资源消耗均衡。无论是哪一类的资源优化问题,都是通过重新调整、安排某些工作项目,使网络计划的工期和资源分配情况得到改善。调整与安排的途径一般有 3 种:①利用时差,推迟某些工作的开始时间;②在条件允许的情况下,可以使某些工作项目在资源紧张的时段内暂时中断,以减少某种资源的需要量;③改变某些工作的历时。

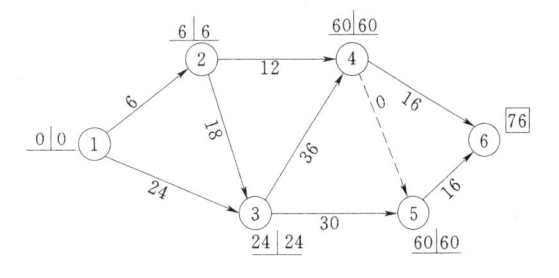

图 4.31 费用最低的网络计划

4.5.3.1 "资源有限—工期最短"的优化

"资源有限—工期最短"的优化,是指通过优化,使单位时间内资源的最大需求量小

于资源限量,而为此需延长的工期最少,使"工期最短"。

1. 《工程网络计划技术规程》的规定

(1)"资源有限—工期最短"的优化,宜逐"时间单位"作资源检查,当出现第 t 个时间单位资源需用量 R_t 大于资源限量 R_a 时,应进行计划调整。

调整计划时,就对资源冲突的所有工作作新的顺序安排。顺序安排的选择标准是"工期延长的时间最短",其值的计算应按下列公式计算。

对双代号网络计划:

$$\Delta D_{m'-n',i'-j'} = \min\{\Delta D_{m-n,i-j}\}$$
$$\Delta D_{m-n,i-j} = EF_{m-n} - LS_{i-j}$$
(4.26)

式中 $\Delta D_{m'-n',i'-j'}$ ——在各种顺序安排中,最佳顺序安排所对应的工期延长时间的最小值;它要求将 LS_{i-j} 最大的工作 $i'-j'$ 安排在 $EF_{m'-n'}$ 最小的工作 $m'-n'$ 之后进行;

$\Delta D_{m-n,i-j}$ ——在资源冲突的所有工作中,工作 $i—j$ 安排在工作 $m—n$ 之后进行,工期所延长的时间。

对单代号网络计划:

$$\Delta D_{m',i'} = \min\{\Delta D_{m,i}\}$$
$$\Delta D_{m,i} = EF_m - LS_i$$
(4.27)

式中 $\Delta D_{m',i'}$ ——在各种顺序安排中,最佳顺序安排所对应的工期延长时间的最小值;

$\Delta D_{m,i}$ ——在资源冲突的所有工作中,工作 i 安排在工作 m 之后进行,工期所延长的时间。

(2)"资源有限—工期最短"的优化,应按下述规定步骤调整工作的最早开始时间。

1)计算网络计划每"时间单位"的资源需用量。

2)从计划开始日期起,逐个检查每个时间单位资源需用量是否超过资源限量,如果在整个工期内每个"时间单位"均能满足资源限量的要求,可行优化方案就编制完成。否则必须进行计划调整。

3)分析超过资源限量的时段(每"时间单位"资源需用量相同的时间区段),按式(4.26)计算 $\Delta D_{m'-n',i'-j'}$ 或按式(4.27)计算 $\Delta D_{m',i'}$ 值,依据它确定新的安排顺序。

4)若最早完成时间 $EF_{m'-n'}$ 或 $EF_{m'}$ 值最小值和最迟开始时间 $LS_{i'-j'}$ 或 $LS_{i'}$ 最大值同属一个工作,应找出最早完成时间 $EF_{m'-n'}$ 或 $EF_{m'}$ 值为次小,最迟开始时间 $LS_{i'-j'}$ 或 $LS_{i'}$ 为次大的工作,分别组成两个顺序方案,再从中选取较小者进行调整。

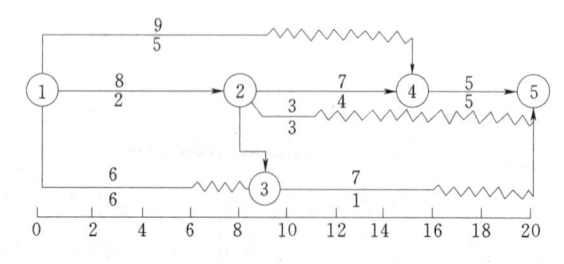

图 4.32 "资源有限—工期最短"的优化对象

5)绘制调整后的网络计划,重复上述 1)~4)的步骤,直到满足要求。

2. 实例

(1)优化对象。某网络计划如图 4.32 所示,图中箭线上的数为工作持续时间,箭线下的数为工作资源强度,假定每天只有9个工人可供使用,如何安排各工作最早开始时间使工期达到最短?

(2)优化步骤。

1)第一步,计算每日资源需用量,见表4.5。

表4.5　　　　　　　　　　每 日 资 源 数 量 表

工作日	1	2	3	4	5	6	7	8	9	10	11	12	13	14	15	16	17	18	19	20
资源数量	13	13	13	13	13	13	7	7	13	8	8	5	5	5	5	5	5	5	5	5

注　表中资源数量是指资源强度的数量。

2)第二步,逐日检查是否满足要求。在表4.5中看到第一天资源需用量就超过可供资源量(9人)要求,必须进行工作最早开始时间调整。

3)第三步,分析资源超限的时段。在第1~6天,有工作1—4、1—2、1—3,分别计算EF_{i-j}、LS_{i-j},确定调整工作最早开始时间方案,见表4.6。

表4.6　超过资源限量的时段的工作时间参数表

工作代号 $i-j$	EF_{i-j} (d)	LS_{i-j} (d)
1—4	9	6
1—2	8	0
1—3	6	7

根据式(4.26),确定$\Delta D_{m'-n',i'-j'}$最小值,$\min\{EF_{m-n}\}$和$\max\{LS_{i-j}\}$属于同一工作1—3,找出EF_{m-n}的次小值及LS_{i-j}的次大值是8和6,组成两组方案。

$$\Delta D_{1-3,1-4}=6-6=0 \text{ (d)}$$
$$\Delta D_{1-2,1-3}=8-7=1 \text{ (d)}$$

选择工作1—4安排在工作1—3之后进行,工期不增加,每天资源需用量从13人减少到8人,满足要求。如果有多个平行作业工作,当调整一项工作的最早开始时间后仍不能满足要求,就应继续调整。

重复以上计算方法与步骤,可行优化方案见表4.7及如图4.33所示。单代号网络计划计算方法及步骤与双代号网络计划的计算方法与步骤一样。

表4.7　　　　　　　　　　优化方案的每日资源数量表

工作日	1	2	3	4	5	6	7	8	9	10	11	12	13	14	15	16	17	18	19	20	21	22
资源数量	8	8	8	8	8	8	7	7	9	9	9	9	9	9	4	4	6	6	6	6	6	6

注　表中资源数量是指资源强度的数量。

4.5.3.2 "工期固定—资源均衡"的优化

1.《工程网络计划技术规程》的规定

"工期固定—资源均衡"优化,即工期不变,通过调整使资源均衡。

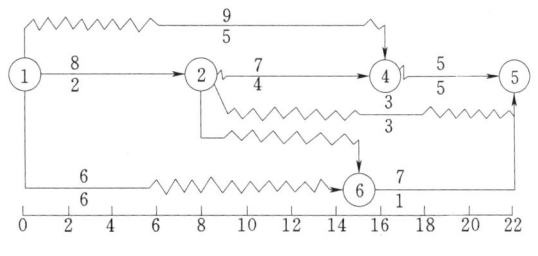

图4.33　优化方案

"工期固定—资源均衡"优化可用削高峰法（利用时差降低资源高峰值），获得资源消耗量尽可能均衡的优化方案。削高峰法应按下述规定步骤进行：

1) 计算网络计划每时间单位资源需用量。
2) 确定削峰目标，其值等于每时间单位资源需用量的最大值减一个单位量。
3) 找出高峰时段的最后时间点 T_h 及有关工作的最早开始时间 ES_{i-j}（或 ES_i）和总时差 TF_{i-j}（或 TF_i）。
4) 按下列规定计算有关工作的时间差值 ΔT_{i-j} 或 ΔT_i。

对双代号网络计划：

$$\Delta T_{i-j} = TF_{i-j} - (T_h - ES_{i-j}) \tag{4.28}$$

对单代号网络计划：

$$\Delta T_i = TF_i - (T_h - ES_i) \tag{4.29}$$

优先以时间差值最大的工作 $i'-j'$ 或工作 i' 为调整对象，令

$$ES_{i'-j'} = T_h$$

或

$$ES_{i'} = T_h$$

5) 若峰值不能再减少，即求得均衡优化方案。否则，重复以上步骤。

2. 实例

（1）优化对象。某时标网络计划如图 4.34 箭线上的数字为工作持续时间，箭线下的数字表示工作资源强度，要求通过优化，使工期固定，资源均衡。

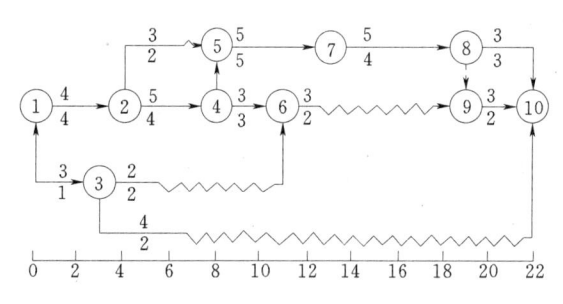

图 4.34 "工期固定—资源均衡"优化对象

（2）优化步骤。

1) 第一步，计算每日所需资源数量，见表 4.8。

表 4.8　　　　　　每日资源数量表

工作日	1	2	3	4	5	6	7	8	9	10	11	12	13	14	15	16	17	18	19	20	21	22
资源数量	5	5	5	9	11	8	8	4	4	4	8	8	7	7	4	4	4	4	4	5	5	5

注　表中资源数量是指资源强度的数量。

2) 第二步，确定削峰目标。

削峰目标就是表 4.8 中资源数量中最大值减去它的一个单位量。削峰目标定为 10（11−1）。

3) 第三步，找出下界时间点 T_h 及有关工作 $i-j$ 的 ES_{i-j}、TF_{i-j}。$T_h=5$。

在第 5 天有 2—5、2—4、3—6、3—10 四个工作，相应的 FF_{i-j} 和 ES_{i-j} 分别为 2、4、0、4，12、3、15、3。

4) 第四步，按式（4.28）计算 ΔT_{i-j}。

$$\Delta T_{2-5} = 2 - (5-4) = 1(d)$$

4.5 网络计划优化

$$\Delta T_{2-4} = 0 - (5-4) = -1(d)$$
$$\Delta T_{3-6} = 12 - (5-3) = 10(d)$$
$$\Delta T_{3-10} = 15 - (5-3) = 13(d)$$

其中工作 3—10 的 ΔT_{3-10} 值最大，故优先将该工作向右移动 2d（即第 5d 以后开始），然后计算每日资源数量，看峰值是否小于或等于削峰目标（10）。如果由于工作 3—10 最早开始时间改变，在其他时段中出现超过削峰目标的情况时，则重复 3）~4）步骤，直至不超过削峰目标为止。本例工作 3—10 调整后，其他时间里没有再出现超过削峰目标现象，见表 4.9 及如图 4.35 所示。

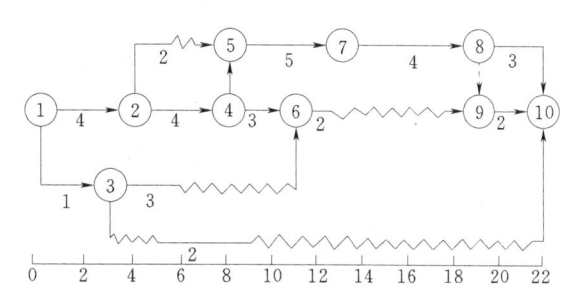

图 4.35 第一次调整后的时标网络计划

表 4.9　　　　　　　　每日资源数量表

工作日	1	2	3	4	5	6	7	8	9	10	11	12	13	14	15	16	17	18	19	20	21	22
资源数量	5	5	5	7	9	8	8	6	6	8	8	8	7	7	4	4	4	4	4	5	5	5

注　表中资源数量是指资源强度的数量。

从表 4.9 得知，经第一次调整后，资源数量最大值为 9，故削峰目标定为 8。逐日检查至第 5 天，资源数量超过削峰目标值，在第 5 天中有工作 2—4、3—6、2—5，计算各 ΔT_{i-j} 值：

$$\Delta T_{2-4} = 0 - (5-4) = 1(d)$$
$$\Delta T_{3-6} = 12 - (5-3) = 10(d)$$
$$\Delta T_{2-5} = 2 - (5-4) = 1(d)$$

其中工作 ΔT_{3-6} 值为最大，故优先调整工作 3—6，将其向右移动 2d，资源数量变化见表 4.10。

表 4.10　　　　　　　　每日资源数量表

工作日	1	2	3	4	5	6	7	8	9	10	11	12	13	14	15	16	17	18	19	20	21	22
资源数量	5	5	5	4	6	11	11	6	6	8	8	8	7	7	4	4	4	4	4	5	5	5

注　表中资源数量是指资源强度的数量。

由表可知在第 6 天、第 7 天资源数量又超过 8。在这一时段中有工作 2—5、2—4、3—6、3—10，再计算 ΔT_{i-j} 值：

$$\Delta T_{2-5} = 2 - (7-4) = -1(d)$$
$$\Delta T_{2-4} = 0 - (7-4) = -3(d)$$
$$\Delta T_{3-6} = 10 - (7-5) = 8(d)$$
$$\Delta T_{3-10} = 12 - (7-5) = 10(d)$$

按理应选择 ΔT_{i-j} 值最大的工作 3—10，但因为它的资源强度为 2，调整它仍然不能

第4章 网络计划技术

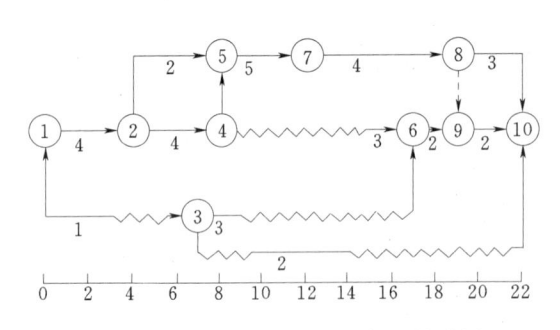

图4.36 资源调整完成的时标网络计划

达到削峰目标，故选择工作3—6（它的资源强度为3），满足削峰目标，将使之向右移动2d。

通过重复上述计算步骤，最后削峰目标定为7，不能再减少了，优化计算结果见表4.11及如图4.36所示。

削高峰法的单代号网络计划的计算方法和步骤参看本例方法与步骤。ΔT_{i-j}值的含意相当于工作总时差，当$\Delta T_{i-j}<0$时，表示调整该工作最早开始时间后延长工期，因此只能选择$\Delta T_{i-j}>0$的工作进行最早开始时间调整。

表 4.11　　　　　每日资源数量表

工作日	1	2	3	4	5	6	7	8	9	10	11	12	13	14	15	16	17	18	19	20	21	22
资源数量	5	5	5	4	6	6	6	7	7	5	7	7	7	7	7	7	7	7	7	6	5	5

注　表中资源数量是指资源强度的数量。

思　考　题

1. 什么是工程网络计划？
2. 什么是网络图？工作和虚工作有何不同？
3. 什么是工艺关系和组织关系？试举例说明。
4. 工程网络图的基本原理是什么？
5. 什么是双代号网络图？双代号网络图有哪几部分组成？又有哪些规则？
6. 什么是单代号网络图？单代号网络图有哪几部分组成？它和双代号网络图有何区别？
7. 什么是工作的总时差和自由时差？关键线路和关键工作的确定方法有哪些？
8. 工期优化和费用优化的区别是什么？
9. 什么是资源优化？在"资源有限—工期最短"的优化中，当工期增量为负值时，说明什么？

实　训　题

1. 已知工作之间的逻辑关系见表4.12～表4.14，试分别绘制双代号网络图和单代号网络图。

表 4.12　　　　　各工作之间的逻辑关系（一）

工作	A	B	C	D	E	G	H
紧前工作	C、D	E、H	—	—	—	D、H	—

表 4.13　　　　　　　　　各工作之间的逻辑关系（二）

工作	A	B	C	D	E	G
紧前工作	—	—	—	—	B、C、D	A、B、C

表 4.14　　　　　　　　　各工作之间的逻辑关系（三）

工作	A	B	C	D	E	G	H	I	J
紧前工作	E	H、A	J、G	H、I、J	—	H、A			E

2. 某网络计划的有关资料见表 4.15，试绘制双代号网络图计划，并在图中标出各项工作的 6 个参数，最后用双箭线标明关键线路。

表 4.15　　　　　　　　　某网络计划的有关资料（一）

工作	A	B	C	D	E	F	G	H	I	J	K
持续时间（d）	22	10	13	8	15	17	15	6	11	12	20
紧前工作	—	—	B、E	A、C、H	—	B、E	E	F、G	F、G	A、C、I、H	F、G

3. 某网络计划的有关资料见表 4.16，试绘制双代号网络图计划，在图中标出各个节点的最早时间和最迟时间，并据此判断各项工作的 6 个主要时间参数。最后用双箭线标明关键线路。

表 4.16　　　　　　　　　某网络计划的有关资料（二）

工作	A	B	C	D	E	G	H	I	J	K
持续时间（d）	2	3	4	5	6	3	4	7	2	3
紧前工作	—	A	A	A	B	C、D	D	B	E、H、G	G

4. 某网络计划的有关资料见表 4.17，试绘制单代号网络图计划，并在图中标出各项工作的 6 个主要时间参数及相邻两项工作之间的时间间隔。最后，用双箭线标明关键线路。

表 4.17　　　　　　　　　某网络计划的有关资料（三）

工作	A	B	C	D	E	G
持续时间（d）	12	10	5	7	6	4
紧前工作	—	—	—	B	B	C、D

5. 某网络计划的有关资料见表 4.18，试绘制双代号时标网络图计划，并判断各项工作的 6 个时间参数和关键线路。

表 4.18　　　　　　　　　某网络计划的有关资料（四）

工作	A	B	C	D	E	G	H	I	J	K
持续时间（d）	2	3	5	2	3	3	2	3	6	2
紧前工作	—	A	A	B	B	D	G	E、G	C、E、G	H、I

6. 已知网络计划如图 4.37 所示，箭线下方括号外数字为工作的正常持续时间，括号

内数字为工作的最短持续时间;箭线上方括号内的数字为优选系数。要求工期为12d,试对其进行工期优化。

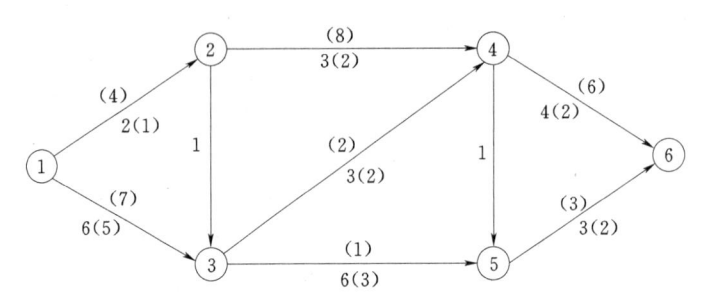

图4.37 网络计划(一)

7. 已知网络计划如图4.38所示,箭线下方括号外数字为工作的正常持续时间,括号内数字为工作的最短持续时间;箭线上方括号外的数字为正常持续时间时的直接费,括号内数字为最短持续时间时的直接费。费用单位为千元,时间单位为d。如果工程间接费率为0.8千元/d,试求最低工程费用时的工期。

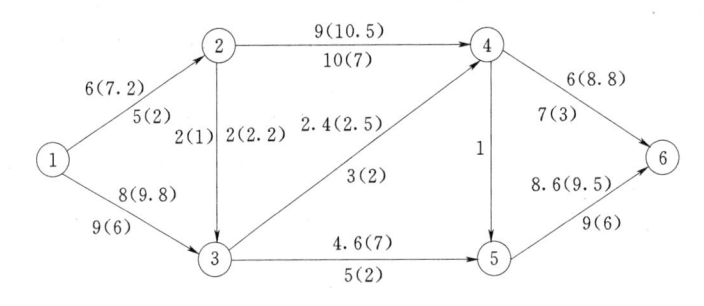

图4.38 网络计划(二)

8. 已知网络图如图4.39所示,图中箭线上方的数字为工作的资源强度,箭线下方的数字为工作的持续时间,假定资源限量为12。试对其进行"资源有限—工期最短"的优化。

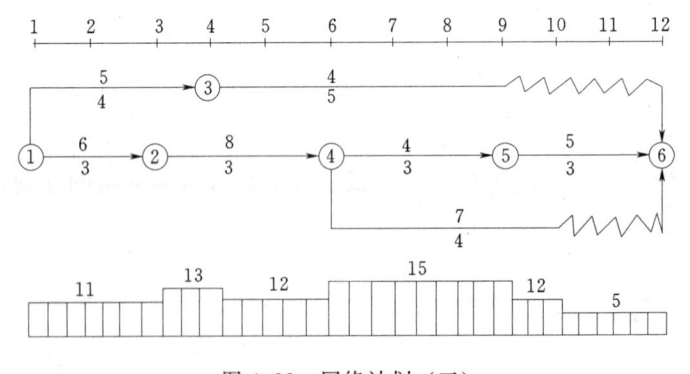

图4.39 网络计划(三)

第 5 章 公 路 工 程 定 额

5.1 概 述

5.1.1 定额的概念

1. 定额的含义

定额，顾名思义，就是确定数额，即在合理的生产组织、合理的使用资源、合理的生产技术条件下，经过国家或主管部门科学地测定、分析、计算，而加以合理确定的生产单位合格产品或完成一定量工作所消耗的人力、材料、机械台班和资金等的数量标准。所以，定额是一种标准，是衡量经济效果的尺度。

在我国，凡经国家或其授权机关颁发的定额，具有一定权威性和指导性，设计概、预算编制时不得擅自修改和滥用。定额要保持相对的稳定性，但也要随着技术条件、管理条件的变化，及时地进行修订并补充，直到重新颁布新定额为止。

定额属于计价依据主要内容之一。所谓计价依据是指用以计算工程造价的基础资料的总称，除包括定额、指标、费率、基础单价外，还包括工程量数据以及政府主管部门颁发的各种有关经济法规、政策、计价办法等。

2. 定额的水平

定额的水平就是定额的高低，是一定时期社会生产力的反映，与当时的生产因素及生产力水平有着密切的关系。定额水平高反映出生产力水平较高，完成单位合格产品所必需的消耗资源数量就较少；反之，则说明生产力水平低，完成单位合格产品所需要的资源数量就较多。

定格的水平不是一成不变的，随着社会生产力的不断发展，定额的水平不断发展，定额也应作出相应的调整。

定额的水平必须从实际出发，有利于调动职工的积极性，提高劳动生产率，降低工程成本，保证工程质量和工期。我国的工程施工定额水平是平均先进水平，即：大多数生产者在正常的生产条件下通过努力均可达到的定额水平；预算定额水平是社会平均水平，在施工定额水平的基础上，又考虑了施工中人工幅度差和机械幅度差的增加、超运距用工增加等，略低于施工定额的水平。

3. 工程建设定额

在建筑安装工程施工生产过程中，为完成某项工程或结构构件，都必须消耗一定数量的劳动力、材料和机械台班的资源。在一定的社会生产力条件下，在建设工程领域的生产中，把科学方法和生产实践相结合，生产出单位合格工程产品所必需的人工、材料和机械台班的数量标准，就是工程建设定额。

工程建设定额是一个庞大的体系，是建设工程中各类定额的总称，有许多种类，也涉及很多的专业，比如房屋建筑、市政、公路、水利、铁路、石油、矿山等均有各部门的配套定额。

5.1.2 定额的特点

1. 科学性

首先，定额的科学性表现在用科学的态度制定定额，尊重客观实际，力排主观臆断，力求定额水平合理，即必须与生产力发展水平相适应，真实反映出工程建设中生产消费的客观规律。其次，工程建设定额的制定是利用现代科学技术的成就，在对工时分析、动作研究、现场布置、工具设备改革以及生产技术与组织的合理配合等方面进行综合研究的基础上，通过长期观察、测定、总结生产实践及广泛收集资料后制定的，是一套系统的、完整的、在实践中行之有效的方法。第三，表现在定额制定和贯彻的一体化上，定额制定是为了提供贯彻的依据，贯彻是为了实现管理的目标，也是对定额的信息反馈。工程建设定额制度与管理在理论、方法和手段上必须科学化，以适应现代科学技术和信息社会发展的需要。

2. 系统性

定额是相对独立的系统，它是由多种定额结合而成的有机整体。定额的系统性是工程建设定额的特点决定的。按照系统理论的观点，工程建设本身就是一个庞大的实体工程系统，工程建设定额是为这个实体工程系统服务的，因而工程本身的多种类、多层次就决定了以它为服务对象的工程建设定额的多种类与多层次的系统性特点。

3. 统一性

工程建设定额的统一性体现在：按照其影响力和执行范围来看，有全国统一定额、地区统一定额和行业统一定额等；按照定额的制定、颁布和贯彻使用来看，有统一的程序、统一的原则、统一的要求和统一的用途。

我国工程建设定额的统一性和工程建设本身的巨大投入和巨大产出有关。它对国民经济的影响不仅表现在投资的总规模和全部建设项目的投资效益等方面，还表现在具体建设项目的投资数额及其投资效益方面。

4. 权威性与指导性

主管部门颁发的定额具有很大的权威性，这种权威性在一些情况下具有的经济法规的性质。权威性反映统一的意志和统一的要求，也反映信誉和信赖程度以及反映定额的严肃性。

随着我国建设市场的不断成熟和规范，工程建设定额尤其是统一定额具备的法令性特点逐渐弱化，转而成为对整个建设市场和具体建设产品交易的指导作用。

工程建设定额的指导性的客观基础是定额的科学性。只有科学的定额才能正确地指导客观的交易行为。工程建设定额的指导性体现在两个方面：一方面，工程建设定额作为国家各地区和行业颁布的指导性依据，可以规范建设市场的交易行为，在具体的建设产品定价过程中也可以起到相应的参考性作用，同时统一定额还可以作为政府投资项目定价以及造价控制的重要依据；另一方面，在现行的工程量清单计价方式下，为体现投标方自主竞争报价，承包商报价的主要依据是企业定额，但企业定额的编制和完善仍然离不开统一的定额指导。

5. 稳定性和时效性

工程建设定额中的任何一种都是一定时期技术发展和管理的反映,因而在一段时期内都表现出稳定的状态。稳定的时间有长有短,一般在5～10年。工程建设定额修改是十分繁重的、系统的工作,它需要动员和组织大量的人力和物力,需要收集大量的资料、数据、需要进行反复的调查和研究、测算、比较、平衡、审查、批准程序,这些工作本身就具有一定时段性,所以,经常修改在客观上是不现实的。所以,在一定时期内工程建设定额具有相对稳定性。

但是,任何一种定额都只能反映一定时期的生产力水平,当生产力发展了,定额就会与已经发展了的生产力水平不相适应。这样,它原有的作用就会逐步减弱以致消失,甚至产生负面效应。所以,工程建设定额在具有稳定性特点的同时,也具有显著的时效性。

从一段时间来看,定额是稳定的;从长期来看,定额是动态变化的。

5.1.3 定额的作用

(1) 定额是编制计划的基础。企业的生产和经济活动都是有计划进行的,在制定计划时,直接或间接以各种定额为依据计算人力、物力和财力等各项资源需要量。因此,定额是编制计划的基础。

(2) 定额是确定产品成本的依据,是评价设计方案合理性的尺度。建筑产品价格是由产品生产过程中所消耗的人工、材料、机械台班的数量以及其他资源的数量所决定的,而它们的消耗量又是根据定额计算的。同时,同一建筑产品的不同设计方案的成本,反映了不同设计方案的技术经济水平的高低。因此,定额也是比较和评价设计方案是否经济合理的尺度。

(3) 定额是实行投资包干和招标承包制的依据。为了提高公路工程建设的经济效益,我国在经济改革中推行了投资包干和招标承包制,在实施过程中,签订投资包干协议必须以定额为依据,编制招标标底和投标报价可参考定额。

(4) 定额是企业进行经济核算,加强企业科学管理、提高经济效益的工具。施工企业为了提高经济效益,必须加强科学管理,实行经济核算。而定额正是企业在计算和平衡资金需用量、组织材料供应、编制施工进度计划、考核工料消耗与劳动生产率,贯彻按劳分配原则,实行经济核算的标准和依据。

(5) 定额是总结推广先进生产方法的手段。用定额标定方法可以对同一产品在同一操作条件下的不同生产方式进行观察、分析和总结,然后在生产过程中推广先进生产方法,使劳动生产率得到提高。

5.1.4 我国公路工程定额体系及发展概况

1949年新中国成立以来,随着我国社会主义建设事业的发展,中华人民共和国交通运输部(以下简称交通部)也进行了大规模的定额制定与管理工作,逐步形成了种类齐全的公路工程定额体系。

1. 20世纪50～70年代定额建立和发展阶段

1958年,交通部公路工程总局在测定的基础上,制定了全国统一的《公路工程预算定额》,各省、自治区、直辖市制订了地方性的《预算定额》或《施工定额》,基本上解决了当时公路建设的急需。1971 年，交通部根据我国公路工程技术标准、技术规范和设计施工图纸的变化，特别是考虑当时公路建设采用专业队伍和民工相结合的生产方式所达到的定额水平，对 1958 年和 1964 年的定额进行了调整，于 1973 年颁发了《公路工程概算定额》、《公路工程预算定额》和《公路工程施工计划劳材手册》。这一时期处于计划经济时代，公路定额体系为国家经济建设的发展起到了很大作用。

2. 改革开放以后定额的发展和完善阶段

1983 年，交通部根据国家改革开放的要求，又颁发了《公路工程概算定额》、《公路工程预算定额》。1984 年颁发了《公路工程施工定额》。1986 年 5 月交通部颁发试行了我国第一本《公路工程估算指标》。进入 20 世纪 90 年代以来，随着我国经济体制的变化，为适应其发展和需要，交通部于 1992 年颁布了新一轮的《公路工程概算定额》、《公路工程预算定额》。在此后的 4 年中，交通部组织专家和工程技术人员经过深入、广泛的调研和科学测定，对现行的概预算定额、工程估算指标、机械台班费用定额做了较大幅度的调整。1996 年 6 月交通部以交公路发〔1996〕610 号、〔1996〕611 号文件通知发布了新修订的《公路工程机械台班费用定额》、《公路工程估算指标》、《公路基本建设工程概算、预算编制办法》和《公路工程概、预算定额基价表》，并从 1996 年 7 月 1 日起同时在全国施行。这些定额一直沿用到 2007 年底，适用于公路基本建设中的新建、改建工程，公路养护的大、中修工程亦可参考使用。1997 年交通部又发布了全国通用的新版《公路工程施工定额》，各省、市、自治区也对施工定额的有关问题做了指导性的规定，并对公路小修保养问题分别编制了地方性的小修保养施工定额。2000 年交通部发布了《公路基本建设交通工程概（预）算编制的规定》。

3. 2007 年新版定额的发布实施

进入 21 世纪，我国公路建设进一步得到了迅猛的发展。随着我国工程建设领域改革不断深化和公路生产力水平的调高，需要对现有公路工程系列定额进行进一步修订。交通部在总结公路建设经验基础上，组织专家和工程技术人员进行了广泛深入的调研、测试，于 2007 年 10 月 19 日以中华人民共和国交通部公告〔2007 年第 33 号〕的形式发布了新版的公路工程系列定额，并将其以规范的形式确定下来。公路 2007 版系列定额包括：

(1)《公路工程概算定额》(JTG/T B06—01—2007)。

(2)《公路工程预算定额》(JTG/T B06—02—2007)。

(3)《公路工程机械台班费用定额》(JTG/T B06—03—2007)。

(4)《公路工程基本建设项目概算预算编制办法》(JTG B06—2007)。

新版公路系列定额自 2008 年 1 月 1 日起施行。原发布的《公路基本建设工程概算、预算编制办法》（交公路发〔1996〕612 号）、《公路基本建设工程交通工程概（预）算编制的规定》（公设技字〔2000〕285 号）、《公路工程概算定额》和《公路工程预算定额》（交工发〔1992〕65 号）、《公路工程机械台班费用定额》（交公路发〔1996〕610 号）同时废止。原《公路工程施工定额》〔公设字（1997）134 号〕、《公路工程估算指标》暂时没有变化，仍然适用。

5.2 定额的分类

5.2.1 按生产要素分类

在施工生产中起主要作用的有 3 大要素,即劳动力、材料和机械。所以按生产要素来分类可以把工程建设定额划分为劳动消耗定额、材料消耗定额和机械消耗定额 3 种。

1. 劳动消耗定额

简称劳动定额(也称为人工定额),是指完成一定数量的合格产品(工程实体或劳务)规定活劳动消耗的数量标准。为了便于综合和核算,劳动定额大多采用工作时间消耗量来计算劳动消耗的数量。劳动定额的主要表现形式是时间定额,但同时也表现为产量定额。

时间定额与产量定额互为倒数。即:时间定额×产量定额=1。

(1) 时间定额。时间定额是指在正常的技术组织条件下,某工种、某种技术等级的工人班组或个人,完成单位合格产品所必须的工作时间,以工日/单位产品表示,如工日/m^3,工日/t 等。

$$时间定额 = \frac{耗用工日数量}{完成单位合格产品数量} = \frac{1}{产量定额}$$

(2) 产量定额。产量定额是指在正常的技术组织条件下,某工种、某种技术等级的工人班组或个人,在单位时间内(工日)应完成合格产品的数量,以产品单位/工日表示,如 m^3/工日,t/工日等表示。

$$产量定额 = \frac{完成合格产品数量}{耗用工日数量} = \frac{1}{时间定额}$$

例如,公路工程定额中规定人工挖运土方,产品单位 $100m^3$,消耗用工 24.5 工日,时间定额表示为 24.5 工日/$100m^3$;同理,每 $100m^3$ 土方需用 24.5 工日的产量定额表示为 $100m^3$/24.5 工日=0.048($100m^3$)/工日,即 $4.08m^3$/工日。

2. 材料消耗定额

材料消耗定额,简称材料定额,是指完成一定数量的合格产品所需消耗材料的数量标准。

材料是工程建设中使用的原材料、成品、半成品、构配件、燃料以及水、电等动力资源的统称。材料作为劳动对象构成工程的实体,需用数量很大,种类很多。所以材料消耗数量的多少,消耗是否合理,不仅关系到资源的有效利用,影响市场供求状况,而且对建设工程的项目投资、建筑产品的成本控制都起着决定性的作用。

3. 机械消耗定额

机械消耗定额是以一台机械一个工作班为计量单位,所以又称为机械台班定额。机械消耗定额是指为完成一定数量的合格产品(工程实体或劳务)所规定的施工机械台班消耗的数量标准。机械消耗定额的主要表现形式是机械时间定额,同时也以产量定额表现。

$$单位产品的机械时间定额 = \frac{耗用机械台班数量}{完成单位合格产品数量} = \frac{1}{产量定额}$$

$$单位产品机械产量定额 = \frac{完成合格产品数量}{机械台班消耗数量} = \frac{1}{时间定额}$$

例如，挖掘机挖土方，台班产量476m³，每100m³单位产品的时间定额则为1/4.76＝0.21台班。

5.2.2 按编制程序和用途分类

按编制程序和用途分类可以把工程建设定额分为施工定额、预算定额、概算定额、投资估算指标等。

1. 施工定额

施工定额是以同一性质的施工过程——工序作为研究对象，为表示生产产品数量与时间消耗综合关系而编制的定额。施工定额是一种施工企业（建筑安装企业）内部使用的组织生产和加强管理定额，属于企业定额的性质。为了适应组织生产和管理的需要，施工定额的项目划分很细，是工程建设定额中分项最细，定额子目最多的一种定额，也是工程建设定额中的基础性定额。

施工定额由劳动定额、机械定额和材料定额3个相对独立的部分组成。主要用于工程的直接施工管理，以及作为编制工程施工设计、施工预算、施工作业计划、签发施工任务单、限额领料及结算计件工资或计量奖励工资的依据，它同时是编制预算定额的基础。

2. 预算定额

预算定额是以分项工程或结构构件为对象编制的定额。其内容包括劳动定额、机械台班定额、材料消耗定额3个基本部分，是一种计价性定额。从编制程序上看，预算定额是以施工定额为基础综合扩大编制的，同时它也是编制概算定额的基础。

预算定额是在编制施工图预算阶段计算工程造价和工程中的劳动、机械台班、材料需要量时使用。它是调整工程预算和工程造价的重要基础，也可以作为编制施工组织设计、施工技术财务计划的参考。

3. 概算定额

概算定额是以扩大分项工程或扩大结构构件为对象编制的定额。它是计算和确定劳动、机械台班、材料消耗量所使用的定额，也是一种计价性定额。概算定额是编制扩大初步设计概算、确定建设项目投资额的依据。概算定额的项目划分粗细与扩大初步设计的深度相适应，一般是在预算定额的基础上综合扩大而成的，每一综合分项概算定额都包含了数项预算定额。

4. 投资估算指标

它是在项目建议书和可行性研究阶段编制投资估算、计算投资需要量时使用的一种定额。它非常概略，往往以独立的单项工程或完整的工程项目为计算对象，编制内容是所有项目费用之和。其概略程度与可行性研究阶段相适应。投资估算指标往往是由概算定额综合扩大和统计资料分析编制而成的。

5.2.3 按编制单位和执行范围分类

按编制单位和执行范围分类，定额可以分为全国统一定额、行业统一定额、地区统一定额、企业定额、补充定额5种。

(1) 全国统一定额。由国家建设行政主管部门综合全国工程建设中技术和施工组织管理的情况编制,并在全国范围内执行的定额。

(2) 行业统一定额。考虑到各行业部门专业工程技术特点,以及施工生产和管理水平编制的定额,行业统一定额一般只在本行业和相同专业性质的范围内使用。

(3) 地区统一定额。包括省、自治区、直辖市定额。地区统一定额主要是考虑地区性特点和全国统一定额水平作适当调整和补充编制的。

(4) 企业定额。由施工企业考虑本企业具体情况,参照国家、部门或地区定额的水平制定的定额。企业定额指在企业内部使用,是企业素质的一个标志。企业定额水平一般应高于国家现行定额,才能满足生产技术发展、企业管理和市场竞争的需要。在工程量清单方式下,企业定额正发挥着越来越大的作用。

(5) 补充定额。指随着设计、施工技术的发展,现行定额不能满足需要的情况下,为了补充缺陷所编制的定额。补充定额只能在指定的范围内使用,可以作为以后修订定额的基础。

5.2.4　按所涉及的专业分类

包括建筑工程定额(亦称土建定额)、设备安装工程定额、市政工程定额、公路工程定额、铁路工程定额、水利水电工程定额、水运工程定额、石油工程定额、电力工程定额、井巷工程定额等多种。

上述各种定额虽然适用于不同的情况和用途,但是它们是一个互相联系的、有机的整体,在实际工程项目建设中需配合适用。

5.3　定额中人工、材料、机械台班消耗量的确定方法

人工、材料和机械台班的消耗数量是反映各类资源消耗的多少,也是定额构成的核心内容。合理确定各类定额的消耗量的数量标准,是制定定额的关键。深刻理解定额消耗量的内容和制定方法,这也是编制概预算或在工程施工管理中正确运用定额的必备理论基础。

5.3.1　施工过程的工序研究与工作时间研究

1. 施工过程的工序研究

施工定额的制定对象是工序,工序又是由一系列的操作和动作完成的。一个施工过程可以分解为多个工序,一个工序又可以分解为多个操作,一个操作又可分解为多个动作。

施工定额是以施工过程中独立的最小部分——工序为编制对象,以时间定额和产量定额表示工序的消耗标准。研究完成施工过程中的工序所必须的消耗时间是制定施工定额的基本方法和着眼点。为了科学地制定完成工序所必需的时间,首先应对工序的性质、类型和组成结构进行逐一分解。如钢筋加工施工过程中包含运钢筋、除锈、调直、弯曲、绑扎成型等工序;工序又分解为若干操作,如弯曲工序可分解为置于加工平台、对准位置、弯曲、堆放等操作过程;操作又可分解成一系列的动作,如置于平台操作可分解成走向钢筋、拿起、返回、放置和安放与弯曲架上等一系列动作,等等。

2. 施工过程的工作时间研究

研究工作时间的主要目的是确定施工的时间定额和产量定额。其内容主要包括生产工人工作时间研究和施工机械工作时间研究。

(1) 生产工人工作时间。生产工人工作时间包括定额工作时间和非定额工作时间。

定额工作时间是正常施工生产工序必须消耗的工作时间，就是施工定额的时间定额。定额工作时间包括：基本工作时间、辅助工作时间、准备与结束工作时间、不可避免间断时间和休息时间5个部分。

非定额工作时间是正常施工条件下的不必要损失或浪费的工作时间，制定定额时不予考虑。其内容主要包括多余或偶然工作时间、违反劳动纪律时间、施工过失造成停工时间和非施工过失造成的停工时间等。

(2) 施工机械工作时间。施工机械工作时间同样也包括定额工作时间和非定额工作时间两大部分。

施工机械的定额工作时间是正常施工条件下的机械台班必须消耗的时间。机械定额时间包括正常负荷下的工作时间、降低负荷下的工作时间、不可避免的中断时间、不可避免的无负荷工作时间4个部分。

机械的非定额时间主要包括多余或偶然工作时间、违反劳动纪律时间、施工本身造成的停工时间和非施工本身造成的停工时间等。

3. 人工定额、机械定额的工作时间的测定方法

(1) 经验估计法。这是由具有丰富经验的定额测定人员、工程技术人员、技术工人根据各自的实践经验、结合现场观察和图纸分析，考虑设备、工具和其他的施工组织条件，直接估计工时消耗的一种方法。

(2) 统计分析法。根据同类型工序生产的实际工时消耗和产品数量统计资料，在统计分析和整理的基础上，考虑施工组织措施，测算出定额指标。

(3) 计时观察法。这种方法是通过对施工过程中具体活动的实地观察，详细地记录施工中的人工、机械等工时消耗，完成合格产品数量及有关影响因素，然后将记录结果加以整理、分析，并经合理取舍得到技术数据，最后确定定额的消耗指标。

5.3.2 定额制定的基本方法

1. 人工定额制定

人工定额制定主要是按照科学的方法合理确定定额时间。将定额时间的各组成部分相加就得到工序的时间定额。根据时间定额可进一步计算出工序的产量定额。

人工定额制定的方法有以下3种。

(1) 计时观察法。指以观察测时为手段，通过密集抽样和粗放抽样等技术进行直接的时间研究，以确定工作时间的技术测定方法。

(2) 经验估工法。通常采用"三时估工法"，由定额测定人员估计出完成某一工作的最乐观时间、最可能时间和最悲观时间，然后分别给以1、4、1的权重，加权计算工作时间的定额制定方法。

(3) 统计分析法。指以积累的大量统计资料为基本依据，通过科学分析对比，整理制定出定额时间的方法。

2. 材料定额的制定

材料消耗定额可通过现场技术测定、实验室试验、现场统计和理论计算得到。材料消耗定额的计算方法可表示为：

$$材料消耗量 = 净用量 \times (1 + 材料损耗率) \tag{5.1}$$

$$材料损耗率 = \frac{损耗量}{净用量} \times 100\%$$

一般材料的消耗量的确定方法有以下几种。

(1) 现场技术测定法。主要用于编制材料损耗量定额，也可用于提供材料净用量的参考数据。这种方法是通过现场观察、技术测定手段确定材料消耗指标的一种方法。

(2) 实验室试验法。主要用于编制材料的净用量定额数量。通过试验能够对材料的组成、结构、配合比等得出科学的结论，为编制定额提供比较精得的技术数据。注意试验法得到的技术数据不得直接用于施工生产。

(3) 现场统计法。现场统计法是通过进场材料和使用材料数量的大量统计资料进行分析计算，获得材料消耗数据，确定材料消耗指标的一种方法。

上述 3 种方法应用时，必须要求材料符合国家标准，施工质量达到要求，以保证获得可靠的定额编制依据。

(4) 理论计算法。这是运用一定的计算公式计算材料消耗量的方法。如砌砖工程中的标准砖和砂浆的消耗数量可通过理论计算法计算得到。

对于周转材料，如模板、脚手架等，材料消耗定额应为周转材料的摊销量。

$$周转材料摊销量 = 一次使用量 \times 摊销系数 \tag{5.2}$$

其中　　　　　一次使用量 = 材料净用量 $\times (1 + 材料损耗率)$

$$摊销系数 = 周转使用系数 - \frac{(1 - 损耗率) \times 回收价值率}{周转次数} \times 100\%$$

$$周转使用系数 = \frac{(周转次数 - 1) \times 损耗率}{周转次数} \times 100\%$$

$$回收价值率 = \frac{一次使用量 \times (1 - 损耗率)}{周转次数} \times 100\%$$

3. 机械台班消耗定额的制定方法

制定机械消耗定额时，首先确定正常的施工条件，其次确定机械 1h 纯工作生产率，然后在工作时间研究的基础上确定机械施工的正常利用系数，最终得到机械台班消耗产量定额。

$$施工机械台班产量定额 = 机械 1h 纯工作生产率 \times 工作班纯工作时间 \tag{5.3}$$

或　施工机械台班产量定额 = 机械 1h 纯工作生产率 $\times$ 工作班延续时间 $\times$ 机械正常利用系数

机械 1h 纯工作生产率 = 施工机械纯工作 1h 正常循环次数 $\times$ 一次循环生产的产品数量

$$机械的正常利用系数 = \frac{机械在一个工作班内的纯工作时间}{工作班时间}$$

计算出机械的产量定额后，根据时间定额和产量定额的倒数关系，可计算出施工机械

的时间定额。

5.3.3 预算定额中人工、材料、机械台班消耗量的组成与计算方法

1. 人工消耗量

预算定额人工消耗量是根据测算后综合取定的工程数量和参照施工定额中人工消耗指标计算出的。人工消耗量不分工种、不分技术等级全部综合在一起，再考虑人工幅度差，则可制定出该项目的人工消耗量指标。

人工的消耗量确定可以有两种方法：一是以施工定额的劳动定额为基础确定；二是以计时观察法现场测定资料为基础，再经计算确定。

(1) 以劳动定额为基础计算人工工日数的方法。人工消耗工日数量包括基本工和其他工两部分。

1) 基本工：指完成单位合格新产品所必须消耗的技术工种用工。按技术工种相应劳动定额工时定额计算，以不同工种列出定额工日。

2) 其他工：包括辅助工、超运距用工、人工幅度差用工。

辅助工是指不包含技术工种劳动定额内，而在预算定额内又必须考虑的工时。如机械土方工程配合用工，电焊着火用工等。

超运距用工是指预算定额的平均水平运距超过劳动定额规定水平运距部分。

$$超运距＝预算定额取定运距－劳动定额已包括的运距$$

人工幅度差用工，即预算定额和劳动定额的差额，主要是指在劳动定额中未包括而在正常施工条件下不可避免但又很难准确计量的用工和各种工时损失。

预算定额人工消耗量可表示为：

$$工日消耗数量＝(基本用工＋超运距用工＋辅助用工)×人工幅度差系数 \qquad (5.4)$$

(2) 以计时观察法现场测定资料为基础计算人工工日数的方法。遇劳动定额缺项的，需要进行项目测定。可采用现场工作日写实等测时方法确定和计算定额的人工耗用量。

2. 材料消耗量

预算定额的材料消耗量由材料的净用量和各种合理损耗量组成。各种合理损耗是指场内运输损耗和操作损耗；而场外运输损耗和工地仓库保管损耗则计入材料预算价格之中。根据作用不同，公路工程预算定额中材料消耗指标的表现形式和计算方法也不同。

(1) 定额的材料类型。

1) 主要材料：指直接构成工程实体的材料，包括成品、半成品的材料。

2) 辅助材料：指构成工程实体除主要材料外的其他材料，如垫木钉子、铅丝等。

3) 周转性材料：指脚手架、模板等多次周转使用的不构成工程实体的其他材料量。

4) 其他材料：指用量较少，难以计量的零星用料。

(2) 材料消耗量计算方法。预算等额的材料消耗指标确定的基本原理和施工定额材料消耗量计算基本相同，应采用现场技术测定、实验室试验、现场统计和理论计算等方法。

其他材料的确定：一般按工艺测算，在定额项目材料计算表内列出名称、数量，并依编制期价格占主要材料的比率计算，列在定额材料栏之下，定额内可不列材料名称及消耗量，直接以其他材料费（金额）表示。

3．机械台班消耗量

预算定额中的机械台班消耗量指标，主要是根据其施工定额各分项工程的机械台班耗用量，再考虑机械的幅度差来确定。少数情况下可以采用现场测定法。

（1）以施工定额为基础计算法。以施工定额为基础的计算法是根据施工定额确定机械台班消耗量的计算方法。这种方法是指施工定额中机械台班产量加机械幅度差计算预算定额的机械台班消耗量。

预算定额机械台班耗用量＝施工定额机械消耗台班×(1＋机械幅度差系数)　(5.5)

机械的幅度差是指施工定额中没有包括的，而机械在合理的施工组织下所必须的停歇时间。其内容主要包括：

1）施工机械转移工作面和相互配套作业的影响时间。

2）正常施工时不可避免的工序间歇。

3）工程质量检查对机械的影响时间。

4）临时水、电线路现场发生位置转移、移动的机械停歇时间。

5）工程结尾时，工程量不饱满发生的机械停歇时间等。

机械的幅度差系数应该经测定和统计资料确定，在预算定额中加以考虑。

（2）现场测定法。以现场测定资料为基础确定机械台班消耗量。如果遇到施工定额缺项者，则需依单位时间完成的产量测定机械台班的消耗量。

5.4　《公路工程施工定额》及其应用

5.4.1　《公路工程施工定额》的作用

《公路工程施工定额》〔公设字（1997）134号〕是建筑安装工人或工作小组在合理的施工组织和正常施工条件下，完成单位合格产品所消耗的劳动力、材料或机械台班的数量标准。它是根据专业施工的作业对象和工艺水平制定的，反映了企业的施工水平、装备水平和管理水平。它的作用范围仅限于施工企业内部的经营、组织、施工的管理，包括企业生产经营活动计划，组织、协调、控制和指挥等活动。《公路工程施工定额》和其他定额不同，是企业定额，可以由企业根据自身的条件、市场行情和国家法律法规自选编制，并自行决定定额水平，因而施工定额具有较为重要的作用。

（1）施工定额是企业内部进行计划经营管理依据。

（2）施工定额是企业内部组织和指挥生产的依据。

（3）施工定额是企业内部计算工人劳动报酬的依据。

（4）施工定额是企业内部进行成本管理和经济核算的依据。

（5）施工定额是企业内部衡量生产水平和技术先进性的依据。

5.4.2　《公路工程施工定额》的编制依据与编制原则

1．编制依据

《公路工程施工定额》编制以下列技术资料为依据。

(1) 交通部 1992 年以前颁发的各项施工及验收技术规范。
(2) 交通部 1992 年以颁发的安全操作规程及其他有关规定。
(3) 建筑安装工人技术等级标准。
(4) 技术测定资料、经验统计资料,有关半成品、配合比资料等。

2．编制原则

(1) 贯彻平均先进的原则。
(2) 在内容和形式上贯彻简明适用的原则。
(3) 在编制方法上,贯彻了专家为主、专业人员和生产群众相结合的原则。

5.4.3 《公路工程施工定额》的主要内容与组成

《公路工程施工定额》是交通部于 1997 年颁布施行的。它包括总说明、各章说明、定额项目表及附注和附录等内容。

《公路工程施工定额》编制定额项目共划分 18 章,包括准备工作,路基工程,路面工程,隧道工程,基础工程,打桩工程,灌注桩造孔工程,砌筑工程,模板,架子及木作工程,钢筋及钢丝束工程,混凝土及钢筋混凝土工程,预制构件运输工程,安装工程,钢桥工程,杂项工程,临时工程,备料,材料运输,涉及了公路建筑安装的各方面。

1．文字说明部分

(1) 总说明。有关定额具有共同性的问题通常列在总说明中。总说明的基本内容有:定额的用途、适用范围及编制依据,定额水平,定额综合性工作内容,工程质量及安全要求,定额指标的计算方法,有关规定和说明等。

(2) 各章说明。主要内容有适用范围,工作内容,定额计算方法,质量要求,施工方法,术语及其他说明等。

2．定额项目表及附注

定额项目表是各章分节定额的核心部分,包括劳动定额和机械定额。挖掘机挖装土方见表 5.1,拖拉机拌和稳定土混合料见表 5.2。

表 5.1   2-7 挖掘机挖装土方

工作内容:安设挖掘机,开辟工作面,挖土,装汽车,移动位置,推土机清理余土。   每 100m³ 的机械定额

项 目		松 土	普通土	硬 土	序 号
挖掘机斗容量 (m³)	0.6 以内	$\frac{0.263}{3.8}$	$\frac{0.303}{3.3}$	$\frac{0.346}{2.89}$	一
	1.0 以内	$\frac{0.165}{6.06}$	$\frac{0.19}{5.26}$	$\frac{0.216}{4.63}$	二
	2.0 以内	$\frac{0.1}{10}$	$\frac{0.116}{8.62}$	$\frac{0.133}{7.52}$	三
编 号		1	2	3	

注 1．不需装汽车时,时间定额乘 0.87 系数。
    2．用功率为 75kW 推土机配合施工,每台挖掘机配推土机:0.6m³ 挖掘机配推土机 0.33 台,1.0m³ 挖掘机配推土机 0.4 台,2.0m³ 挖掘机配推土机 0.5 台。

(1) 定额项目表组成。

1) 表号表名：指分节编号和施工项目名称，位于表最上端，见表 5.1 中"2-7 挖掘机挖装土方"。

2) 工作内容：位于表名下方，说明本项工程的工作内容、范围。

3) 单位产品定额：如每 1000m² 的劳动定额、机械定额，见表 5.2。

4) 项目：位于表左，区分不同子目的名称。

5) 劳动定额数量标准：说明该工作的劳动力时间定额或每工产量。

表 5.2　　3-8 拖拉机拌和稳定土混合料

工作内容：打碎大块，捡出不合格料，拌和。

每 1000m² 的劳动定额、机械定额

项　　目	拖拉机功率（kW）
	75 以内
劳动定额	$\dfrac{1.37}{0.73}$
机械定额	$\dfrac{0.23}{4.348}$
编　　号	1

注　定额适用于各种稳定土基层的拌和，压实厚度在 20cm 以内，超过 20cm 分两层铺筑时，时间定额乘以 2.0 的系数。

6) 机械定额数量标准：说明该工作的需要的机械台班数量或台班产量。

7) 每工产量：说明该工作每个工日的产量。

8) 编号：位于表最下方，是每个细目的顺序号。

附注列在定额表的下面，主要是根据施工条件的变化，规定人工、机械定额用量的增减变化，通常采用乘系数和增减工日或台班的方法来计算。附注的作用是对定额的补充、说明或使用限制。

(2) 定额项目表的使用说明。

1) 复式表的时间定额、产量定额除少数项目外，均用下列形式表示："时间定额（工日）/每工产量"或"时间定额（台班）/台班产量"。

2) 定额项目中，凡注明"以内"、"以下"者均包括本身在内，"以外"、"以上"者均不包括本身。

3) 定额编号方法："页码-表号-栏号"或"表号-栏号"，如拖拉机拌和稳定土混合料子目的定额表号可表示为 67-3-8-1 或 3-8-1。

3. 附录

附录放在定额的最后面，作为定额使用和换算的依据，包括砂浆、混凝土的配合比，爆破材料单位消耗量、砌筑工程石料及砂浆、土石分类表和锯材分类表等。

5.4.4　《公路工程施工定额》的应用

1. 定额应用说明

(1) 定额的章节内容，除各章节另有说明书外均包括：准备、结束、熟悉施工图纸、检查安全技术措施、布置操作地点、领退料具、工序交接、队组自检互检、机械加油加水、排除一般机械故障、保养机具、操作完毕后的场地清理、操作过程中的次要工序，以及汽车在 5km、其他自行式机械在 1km 以内由停车场至工作地点的往返空驶。

(2) 工程质量要求均按国家或地方制定的施工及验收技术规范、工程质量检验评定标准、技术规程中有关质量要求和质量标准执行。

(3) 根据公路工程的特点，本定额列有劳动定额和机械定额两大部分，有的项目还同时列出劳动定额和机械定额，均表示在一定的生产组织条件下，某种机械单独或班组工人与机械共同完成某一项工程项目的机械定额或劳动与机械定额。

2. 有关规定及计算方法

(1) 综合定额就是完成同一产品的各项（或工序）定额的综合。定额表内的时间定额工序综合用"综合"表示。其计算方法如下：

$$综合时间定额(工日) = 各单项(或工序)时间定额总和$$

$$综合产量定额 = \frac{1}{综合时间定额(工日)}$$

(2) 定额各个项目内均包括正常施工条件下的场内搬运距离的运输，至于场外运输及在特殊情况下发生了超过定额运距的运输时，可根据"材料运输"一章中有关的项目计算和增加。

(3) 同时使用两个或两个以上系数时，按连乘方法计算。

(4) 定额所指的构件体积均为构件实体，不包括空心部分。

公路工程施工定额在应用时应考虑各地区、各部分以及各施工企业实际投入进行调整，不可强求统一。

【例 5.1】 试计算某桥梁预制混凝土护筒木模板的综合时间定额和综合产量定额。

解：查目录知本项目在《公路工程施工定额》第九章第一节预制混凝土构件模板（护筒）。

定额编号 193-9-1-34 得到：每 $1m^2$ 各个工序的时间定额为：制作 1.12 工日；安装 0.108 工日；拆除 0.046 工日。

预制混凝土护筒木模板的综合时间定额为

$$1.12 + 0.108 + 0.046 = 1.274 (工日/m^2)$$

预制混凝土护筒木模板的综合产量定额为

$$\frac{1}{1.274} = 0.785 (m^2/工日)$$

【例 5.2】 试确定自卸汽车运输沥青混合料的施工定额。自卸汽车为 10t，运距 4km。

解：查定额编号 81-3-26-4-7 得：每 $100m^3$ 压实体积的机械定额为 1.84/0.543（表示时间定额和产量定额）。

5.5 《公路工程概算定额》及其应用

5.5.1 《公路工程概算定额》的作用

现行《公路工程概算定额》（JTG/T B06—01—2007）由交通部颁发，它在预算定额的基础上，考虑新技术、新工艺、新材料和新施工设备综合而成，能适合各等级公路概算编制的需要。当基本建设进入初步设计阶段或技术设计阶段时，必须编制设计概算或修正概算。《公路工程概算定额》是编制设计概算或修正概算的依据之一。主要作用有以下几点。

(1) 概算定额是编制设计概算和修正概算的主要依据。

(2) 概算定额是编制建设项目投资估算指标的基础。

(3) 概算定额是进行设计方案和施工方案经济比较的依据。

(4) 概算定额是编制主要材料供应量的基础。

5.5.2 《公路工程概算定额》的编制依据

《公路工程概算定额》结合公路工程技术、施工工艺状况和前沿的资料信息编制。其编制依据主要概括为以下几点：

(1) 合理的施工组织和一般正常的施工条件、施工方法。

(2) 国家现行的公路工程施工技术及验收规范、质量评定标准及安全操作规程。

(3) 交通部颁发的现行标准设计图、有代表性的设计图或施工详图。

(4) 公路工程预算定额资料。

(5) 其他有关技术资料、现场统计资料、工料机价格信息等。

5.5.3 《公路工程概算定额》的主要内容

《公路工程概算定额》由文字说明、定额项目表（包括路基工程、路面工程、隧道工程、涵洞工程、桥梁工程、交通工程及沿线设施、临时工程，共 7 章），以及定额用词说明等组成。

1. 文字说明

(1) 总说明。总说明列在定额的最前面，主要包括定额的作用、适用范围、编制依据、工料机消耗量制定的规定、施工技术条件以及其他共性的说明，等等，是对概算定额综合的说明。

(2) 章说明。章说明列在每一章的前面。公路工程概算定额 7 个章的前面均设置了章说明，是对该章定额各个分节的共性问题的说明，主要包括了本章定额应用的有关规定、计算换算的方法规定等。

(3) 节说明。节说明列于每一节的前面，主要是本节定额各工程细目的具体使用方法，而且往往列出工程量计算的方法和规则。节说明是划分的概算项目计算工程量和定额套用的最具体的规定和方法说明，是定额应用的最直接的根据。

2. 定额项目表

定额项目表是各章定额的主要内容，集中反映概算定额的人工、材料、机械台班的消耗量指标，是定额的核心。如泥结碎石路面的定额项目表，见表 5.3。

(1) 概算定额表的组成。

1) 表名：位于表最上方，是指概算定额中工程项目的编号、名称。

2) 工程内容：仅于表左上方，是指该项目的主要工作内容。

3) 定额单位：仅于表右上方，是指该工程项目的单位，如 $1000m^2$，$10m^3$ 等。

4) 顺序号：位于表左边第一列，是指该项目所需工料机等的先后顺序。

5) 项目：位于表左边第二列，是该项目工、料、机等的名称。

6) 单位：位于表左边第三列，是该项目工料机等对应的单位。

7) 代号：位于表左边第四列，是计算机对工料机等名称的识别代号。

8) 子目名：是该项目涉及的子目名称。

表 5.3　　　　　　　　　　　2－2－1 泥结碎石路面

工程内容：(1) 清扫整理下承层；(2) 铺料、整平；(3) 调浆、灌浆；(4) 撒铺嵌缝料、整形、洒水、碾压、找补。

单位：1000m²

顺序号	项目	单位	代号	人 工 摊 铺				机 械 摊 铺			
				压实厚度 10cm		每增加 1cm		压实厚度 10cm		每增加 1cm	
				面层	基层	面层	基层	面层	基层	面层	基层
				1	2	3	4	5	6	7	8
1	人工	工日	1	34.4	34.4	3.1	3.1	18.4	18.3	1.6	1.6
2	水	m³	866	27	27	3	3	—	—	—	—
3	黏土	m³	911	28.28	28.28	2.83	2.83	28.28	28.28	2.83	2.83
4	石屑	m³	961	11.03	11.03	1.10	1.10	11.03	11.03	1.10	1.10
5	路面用碎石(1.5cm)	m³	965	11.10	—	1.11	—	11.10	—	1.11	—
6	路面用碎石(3.5cm)	m³	967	100.34	11.1	10.03	1.11	100.34	11.10	10.03	1.11
7	路面用碎石(6cm)	m³	969	—	100.34	—	10.03	—	100.34	—	10.03
8	120kW 以内自行式平地机	台班	1057	—	—	—	—	0.30	0.17	—	—
9	6~8t 光轮压路机	台班	1075	0.28	0.28	—	—	0.28	0.28	—	—
10	12~15t 光轮压路机	台班	1078	0.74	0.74	—	—	0.74	0.74	—	—
11	6000L 以内洒水汽车	台班	1405	—	—	—	—	0.59	0.59	0.06	0.06
12	基价	元	1999	10073	9048	953	850	9849	8700	908	806

9) 工料机数量标准：列于定额表右面，是定额表的相应数据指标部分。

10) 其他材料费：该项目使用的未一一列入的小型材料费用。

11) 小型机具使用费：指该项目未列入机械台班费用定额的小型机械工具等使用费。

12) 基价：指该项目涉及的工料机的定额基价，是用来计算其他费用的基数。

(2) 定额编号的表示方法。定额表号的表示方法有很多种，一般采用"页号-表号-栏号"或直接采用"表号-栏号"表示，其含义是"页号-章-节-表-栏"或"章-节-表-栏"。

表 5.3 中压实厚度 10cm 泥结碎石路面基层子目的定额编号表示为 167－2－2－1－2，或 2－2－1－2。定额编号 167－2－2－1－2 表示第 167 页表 2－2－1 的 2 栏，表 2－2－1 的含义为第 2 章第 2 节的第 1 个表。

(3) 定额指标的表现形式。《公路工程概算定额》是消耗量定额，定额表中列出了单位合格产品的人工、材料、机械台班的消耗量。

为了便于进行价格比较，定额列出了"基价"，2007 年版的公路工程概算定额基价已经不再有计费基础的作用。

5.5.4　《公路工程概算定额》总说明概要

1. 《公路工程概算定额》的适用范围与定额概要

(1) 《公路工程概算定额》是全国公路专业统一定额，它是编制初步设计概算的依据，也是编制建设项目投资估算指标的基础,适用于公路基本建设新建、改建工程。对于公路养护的大、中修工程,可参考使用。

(2) 定额是以人工、材料、机械台班消耗量表现的工程概算定额。编制概算时,其人工费、材料费、机械使用费应按《公路工程基本建设项目概算预算编制办法》(JTG/T B06—2007) 的规定计算。

(3) 定额包括路基工程、路面工程、隧道工程、涵洞工程、桥梁工程、其他工程及沿线设施、临时工程,共 7 章。如需使用材料采集加工、材料运输定额,可采用《公路工程预算定额》中有关项目。

(4) 定额是按照合理的施工组织和一般正常的施工条件编制的。定额中所采用的施工方法和工程质量标准是根据国家现行的公路工程施工技术及验收规范、质量评定标准及安全操作规程取定的,除定额规定允许的换算者外,均不得因具体工程的施工组织、操作方法和材料消耗与定额的规定不同而变更定额。

(5) 定额是以部颁的现行标准设计图为依据编制的,没有标准设计图的定额项目,则选择有代表性的设计图或施工详图。不同载重标准和不同桥宽均可使用本定额。

2. 定额消耗量制定的统一规定和计算方法

(1) 定额除潜水工作每工日 6h,隧道工作每工日 7h 外,其余均按每工日 8h 计算。

(2) 定额中所列的工程内容,除扼要说明了所综合的工程项目外,均包括各项目的全部施工过程的内容和辅助工日。

(3) 建筑材料、成品、半成品从现场堆放地点或场内加工地点至操作或安装地点的场内水平或垂直运输所需的人工和机械消耗,已按一般正常合理的施工组织设计计算在定额项目内。并考虑了材料发生二次倒运费用和场内运输超运距用工,以及材料从工地仓库运至施工现场用工。除定额中另有说明者外,均不得另行增加。

(4) 本定额中的材料消耗量是按现行材料标准的合格料的标准规格料计算的。定额内材料、成品、半成品均已包括场内运输及操作损耗。其场外运输损耗、仓库保管损耗应在材料预算价格内考虑。

(5) 定额中周转性的材料、模板、支撑、脚手杆、脚手板和挡土板等的数量,已考虑了材料的正常周转次数并计入定额内。其中就地浇筑钢筋混凝土梁用的支架及拱圈用的拱盔、支架,如确因施工安排达不到规定的周转次数时,可根据具体情况进行换算并按规定计算回收,其余工程一般不予抽换。

3. 关于定额换算、调整的统一规定

(1) 定额中列有的混凝土、砂浆强度等级和用量,其材料用量已经按照《公路工程预算定额》附录中配合比表规定的数量列入定额,不得重算。如设计强度等级和定额列入等级不同时,可按照《公路工程预算定额》附录所列的配合比进行换算。但施工配合比材料用量和定额配合比不同时,除配合比表说明中允许换算的以外,均不得调整。

(2) 概算定额中各类混凝土均未考虑外掺剂的费用,如设计需要添加外掺剂时,可按照设计另行计算外掺剂费用并适当调整定额中水泥用量。

(3) 定额中各类混凝土均按照施工现场拌和进行编制,当采用商品混凝土时,可将相关定额中水泥、砂浆、碎石的消耗量扣除,并按定额中所列的混凝土消耗量增加商品混凝土的消耗。

(4) 定额中只列工程所需的材料消耗数量和主要机械台班数量。次要、零星材料和小型机具均未一一列出，分别列入"其他材料费"和"小型机具使用费"内，以"元"计算，编制概算时按此计算。

(5) 定额中各项目的施工机械种类、规格是按一般合理的施工组织确定的，如施工中实际采用的机械种类、规格与定额规定的不同时，一律不得抽换。

(6) 定额中的施工机械的台班消耗，已考虑了工地合理的停置、空转和必要的备用量等因素。

4．其他规定

(1) 定额未包括公路养护管理房屋等工程，如养路道班房、桥头看守房、收费站房等工程，这类工程应执行地区的建筑安装工程定额。

(2) 对于其他未包括的项目，各省、自治区、直辖市交通厅（局）可编制补充定额在本地区执行，并报交通部备案；还缺少的项目，各设计单位可编制补充定额，随同概算文件一并送审，并将编制依据送各省、自治区、直辖市公路（交通）工程定额站备查。所有补充定额均应按照本定额的编制原则、方法进行编制。

(3) 定额遇冬、雨季施工的工程，夜间施工的工程，高原地区施工的工程，边施工边维持通车的工程，可按《公路工程基本建设项目概算预算编制办法》的有关规定办理。

(4) 定额表中注明"××以内"或"××以下"者，均包括"××"数本身；而注明"××以外"或"××以上"者，则不包括"××"数本身。定额内数量带"（）"者，则表示基价中未包括其价值。

(5) 凡定额中带有"※"号者，均为参考定额，使用定额时可根据情况调整。

(6) 《公路工程概算定额》的基价是人工费、材料费、机械使用费的合计价值，基价中的人工费、材料费基本上是按北京市 2007 年的人工、材料预算价格计算的〔详见 2007 年发布的《公路工程预算定额》（JTG/T B06—02—2007）的附录〕，机械使用费是按 2007 年交通部发布的《公路工程机械台班费用定额》（JTG/T B06—03—2007）计算的。

(7) 定额中的"工料机代号"是采用电子计算机编制概算时对工、料、机械名称识别的符号，不应随意变动。编制补充定额时，遇有新增材料或机械名称，可取相近品种材料或机械代号间的空号。

5.5.5 《公路工程概算定额》应用

《公路工程概算定额》综合性较强，套用概算定额较预算定额简单些。定额应用的方法主要有以下 2 种。

1．直接套用法

公路工程的概算项目绝大多数采用直接套用法，是一种最简单的方法。当设计要求、工作内容及确定的工程项目与相应定额的工程项目完全符合时，可直接套用定额。套用时要注意定额的总说明、章说明、节说明及定额表的附注的要求，避免发生套用错误。

2．复杂定额套用法

为一个定额的工程内容与设计图纸内容不符时，为了完善其套用项目，使其和图纸项目工程内容相复合,需要进行定额其他项目的补充、调整和完善,称为复杂定额套用。复杂定额套用法主要有定额合并、系数调整、增减数量和配合比换算等。

以下例题中集中反映了集中典型的概算定额应用方法。

【例 5.3】 某公路路基,海拔 2800m,山岭重丘地形,机械打眼开炸,次坚石,推土机清运,运距 60m,试确定其概算定额。

解: 公路工程概算定额编号:24－1－1－12－(6＋8×2);

定额值如下:1000m³ 天然密实岩石;

人工:105.7＋3.2×2＝112.1(工日);

空心钢钎:18kg;

合金钻头:25 个;

硝铵炸药:179kg;

导火线:481m;

普通雷管:381 个;

其他材料费:26.4 元;

135kW 履带式推土机:4.51＋0.99×2＝6.49(台班);

9m³/min 机动空压机:8.45 台班;

小型机具使用费:494.40 元;

基价:18221＋1329×2＝20879(元)。

【例 5.4】 某一级公路路基工程,需要填土压实 2102300m³,填筑材料为普通土。现场无利用土方,路基占地及取土坑均为耕地。采用 1m³ 以内斗容单斗挖掘机挖装土方,平均挖深 2m。试确定:挖掘机挖装借方作业所需概算定额消耗量及基价为多少?

解: 查公路工程概算定额 10－1－1－6－5,并根据定额第一章第一节路基土石方工程的说明,以天然密实方为计量单位的定额,套用的定额应乘以系数 1.16。计算工料机消耗量为:

人工:14.7×2102300×1.16/1000＝35848.42(工日);

75kW 以内履带式推土机:0.44×2102300×1.16/1000＝1073.01(台班);

1m³ 以内单斗挖掘机:2.06×2102300×1.16/1000＝5023.66(台班);

基价:2694×2102300×1.16/1000＝6569771.59(元)。

【例 5.5】 某二级公路二灰碎石稳定基层,采用路拌法施工,设计厚度为 16cm,设计配合比为石灰:粉煤灰:碎石＝7:13:80,试确定石灰、粉煤灰、碎石的概算定额数量。

解: 由概算定额 123－2－1－4－21,123－2－1－4－22 及路面工程说明可知,定额规定:15cm 压实厚度配合比 5:15:80,其材料用量为 15.829:63.31:164.89;厚度每增减 1cm 材料用量为 1.055:4.22:10.99,则换算后各种材料用量为:

石灰:[15.829＋1.055×(16－15)]×7/5＝23.64(t);

粉煤灰:[63.31＋4.22×(16－15)]×13/15＝58.23(m³);

碎石:[164.89＋10.99×(16－15)]×80/80＝175.88(m³)。

【例 5.6】 江苏省某公路采用厂拌稳定土基层,设计厚度 36cm,设计配合比石灰:

粉煤灰：碎石为 5∶15∶80，试确定其概算定额。

解：由于该段基层为 36cm 厚，在进行分层拌和、碾压时，拖拉机、平地机、压路机台班按照定额数量加倍，每 1000m² 增加 3 工日。概算定额表编号 146－2－1－7－(31＋32×21)，1000m² 二灰碎石定额数量如下。

  人工：$6.9＋0.2×21＋3＝11.1$（工日）；

  水：$28＋2×21＝70$（m³）；

  生石灰：$15.987＋1.066×21＝38.373$（t）；

  粉煤灰：$63.95＋4.26×21＝153.41$（t）；

  碎石：$166.54＋4.26×21＝256$（t）；

  3m³ 以内轮式装载机：$0.44＋0.03×21＝1.07$（台班）；

  6～8t 光轮压路机：$0.14×2＝0.28$（台班）；

  12～15t 光轮压路机：$1.30×2＝2.6$（台班）；

  300t/h 以内稳定土厂拌设备：$0.22＋0.01×21＝0.43$（台班）；

  9.5m 以内稳定土摊铺机：$0.24×2＝0.48$（台班）；

  6000L 以内洒水汽车 0.32（台班）；

  基价：$9749＋554×21＝21383$（元）。

5.6 《公路工程预算定额》及其应用

《公路工程预算定额》(JTG/T B06—02—2007) 的内容、应用方法和《公路工程概算定额》很相似，也有一定的区别。《公路工程预算定额》主要是施工图阶段使用，定额内容、定额子目、应用方法更加具体、详细。

5.6.1 《公路工程预算定额》的作用

现行《公路工程预算定额》是全国公路专业统一定额，在公路基本建设程序进入施工图设计阶段时，具有十分重要的作用。

(1) 预算定额是编制施工图预算定额的依据，同时也是确定建设项目工程造价、控制基本建设项目投资的依据。

(2) 预算定额是编制概算定额和估算指标的依据。

(3) 预算定额是对设计方案进行经济技术比较、分析的依据。

(4) 预算定额是编制施工组织设计的依据。

(5) 预算定额是进行工程结算的依据。

(6) 预算定额是编制标底，进行投标报价的依据。

(7) 预算定额是施工企业进行经济分析的依据。

5.6.2 《公路工程预算定额》编制依据

(1) 合理的施工组织和一般正常的施工条件。

(2) 国家现行的公路工程施工技术及验收规范、质量评定标准及安全操作规程。

(3) 北京市 2007 年的人工、材料预算价格。

(4) 2007年交通部公布的《公路工程机械台班费用定额》。

(5) 其他有关技术资料、现场统计资料等。

5.6.3 《公路工程预算定额》的主要内容

《公路工程预算定额》由总说明、章说明、节说明、定额项目表（包括路基工程、路面工程、隧道工程、桥涵工程、防护工程、其他工程及沿线设施、临时工程、材料采集及加工、材料运输9章），及附录等组成。

1. 文字说明

(1) 总说明。总说明列在定额的最前面，是对预算定额的综合说明。其内容主要包括定额的作用、适用范围、编制依据及指导思想，各章节子项统一的规定，有关规定、施工技术条件以及其他共性的说明，定额所采用的标准、换算方法，定格中未包括项目和补充定额编制的规定等。

(2) 章说明。章说明列在每一章的前面。公路工程概算定额每章的前面均设置了章说明，是对该章定额各个分节的共性问题的说明，主要包括：本章包括内容，本章定额应用的统一规定，换算的规定等。

(3) 节说明。《公路工程预算定额》各章的节，均设置了"说明"，并列于每一节的前面。节说明包括本节各工程项目的统一规定，具体使用方法，换算的方法，工程量计算的方法和规则。节说明是计算工程量和定额套用的最具体方法说明，是应用定额最直接的根据。

2. 定额项目表

定额项目表是各章定额的主要内容，集中反映概算定额的人工、材料、机械台班的消耗量指标，是《公路工程预算定额》的核心。如预算定额中路拌法水泥、石灰稳定土基层的定额项目表见表5.4，泥结碎石路面见表5.5。

表5.4　　　　　　　　　　2-1-6 路拌法水泥、石灰稳定土基层

工程内容：(1) 清扫整理下承层；(2) 消解石灰；(3) 铺料、铺灰、洒水、拌和；(4) 整形、碾压、找补；(5) 初期养护。

1. 人工沿路拌和　　　　　　　　　　　　　　　　　单位：1000m²

顺序号	项目	单位	代号	人工摊铺 压实厚度8cm 面层	人工摊铺 压实厚度8cm 基层	人工摊铺 每增加1cm 面层	人工摊铺 每增加1cm 基层	机械摊铺 压实厚度8cm 面层	机械摊铺 压实厚度8cm 基层	机械摊铺 每增加1cm 面层	机械摊铺 每增加1cm 基层
				1	2	3	4	5	6	7	8
1	人工	工日	1	136.6	8.4	100.2	6.0	142.3	8.8	105.9	6.4
2	32.5级水泥	t	832	15.147	1.010	16.515	1.101	15.147	1.010	16.515	1.101
3	水	m³	866	38	2	41	2	38	2	41	2
4	生石灰	t	891	10.393	0.693	11.332	0.756	10.393	0.693	11.332	0.756
5	土	m³	895	195.29	13.02	62.72	4.18	195.29	13.02	62.72	4.18
6	砂	m³	897	—	—	124.34	8.29	—	—	124.34	8.29
7	6～8t光轮压路机	台班	1075	0.27		0.27		0.27		0.27	
8	12～15t光轮压路机	台班	1078	1.27		1.27		1.27		1.27	
9	基价	元	1999	14831	914	18735	1176	15112	934	19015	1196

表 5.5　　　　　　　　　　　　2-2-1 泥结碎石路面

工程内容：(1) 清扫整理下承层；(2) 铺料、整平；(3) 调浆、灌浆；(4) 撒铺嵌缝料、整形、洒水、碾压、找补。

单位：1000m²

顺序号	项目	单位	代号	人工摊铺				机械摊铺			
				压实厚度8cm		每增加1cm		压实厚度8cm		每增加1cm	
				面层	基层	面层	基层	面层	基层	面层	基层
				1	2	3	4	5	6	7	8
1	人工	工日	1	27.4	27.4	3.0	3.0	14.7	14.6	1.6	1.6
2	水	m³	866	21	21	3	3	—	—	—	—
3	黏土	m³	911	22.62	22.62	2.83	2.83	22.62	22.62	2.83	2.83
4	石屑	m³	961	8.83	8.83	1.10	1.10	8.83	8.83	1.10	1.10
5	路面用碎石 (1.5cm)	m³	965	8.88	8.88	1.11	—	8.88	—	1.11	—
6	路面用碎石 (3.5cm)	m³	967	80.28	80.28	10.03	1.11	80.28	8.88	10.03	1.11
7	路面用碎石 (6cm)	m³	969	—	—	—	10.03	—	80.28	—	10.03
8	120kW 以内自行式平地机	台班	1057	—	—	—	—	0.29	0.17	—	—
9	6～8t 光轮压路机	台班	1075	0.27	0.27	—	—	0.27	0.27	—	—
10	12～15t 光轮压路机	台班	1078	0.73	0.73	—	—	0.73	0.73	—	—
11	6000L 以内洒水汽车	台班	1405	—	—	—	—	0.46	0.46	0.06	0.06
12	基价	元	1999	8122	7301	948	845	7987	7052	908	806

(1) 定额项目表的组成。预算定额表的组成内容和 5.5.3 节概算定额表基本相同。

1) 表名：位于表最上方，指预算定额中工程项目的编号、名称，例如表 5.4 中，"2-2-1 泥结碎石路面"即为表名。

2) 工程内容：仅于表左上方，是指该项目的主要工作内容。

3) 定额单位：仅于表右上方，是指该工程项目的单位，如 1000m²，10m³ 等。

4) 顺序号：位于表左边第一列，是指该项目所需工料机等的先后顺序。

5) 项目：位于表左边第二列，是该项目工、料、机等的名称。

6) 单位：位于表左边第三列，是该项目工料机等对应的单位，如人工的单位"工日"等。

7) 代号：位于表左边第四列，是计算机对工料机等名称的识别代号。

8) 子目名：是该项目涉及的子目名称，在表的右上方。

9) 子目号（栏号）：指本项涉及的不同子目录的数字代码，如路拌法水泥、石灰稳定土基层压实厚度 8cm 基层的栏号为 2。

10) 工料机数量标准：列于定额表右面，是定额表的相应数据指标部分。

11) 其他材料费：该项目使用的未一一列入的小型材料费用。

12) 小型机具使用费：指该项目未列入机械台班费用定额的小型机械工具使用费。

13) 基价：指该项目涉及的工料机的定额基价，是用来计算其他费用的基数。

(2) 定额编号的表示方法。定额表号的表示方法有很多种，一般采用："页号-表号-栏号"或直接采用"表号-栏号"表示，其含义是"页号-章-节-表-栏"或"章-节-表-

栏"。

如表 5.5 中压实厚度 8cm 泥结碎石路面基层子目的定额编号为 129-2-2-1-2，或 2-2-1-2。定额编号 129-2-2-1-2 表示第 167 页表 2-2-1 的 2 栏，表 2-2-1 的含义为第 2 章第 2 节第 1 个表。

（3）定额指标的表现形式。公路工程预算定额和概算定额一样，也是消耗量定额，定额表中列出了单位合格产品的人工、材料、机械台班的消耗量。

为了便于进行价格比较，定额列出了"基价"，《公路工程概算定额》基价已经不再有计费基础的作用。

3. 附录

附录放在定额的最后面，作为定额使用和换算的依据。预算定额的附录包括 4 项：路面材料计算基础数据、基本定额、材料的周转及摊销，以及定额基价人工、材料单位重、损耗、单价表。

5.6.4 预算定额总说明概要

1. 定额的适用范围与定额概况

（1）《公路工程预算定额》是全国公路专业统一定额。它是编制施工图预算的依据；也是编制工程概算定额（指标）的基础。适用于公路基本建设新建、改建工程，不适用于独立核算执行产品出厂价格的构件厂生产的构配件。对于公路养护的大、中修工程，可参考使用。

（2）本定额是以人工、材料、机械台班消耗量表现的工程预定额。编制预算时，其人工费、材料费、机械使用费，应按《公路工程基本建设项目概算预算编制办法》（JTG/T B06—2007）的规定计算。

（3）本定额是按照合理的施工组织和一般正常的施工条件编制的。定额中所采用的施工方法和工程质量标准，是根据国家现行的公路工程施工技术及验收规范、质量评定标准及安全操作规程取定的，除定额中规定允许换算者外，均不得因具体工程的施工组织、操作方法和材料消耗与定额的规定不同而变更定额。

2. 定额消耗量制定的统一规定

（1）本定额除潜水工作每工日 6h，隧道工作每工日 7h 外，其余均按每工日 8h 计算。

（2）定额中的工程内容，均包括定额项目的全部施工过程。定额内除扼要说明施工的主要操作工序外，均包括准备与结束、场内操作范围内的水平与垂直运输、材料工地小搬运、辅助和零星用工、工具及机械小修、场地清理等工程内容。

（3）本定额中的材料消耗是按现行材料标准的合格料和标准规格料计算的。定额内材料、成品、半成品均已包括场内运输及操作损耗，编制预算时，不得另行增加。其场外运输损耗、仓库保管损耗以及由于材料供应规格和质量不符合定额规定而发生的加工损耗，应在材料预算价格内考虑。

（4）本定额中周转性的材料、模板、支撑、脚手杆、脚手板和挡土板等的数量，已考虑了材料的正常周转次数并计入定额内。其中就地浇筑钢筋混凝土梁用的支架及拱圈用的拱盔、支架，如确因施工安排达不到规定的周转次数时，可根据具体情况进行换算并按规定计算回收，其余工程一般不予抽换。

3. 定格的换算、调整的统一规定

(1) 定额中列有混凝土、砂浆的标号和用量,其材料用量已按《公路工程预算定额》附录中配合比表规定的数量列入定额,不得重算。如设计采用的混凝土、砂浆标号或水泥标号与定额所列标号不同时,可按配合比表进行换算。但实际施工配合比材料用量与定额配合比表用量不同时,除配合比表说明中允许换算者外,均不得调整。

(2) 概算定额中各类混凝土均未考虑外掺剂的费用,如设计需要添加外掺剂时,可按照设计另行计算外掺剂费用并适当调整定额中水泥用量。

(3) 定额中各类混凝土均按照施工现场拌和进行编制,当采用商品混凝土时,可将相关定额中水泥、砂浆、碎石的消耗量扣除,并按定额中所列的混凝土消耗量增加商品混凝土的消耗。

(4) 水泥混凝土、钢筋、模板工程的一般规定列在第4章说明中,该规定同样适用于其他各章。

(5) 本定额中各项目的施工机械种类、规格是按一般合理的施工组织确定的。如施工中实际采用机械的种类、规格与定额规定的不同时,一律不得换算。

(6) 本定额中的施工机械的台班消耗,已考虑了工地合理的停置、空转和必要的备用量等因素。编制预算的台班单价,应按《公路工程机械台班费用定额》(JTG/T B06—03—2007)分析计算。

(7) 定额中只列工程所需的主要材料用量和主要机械台班数量。对于次要、零星材料和小型施工机具均未一一列出,分别列入"其他材料费"及"小型机具使用费"内,以元表示,编制预算即按此计算。

4. 其他规定

指未包括的项目的规定、补充规定、其他说明,工料机代号的规定等内容,与5.4.4中《公路工程概算定额》的其他规定完全相同。

5.6.5 《公路工程预算定额》应用

《公路工程预算定额》的应用方法主要有直接套用法和复杂定额套用法(子目合并、调整系数、增减消耗量和配合比换算等),与概算定额应用方法基本相同,可参见5.5节。

要能充分正确的运用好定额,必须要熟悉并深刻地理解、掌握定额的规定,而且要充分地把握工程内容、施工艺方法等。通过反复使用定额,能够正确套用、灵活运用。以下例题反映了预算定额应用的典型方法。

【例5.7】 某路基工程,零填方地段3.5km,路槽宽度7.5m,路基加宽填筑部分需要清除松土。要求:(1)计算基底压实面积工程量;(2)确定清除宽填土方的定额。

解:根据《公路工程预算定额》的第一章第一节规定,零填及挖方地段基底压实面积等于路槽底宽乘以长度计算;路基加宽填筑部分需要清除松土,按照刷坡定额中普通土子目计算。

(1) 基底压实:$3500 \times 7.5 = 26250$ (m^2)。

(2) 清除宽填土方的定额。查定额表45-1-1-21-2刷坡检底,工作内容为挖土、装运土、挂线、整修边坡及底面,则每1000m^3清除宽填土方定额为:

人工:287.3(工日);

基价：14135（元）。

【例5.8】 某工程项目3cm细粒式沥青混凝土分项工程，采用拌和沥青混凝土AC-13（120t/h以内），运送10km，机械摊铺细粒式（100t/h以内），有下封层。试确定该项目的预算定额。

解：本工程细目包含有4个定额子目：拌和沥青混凝土AC-13（120t/h以内）、运输10km、机械摊铺细粒式（120t/h以内）、下封层。需要查预算定额，分别计算它们的定额数量。

(1) 拌和沥青混凝土AC-13（100t/h以内）每1000m³路面实体的定额值。查定额表号156-2-2-11-15得：

人工：47工日；

石油沥青：122.536t；

砂：471.22 m³；

矿粉：128.404t；

石屑：261.18m³；

路面用碎石：(1.5cm) 723.22 m³；

其他材料费：1287.5元；

设备摊销费：3464.1元；

2m³以内轮式装载机：7.00台班；

120t/h以内电动沥青搅拌和设备：3.73台班；

5t以内自卸汽车：3.88台班；

定额基价：634685元。

(2) 沥青混合料运输10km（采用8t以内自卸车）。查定额表号160-2-2-13-9+11×18，每1000m³路面实体的定额值：

8t以内自卸汽车：14.67+1.34×18=38.79（台班）；

定额基价：7136+652×18=18872（元）。

(3) 机械摊铺细粒式（120t/h以内）定额值。查定额表164-2-2-14-17，每1000m³路面实体的定额值：

人工：41.9工日；

6.8t光轮压路机：7.88台班；

12.15t光轮压路机：5.91台班；

6.0m以内沥青混合料摊铺机：4.00台班；

9.16t轮胎压路机：3.84台班；

定额基价：15213元。

(4) 下封层定额值按照每1000m²路面封层计算定额值，查定额表171-2-2-16-11得：

人工：5.5工日；

石油沥青：1.185t；

煤：0.23t；

石屑：8.16 m³；

其他材料费：27.7 元；

设备摊销费：14.7 元；

6.8t 光轮压路机：0.27 台班；

4000L 以内沥青洒布车：0.1 台班；

小型机具使用费：3.3 元；

定额基价：5519 元。

【例 5.9】 某桥梁工程盖梁，混凝土设计强度 C35，碎石最大粒径 40mm，钢模板，非泵送施工，试确定其预算定额的水泥、中砂、碎石的定额数量。

解：查公路工程预算定额表 480-4-6-4-2，项目表中混凝土强度为 C30，需要对混凝土配合比进行换算。

换算后的混凝土定额数量＝定额混凝土体积×设计配合比每 m³ 混凝土中原材料消耗量。

每 10m³ 混凝土 C35 实体的换算后的定额值计算如下：

首先将定额表中的水泥、中砂、碎石的消耗量全部减除，只保留原定额子目中 C30 混凝土 10.2m³ 的数量。

查《公路工程预算定额》附录的配合比表，每 1m³ C35 混凝土中，42.5 级水泥 372kg、中砂 0.46m³、4cm 碎石 0.83m³，因此得到换算后的定额数量如下：

42.5 级水泥：10.2×372＝3794.4（kg）；

中砂：10.2×0.46＝4.69（m³）；

4cm 碎石：10.2×0.83＝8.47（m³）；

原定额表中其他数量不变。

5.7 《公路工程机械台班费用定额》及其应用

5.7.1 《公路工程机械台班费用定额》的作用

《公路工程机械台班费用定额》(JTG/T B06—03—2007) 是由交通部 2007 年颁布施行的。《公路工程机械台班费用定额》是编制公路基本建设工程设计概算和施工图预算的依据，它在公路基本建设过程中具有很重要的作用。其作用主要表现为：

(1) 机械台班费用定额是计算机械台班单价的依据。

(2) 机械台班费用定额是计算台班消耗的人工、燃料等实物量的依据。

(3) 机械台班费用定额是编制施工组织设计，进行经济比较的依据。

5.7.2 《公路工程机械台班费用定额》的主要内容

1. 《公路工程机械台班费用定额》的内容组成

现行定额包括：土石方工程机械，路面工程机械，混凝土及灰浆机械，水平运输机械，起重及垂直运输机械，打桩、钻孔机械，泵类机械，金属、木、石料加工机械，动力机械，工程船舶，其他机械，共计 11 类 746 个子目。

5.7 《公路工程机械台班费用定额》及其应用

表 5.6 机械台班费用定额项目表

序号	代号	机械名称		生产能力(t/h) / 最大摊铺宽度(m) / 摊铺宽度	主机型号	不变费用 (元)				可变费用							定额基价 元
						折旧费	大修理费	经常修理费	安拆费及辅助设施费	小计	人工 工日	汽油	柴油 kg	重油 kg	煤	电 kW·h	水 m³	木柴 kg	养路费及车船使用税	
二、路面工程机械																				
145	1201	沥青混合料拌和设备		30 以内	LB.30	634.54	78.50	227.65	—	940.69	5	—	—	897.60	—	606.06	—	—	—	4033.30
146	1202			60 以内	LB800	959.22	118.67	344.14	—	1422.03	6	—	—	1795.20	—	1318.11	—	—	—	7468.75
147	1203			80 以内	LB1000	1277.17	158.00	458.20	—	1893.37	6	—	—	2393.60	—	1560.92	—	—	—	9749.16
148	1204			120 以内	LB1500	1918.44	237.33	688.26	—	2844.03	6	—	—	3590.40	—	1859.23	—	—	—	14214.93
149	1205			160 以内	LB2000	2856.11	353.33	1024.66	—	4234.10	6	—	—	4787.20	—	3052.46	—	—	—	19612.31
150	1206			240 以内	LB3000	4580.56	566.67	1643.34	—	6790.57	6	—	—	7180.80	—	4474.63	—	—	—	29653.06
151	1207			320 以内	H40000	6455.89	798.67	2316.14	—	9570.70	6	—	—	9574.40	—	5917.61	—	—	—	39928.91
152	1209	沥青混合料摊铺机	不带自动找平	3.6 以内	LTU4	106.70	43.12	84.95	—	234.77	—	—	27.43	—	—	—	—	—	—	467.58
153	1210			4.5 以内	LT.6A	167.06	67.51	132.99	—	367.56	—	—	32.00	—	—	—	—	—	—	622.76
154	1211		带自动找平	4.5 以内	2LTZ45	402.82	124.58	245.42	—	772.82	—	—	42.06	—	—	—	—	—	—	1126.51
155	1212			6.0 以内	S1500, S1502	679.00	210.00	413.70	—	1302.70	—	—	46.63	—	—	—	—	—	—	1678.79
156	1213			9.0 以内	S1700	829.89	256.67	505.64	—	1592.20	—	—	96.69	—	—	—	—	—	—	2213.58
157	1214			12.5 以内	S2000	1266.39	391.67	771.59	—	2429.65	—	—	136.41	—	—	—	—	—	—	3245.66
158	1216	稀浆封层机		摊铺宽度 2.5~3.5m	RF80 47kW	851.44	263.33	950.62	—	2065.39	2	—	—	—	—	—	—	—	—	—

2.《公路工程机械台班费用定额》项目表

《公路工程机械台班费用定额》项目表见表5.6。项目表的内容组成如下：

(1) 类别。位于定额表的最上方，指机械所属的类别，如"二、路面工程机械"。

(2) 序号。指定额的子目顺序号，也是机械台班费用定额的编号。

(3) 代号。位于定额表第二列，是计算机对机械名称和规格的识别代码。

(4) 机械名称与主机型号。说明采用机械的名称、类型规格、主机型号。

(5) 费用项目。按不变费用和可变费用的次序计列。不变费用由折旧费、大修理费、经常修理费、安装拆卸及辅助设施费构成，直接采用机械台班费用定额表中不变费用"小计"一栏数值。可变费用由人工费、动力燃料费、车船使用税构成。

(6) 定额基价。是不变费用和可变费用之和，仅供参考。

定额编号的方法：机械台班费用定额的表号的定额编号比较简单，可直接采用"页码-子目号"或"子目号"表示，如120t/h以内沥青混合拌和设备的定额编号为20-148等。

5.7.3 《公路工程机械台班费用定额》的费用组成与计算

1.《公路工程机械台班费用定额》的费用组成

机械台班费用定额由以下7项费用组成。

(1) 折旧费。指机械设备在规定的使用期限内陆续收回其原值的费用。

(2) 大修理费。指机械设备规定的大修理间隔台班必须进行大修理，以恢复其正常功能所需的费用。

(3) 经常修理费。指机械设备除在修理以外的各级保养（包括一、二、三级保养）及为排除临时故障所需的费用；为保障机械正常运转所需替换设备、随机使用工具、附具摊销和维护的费用；机械运转与日常保养所需的润滑油脂、擦拭材料（布及棉纱等）费用和机械在规定年工作台班以外的维护、保养费用等。

(4) 安装拆卸及辅助设施费。指机械在施工现场进行安装、拆卸所需的人工费、材料费、机械费、试运转费以及安装所需的辅助设施费。辅助设施费包括安置机械的基础、底座及固定锚桩等费用。

(5) 人工费。指随机操作人员的工作日工资（包括基本工资、各类津贴、补贴、辅助工资、劳动保护费以及各类保险和住房公积金等）。

(6) 动力燃料费。指机械在运转施工作业中所耗用的电力、固体燃料（煤、木柴）、液体燃料（汽油、柴油、重油）和水等。

(7) 车船使用税。指按国家规定应缴纳的车船使用税等（我国养路费现已取消）。

2.《公路工程机械台班费用定额》的费用计算有关规定

(1) 定额中各类机械（除机械设备、变压器和配电设备外）每台（艘）班均按8h计算，潜水设备每台班按6h计算，变压器和配电设备每昼夜按一个台班计算。

(2) "1"中第(1)~(4)项费用（折旧费、大修理费、经常修理费、安装拆卸及辅助设施费）为不变费用，编制机械台班单价时，除青海、新疆、西藏等边远地区外，应直接采用。边远地区因维修工资、配件材料等价差较大而需调整不变费用时，可根据具体情况，由省、自治区、直辖市交通厅制定系数并报交通部公路司备案后执行。

(3) "1"中第(5)~(7)项费用(人工费、动力燃料费、车船使用税)为可变费用,编制机械台班单价时,随机操作人员数量及动力物资消耗量应以本定额中的数值为准。工资标准按《公路工程基本建设项目概算预算编制办法》(JTG B06—2007)的规定执行,工程船舶和潜水设备的工日单价,按当地有关部门规定计算。动力燃料费按当地的动力物资的工地预算价格计算。

如需缴纳车船使用税时,应按各省、自治区、直辖市及国务院有关部门规定的标准,按机械的年工作台班计入台班费中,机械的年工作台班参见表5.7。

表5.7 机械年工作台班

机械项目	沥青洒布车、汽车式画线车	平板拖车组	液态沥青运输车、散装水泥运输车、混凝土搅拌运输车、混凝土输送泵车、自卸汽车、运油汽车、加油汽车、洒水汽车、拖拉机、汽车式起重机、轮胎式起重机、汽车式钻孔机、内燃拖轮、起重船	载货汽车、机动翻斗车	工程驳船、抛锚船、机动艇、泥浆船
年工作台班	150	160	200	220	230

(4)机械自管理部门至工地或自某一工地至另一工地的运杂费,不包括在本定额中。

(5)加油及油料过滤的损耗和由变电设备至机械之间的辅电费路电力损失,均已包括在本额中。

(6)定额中凡注明"××以内"者,均含"××"数本身。定额子目步距起点均由前项开始,"30以内"、"60以内"、"80以内"等,其中"60以内"指"30以外至60以内","80以内"指"60以外至80以内"。

(7)定额的计算单位均执行国家颁布的"中华人民共和国法定计量单位"。

(8)定额中的基价是不变费用和可变费用的合计数,仅供参考比较之用,不作为编制公路工程基本建设项目概算、预算的依据。不变费用是按定额规定编制的,可变费用中的人工费、动力燃料费按表5.8的预算价格计算。

表5.8 可变费用预算价格

项 目	工资(工日)	汽油(kg)	柴油(kg)	重油(kg)	煤(kg)	电(kW·h)	水(m^3)	木柴(kg)
预算价格(元)	49.20	5.20	4.90	2.80	0.265	0.55	0.50	0.49

(9)定额按照公路工程中常用的施工机械的规格编制,规格与之相同或相似的,均应直接采用。定额中未包括的机械项目,各省、自治区、直辖市交通厅(局、委)可根据本定额的编制原则和方法编制补充定额,并报交通部公路司备案。

5.7.4 《公路工程机械台班费用定额》的应用

《公路工程机械台班费用定额》是公路工程概算定额和预算定额的配套定额,主要目的是计算出施工机械台班费单价。运用定额时应按照机械的种类、规格型号，根据机械台班费用定额计算的规定，正确套用定额子目进行机械台班费用单价计算。

【例 5.10】 某山西境内公路工程，试确定 120 t/h 以内沥青混合拌和设备的机械台班费用定额。

解：查《公路工程机械台班费用定额》路面机械 20－148 计算如下：

(1) 不变费用。按照定额规定直接采用：

折旧费：1918.44 元；

大修理费：237.33 元；

经常修理费：688.26 元；

安装拆卸及辅助设施费：0；

不变费用小计：2844.03 元。

(2) 可变费用。按照定额说明中的规定，人工、动力燃料消耗量按照定额规定值计算；人工工资标准、材料单价按照《公路工程基本建设项目概算预算编制办法》规定计算；如需缴纳车船使用税时，应按各省、自治区、直辖市及国务院有关部门规定的标准，按机械的年工作台班计入台班费中。

人工：6 工日；

重油：3590.40kg；

电：1859.23kW·h；

车船使用税：按有关规定计算。

(3) 定额基价。定额基价为按照公路工程机械台班费用定额规定计算出的不变费用与可变费用之和，仅起到参考作用，不作为编制概预算的机械台办费单价。

本子目的定额基价为：14214.93 元。

思 考 题

1. 什么是定额的水平？定额有哪些特点和作用？
2. 简述定额如何分类。
3. 简述人工定额、机械定额工作时间的测定方法。
4. 简述人工、材料、机械台班施工定额制定的基本方法。
5. 简述《公路工程施工定额》的作用、编制依据和主要内容。
6. 什么是《公路工程概算定额》？简述《公路工程概算定额》的作用和主要内容组成。
7. 什么是《公路工程预算定额》？简述《公路工程预算定额》的作用和主要内容组成。
8. 《公路工程预算定额》中有哪些调整换算的统一规定？简述《公路工程概预算定额》有哪些应用方法？
9. 简述《公路工程机械台班费用定额》的作用和内容组成。

实 训 题

1. 试确定 1.0m³ 普通土挖掘机挖装土方的施工定额（用复式定额表示）。

2. 自卸汽车 8t，运输稳定土混合料，运距 5km，试确定其施工定额。

3. 某公路路基，海拔 2500m，山岭重丘地形，控制爆破土方，坚石，推土机清运，运距 70m，试确定其概算定额。

4. 某一级公路路基工程，需要填土压实 15000m³，填筑材料为松土。现场无利用方，路基占地及取土坑均为耕地。采用 1m³ 以内斗容单斗挖掘机挖装土方，平均挖深 1.8m。试确定挖掘机挖装借方作业所需概算定额消耗量及基价。

5. 某一级公路二灰碎石基层，采用场拌法法施工，设计厚度为 16cm，设计配合比为石灰：粉煤灰：碎石＝5：10：85，试确定石灰、粉煤灰、碎石的概算定额数量。

6. 某工程项目 4.0cm 中粒式沥青混凝土分项工程，采用拌和沥青混凝土 AC—16（120t/h 以内），运输 8km，机械摊铺中粒式（120t/h 以内），石油沥青下封层。试确定该项目的预算定额。

7. 某桥梁工程耳背墙，混凝土设计强度 C35，钢模板，非泵送施工，试确定其预算定额的水泥、中砂、碎石的预算定额。

8. 某桥主桥灌注桩采用回旋钻机钻孔，桩径 140cm，孔深 40m，砂土，干处理设钢护筒，灌注桩混凝土起重机配吊斗施工，试确定钻孔、钢护筒、混凝土浇筑的预算定额值。

9. 某陕西境内公路工程，试确定最大摊铺宽度 6.0m 以内沥青混合摊铺机的机械台班费用定额。

10. 试确定单斗履带式挖掘机（斗容量 1.25m³）的机械台班费用定额和台班基价。

第6章 公路工程概、预算文件编制与工程量计算

6.1 概 述

6.1.1 公路工程概、预算的概念与分类

1. 公路工程概、预算的概念

公路工程工程概、预算是指在公路工程建设过程中,根据不同设计阶段的设计文件包含的分部分项工程量和有关定额、指标及取费标准,预先计算和确定建设项目的全部工程费用的技术经济文件。

公路工程概算、预算是两个不同的概念,发生在不同的设计阶段,同属公路工程的价格测算体系。

2. 公路工程概、预算的分类

根据概、预算文件编制以及管理方法,概、预算可按照建设内容、设计阶段和建设项目组成来划分。

(1) 按照建设内容划分。

1) 公路基本建设工程概、预算。

2) 公路大、中修工程概、预算。

3) 公路小修保养工程概、预算。

(2) 按照设计阶段划分。

1) 初步设计阶段编制设计概算。

2) 技术设计阶段编制修正概算。

3) 施工图设计阶段编制施工图预算。

(3) 按照建设项目组成划分。

1) 单位工程概、预算。

2) 单项工程综合概、预算。

3) 建设项目总概、预算。

6.1.2 公路工程概、预算作用

工程概、预算是决定工程结构物设计价值的综合文件,是基本建设管理工作中的重要环节。它既是衡量完成国家计划的依据,又是正确组织施工的前提。概、预算文件编制的质量好坏,对国家基本建设资金使用是否正确合理有密切的关系。

设计造价是衡量工程设计在技术上是否先进合理的标准之一。从设计到施工直至投入使用,都离不开工程概、预算。工程概、预算是设计文件的组成部分,又是工程管理不可

缺少的内容和依据。公路工程概预算作用主要有以下几个方面：

(1) 工程概预算是编制基本建设计划，确定和控制基本建设投资额的依据。

(2) 工程概、预算是衡量设计方案经济合理性和选择最佳设计方案的依据。

(3) 工程概、预算是实行基本建设招投标，签订工程合同，办理工程拨款、贷款和结算的依据。

(4) 工程概、预算是施工企业加强经营管理，搞好经济核算的基础。

(5) 工程概预算是分析工程成本和统计工程进度的重要指标。

由于设计概算和施工图预算编制的时间阶段、依据和要求不同，其作用也不同，主要表现在：设计概算在确定的控制建设项目投资总额等方面的作用最为突出；施工图预算在最终确定和控制单项工程或单位工程的预期价格、加强施工企业经济管理等方面的作用最显著。

6.1.3 公路工程的投资额测算体系

为了对公路基本建设工程进行全面而有效的经济管理，在项目建设的各阶段都必须编制有关的经济文件，这些不同经济文件的投资额则要根据其主要内容要求，通过不同测算工作来完成。按公路工程的建设程序，投资额可分为如下几种。

1. 投资估算

投资估算是指在规划阶段、项目建议书阶段、可行性研究阶段，建设单位向国家申请拟定项目或国家对拟定项目进行决策时，按照国家和主管部门规定的编制方法，依据估算指标、各项取费标准，现行的人工、材料、设备价格，以及工程具体条件编制的技术经济文件。

投资估算是项目建议书和可行性研究报告的重要组成部分，是建设项目经济评价中支出费用的关键部分，应满足预可行性研究和工程可行性研究的深度要求。

(1) 投资估算的作用。由于投资决策过程可进一步划分为规划阶段、项目建议书阶段、可行性研究阶段、编制设计任务书4个阶段，所以投资估算工作也相应分为4个阶段。不同阶段投资估算的准确程度不同，所起的作用也不同。总之，投资估算是前期各个阶段工作中论证拟建项目是否经济合理的重要文件。

投资估算的作用主要有以下几点：

1) 投资估算是国家决定拟建项目是否继续进行研究的依据。

2) 投资估算是国家审批项目建议书的依据。

3) 投资估算是国家批准设计任务书的重要依据。

4) 投资估算是国家编制中长期规划，保持合理比例和投资结构的重要依据。

(2) 投资估算的类型。根据投资估算的作用不同，其内容的深浅程度也不尽相同。它可分为两类：

1) 项目建议书投资估算。

2) 工程可行性研究投资估算。

2. 概算

概算包括设计概算和修正设计概算。它是指在初步设计或技术设计阶段，由设计单位根据设计图纸、概算定额、各类费用定额、建设地区的自然条件和技术经济条件等资料，预先计算和确定建设项目从筹建至竣工验收的全部建设费用的经济文件。设计概算或修正设计概算是初步设计文件或技术设计文件的重要组成部分。

设计概算应控制在批准的建设项目可行性研究报告投资估算允许幅度范围内。设计单位应按不同的设计阶段编制设计概算和修正概算。

对于某些大型工程或特殊工程当采用三阶段设计。在技术设计阶段随着设计内容的深化，可能出现建设规模、结构造型、设备类型和数量等内容与初步设计相比有所变化的情况，设计单位应对投资额进行具体核算。对初步设计总概算进行修改，即编制修正设计概算，作为技术文件的组成部分。

概算的作用主要有以下几点：

（1）概算经批准后是基本建设项目投资最高限额。建设项目总概算一经批准，在其随后的其他阶段是不能随意突破的。

（2）概算是编制建设项目计划、签订建设项目总包合同、实行建设项目包干、控制预算、考核设计经济合理性和建设成本的依据。

（3）概算是国家确定和控制公路基本建设投资总额，选择最佳设计方案的依据。

（4）对于按照批准的初步设计进行施工招标的工程，其设计概算是控制标底的最高限额。

（5）概算是控制施工图设计和施工图预算的依据。

3．施工图预算

施工图预算是施工图设计文件的重要组成部分，是指在施工图设计阶段，设计单位根据施工图设计文件、施工组织设计、国家颁布的预算定额及有关费用标准、工程量计算规则、基础单价、国家及地方有关规定等，编制的反映单位工程或单项工程建设费用的经济文件。

施工图预算又称设计预算，应在已批准的设计概算控制下进行编制，并与施工单位编制的施工预算相区别。公路基本建设工程不论采用几个阶段设计，设计单位在施工图设计阶段均应编制施工图预算，并且在开工前编制并报请批准。

施工图预算按单位工程预算、单项工程预算和建设项目总预算分三级编制。单位工程预算是根据施工图设计文件、现行预算定额、费用标准以及人工、材料、机械台班等预算价格资料，以一定方法编制单位工程的施工图预算，然后汇总所有各单位工程施工图预算，成为单项工程施工图预算，再汇总所有各单项工程施工图预算，便是一个建设项目建筑安装工程的总预算。

施工图预算的作用主要有以下几点：

（1）施工图预算是设计阶段控制工程造价的主要指标。

（2）施工图预算经审定后，是确定工程造价、编制或调整固定资产投资计划和考核工程成本的依据。

（3）以施工图设计进行施工招标的工程，经审定后的施工图预算是编制工程标底或造价控制值的依据，也是施工企业投标报价的基础。

（4）对不宜实行招标而采用施工图预算加调整价结算的工程，经审定后的施工图预算可作为确定合同价款的基础或作为审查施工企业提出的施工预算的依据。

(5) 施工图预算是考核施工图设计经济合理性的依据。施工图设计应控制在批准的初步设计及其概算范围之内。如单位工程预算突破相应概算时应分析原因,对施工图设计中不合理部分进行修改,对其合理部分应在总概算投资范围内调整解决。

4. 施工预算

施工预算是指在施工图预算的控制下,施工单位在施工阶段根据施工图计算的分项工程量、施工定额、施工组织设计或分部分项工程施工过程的设计及其他有关技术资料,通过工料分析,计算和确定完成一个工程项目或一个单位工程或其中的分部分项工程所需的人工、材料、机械台班消耗量和直接费用标准,是建筑安装产品及企业基层成本的计划文件。

施工预算的作用主要有以下几点:

(1) 施工预算是施工单位进行成本控制与成本核算的依据。

(2) 施工预算是编制施工作业计划的依据。施工作业计划是施工企业计划管理的中心环节,也是计划管理的基础和具体化。

(3) 施工预算是施工单位向施工班组签发施工任务单和限额领料的依据。

(4) 施工预算是计算超额奖和计算计件工资、实行按劳分配的依据。施工预算将工人的劳动成果与劳动报酬联系起来,很好地体现了多劳多得的按劳分配原则。

(5) 施工预算是施工企业进行经济活动分析的依据。进行经济活动分析是企业加强经营管理,提高经济效益的有效手段。

5. 标底

标底是招标工程的预期价格,是由业主委托具有相应资质的设计单位或工程造价咨询单位,根据招标文件和图纸,按有关规定,结合工程的具体情况,计算出的合理工程价格。主要是反映社会平均合理的价格水平。

标底编制一方面应遵守国家的有关规定和要求,另一方面应力求准确。标底一般以设计概算和施工图预算为基础编制,以其中的建筑安装工程费为主,且不准超过批准的概算或施工图预算。标底应在编制完成后报送招标投标管理部门审定。

在我国公路建筑市场环境下,标底在招投标活动中的作用已经大为弱化,招标工程可以不设标底,也可设置参考标底。

标底的作用主要有以下几点:

(1) 招标单位在一定浮动范围内合理控制工程造价,明确自己在发包工程上应承担的财务义务。

(2) 标底也是投资单位考核发包工程造价的主要尺度。

(3) 标底是评标的一个参考依据,也是衡量投标人报价水平高低的参考指标。

6. 报价

报价即投标报价,是施工企业(或厂家)根据招标文件及有关定额(有时往往是投标单位根据自身的施工经验与管理水平所制定的企业定额),并根据招标项目所在地区的自然、社会和经济条件及施工组织方案、投标单位的自身条件,计算完成招标工程所需各项费用的经济文件。报价是投标文件最重要的组成部分,是投标工作的关键和核心,中标的报价是基本建设产品的成交价格。

报价的作用主要有以下几个方面:

(1) 报价可以反映市场价格，体现了企业的经营管理、技术和装备水平。

(2) 报价是决定能否中标的主要依据。报价过高，中标率就会降低；报价过低，尽管中标率增大，但可能无利可图，甚至承担工程亏本的风险。因此，能否准确计算和合理确定工程报价是施工企业在投标竞争中能否获胜的前提条件。

(3) 中标单位的报价将直接成为工程承包合同价的主要基础，并对将来的施工过程起着严格的制约作用。承包单位和业主均不能随意更改报价。

7．工程结算

工程项目的建设是一个复杂的过程，涉及的单位都是一些相对独立的经济实体，有着各自的经济利益，在项目建设过程中承担着不同的工程任务。因此，无论公路工程项目采用何种方式进行建设，在建设过程中各经济实体之间必然会发生货币收支行为。

在项目建设过程中由于器材采购、劳务供应、施工单位已完工程点的移交和可行性研究、设计任务的完成等经济活动而引起的货币收支行为，就是项目结算。

(1) 工程结算的意义与作用。正确而及时地组织项目结算，全面做好项目结算的各项工作，对于加速资金周转，加强经济核算，促进建设任务的完成，保证项目建设的顺利进行以及加强对项目建设过程的财政信用监督等方面都有着十分重要的意义。

项目的结算过程实际上也是组织基本建设活动，实行基本建设拨、贷款的投资过程，也是及时掌握项目投资活动中的动态及其变化情况的过程。工程结算是国家组织基本建设经济活动，及时掌握经济活动信息，实现固定资产再生产任务的重要手段。同时，结算可以协助建设单位有计划地组织一切货币收支活动，使各企业、各单位的劳动耗能及时得到补偿。

(2) 工程结算的类型。

1) 货物结算：指建设单位同其他经济单位之间，由于物资的采购和转移而发生的结算。

2) 劳务供应结算：指建设单位同其他单位之间，由于互相提供劳务而发生的结算。

3) 工程费用结算：指建设单位同施工单位之间，由于拨付各种预付款和支付已完工程等费用而发生的结算。

4) 其他货币资金的结算。指基本建设各部门、各企业和各单位之间由于资金往来以及他们同建设银行之间，因存款、贷款业务而发生的结算。

工程费用结算习惯上又称为工程价款结算，是项目结算中最重要和最关键的部分，是项目结算的主体内容，占整个项目结算额的75%～80%。

目前，由于各地区施工单位流动资金供应方式的差别和具体工程项目的不同，工程价款的结算方法有多种形式。公路建设项目的结算详见第9章有关内容。

8．竣工决算

竣工决算是指在建设项目完工后竣工验收阶段，由建设单位编制的建设项目从筹建到建成投产或使用的全部实际成本的技术经济文件。它是公路建设投资管理的重要环节，是公路工程竣工验收、交付使用的重要依据，是进行公路建设项目财务总结，也是银行对公路建设项目实行监督的必要手段。

竣工决算由文字说明和竣工决算报表两部分组成。

文字说明主要包括：工程概况，设计概算和基本建设规划执行情况，各项技术经济指标完成情况，各项拨款（或贷款）使用情况，建设成本和投资效果的分析以及建设过程中

6.1 概 述

的主要经验,存在的问题和解决意见等。

竣工决算报表包括:竣工决算审批表,工程概况专用表和财务通用表等,详见本书第9.3节阐述。

应当注意,施工单位往往也根据工程结算结果编制单位工程竣工成本决算,核算单位工程的预算成本、实际成本和成本降低额。

投资活动的进展顺序及相关工作内容和投资额测算的相互关系如图6.1所示。投资估算、概算、施工图预算、施工预算、标底、报价和工程结算以及竣工决算都是以价值形态贯穿整个投资过程之中。从申请建设项目,确定和控制基本建设投资额,进行基建经济管理和施工单位进行经济核算,到最后以决算形成企(事)业单位的固定资产,构成了一个有机的整体,缺一不可。因此,它们不仅贯穿整个基本建设投资活动中,也是连接参与项目建设活动各经济实体的纽带。

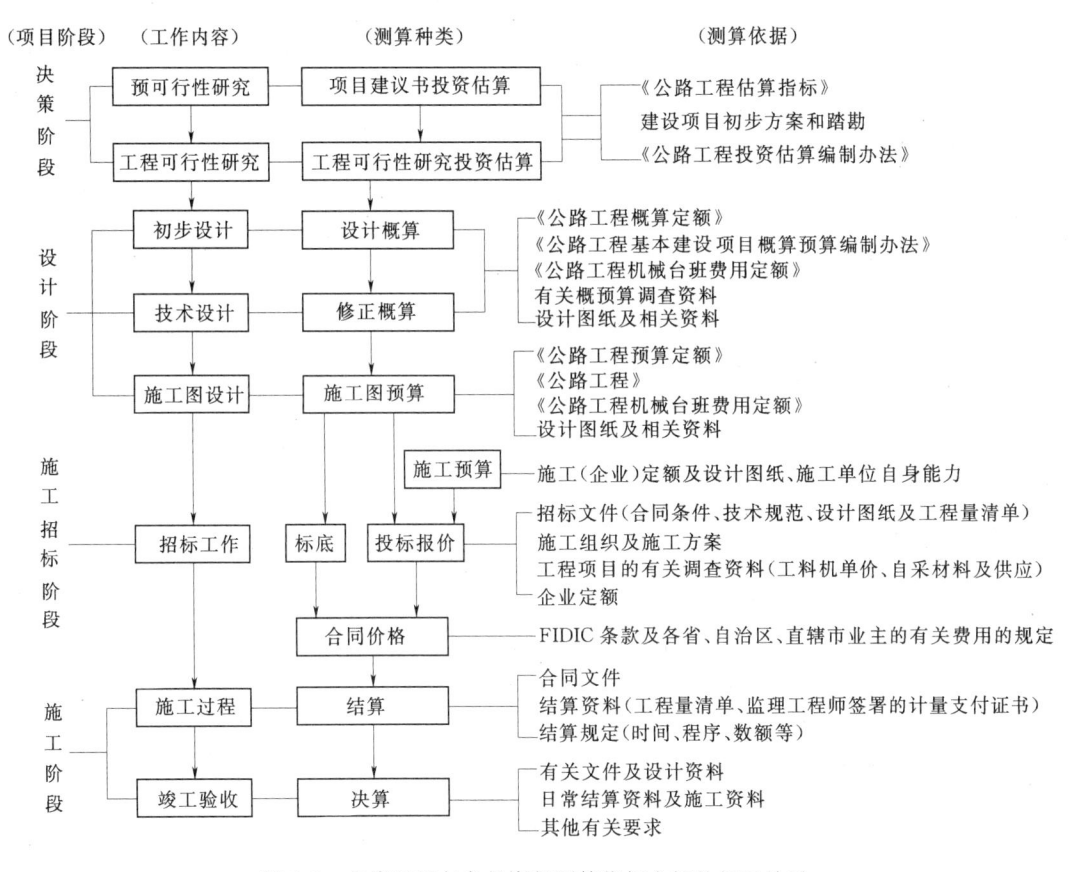

图6.1 投资进程与各投资额测算指标之间的相互关系

一般而言,预算不能超过概算,概算则不能超出估算所允许的幅度范围;结算不能突破合同价的允许范围,合同价不能偏离报价与标底太多。总之,各种测算环环相扣,紧密联系,共同对投资额进行有效控制。

6.1.4 我国公路工程概、预算费用的组成

根据交通部2007年10月19日发布的《公路工程基本建设项目概算预算编制办法》

(JTG B06—2007)(以下简称《编制办法》)的规定,公路工程概、预算总费用由建筑安装工程费,设备、工具、器具及家具购置费,工程建设其他费用,预备费共四大部分费用组成,如图6.2所示。公路工程概、预算总费用亦称概、预算总金额,减去回收金额后即为公路工程基本建设项目基本造价。

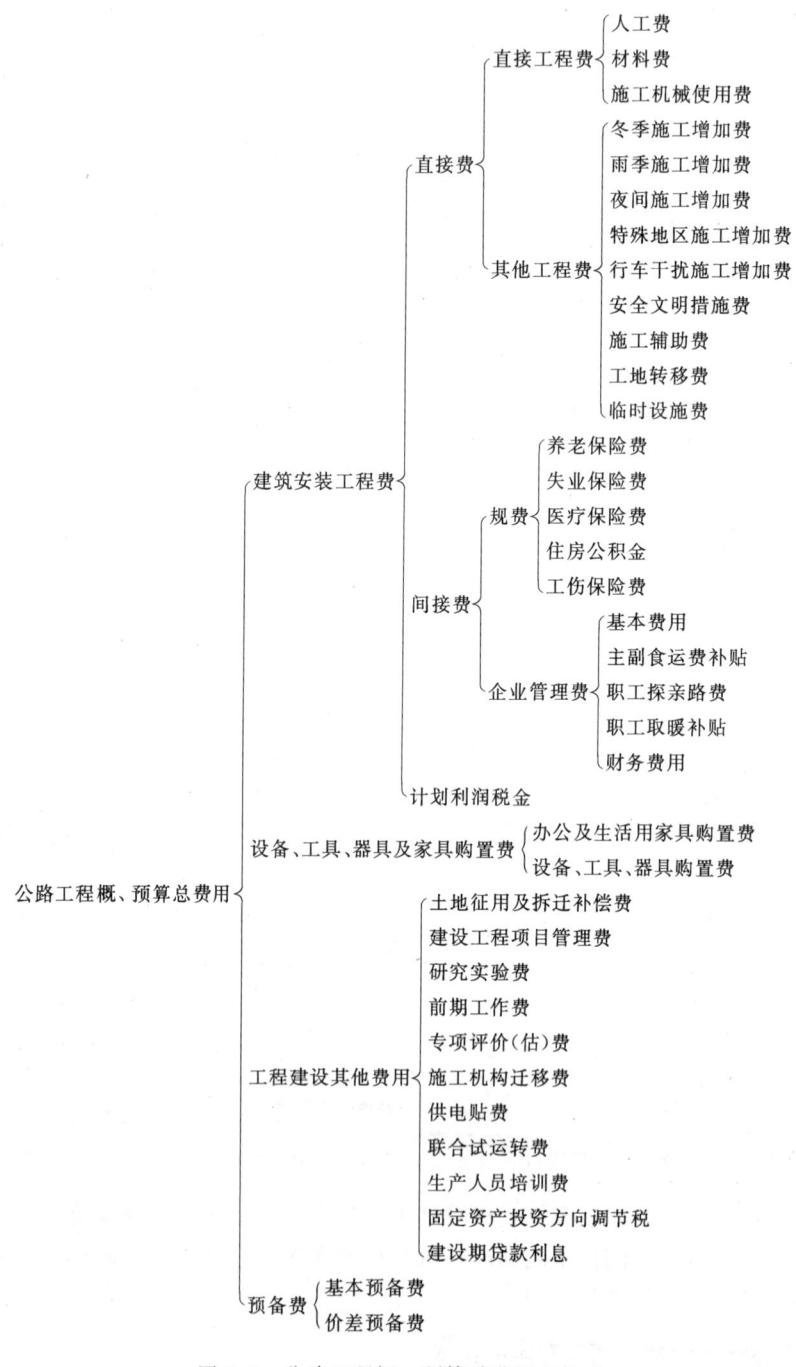

- 公路工程概、预算总费用
  - 建筑安装工程费
    - 直接费
      - 直接工程费
        - 人工费
        - 材料费
        - 施工机械使用费
      - 其他工程费
        - 冬季施工增加费
        - 雨季施工增加费
        - 夜间施工增加费
        - 特殊地区施工增加费
        - 行车干扰施工增加费
        - 安全文明措施费
        - 施工辅助费
        - 工地转移费
        - 临时设施费
    - 间接费
      - 规费
        - 养老保险费
        - 失业保险费
        - 医疗保险费
        - 住房公积金
        - 工伤保险费
      - 企业管理费
        - 基本费用
        - 主副食运费补贴
        - 职工探亲路费
        - 职工取暖补贴
        - 财务费用
    - 计划利润税金
  - 设备、工具、器具及家具购置费
    - 办公及生活用家具购置费
    - 设备、工具、器具购置费
  - 工程建设其他费用
    - 土地征用及拆迁补偿费
    - 建设工程项目管理费
    - 研究实验费
    - 前期工作费
    - 专项评价(估)费
    - 施工机构迁移费
    - 供电贴费
    - 联合试运转费
    - 生产人员培训费
    - 固定资产投资方向调节税
    - 建设期贷款利息
  - 预备费
    - 基本预备费
    - 价差预备费

图6.2 公路工程概、预算总费用的构成

6.2 公路工程概、预算文件组成

按照《编制办法》，概、预算文件由封面及目录，概、预算编制说明及全部概、预算计算表格组成。

6.2.1 封面及目录

概、预算文件的封面和扉页应按《编制办法》中的规定制作，扉页的次页应有建设项目名称，编制单位，编制、复核人员姓名并加盖执业（从业）资格印章，编制日期及第几册共几册等内容。目录应按概、预算表的表号顺序编排。

6.2.2 概、预算编制说明

概、预算编制完成后，应写出编制说明，文字力求简明扼要。应叙述的内容一般有：

（1）建设项目设计资料的依据及有关文号，如建设项目可行性研究报告批准文件号、初步设计和概算批准文号（编修正概算及预算时），以及根据何时的测设资料及比选方案进行编制的等。

（2）采用的定额、费用标准，人工、材料、机械台班单价的依据或来源，补充定额及编制依据的详细说明。

（3）与概、预算有关的委托书、协议书、会议纪要的主要内容（或将抄件附后）。

（4）总概、预算金额，人工、钢材、水泥、木料、沥青的总需要量情况，各设计方案的经济比较，以及编制中存在的问题。

（5）其他与概、预算有关但不能在表格中反映的事项。

6.2.3 概、预算表格计算顺序和填表方法

1. 概、预算表格计算顺序和相互关系

概、预算文件的主要内容和组成部分是概、预算表格，它实际上是由一套规定的表格组成，并且公路工程概、预算应按统一的概、预算表格计算。概、预算表格是一个有机的整体，它们互相联系，共同反映出工程的费用。概、预算的材料和机械台班单价及各项费用的计算都应通过规定的表格反映。各种表格的计算顺序及相互关系如图6.3所示。

概、预算表格应按一个建设项目进行编制。当一个建设项目需要若干个单项工程编制时，应根据需要分别编制，但必须汇总编制"总概（预）算汇总表"。

2. 概、预算表格的填表方法及说明

公路工程概、预算应按统一的概、预算表格计算，其中概、预算相同的表式，在印制表格时，应将概算表与预算表分别印制。

（1）总概（预）算汇总表。总概（预）算汇总表的表格样式见表6.1，规定的统一编号01-1表。

填表说明：

1）一个建设项目分若干单项工程编制概（预）算时，应通过本表汇总全部建设项目

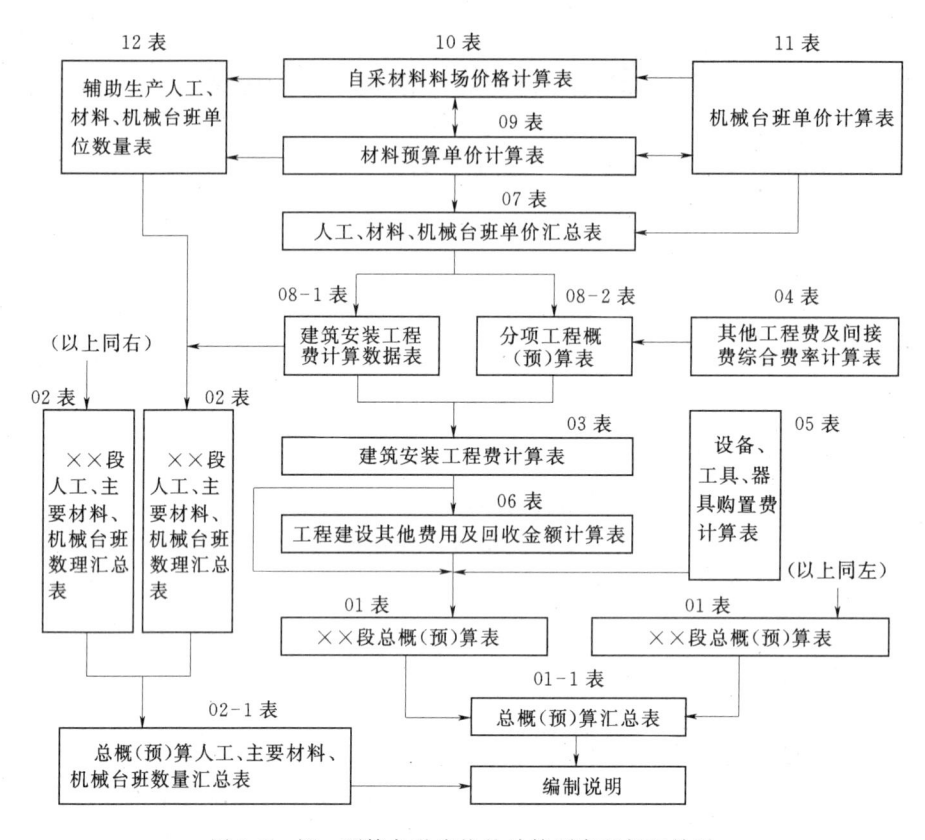

图 6.3 概、预算各种表格的计算顺序和相互关系

的概（预）算金额。

2) 本表反映一个建设项目的各项费用组成，概、预算总值和技术经济指标。

表 6.1　　　　　　　　　　　　　总概（预）算汇总表

建设项目名称：
编制范围：　　　　　　　　　　　　　　　　　　　　　　　第　页　共　页　01-1 表

项次	工程或费用名称	单位	总数量	概预算金额（元）		技术经济指标	各项费用比例（%）	备注
					合计			

编制：　　　　　　　　　　　　　　　　　　　　　　　　　　　　　　　复核：

3) 本表中"项次"、"工程或费用名称"、"单位"、"总数量"、"概、预算金额"应由各单项或单位工程总概（预）算表（01 表）转来，"目"、"节"可视需要增减，"项"应保留。

4) "技术经济指标"以各项概（预）算金额汇总合计除以相应总数量计算，"各项费用比例"以汇总的各项目概（预）算金额合计除以总概、预算金额合计计算。

(2) 总概（预）算人工、主要材料、机械台班数量汇总表。总概（预）算人工、主要

6.2 公路工程概、预算文件组成

材料、机械台班数量汇总表的表格样式见表 6.2，即 02-1 表。

表 6.2 总概（预）算人工、主要材料、机械台班数量汇总表

建设项目名称：
编制范围：　　　　　　　　　　　　　　　　　　　　　　第 页 共 页 02-1 表

序号	规格名称	单位	总数量	编 制 范 围					

编制：　　　　　　　　　　　　　　　　　　　　　　　　　　　复核：

填表说明：

1）一个建设项目分若干单项工程编制概（预）算时，应通过本表汇总全部建设项目的人工、主要材料、机械台班的数量。

2）本表各栏数据均由各单项或单位工程中的概（预）算人工、主要材料、机械台班数量汇总表（02 表）转来。

3）"编制范围"指单项工程或单位工程。

（3）总概（预）算表。总概（预）算表的表格样式见表 6.3，即 01 表。

表 6.3　　　　　　　　　　　　　总概（预）算表

建设项目名称：
编制范围：　　　　　　　　　　　　　　　　　　　　　　第 页 共 页 01 表

项	目	节	细目	工程或费用名称	单位	数量	概预算金额（元）	技术经济指标	各项费用比例（%）	备注
1	2	3	4	5	6	7	8	9	10	11

编制：　　　　　　　　　　　　　　　　　　　　　　　　　　　复核：

填表说明：

1）本表反映一个单项或单位工程的各项费用组成、概（预）算金额、技术经济指标等。

2）本表的 1、2、3、4、5、6 栏严格按概（预）算项目表的序列及内容填写，2，3，4 栏可视需要增减，但 1 栏应保留。

3）7、8 栏来自于 03 表、05 表、06 表。

4）9、10 栏计算同 01-1 表。

（4）人工、主要材料、机械台班数量汇总表。人工、主要材料、机械台班数量汇总表的表格样式见表 6.4，即 02 表。

第6章 公路工程概、预算文件编制与工程量计算

表 6.4 　　　　　　　　人工、主要材料、机械台班数量汇总表
建设项目名称：
编 制 范 围：　　　　　　　　　　　　　　　　　　　　　　　　　第 页 共 页 02 表

序号	规格名称	单位	总数量	分项统计						场外运输损耗		
									合计	%	数量	

编制：　　　　　　　　　　　　　　　　　　　　　　　　　　　　　　　　复核：

填表说明：

1) 本表各栏数据由 08 表、12 表经分析计算后统计而来。

2) 冬、雨季及夜间施工增工及临时设施用工应根据有关规定计算后列入本表有关项目中，详见附录三。

（5）建筑安装工程费计算表。建筑安装工程费计算表的表格样式见表 6.5，即 03 表。

表 6.5 　　　　　　　　　　建筑安装工程费计算表
建设项目名称：
编 制 范 围：　　　　　　　　　　　　　　　　　　　　　　　　　第 页 共 页 03 表

序号	工程名称	单位	工程数量	直接费（元）				其他工程费	合计	间接费（元）	利润（元）费率（%）	税金（元）综合税率（%）	建筑安装费	
				直接工程费									合计（元）	单价（元）
				人工费	材料费	机械使用费	合计							
1	2	3	4	5	6	7	8	9	10	11	12	13	14	15

编制：　　　　　　　　　　　　　　　　　　　　　　　　　　　　　　　　复核：

填表说明：

1) 本表各栏数据之间的关系：5，6，7 栏均由 08-2 表经计算转来。

2) 8 栏＝5 栏＋6 栏＋7 栏；9 栏＝8 栏×9 栏的费率；10 栏＝8 栏＋9 栏；11 栏＝5 栏×规费综合费率＋10 栏×企业管理费综合费率；12 栏＝(10 栏＋11 栏－规费)×12 栏的费率；13 栏＝(10 栏＋11 栏＋12 栏)×综合税率；14 栏＝10 栏＋11 栏＋12 栏＋13 栏；15 栏＝14 栏÷4 栏。

（6）其他工程费及间接费综合费率计算表。其他工程费及间接费综合费率计算表的表格样式见表 6.6，即 04 表。

6.2 公路工程概、预算文件组成

表 6.6　　　　　　　　　　其他工程费及间接费综合费率计算表

建设项目名称：
编制范围：　　　　　　　　　　　　　　　　　　　　　　　　　第　页　共　页　04 表

序号	工程类别	其他直接费（%）											综合费率		间接费（%）											
															规费						企业管理费					
		冬季施工增加费	雨季施工增加费	夜间施工增加费	高原地区施工增加费	风沙地区施工增加费	沿海地区施工增加费	行车干扰工程施工增加费	安全及文明施工措施费	临时设施费	施工辅助费	工地转移费	Ⅰ	Ⅱ	养老保险费	失业保险费	医疗保险费	住房公积金	工伤保险费	综合费率	基本费用	主副食运费补贴	职工探亲路费	职工取暖补贴	财务费用	综合费率
1	2	3	4	5	6	7	8	9	10	11	12	13	14	15	16	17	18	19	20	21	22	23	24	25	26	27

编制：　　　　　　　　　　　　　　　　　　　　　　　　　　　　　　　　　复核：

填表说明：

1）本表应根据建设工程项目的具体情况，按照《编制办法》及有关规定取费。

2）14 栏＝3 栏＋4 栏＋5 栏＋8 栏＋10 栏＋11 栏＋12 栏＋13 栏；15 栏＝6 栏＋7 栏＋9 栏；21 栏＝16 栏＋17 栏＋18 栏＋19 栏＋20 栏；27 栏＝22 栏＋23 栏＋24 栏＋25 栏＋26 栏。

（7）设备、工具、器具购置费计算表。设备、工具、器具购置费计算表的表格样式见表 6.7，即 05 表。

表 6.7　　　　　　　　　　设备、工具、器具购置费计算表

建设项目名称：
编制范围：　　　　　　　　　　　　　　　　　　　　　　　　　第　页　共　页　05 表

序号	设备、工具、器具规格名称	单位	数量	单价（元）	金额（元）	说明

编制：　　　　　　　　　　　　　　　　　　　　　　　　　　　　　　　　　复核：

填表说明：

1）本表应根据具体的设备、工具、器具购置费，按具体的购置清单计算。

2）本表包括设备规格、单位、数量、单价及需要说明的有关内容。

（8）工程建设其他费用及回收金额计算表。工程建设其他费用及回收金额计算表的表格样式见表 6.8，即 06 表。

表 6.8　　　　　　　　　工程建设其他费用及回收金额计算表

建设项目名称：

编 制 范 围：　　　　　　　　　　　　　　　　　　　　　　　第　页　共　页　06 表

序号	费用名称及回收金额项目	说明及计算式	金　额（元）	备注

编制：　　　　　　　　　　　　　　　　　　　　　　　　　　　　　　复核：

填表说明：

1) 土地征用及拆迁补偿费应填写土地补偿单价、数量和安置补助费标准、数量等，列式计算所需费用，填入金额栏。土地补偿费＝数量×单价；安置补助费＝补助标准×数量。

2) 建设项目管理费包括建设单位（业主）管理费、工程质量监督费、工程监理费、工程定额测定费、设计文件审查费、竣（交）工验收试验检测费，按"建筑安装工程费×费率"或有关定额列式计算。

3) 研究试验费应根据设计需要填写，进行研究试验的项目应分别填写项目名称和金额，或列式计算或进行说明。

4) 建设项目前期工作费按国家有关规定填入本表，列式计算。

5) 其余有关工程建设的其他费用，其填入和计算方法则根据规定依此类推。

(9) 人工、材料、机械台班单价汇总表。人工、材料、机械台班单价汇总表的表格样式见表 6.9，即 07 表。

表 6.9　　　　　　　　　人工、材料、机械台班单价汇总表

建设项目名称：

编 制 范 围：　　　　　　　　　　　　　　　　　　　　　　　第　页　共　页　07 表

序号	名称	单位	代号	预算单价（元）	备注	序号	名称	单位	代号	预算单价（元）	备注

编制：　　　　　　　　　　　　　　　　　　　　　　　　　　　　　　复核：

填表说明：

本表预算单价主要由 09 表、11 表转来。

(10) 建筑安装工程费计算数据表。建筑安装工程费计算数据表的表格样式见表 6.10，即 08－1 表。

6.2 公路工程概、预算文件组成

表 6.10　　　　　　　　　　　建筑安装工程费计算数据表

建设项目名称：　　　　　　编制范围：　　　　数据文件编号：　　　公路等级：
路线或桥梁的长度（km）：　　路基或桥梁宽度（m）：　　　　　第　页　共　页　08-1表

项的代号	本项目数	目的代号	本目节数	节的代号	本节细目数	细目的代号	费率编号	定额个数	定额代号	项或目或节或细目或定额的名称	单位	数量	定额调整情况

编制：　　　　　　　　　　　　　　　　　　　　　　　　　　　　复核：

填表说明：

1）本表应逐行从左向右横向跨栏隔行填写。

2）"项"、"目"、"节"、"细目"、"定额"等的代号应根据实际需要按"概、预算项目表（见6.3节）"和公路工程概（预）算定额的序列及内容填写。

3）本表主要是为利用计算机软件编制概、预算提供基础数据，具体填表规则由软件用户手册详细制定。

（11）分项工程概（预）算表。分项工程概（预）算表的表格样式见表6.11，即08-2表。

表 6.11　　　　　　　　　　　　分项工程概（预）算表

建设项目名称：
编制范围：　　　　　　　　　　　　　　　　　　　　　　第　页　共　页　08-2表

序号	工程项目										合计	
	工程细目											
	定额单位											
	工程数量											
	定额代号											
	工料机名称	单位	单价（元）	定额	数量	金额（元）	定额	数量	金额（元）	定额	数量	金额（元）	数量	金额（元）
1	人工	工日												
2	……													
	定额基价	元												
	直接工程费	元												
	其他工程费 Ⅰ	元												
	其他工程费 Ⅱ	元												
间接费	规费 Ⅰ	元												
	企业管理费 Ⅱ	元												
	利润及税金	元												
	建筑安装工程费	元												

编制：　　　　　　　　　　　　　　　　　　　　　　　　　　　　复核：

填表说明：

1）本表按具体分项工程数量、对应概（预）算定额子目填写，单价由07表转来。

2) 金额＝工料机各项的单价×定额×数量。

3) 其他直接费按相应项目的直接工程费或人工费与机械使用费之和×规定费率计算。

4) 规费按相应项目的人工费×规定费率计算；企业管理费按相应项目的直接费×规定费率计算。

5) 利润按相应项目的（直接费＋间接费－规费）×利润率计算；税金按按相应项目的（直接费＋间接费＋利润）×税率计算。

（12）材料预算单价计算表。材料预算单价计算表的表格样式见表6.12，即09表。

表 6.12　　　　　　　　　　　材料预算单价计算表

建设项目名称：
编制范围：　　　　　　　　　　　　　　　　　　　　　　　　第　页　共　页　09表

序号	规格名称	单位	原价（元）	运杂费				原价运费合计（元）	场外运输损耗		采购及保管费		预算单价（元）
				供应地点	运输方式、比重及运距	毛重系数或单位	运杂费构成说明或计算式	单位运费（元）		费率（%）	金额（元）	费率（%）	金额（元）	

编制：　　　　　　　　　　　　　　　　　　　　　　　　　　　　　　　　　复核：

填表说明：

1) 本表用于计算各种材料自供应地点或料场到工地的全部运杂费、材料原价及其他费用组成的材料预算单价。

2) 运输方式按火车、汽车、船舶等及其所占比重，分别填写。

3) 毛重系数、场外运输损耗、采购与保管费，按规定填写。

4) 根据材料的供应地点、运输方式、运输单价、毛重系数等，通过运杂费计算公式得出材料的单位运费。

5) 材料原价与单位运费、场外运输损耗、材料的运输保管费等，组成材料预算单价。

（13）自采材料料场价格计算表。自采材料料场价格计算表的表格样式见表6.13，即10表。

表 6.13　　　　　　　　　　　自采材料料场价格计算表

建设项目名称：
编制范围：　　　　　　　　　　　　　　　　　　　　　　　　第　页　共　页　10表

序号	定额号	材料规格名称	单位	料场价格（元）	人工（工日）		间接费（元）（占人工费百分比）	（　）单价（元）		（　）单价（元）		（　）单价（元）	
					定额	金额		定额	金额	定额	金额	定额	金额

编制：　　　　　　　　　　　　　　　　　　　　　　　　　　　　　　　　　复核：

填表说明：

1) 本表主要用于分析计算自采材料料场价格，应将选用的定额人工、材料、机械台班数量全部列出，包括相应的工料机单价。

2) 材料规格用途相同而生产方式（如人工捶碎石、机械轧碎石）不同时，应分别计算单价，再以各种生产方式所占比重根据合计价格加权平均计算料场价格。

3) 定额中机械台班有调整系数时，应在本表中计算。

（14）机械台班单价计算表。机械台班单价计算表的表格样式见表 6.14，即 11 表。

表 6.14　　　　　　　　　　　机械台班单价计算表

建设项目名称：
编制范围：　　　　　　　　　　　　　　　　　　　　　　　　第　页　共　页　11 表

序号	定额号	机械规格名称	台班单价	不变费用		可变费用				……		合计
				调整系数		人工（元/工日）		汽油（元/kg）				
				定额	调整值	定额	金额	定额	金额	定额	金额	

编制：　　　　　　　　　　　　　　　　　　　　　　　　　　复核：

填表说明：

1) 本表应根据公路工程机械台班费用定额进行计算。不变费用如有调整系数，应填入调整值；可变费用各栏填入定额数量。

2) 人工、动力燃料的单价由 09 表转来。

（15）辅助生产人工、材料、机械台班数量计算表。辅助生产人工、材料、机械台班数量计算表的表格样式见表 6.15，即 12 表。

表 6.15　　　　　　　辅助生产人工、材料、机械台班数量计算表

建设项目名称：
编制范围：　　　　　　　　　　　　　　　　　　　　　　　　第　页　共　页　12 表

序号	规格名称	单位	人工（工日）	（　）	（　）	（　）	（　）	（　）

编制：　　　　　　　　　　　　　　　　　　　　　　　　　　复核：

填表说明：

1) 本表各栏数据由 10 表统计而来。

2) 为保证 02 表计算全面正确，必须先完成 12 表的数量，但完成 12 表又要以 02 表的一部分总数量为依据计算。

3) "（　）"中填写除人工以外的其他材料、机械，是 09、10、11 表中相应定额所必须的。

概、预算文件按不同的需要分为两组，甲组文件为各项费用计算表；乙组文件为建筑安装工程费用各项基础数据计算表，只供审批使用。乙组文件表式征得省、自治区、直辖市交通厅（局）同意后，结合实际情况允许变动或增加某些计算过渡表格。概、预算文件是设计文件的组成部分，应按《公路工程基本建设项目设计文件编制办法》关于设计文件报送份数，随设计文件一并报送。

甲、乙组文件包括的内容如下：

甲组文件：

编制说明

总概（预）算汇总表（01-1表）

总概（预）算人工、主要材料、机械台班数量汇总表（02-1表）

总概（预）算（01表）

人工、主要材料、机械台班数量汇总表（02表）

建筑安装工程费计算表（03表）

其他工程费及间接费综合费率计算表（04表）

设备、工具、器具购置费计算表（05表）

工程建设其他费用及回收金额计算表（06表）

人工、材料、机械台班单价汇总表（07表）

乙组文件：

建筑安装工程费计算数据表（08-1表）

分项工程概（预）算表（08-2表）

材料预算单价计算表（09表）

自采材料料场价格计算表（10表）

机械台班单价计算表（11表）

辅助生产人工、材料、机械台班单位数量表（12表）

注：报送乙组文件时，还应提供"建筑安装工程费各项基础数据计算表"的电子文档和编制补充定额的详细资料。

6.3 公路工程概、预算项目

6.3.1 概、预算项目表及要求

公路建设工程从筹建至竣工、验收、交付使用的全过程所需要的建设费用，应按照建筑安装工程费，设备及工具、器具购置和工程建设其他费用3部分列项。其中设备及工具、器具是一般工业部门生产的产品，购置活动属于价值转移性质；而工程建设其他费用多为费用性质的支付。这两部分费用可分别按国家规定的有关费用标准和相应的产品价格直接计算，较易确定。但是，建筑安装工程则不同，要从基本的分项工程的各项消耗开始逐步扩大计算，其中包括直接、间接的消耗和建筑安装工人为社会所创造的价值。因此，公路工程概、预算价值的主要组成部分是建筑安装工程的概、预算价值。在一定意义上讲，编制公路工程概、预算主要是编制建筑安装工程概、预算。它是编制公路工程概、预

算的关键。

建筑安装工程是由相当数量的分项工程组成的庞大复杂的综合体，直接计算出它的全部人工、材料和机械台班的消耗量及价值是一项极为困难的工作。为了准确无误地计算和确定建筑安装工程的造价，必须对公路基本建设工程项目进行科学地分析与分解，使之有利于公路工程概、预算的编审，以及公路基本建设的计划、统计、会计和基建拨款贷款等各方面的工作，同时，也是为了便于同类工程之间进行比较和对不同分项工程进行技术经济分析，使编制概、预算项目时不重不漏、保证质量。因此，必须对概、预算项目的划分、排列顺序及内容作出统一规定，这就形成了公路工程概、预算项目表。

公路工程概、预算项目应按项目表的序列及内容编制。概、预算项目主要包括以下内容：

  第一部分 建筑安装工程
  第一项 临时工程
  第二项 路基工程
  第三项 路面工程
  第四项 桥梁涵洞工程
  第五项 交叉工程
  第六项 隧道工程
  第七项 公路设施及预埋管线工程
  第八项 绿化及环境保护工程
  第九项 管理、养护及服务房屋
  第二部分 设备及工具、器具购置费
  第三部分 工程建设其他费用

概、预算项目表，列出了第一、二、三部分的各个项、目、节、细目，编制公路工程概、预算时应严格按照其要求进行项目划分，详见附录五"公路工程概预算项目表"。

6.3.2 概、预算项目划分有关规定

（1）概、预算项目应严格按项目表的序列及内容编制，不得随意划分。

（2）概、预算项目应按项目表的序列及内容编制，如实际出现的工程和费用项目与项目表的内容不完全相符时，一、二、三部分和"项"的序号应保留不变，"目"、"节"、"细目"可随需要增减，并按项目表的顺序以实际出现的"目"、"节"、"细目"依次排列，不保留缺少的"目"、"节"、"细目"的序号。

如第二部分，设备、工具、器具购置费在该项工程中不发生时，第三部分工程建设其他费用仍为第三部分。同样，路线工程第一部分第六项为隧道工程，第七项为公路设施及预埋管线工程，若路线中无隧道工程项目，但其序号仍保留，公路设施及预埋管线工程仍为第七项。但如"目"或"节"或"细目"发生这样的情况时，可依次递补改变序号。

（3）路线建设项目中的互通式立体交叉、辅道、支线，如工程规模较大时，也可按概、预算项目表单独编制建筑安装工程，然后将其概、预算建筑安装工程总金额列入路线的总概、预算表中相应的项目内。

6.3.3 概、预算项目设置方法

1. 概、预算项目列项方法

编制公路工程概、预算文件时，应根据《编制办法》中的项目表的序列及内容填制。按照概、预算项目划分要求划分出工程项目的第一、二、三部分，并划分出"项"、"目"、"节""细目"，也为工程量计算做好准备。

2. 概、预算项目列项的注意事项

(1) 分项工程计算表（08-2表）编制对象一般是公路概、预算项目表的"细目"或"节"，个别情况下可能是"目"，应根据工程的施工过程，并结合定额的选套情况，按照概、预算项目表综合确定其工程名称。

(2) 概、预算项目表的细目和08-2表中选配定额的"工程细目"并不一定相同，细目的列项按照概、预算项目表的"细目"名称和单位进行。

(3) 08-2表中的分项工程名称和03表的工程名称项完全一致，并根据情况列入01表的"细目""节"或"项"中。

(4) 概、预算项目表中的"细目"并不是08-2表中的"工程细目"，二者不可等同，有时一个"细目"可能包含几个选套定额子目（即08-2表的工程细目）；一个分项工程在08-2表中可能含有几个选套定额的"工程细目"，其工程量可能不同，需分别计算。

(5) 分项工程概预算表的工程细目划分，应与公路概预算定额子目划分互相对应一致，以便于根据工程内容选配套用定额。

6.4 公路工程量计算

6.4.1 工程量计算方法

工程量是以物理计量单位或自然计算单位表示的分项工程和结构构件的数量。其计算单位一般是以公制度量单位如长度（m）、面积（m^2）、体积（m^3）、重量（kg或t）等，以及以自然单位如"个"、"台"、"套"等表示。

工程费用是用工程量乘以工程单价来计算的。科学的进行工程量计算，做到不重不漏，是编制概、预算的基础工作。工程量计算准确与否，是衡量设计概、预算质量好坏的重要标志之一。因此概、预算编制人员除应具有本专业的知识外，还应当具有一定的公路、桥梁结构、机电、金属结构等专业知识，掌握工程量计算的基本要求、计算方法和计算规则。按照概算编制有关规定，正确处理各类工程量。

工程量计算的依据一般有：施工图纸及设计说明，施工组织设计或施工方案，定额说明及其工程量计算规则。

工程量计算要求与方法要点由以下几个方面。

1. 工程项目的设置与工程量计算

工程项目的设置按照工程项目列项方法进行，参照本章6.3节。对于不同项目层次，其对应的项、目、节、细目的工程数量应区分情况分别计算。

需特别说明的是：工程定额子目的设置必须与概、预算定额子目划分相适应。如土石方开挖工程应按不同土壤、岩石类别分别列项；土石方填筑应按土方、堆石料、反滤层、垫层料等分列；再如钻孔灌浆工程，一般概算定额将钻孔、灌浆单列，在计算工程量时，钻孔、灌浆也应分开计算。工程定额子目工程量按照概、预算等相关定额规则计算。

2. 计量单位

工程量的计量单位要与定额子目的单位一致。有的工程项目的工程量可以用不同的计量单位表示，如混凝土防渗可以用阻水面积（m^2），也可以用进尺（m）和混凝土浇筑方量（m^3）表示。

3. 不同阶段的工程量计算

(1) 在施工图设计阶段，预算工程量按照公路工程预算定额工程量有关说明和工程量计算规则进行计算。主要包括构成建安费的路基工程、路面工程、隧道工程、桥涵工程、防护工程、交通工程及沿线设施和临时工程等。

(2) 可行性研究、初步设计阶段的设计工程量就是按照建筑物和工程的几何轮廓尺寸计算的数量，即设计工程量就是图纸工程量。

(3) 施工技术规范有要求时，需计算施工超挖、超填量及施工附加量。

(4) 公路清单工程量，按照《公路工程标准施工招标文件》2009版的"技术规范"部分的要求计算。

4. 计算要求与方法

工程项目的工程量计算应口径一致、单位统一，工作范围内容确定，计算底稿清楚齐全完备。工程量计算要力求准确无误，不重复也不遗漏。可以根据工程类型，采用一定的计算顺序和方法，如道路部分可采用分层次计算，划分段落计算等方法，桥涵隧道可采用划分部位计算法，也可多种方法综合使用。对于土方、混凝土、钢材、木材、砌体等可以按照预算工作手册等工具书辅助计算。近些年来，随着计算机计算应用，软件计算工程量也已成为现实，提高了计算效率和准确度。

6.4.2 公路主要工程项目的工程量计算规则与方法

6.4.2.1 土、石方工程量计算

1. 土、石方工程量计算的几点说明

(1) 土、石方开挖工程量应根据设计开挖图纸，按不同土壤和岩石类别分别进行计算，石方开挖工程应按明挖、槽挖、水下开挖、平洞、斜井和竖井开挖等分别计算。

(2) 土、石方填筑工程量应根据建筑物设计断面的不同部位及不同材料分别进行计算，其沉陷量应包括在内。

(3) 对于路基强夯工程量，应区分夯击能量、每一夯击点的夯击数，按设计图示强夯面积以 m^2 计算。

(4) 人工挖土方、基坑、槽沟的工程量应按图示垫层外皮的宽、长，乘以挖土深度以 m^3 计算，并乘以放坡系数。

(5) 路基挖土工程量按垫层外皮尺寸以 m^3 计算。

(6) 计算回填土工程量时，应扣除设计地坪以下埋入的基础垫层及基础所占体积，以 m^3 计算。

(7) 余土或亏土是施工现场全部土方平衡后的余土或亏土，计算工程量时以 m^3 计算。

2. 路基土石方计算

路基土石方是公路工程的一项主要工程量，在公路设计和路线方案比较中，路基土石方数量的多少是评价公路测设质量的主要技术经济指标之一。在编制公路施工组织计划和工程概、预算时，还需要确定分段和全线路基土石方数量。

地面形状是很复杂的，填、挖方不是简单的几何体，计算时一般应按工程的要求，在保证使用精度的前提下力求简化。

(1) 横断面面积计算法——积距法。路基的填挖断面面积是指断面图中原地面线与路基设计线所包围的面积，高于地面线者为填，低于地面线者为挖，两者应分别计算。路基土方横断面面积计算比较繁琐，这里仅介绍积距法。

积距法计算办法如图 6.4 所示，将断面按单位横宽划分为若干个梯形和三角形，每个小条块的面积近似按每个小条块中心高度与单位宽度的乘积计算，即 $A_i = bh_i$。横断面面积按式（6.1）计算：

$$A = bh_1 + bh_2 + bh_3 + \cdots + bh_n = b\sum h_i \tag{6.1}$$

当 $b=1m$ 时，则 A 在数值上就等于各小条块平均高度之和 $\sum h_i$。

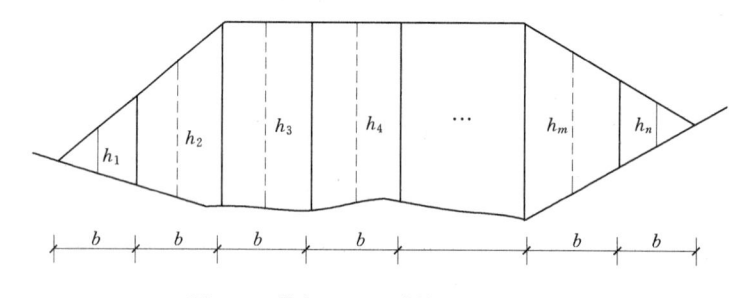

图 6.4 横断面面积计算法（积距法）

(2) 平均断面法计算土方体积。路基土石方计算工作量较大，加之路基填挖变化的不规则性，在工程上通常采用近似计算方法——平均断面法。即假定相邻断面间为一棱柱体，土石方体积按式（6.2）计算：

$$V = \frac{(A_1 + A_2)L}{2} \tag{6.2}$$

式中 V——体积，即土石方量，m^3；

A_1、A_2——相邻两断面的面积，m^2；

L——相邻断面之间的距离，m。

平均断面法如图 6.5 所示。用平均断面法计算土石方体积简便、实用，是公路上常采用的方法。但其精度较差，只有当 A_1、A_2 相差不大时才较准确。

当 A_1、A_2 相差较大时，则按棱台体公式计算更为接近，按式（6.3）计算：

$$V=\frac{1}{3}(A_1+A_2)\times L\times\left(1+\frac{\sqrt{m}}{1+m}\right) \quad (6.3)$$

其中 $m=A_1/A_2(A_1<A_2)$

式（6.3）的计算方法精度较高，应尽量采用，特别适用计算机计算。

应该注意：计算路基土石方数量时，应扣除大、中桥及隧道所占路线长度的体积；桥头引道的土石方，可视需要全部或部分列入桥梁工程项目中，但应注意不要遗漏或重复；小桥涵所占的体积一般可不扣除。

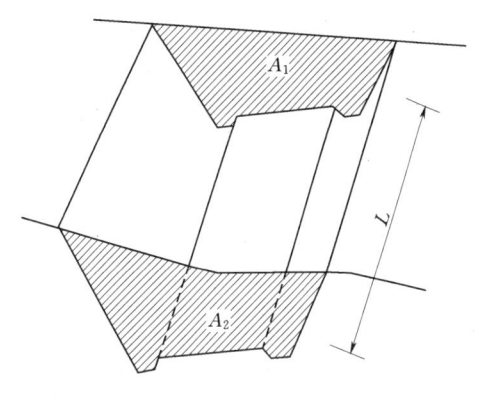

图 6.5 平均断面法

6.4.2.2 砌筑工程量计算

砌筑工程量应按建筑物设计图纸的几何轮廓尺寸，以"m³"计算，包括砌石工程和砖砌体工程。

砌石工程量应将干砌石和浆砌石分开。干砌石应按干砌卵石、干砌块石，同时还应按建筑物或构筑物的不同部位及型式，如护坡（平面、曲面）、护底、基础、挡土墙、桥墩等分别计列；浆砌石按浆砌块石、卵石、条料石，同时还应按不同的建筑物（浆砌石拱圈明渠、隧洞、重力坝）及不同的结构部位分项计列。桥涵工程砌筑具体要求如下：

（1）定额中的 M5、M7.5、M12.5 水泥砂浆为砌筑用砂浆，M10、M15 水泥砂浆为勾缝用砂浆。

（2）定额中已按砌体的总高度配置了脚手架，高度在 10m 以内的配踏步，高度大于 10m 的配井字架，并计入搭拆用工，其材料用量均以摊销方式计入定额中。

（3）浆砌混凝土预制块定额中未包括预制块的预制，需要时应按定额中括号内所列预制块数量，另按预制混凝土构件的有关定额计算。

（4）浆砌料石或混凝土预制块作镶面时其内部应按填腹石定额计算。

（5）桥涵拱圈定额中，未包括拱盔和支架，需要时应按《公路工程预算定额》（JTG/T B06—01—2007）第 9 节拱盔、支架工程中有关定额另行计算。

（6）定额中均未包括垫层及拱背、台背填料和砂浆抹面，需要时应按《公路工程预算定额》（JTG/T B06—01—2007）第 11 节杂项工程中有关定额另行计算。

（7）砌筑工程的工程量为砌体的实际体积，包括构成砌体的砂浆体积。

6.4.2.3 模板工程量计算

在编制概、预算时，模板并不单列项目，但是实际使用模板不是常规模板时应该计算其工程量。模板工程量应根据设计图纸及混凝土浇筑分缝图计算。在初步设计之前没有详细图纸时，可进行估算，即

模板工程量＝相应工程部位混凝土概算工程量×相应的立模面系数

立模面系数是指每单位混凝土（100m³）所需的立模面积（m²）。立模面系数与混凝土的体积、形状有关，也就是与建筑物的类型和混凝土的工程部位有关。

桥涵工程模板有以下几点要求。

（1）模板不单列项目。混凝土工程中所需的模板包括钢模板、组合钢模板、木模板，

均按其周转摊销量计入混凝土定额中。

（2）定额中的模板均为常规模板，当设计或施工对混凝土结构的外观有特殊要求时，可根据定额中所列的混凝土模板接触面积增列相应的特殊模板材料的费用。

（3）定额中所列的钢模板材料指工厂加工的适用于某种构件的定型钢模板，其重量包括立模所需的钢支撑及有关配件；组合钢模板材料指市场供应的各种型号的组合钢模板，其重量仅为组合钢模板的重量，不包括立模所需的支撑、拉杆等配件，定额中已计入所需配件材料的摊销量；木模板按工地制作编制，定额中将制作所需工人、材料、机械台班消耗按周转摊销量计算。

（4）定额中均已包括各种模板的维修、保养所需的工、料及费用。

6.4.2.4　钢筋工程量计算

（1）钢筋工程应区别现浇、预制构件、不同钢种和规格，分别按设计长度乘以单位重量，以 t 计算。

（2）计算钢筋工程量时，设计已规定钢筋搭接长度的，按规定搭接长度计算；设计未规定搭接长度的，已包括在钢筋的损耗率之内，不另计算搭接长度。钢筋电渣压力焊接、套筒挤压等接头，以个计算。

（3）先张法预应力钢筋按构件外形尺寸计算长度，后张法预应力钢筋按设计图规定的预应力钢筋预留孔道长度，并区别不同的锚具类型，分别按下列规定计算：

1）低合金钢筋两端采用螺杆锚具时，预应力的钢筋按预留孔道长度减 0.35m，螺杆另行计算。

2）低合金钢筋或钢绞线采用 JM、XM、QM 型锚具，孔道长度在 20m 以内时，预应力钢筋长度增加 1m；孔道长度 20m 以上时，预应力钢筋长度增加 1.8m。

3）碳素钢丝采用锥形锚具，孔道长在 20m 以内时，预应力钢筋长度增加 1m；孔道长在 20m 以上时，预应力钢筋长度增加 1.8m。

4）碳素钢丝两端采用镦粗头时，预应力钢丝长度增加 0.35m 计算。

（4）钢筋计算长度的确定。钢筋长度计算公式可表示为：

钢筋长度＝构件图示尺寸－保护层总厚度＋两端弯钩长度＋图纸注明的搭接长度、弯起钢筋斜长的增加值

其中保护层厚度、钢筋弯钩长度、钢筋搭接长度、弯起钢筋斜长的增加值以及各种类型钢筋设计长度应按照规定计算。

1）受力钢筋的混凝土保护层厚度：应符合设计要求，当设计无具体要求时，不应小于受力钢筋直径，并应符合表 6.16 的要求。

2）钢筋的弯钩长度：HPB235 级钢筋末端需要做 180°、135°、90°弯钩时，其圆弧弯曲直径 D 不应小于钢筋直径 d 的 2.5 倍，平直部分长度不宜小于钢筋直径 d 的 3 倍；HRRB335 级、HRB400 级钢筋的弯弧内径不应小于钢筋直径 d 的 4 倍，弯钩的平直部分长度应符合设计要求，如图 6.6 所示。

180°的每个弯钩长度＝$6.25d$

135°的每个弯钩长度＝$4.9d$

90°的每个弯钩长度＝$3.5d$

6.4 公路工程量计算

表 6.16 钢筋的混凝土保护层厚度   单位：mm

环境条件	构件名称	混凝土强度等级		
		低于 C25	C25 及 C30	高于 C30
室内正常环境	板、墙、壳	15		
	梁、柱	25		
露天或室内高湿度环境	板、墙、壳	35	25	15
	梁、柱	45	35	25
有垫层	基础	35		
无垫层		70		

注 1. 轻骨料混凝土的钢筋的保护层厚度应符合国家现行标准《轻骨料混凝土结构设计规程》(JGJ 12—2006)。
　2. 钢筋混凝土受弯构件，钢筋端头的保护层厚度一般为 10mm。
　3. 板、墙、壳中分布钢筋的保护层厚度不应小于 10mm；梁、柱中的箍筋和构造钢筋的保护层厚度不应小于 15mm。

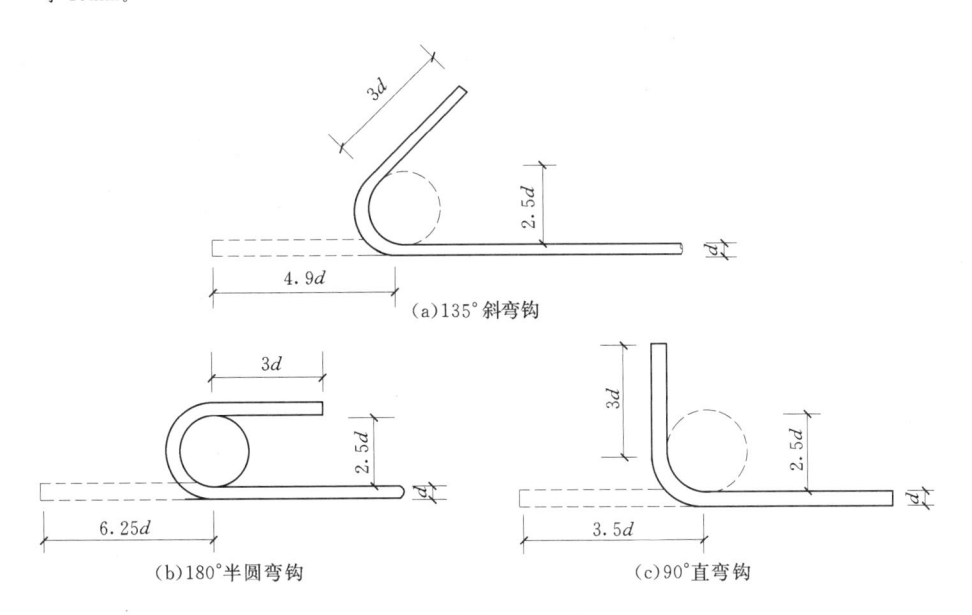

(a) 135°斜弯钩

(b) 180°半圆弯钩

(c) 90°直弯钩

图 6.6 钢筋弯钩示意图

3) 弯起钢筋的增加长度：弯起钢筋的弯起角度一般有 30°、45°、60°三种，如图 6.7 所示。其弯起增加值是指钢筋斜长与水平投影长度之间的差值，见表 6.17。

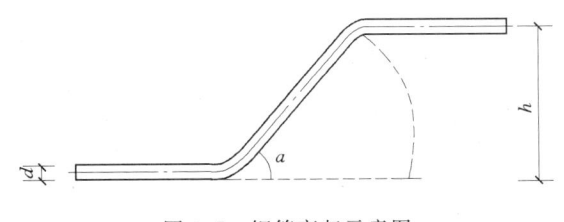

图 6.7 钢筋弯起示意图

表 6.17　　　　　　　　　　　弯起钢筋的增加长度值

钢筋弯曲角度	30°	45°	60°	90°	135°
量度差值	0.35d	0.5d	0.85d	2d	2.5d

4）箍筋调整值：箍筋调整值为弯钩增加长度与弯曲度量差值两项之和，需根据箍筋外包尺寸或内包尺寸而定，见表 6.18。

表 6.18　　　　　　　　　　　箍 筋 调 整 值　　　　　　　　　　　单位：mm

箍筋量度方法	箍 筋 直 径			
	4～5	6	8	10～12
量外包尺寸	40	50	60	70
量内包尺寸	80	100	120	150～170

5）箍筋长度的确定：箍筋的长度两种计算方法：一种是按构件断面外边周长减去 8 个混凝土保护层厚度再加 2 个弯钩长度计算；第二种方法是按构件断面外边周长加上增减值计算。箍筋的末端应作弯钩，弯钩形式应符合设计要求。

6.4.3　公路工程预算定额的章节说明与工程量计算
6.4.3.1　临时工程

临时工程定额说明与工程量计算主要有以下几方面：

（1）汽车便道按路基宽度为 7.0m 和 4.5m 分别编制，便道面宽度按 6.0m 和 3.5m 分别编制，路基宽度 4.5m 的定额中已包括错车道的设置。

（2）临时汽车便桥载重按汽车—15 级、桥面净宽 4m、单孔跨径 21m 编制。

（3）轨道铺设定额中轻轨（11kg/m，15kg/m）部分未考虑道渣，轨距为 75cm，枕距为 80cm，枕长为 1.2m；重轨（32kg/m）部分轨距为 1.435m，枕距为 80cm，枕长为 2.5cm，岔枕长为 3.35m，并考虑了道渣铺筑。

（4）人工夯打小圆木桩的土质划分及桩入土深度的计算方法与打桩工程相同。圆木桩的体积根据设计桩长和梢径（小头直径），按木材材积表计算。

（5）对于临时码头，重力式砌石码头定额中不包括拆除的工程内容，需要时可按"桥涵工程"项目的"拆除旧建筑物"定额另行计算。

6.4.3.2　路基工程

路基工程预算定额说明与工程量计算要点是：

（1）路基土石方的挖方与填方，均以 m³ 为单位计算。路基工程中的挖方按天然密实方体积计算，填方按压实后的体积计算，石方爆破按天然密实体积计算。各级公路各类土石方与天然密实方换算系数见表 6.19。

（2）下列数量应由施工组织设计提出，并入路基填方数量内计算：清除表土或零填方地段的基底压实、耕地填前夯（压）实后回填至原地面标高所需土、石方数量，因路基沉陷需增加填筑的土、石方数量，为保证路基边缘的压实度需加宽填筑时所需的土、石方数量。

（3）零填、挖方地段基底压实面积等于路槽底面宽度（m）和长度（m）的乘积。

表 6.19　　　　　　　　　　　　　路基土石方换算系数

公路等级	土石类别				
	土方				石方
	松土	普通土	硬土	运输	
二级及二级以上公路	1.23	1.16	1.09	1.19	0.92
三级、四级公路	1.1	1.05	1.00	1.08	0.84

（4）抛坍爆破的工程量按抛坍爆破设计计算；整修边坡的工程量按公路路基长度计算。

（5）路基盲沟的工程量按设计时设置的盲沟长度确定。

（6）轻型井点降水按照 50 根井管为一套，不足 50 根按一套计算。井点使用天数按照日历天数计算，使用期间按照施工组织设计确定。

（7）挖截水沟、排水沟的工程量为设计沟断面积乘以水沟长度，与水沟圬工体积之和。

（8）施工附加量是指为完成本项工程而必须增加的工程量，如土方工程中的取土坑、实验坑，隧洞工程中的为满足交通、放炮要求而设置的内错车道、避炮洞以及下部扩挖所需增加的工程量；施工超填量是指由于施工超挖及施工附加而增加的回填工程量。

6.4.3.3　路面工程

路面工程定额说明与工程量计算主要有以下几方面：

（1）路面项目中的厚度均为压实厚度，培路肩厚度为净培路肩的夯实厚度。

（2）各类稳定土基层定额中的材料消耗是按一定配合比编制的，当设计配合比与定额标明的配合比不同时，有关材料可分别按式（6.4）换算：

$$C_i = \frac{C_d + B_d(H_i - H_0)L_i}{L_d} \tag{6.4}$$

式中　C_i——按设计配合比换算后的材料数量；

　　　C_d——定额中基本压实厚度的材料数量；

　　　B_d——定额中压实厚度每增减 1cm 的材料数量；

　　　H_0——定额的基本压实厚度；

　　　H_i——设计的压实厚度；

　　　L_d——定额标明的材料百分率；

　　　L_i——设计配合比的材料百分率。

（3）沥青路面定额中均未包括透层、黏层和封层，需要时可按有关定额另行计算。

（4）沥青碎石混合料、沥青混凝土和沥青碎石玛蹄脂混合料路面定额中均已包括混合料拌和、运输、摊铺作业时的损耗因素，路面实体按路面设计面积乘以压实厚度计算。

（5）整修和挖除旧路面按设计提出的需要整修的旧路面面积和需要挖除的旧路面体积计算。整修旧路面定额中，砂石路面均按整修厚度 6.5cm 计算，沥青表处面层按整修厚度 2cm 计算，沥青混凝土面层按整修厚度 4cm 计算，路面基层的整修厚度按 6.5cm 计算。

(6) 硬路肩项目,根据不同设计层次结构,分别采用不同的路面定额项目进行计算。

(7) 铺砌水泥混凝土预制块人行道、路缘石、沥青路面镶边和土硬路肩加固定额中,均已包括水泥混凝土预制块的预制,使用定额时不得另行计算。

6.4.3.4 桥梁涵洞工程

桥梁涵洞工程中项目较多,计算工作难度大,定额说明与工程量计算主要有以下几方面:

(1) 基坑开挖工程量按基坑容积计算。基坑挡土板的支挡面积按坑内需支挡的实际侧面积计算。

(2) 灌注桩工程。

1) 灌注桩成孔工程量按设计入土深度计算。定额中的孔深指护筒顶至桩底的深度。造孔定额中同一孔内的不同土质,不论其所在的深度如何,均采用总孔深定额。

2) 人工挖孔的工程量按护筒(护壁)外缘所包围的面积乘以设计孔深计算。

3) 浇筑水下混凝土的工程量按设计桩径横断面面积乘以设计桩长计算,不得将扩孔因素计入工程量。

4) 灌注桩工作平台的工程量按施工组织设计需要的面积计算。

5) 钢护筒的工程量按护筒的设计重量计算。设计重量为加工后的成品重量,包括加劲肋及连接用法兰盘等全部钢材重量。当设计提供不出钢护筒的重量时,可参考表 6.20 的重量进行计算,桩径不同时可内插计算。

表 6.20　　　　　　　　　钢护筒的直径和重量之间的关系

桩径 (cm)	100	120	150	200	250	300	350
每米护筒重量 (kg/m)	170.2	238.2	289.1	499.1	612.6	907.5	1259.2

(3) 现浇混凝土及钢筋混凝土工程。混凝土及钢筋混凝土工程量的计算应根据建筑物的不同部位及混凝土的设计强度等级分别计算。

1) 现浇混凝土工程量为构筑物或预制构件的实际体积,不包括其中空心部分的体积,钢筋混凝土项目的工程量不扣除钢筋(钢丝、钢绞线)、预埋件和预留孔道所占的体积。

2) 定额中混凝土工程均已包括操作范围内的混凝土运输。现浇混凝土工程平均运距超过 50m 时,可根据施工组织设计的混凝土平均运距,按《公路工程预算定额》第 11 节杂项工程中混凝土运输定额增列混凝土运输。

3) 除另有说明外,混凝土定额中均已综合脚手架、上下架、爬梯及安全围护等搭拆及摊销费用,使用定额时不得另行计算。

4) 钢筋工程量为钢筋的设计质量,定额中已计入施工操作损耗,一般钢筋因接长所需增加的钢筋质量已包括在定额中,不得将这部分重量计入钢筋设计质量内。但对于某些特殊的工程,必须在施工现场分段施工采用搭接接长时,其搭接长度的钢筋质量未包括在定额中,应在钢筋的设计质量内计算。

5) 定额中采用泵送混凝土的项目均已包括水平和向上垂直泵送所消耗的人工、机械,当水平泵送距离超过定额综合范围时,可按定额规定增列人工及机械消耗量。向上垂直泵送不得调整。

(4) 预制、安装混凝土及钢筋混凝土构件。预制混凝土、构件安装的工程量为构筑物或预制构件的实际体积，不包括其中空心部分的体积，钢筋混凝土项目的工程量不扣除钢筋（钢丝、钢绞线）、预埋件和预留孔道所占的体积。具体计算规定有：

1) 制作、张拉预应力钢筋、钢丝束定额是按不同的锚头型式分别编制的，当每吨钢丝的束数或每吨钢筋的根数有变化时，可根据定额进行抽换。定额中的"××锚"是指金属加工部件的重量，锚头所用其他材料已分别列入定额中有关材料或其他材料费内。定额中的束长为一次张拉的长度。

2) 预应力钢筋、钢丝束及钢绞线定额中均已计入锚垫板、螺旋筋、管道压浆的消耗量，斜拉索的防腐费用也已计入定额中，编制预算时不得另行计算。镦头锚的锚具重量可按设计数量进行调整。

3) 安装金属支座的工程量是指半成品钢板的重量（包括座板、齿板、垫板、辊轴等）。至于锚栓、梁上的钢筋网、铁件等均以材料数量综合在定额内。

4) 预制构件的工程量为构件的实际体积（不包括空心部分），但预应力构件的工程量为构件预制体积与构件端头封锚混凝土的数量之和。预制空心板空心堵头混凝土已包含在定额中，不应再计入混凝土工程量。

5) 预应力钢绞线、预应力精轧螺纹粗钢筋及配锥形（弗氏）锚的预应力钢丝的工程量为锚固长度与工作长度的质量之和。

6) 配镦头锚的预应力钢丝工程量为锚固长度的质量。

7) 先张法钢绞线质量为设计图纸质量。

6.4.3.5 隧道工程

隧道工程定额说明与工程量计算主要有以下几方面。

(1) 洞身开挖工程量按设计断面数量（成洞断面加衬砌断面）计算，包含洞身及所有附属洞室的数量，定额中已考虑超挖因素，不得将超挖数量计入工程量。

(2) 现浇混凝土衬砌中浇筑、运输的工程数量均按设计断面衬砌数量计算，包含洞身及所有附属洞室的衬砌数量。定额中已综合因超挖及预留变形需回填的混凝土数量，不得将上述因素的工程量计入计价工程量中。

(3) 喷射混凝土工程量按设计厚度乘以喷设面积计算，喷射面积按照设计外轮廓线计算。

(4) 洞门工程量均按照设计工程数量计算。

(5) 现浇混凝土衬砌工程数量均按照设计断面衬砌数量计算。

6.4.3.6 防护工程

防护工程定额说明与工程量计算主要有以下几方面：

(1) 定额中未列出的其他结构形式的砌石防护工程，需要时按"桥涵工程"项目的有关定额计算。

(2) 定额中除已注明者外，均不包括挖基、基础垫层的工程内容，需要时按"桥涵工程"项目的有关定额计算。

(3) 铺草皮工程量按所铺边坡的坡面面积计算。

(4) 护坡定额中以 $100m^2$ 或 $1000m^2$ 为计量单位的子目的工程量，按设计需要防护的边坡坡面面积计算。

（5）木笼、竹笼、铁丝笼填石护坡的工程量按填石体积计算。

（6）定额砌筑工程的工程量为砌体的实际体积，包括构成砌体的砂浆体积。

（7）定额预制混凝土构件的工程量为预制构件的实际体积，不包括预制构件中空心部分的体积。

（8）预应力锚索的工程量为锚索（钢绞线）长度与工作长度的质量之和。

（9）抗滑桩挖孔工程量按护壁外缘所包围的面积乘以设计孔深计算。

6.4.3.7 交通工程及沿线设施

交通工程及沿线设施定额说明与工程量计算主要有以下几方面：

（1）安全设施。

1）钢筋混凝土防撞护栏中铸铁柱与钢管栏杆按柱与栏杆的总重量计算，预埋螺栓、螺母及垫圈等附件已综合在定额内，编制预算时，不得另行计算。

2）波形钢板护栏中钢管柱、Z形柱按柱的成品重量计算；波形钢板按波形钢板、端头板（包括端部稳定的锚定板、夹具、挡板）与撑架的总重量计算，柱帽、固定螺栓、连接螺栓、钢丝绳、螺母及垫圈等附件已综合在定额内，编制预算时不得另行计算。

3）隔离栅中钢管柱按钢管与网框型钢的总质量计算，型钢立柱按柱与斜撑的总质量计算，钢管柱定额中已综合了螺栓、螺母、垫圈及柱帽钢板的数量，型钢立柱定额中已综合了各种连接件及地锚钢筋的数量，使用定额时不得另行计算。

钢板网面积按各网框外边缘所包围的净面积之和计算。

刺铁丝网按刺铁丝的总质量计算；铁丝编织网面积按网高（幅宽）乘以网长计算。

4）中间带隔离墩的钢管栏杆与防眩板分别按钢管与钢板的总质量计算。

5）金属标志牌按板面、立柱、横梁、法兰盘及加固槽钢、螺栓、螺母、垫板、抱箍、滑块等的总重量计算。

6）路面标线按划线的净面积计算。

7）公共汽车停靠站防雨篷中钢结构防雨篷的长度按顺路方向防雨篷两端立柱中心间的长度计算；钢筋混凝土防雨篷的水泥混凝土体积按水泥混凝土垫层、基础、立柱及顶棚的体积之和计算，定额中已综合了浇筑立柱及篷顶混凝土所需的支架等，使用定额时，不得另行计算。站台地坪按地坪铺砌的净面积计算，路缘石及地坪垫层已综合在定额中，使用定额时，不得另行计算。

（2）监控系统。监控系统包括监控、收费系统中管理站、分中心、中心（计算机及网络设备，视频控制设备安装，附属配套设备），收费车道设备，外场管理设备（车辆检测设备安装、调试，环境检测设备安装、调试，信息显示设备安装、调试，视频监控与传输设备安装、调试），系统互联与调试，系统试运行、收费岛、人（手）孔等项目。

1）设备安装定额单位除 LEDA 显示屏以 m^2 计、系统试运行以"系统·月"计外，其余均以台或套计。

2）计算机系统可靠性、稳定性按计算机系统 24h 连续运行计算确定的，超过要求时，其费用另行计算。

3）配电箱基础预埋 PVC 管的工程量按 PVC 管长度计算，敷设电线钢套管的工程量按敷设电线钢套管质量计算。

（3）绿化工程。

1）绿化工程土方以及换填土按土石方定额的计算。

2）当编制中央分隔带的绿化工程预算时，其路基土可按照路基土方计算，但要扣减树穴所占体积。

3）为确保路基边坡的稳定而修建各种形式的网格植草或播种草籽等护坡，并入防护工程内计算。

通信系统、供电照明系统、光缆电缆敷设等其他交通设施不再叙述。

工程概、预算中工程量的计算是一项繁重的计算工作，必须对计算的工程量反复检查核对。要求工程量计算规范、全面、准确无误，从而提高工程概、预算的精确度，确保公路工程计价的准确性，提高公路计价文件的编制质量。

思 考 题

1. 概、预算文件有哪几种形式？各在什么时候编制？
2. 公路工程项目的投资额测算体系中有哪些指标？各自关系如何？
3. 施工预算和施工图预算的区别？
4. 工程结算方式有哪几种？工程结算和竣工决算的关系如何？
5. 概、预算的作用是什么？
6. 概、预算的文件构成和费用组成如何？
7. 概、预算项目表的主要内容是什么？
8. 试分析甲组文件和乙组文件在概、预算文件中的作用。
9. 简述概、预算文件的编制步骤。
10. 土方工程的计算方法是什么？
11. 混凝土和钢筋混凝土工程计算规则有哪些？
12. 根据所学内容，详细说明钢筋工程如何计算？

实 训 题

1. 熟悉《公路工程概算定额》（JTG/T B06—01—2007）和《公路工程预算定额》（JTG/T B06—02—2007）的定额说明和工程量计算规则，并展开路基工程、路面工程及桥涵工程等工程量如何计算的专题讨论。

2. 选择一实际工程图纸，试对其土石方、路面面层、桥涵基础、砌石、钢筋混凝土及防护工程等工程量进行计算。

第7章 公路工程概、预算费用计算与编制示例

公路工程概预算费用的计算标准和计算方法是编制公路工程概、预算文件的重要依据，是合理确定和有效控制工程造价，提高公路建设项目工程造价的编制质量的重要保障。本章结合《编制办法》，阐述了公路工程概预算的各项组成费用的计算方法，以及概预算编制工程示例文件。

7.1 建筑安装工程费

建筑安装工程费是概预算费用中最关键和最活跃的部分，也是最复杂的费用计算内容。理论上，建筑安装工程费包括建筑安装生产过程的各类资源投入所花费的价值及其创造的新价值，主要包括3个部分：一是生产资料的消耗转移所产生的物化劳动价值，二是为满足劳动者个人生活需要所消耗转化的活劳动价值，三是生产者为社会创造的新价值。

按照《编制办法》，建筑安装工程费包括直接费、间接费、利润及税金4个部分。其中，直接费包括直接工程费和其他工程费；间接费包括规费和企业管理费。

7.1.1 直接工程费

直接工程费，是指施工过程中耗费的构成工程实体和有助于工程形成的各项费用，包括人工费、材料费、施工机械使用费。

1. 人工费

人工费，是指列入概、预算定额的直接从事建筑安装工程施工的生产工人开支的各项费用。

人工费计算公式可表述为

$$人工费 = 概、预算定额计算的人工工日消耗数量 \times 每工日人工费 \quad (7.1)$$

编制概、预算时，分项工程的人工费可表达为

$$分项工程的人工费 = \sum(每个工程细目工程数量 \times 概、预算定额人工消耗量 \times 所在地区每工日人工费) \quad (7.2)$$

（1）每工日人工费。公路工程生产工人每工日人工费按如下公式计算：

$$人工费(元/工日) = [基本工资(元/月) + 地区生活补贴(元/月) + 工资性津贴(元/月)] \times (1 + 14\%) \times 12月 \div 240(工日) \quad (7.3)$$

式中 基本工资——按不低于工程所在地政府主管部门发布的最低工资标准的1.2倍计算；

地区生活补贴——指国家规定的边远地区生活补贴、特区补贴；

工资性津贴——指物价补贴，煤、燃气补贴，交通费补贴等。

【例 7.1】 已知某地区基本工资 810 元/月，地区生活补贴 160 元/月+工资性津贴 90 元/月，试确定该地区每工日人工费单价。

解： 根据公式 (7.2) 计算如下：

人工费 = [750+140+80)]×(1+14%)×12 月÷240=55.29(元/工日)

以上各项标准由各省、自治区、直辖市公路（交通）工程造价（定额）管理站根据当地人民政府的有关规定核定后公布执行，并抄送交通部公路司备案。并应根据最低工资标准的变化情况及时调整公路工程生产工人工资标准。

在编制概预算时，每工日人工费按照省、自治区、直辖市测算的标准执行，直接应用地方发布的人工工资价格。如河北省交通运输厅 2012 年 3 月发布每人工费概预算定额标准为 57 元/工日。

(2) 人工费包括基本工资、工资性补贴、生产工人辅助工资和职工福利费。

1) 基本工资，是指发放给生产工人的基本工资、流动施工津贴和生产工人劳动保护费，以及为职工缴纳的养老、失业、医疗保险费和住房公积金等。

2) 工资性补贴，是指按规定标准发放的物价补贴，煤、燃气补贴，交通费补贴，地区津贴等。

3) 生产工人辅助工资。

4) 职工福利费，是指按国家规定标准计提的职工福利费。

2. 材料费

材料费，是指施工过程中耗用的构成工程实体的原材料、辅助材料、构（配）件、零件、半成品、成品的用量和周转材料的摊销量，按工程所在地的材料预算价格计算的费用。

材料费计算可表述为

材料费=∑(概、预算定额计算的材料消耗数量×材料预算价格)　　　　(7.4)

编制概预算时，分项工程材料费可表示为

分项工程的材料费=∑[∑(每个工程细目工程数量×概、预算定额材料消耗量×所在地区材料预算价格)]　　　　(7.5)

材料预算价格按照下式计算：

材料预算价格=(材料原价+运杂费)×(1+场外运输损耗率)
×(1+采购及保管费率)-包装品回收价值　　　　(7.6)

材料预算价格由材料原价、运杂费、场外运输损耗、采购及仓库保管费组成。材料预算价格的内容和计算方如下。

(1) 材料原价。外购材料按照出厂价格或者供销部门供应价格，并根据情况加计供销部门手续费和包装费计算，或采用当地规定的价格计算；地方性材料包括外购的砂、石材料等，按实际调查价格或当地主管部门规定的预算价格计算；自采材料（自采的砂、石、黏土等材料），按定额中开采单价加辅助生产间接费和矿产资源税（如有）计算。材料原价应按实计取。

(2) 运杂费。运杂费，是指材料自供应地点至工地仓库（施工地点存放材料的地方）的运杂费用。包括装卸费、运费，以及可能发生的过磅、标签、支撑加固等其他杂费。

一种材料有两个以上供应地点，都应根据不同的运距、运量、运价采用加权平均的方法计算运费。

有容器或包装的材料及长大轻浮材料，应按表7.1规定的毛重计算。桶装沥青、汽油、柴油按每吨摊销一个旧汽油桶计算包装费（不计回收）。

表 7.1　　　　　　　　　　　材料毛重系数及单位毛重表

材 料 名 称	单位	毛 重 系 数	单位毛重
爆破材料	t	1.35	—
水泥、块状沥青	t	1.01	—
铁钉、铁件、焊条	t	1.10	—
液体沥青、液体燃料、水	t	桶装1.17，油罐车装1.00	—
木料	m³	—	1.000t
草袋	个	—	0.004t

（3）场外运输损耗。场外运输损耗，是指有些材料在正常的运输过程中发生的损耗，这部分损耗应摊入材料单价内。材料场外运输操作损耗率见表7.2。

表 7.2　　　　　　　　　　材料场外运输操作损耗率表　　　　　　　　　　％

材 料 名 称		场外运输（包括一次装卸）	每增加一次装卸
块状沥青		0.5	0.2
石屑、碎砾石、砂砾、煤渣、工业废渣、煤		1.0	0.4
砖、瓦、桶装沥青、石灰、黏土		3.0	1.0
草皮		7.0	3.0
水泥（袋装、散装）		1.0	0.4
砂	一般地区	2.5	1.0
	多风地区	5.0	2.0

注　汽车运水泥，如运距超过500km时，增加损耗率，装袋0.5%。

（4）采购及保管费。材料采购及保管费，是指材料供应部门（包括工地仓库以及各级材料管理部门）在组织采购、供应和保管材料过程中，所需的各项费用及工地仓库的材料储存损耗。

材料采购及保管费以材料的原价加运杂费及场外运输损耗的合计数为基数，乘以采购保管费率计算。材料的采购及保管费费率为2.5%。外购构件（如外购的钢桁梁、钢筋混凝土构件及加工钢材等半成品）的采购保管费率为1%。商品混凝土采购保管费率为0。

【例7.2】　某路面工程桶装沥青，调查供应价格为3800元/t，运价为0.9元/(t·km)，装卸费3.5元/t，运输距离180km，场外运输损耗率为3%。试计算沥青的预算价格。

解：运杂费＝0.9×180＋3.5＝165.5(元/t)

采购保管费率2.5%，按照规定摊销沥青桶价值60元/t，则

沥青的预算价格为=(3800+165.5+60)×(1+3%)×(1+2.5%)=4249.92(元/t)

3. 施工机械使用费

对于列入概、预算定额的施工机械台班数量，按相应的机械台班费用定额计算的施工机械使用费和小型机具使用费。可用下式表示：

施工机械使用费=Σ(概、预算定额计算的机械台班消耗数量×施工机械台班预算价格)
(7.7)

编制概预算时，分项工程机械使用费可表示为

分项工程的机械使用费=$\Sigma[\Sigma$(每个工程细目工程数量×概、预算定额机械台班消耗量
×所在地区机械台预算价格)] (7.8)

施工机械台班预算价格按交通部公布的现行《公路工程机械台班费用定额》(JTG/T B06—03)计算。台班单价由不变费用和可变费组成。

不变费用包括折旧费、大修理费、经常修理费、安装拆卸及辅助设施费等。

可变费用包括用包括机上人员人工费、动力燃料费及车船使用税。台班人工费工日单价同生产工人人工费单价。动力燃料费用则按材料费的计算规定计算。

当工程用电为自行发电时，电动机械每千瓦时(度)电的单价可由下述近似公式计算：

$$A=0.24\frac{K}{N}$$
(7.9)

式中 A——每千瓦时电单价，元；
  K——发电机组的台班单价，元；
  N——发电机组的总功率，kW。

7.1.2 其他工程费

其他工程费，是指直接工程费以外施工过程发生的直接用于工程的费用。内容包括冬季施工增加费、雨季施工增加费、夜间施工增加费、特殊地区施工增加费、行车干扰工程施工增加费、安全及文明施工措施费、临时设施费、施工辅助费、工地转移费共9项。公路工程中的材料二次搬运等其他工程费已包括在概、预算定额中，不再另计。

按照《编制办法》取定，其他工程费的费率，根据不同的工程内容划分了13个工程类别，工程类别不同，规定的费率也不同。其他工程费的工程类别划分如下。

(1) 人工土方。是指人工施工的路基、改河等土方工程，以及人工施工的砍树、挖根、除草、平整场地、挖盖山土等工程项目，并适用于无路面的便道工程。

(2) 机械土方。是指机械施工的路基、改河等土方工程，以及机械施工的砍树、挖根、除草等工程项目。

(3) 汽车运输。是指汽车、拖拉机、机动翻斗车等运送的路基、改河土(石)方、路面基层和面层混合料、水泥混凝土及预制构件、绿化苗木等。

(4) 人工石方。是指人工施工的路基、改河等石方工程，以及人工施工的挖盖山石项目。

(5) 机械石方。是指机械施工的路基、改河等石方工程（机械打眼即属机械施工）。

(6) 高级路面。是指沥青混凝土路面、厂拌沥青碎石路面和水泥混凝土路面的面层。

(7) 其他路面。是指次高级、中级、低级路面的面层，各等级路面的基层、底基层、垫层，采用结合料稳定的路基和软土等特殊路基处理的工程，以及有路面的便道工程。

(8) 构造物Ⅰ。是指无夜间施工的桥梁、涵洞、防护（包括绿化）及其他工程，交通工程及沿线设施工程（设备安装及金属标志牌、防撞钢护栏、防眩板（网）、隔离栅、防护网除外），以及临时工程中的便桥、电力和电信线路、轨道铺设等工程项目。

(9) 构造物Ⅱ。是指有夜间施工的桥梁工程。

(10) 构造物Ⅲ。是指商品混凝土（包括沥青混凝土和水泥混凝土）的浇筑和外购构件及设备的安装工程。商品混凝土和外购构件及设备的费用不作为其他工程费和间接费的计算基数。

(11) 技术复杂大桥。是指单孔跨径在120m以上（含120m）和基础水深在10m以上（含10m）的大桥主桥部分的基础、下部和上部工程。

(12) 隧道。是指隧道工程的洞门及洞内工程。

(13) 钢材及钢结构。是指钢桥及钢索吊桥的上部构造，钢沉井、钢围堰、钢套箱及钢护筒等基础工程，钢索塔，钢锚箱，钢筋及预应力钢材，模数式及橡胶板式伸缩缝，钢盆式橡胶支座，四氟板式橡胶支座，金属标志牌、防撞钢护栏、防眩板（网）、隔离栅、防护网等工程项目。

购买路基材料的费用不作为其他工程费和间接费的计费基数。

1. 冬季施工增加费

冬季施工增加费，是指按照公路工程施工及验收规范所规定的冬季施工要求，为保证工程质量和安全生产所需采取的防寒保温设施、工效降低和机械作业率降低以及技术操作过程的改变等所增加的有关费用。

(1) 冬季施工增加费的计算。冬季施工增加费，以各类工程的直接工程费之和为基数，按工程所在地的气温区选用费率计算，见表7.3。即

$$\text{冬季施工增加费} = \Sigma(\text{各类工程的直接工程费} \times \text{冬季施工增加费率}) \quad (7.10)$$

表 7.3　　　　　　　　　　　**冬季施工增加费率表**　　　　　　　　　　　　％

气温区	冬季期平均气温（℃）								准一区	准二区
	>−1		−1～−4		−4～−7	−7～−10	−10～−14	<−14以下		
	冬一区		冬二区		冬三区	冬四区	冬五区	冬六区		
工程类别	Ⅰ	Ⅱ	Ⅰ	Ⅱ						
人工土方	0.28	0.44	0.59	0.76	1.44	2.05	3.07	4.61	—	—
机械土方	0.43	0.67	0.93	1.17	2.21	3.14	4.17	7.07		
汽车运输	0.08	0.12	0.17	0.21	0.40	0.56	0.84	1.27		
人工石方	0.06	0.10	0.13	0.15	0.30	0.44	0.65	0.98	—	—
机械石方	0.08	0.13	0.18	0.21	0.42	0.61	0.91	1.37		

续表

气温区	冬季期平均气温（℃）								准一区	准二区
	>-1		-1～-4		-4～-7	-7～-10	-10～-14	<-14以下		
	冬一区		冬二区		冬三区	冬四区	冬五区	冬六区		
工程类别	Ⅰ	Ⅱ	Ⅰ	Ⅱ						
高级路面	0.37	0.52	0.72	0.81	1.48	2.00	3.00	4.50	0.06	0.16
其他路面	0.11	0.20	0.29	0.37	0.62	0.80	1.20	1.80	—	—
构造物Ⅰ	0.34	0.49	0.66	0.75	1.36	1.84	2.76	4.14	0.06	0.15
构造物Ⅱ	0.42	0.60	0.81	0.92	1.67	2.27	3.40	5.10	0.08	0.19
构造物Ⅲ	0.83	1.18	1.60	1.81	3.29	4.46	6.69	10.03	0.15	0.37
技术复杂大桥	0.48	0.68	0.93	1.05	1.91	2.58	3.87	5.81	0.08	0.21
隧道	0.10	0.19	0.27	0.35	0.58	0.75	1.12	1.69	—	—
钢材及钢结构	0.02	0.05	0.07	0.09	0.15	0.19	0.29	0.43	—	—

冬季施工增加费的计算，采用全年平均摊销的方法，即不论是否在冬季施工，均按规定的取费标准计取冬季施工增加费。一条路线穿过两个以上的气温区时，可分段计算或按各区的工程量比例求得全线的平均增加率，计算冬季施工增加费。

（2）冬季气温区的划分。冬季气温区的划分是根据气象部门提供的满15年以上的气温资料确定的。

冬季气温区划分为冬一至六区，以及准冬季区，共7个大的分区。冬一区、冬二区、准冬季区分别划分两个副区。全国冬季施工气温区划分见《编制办法》附录七。

2. 雨季施工增加费

雨季施工增加费，是指雨季期间施工为保证工程质量和安全生产所需采取的防雨、排水、防潮和防护措施，工效降低和机械作业率降低以及技术作业过程的改变等，所需增加的有关费用。

（1）雨季施工增加费的计算。雨季施工增加费，以各类工程的直接工程费之和为基数，按工程所在地的雨量区、雨季期选用费率计算，见表7.4。

$$雨季施工增加费 = \sum（各类工程的直接工程费 \times 雨季施工增加费率） \quad (7.11)$$

雨季施工增加费采用全年平均摊销的方法，即不论是否在雨季施工，均按规定的取费标准计取雨季施工增加费。室内管道及设备安装工程不计雨季施工增加费。

一条路线通过不同的雨量区和雨季期时，应分别计算雨季施工增加费或按工程量比例求得平均的增加率，计算全线雨季施工增加费。

（2）雨量区和雨季期的划分。雨量区和雨季期的划分，是根据气象部门提供的满15年以上的降雨资料确定的。全国雨季施工雨量区及雨季期的划分见《编制办法》附录八。若当地气象资料与附录八所划定的雨量区及雨季期出入较大时，可按当地气象资料及上述划分标准确定工程所在地的雨量区及雨季期。

表 7.4　雨季施工增加费费率表

工程类别	雨季区(月数) 1	1.5	2		2.5		3		3.5		4		4.5		5		6		7	8
雨量区	I	II	I	II	I	II	I	II	I	II	I	II	I	II	I	II	I	II	I	I
人工土方	0.04	0.05	0.07	0.11	0.09	0.13	0.11	0.15	0.13	0.17	0.15	0.20	0.17	0.23	0.19	0.26	0.21	0.31	0.36	0.42
机械土方	0.04	0.05	0.07	0.11	0.09	0.13	0.11	0.15	0.13	0.17	0.15	0.20	0.17	0.23	0.19	0.27	0.22	0.32	0.37	0.43
汽车运输	0.04	0.05	0.07	0.11	0.09	0.13	0.11	0.16	0.13	0.19	0.15	0.20	0.17	0.25	0.19	0.27	0.22	0.32	0.37	0.43
人工石方	0.02	0.03	0.05	0.07	0.06	0.09	0.07	0.11	0.08	0.13	0.09	0.15	0.10	0.17	0.12	0.19	0.15	0.23	0.27	0.32
机械石方	0.0	0.04	0.06	0.10	0.08	0.12	0.10	0.14	0.12	0.16	0.14	0.19	0.16	0.22	0.18	0.25	0.20	0.29	0.34	0.39
高级路面	0.0	0.04	0.06	0.10	0.08	0.13	0.10	0.15	0.12	0.17	0.14	0.19	0.16	0.22	0.18	0.25	0.20	0.29	0.34	0.39
其他路面	0.03	0.04	0.06	0.09	0.08	0.12	0.09	0.14	0.10	0.16	0.12	0.18	0.14	0.21	0.16	0.24	0.19	0.28	0.32	0.37
构造物 I	0.03	0.04	0.05	0.08	0.06	0.09	0.07	0.11	0.08	0.13	0.10	0.105	0.12	0.17	0.14	0.19	0.16	0.23	0.27	0.31
构造物 II	0.03	0.04	0.05	0.08	0.07	0.10	0.08	0.12	0.09	0.14	0.11	0.16	0.13	0.18	0.15	0.21	0.17	0.25	0.30	0.34
构造物 III	0.06	0.08	0.11	0.17	0.14	0.21	0.17	0.25	0.20	0.30	0.23	0.35	0.27	0.40	0.31	0.45	0.35	0.52	0.60	0.69
技术复杂大桥	0.03	0.05	0.07	0.10	0.08	0.12	0.10	0.14	0.12	0.16	0.14	0.19	0.16	0.22	0.18	0.25	0.20	0.29	0.34	0.39
隧道	—	—	—	—	—	—	—	—	—	—	—	—	—	—	—	—	—	—	—	—
钢材及钢结构	—	—	—	—	—	—	—	—	—	—	—	—	—	—	—	—	—	—	—	—

%

7.1 建筑安装工程费

3. 夜间施工增加费

夜间施工增加费,是指根据设计、施工的技术要求和合理的施工进度要求,必须夜间连续施工而发生的工效降低、夜班津贴以及有关照明设施(包括所需照明设施的安拆、摊销、维修及没燃料、电)等增加的费用。

夜间施工增加费计算按夜间施工工程项目(如桥梁工程项目包括上、下部构造全部工程)的直接工程费之和为基数,按表 7.5 的费率计算。

表 7.5　　　　　　　　　　　夜间施工增加费费率表　　　　　　　　　　　%

工程类别	费率	工程类别	费率
构造物Ⅱ	0.35	技术复杂大桥	0.35
构造物Ⅲ	0.70	钢材及钢结构	0.35

注　设备安装工程及金属标志牌、防撞钢护栏、防眩板(网)、隔离栅、防护网等不计夜间施工增加费。

4. 特殊地区施工增加费

特殊地区施工增加费包括高原地区施工增加费、风沙地区施工增加费和沿海地区施工增加费 3 项。

(1) 高原地区施工增加费。高原地区施工增加费,是指在海拔高度 1500m 以上地区施工,由于受气候、气压的影响,致使人工、机械效率降低而增加的费用。该费用各类工程人工费和机械使用费之和为基数,按表 7.6 的费率计算。

表 7.6　　　　　　　　　　　高原地区施工增加费费率表　　　　　　　　　　　%

工程类别	海拔高度 (m)							
	1501～2000	2001～2500	2501～3000	3001～3500	3501～4000	4001～4500	4501～5000	>5000
人工土方	7.00	13.25	19.75	29.75	43.25	60.00	80.00	110.00
机械土方	6.56	12.60	18.66	25.60	36.05	49.08	64.72	83.80
汽车运输	6.50	12.50	18.50	25.00	35.00	47.50	62.50	80.00
人工石方	7.00	13.25	19.75	29.75	43.25	60.00	80.00	110.00
机械石方	6.71	12.82	19.03	27.01	38.50	52.80	69.62	92.72
高级路面	6.58	12.61	18.69	25.72	36.26	49.41	65.17	84.58
其他路面	6.73	12.84	19.07	27.15	38.74	53.17	70.44	93.60
构造物Ⅰ	6.87	13.06	19.44	28.56	41.18	56.86	75.61	102.47
构造物Ⅱ	6.77	12.90	19.17	27.54	39.41	54.18	71.85	96.03
构造物Ⅲ	6.73	12.85	19.08	27.19	38.81	53.27	70.57	93.84
技术复杂大桥	6.70	12.81	19.01	26.94	38.37	52.61	69.65	92.27
隧道	6.76	12.90	19.16	27.50	39.35	54.09	71.72	95.81
钢材及钢结构	6.78	12.92	19.20	27.66	39.62	54.50	72.30	96.80

一条路线通过两个以上(含两上)不同的海拔高度分区时,应分别计算高原地区施工增加费或按工程量比求得平均的增加率,计算全线高原地区施工增加费。

(2) 风沙地区施工增加费。风沙地区施工增加费,是指在沙漠地区施工时,由于受

风沙影响,按照施工及验收规范的要求,为保证工程质量和安全生产而增加的有关费用。

风沙地区的施工增加费以各类工程的人工费和机械费使用费之和为基数,根据工程所在地的风沙区划分及类别,按表7.7的费率计算。

表 7.7 风沙区施工增加费费率表 %

风沙区划 工程类别	风沙一区			风沙二区			风沙三区		
	沙 漠 类 型								
	固定	半固定	流动	固定	半固定	流动	固定	半固定	流动
人工土方	6.00	11.00	18.00	7.00	17.00	26.00	11.00	24.00	37.00
机械土方	4.00	7.00	12.00	5.00	11.00	17.00	7.00	15.00	24.00
汽车运输	4.00	8.00	13.00	5.00	12.00	18.00	8.00	17.00	26.00
人工石方	—	—	—	—	—	—	—	—	—
机械石方	—	—	—	—	—	—	—	—	—
高级路面	0.50	1.00	2.00	1.00	2.00	3.00	2.00	3.00	5.00
其他路面	2.00	4.00	7.00	3.00	7.00	10.00	4.00	10.00	15.00
构造物 Ⅰ	4.00	7.00	12.00	5.00	11.00	17.00	7.00	16.00	24.00
构造物 Ⅱ	—	—	—	—	—	—	—	—	—
构造物 Ⅲ	—	—	—	—	—	—	—	—	—
技术复杂大桥	—	—	—	—	—	—	—	—	—
隧道	—	—	—	—	—	—	—	—	—
钢材及钢结构	1.00	2.00	4.00	1.00	3.00	5.00	2.00	5.00	7.00

(3) 沿海地区工程施工增加费。沿海地区工程施工增加费,是指工程项目在沿海地区施工受海风、海浪和潮汐的影响,致使人工、机械效率降低等所需增加的费用。本项费用由沿海各省、自治区、直辖市交通厅(局)制定具体的适用范围(地区),并抄送交通部公路司备案。

沿海地区工程施工增加费以各类工程的直接工程费之和为基数,按表7.8的费率计算。

表 7.8 沿海地区工程施工增加费费率表 %

工程类别	费率	工程类别	费率
构造物 Ⅱ	0.15	技术复杂大桥	0.15
构造物 Ⅲ	0.15	钢材及钢结构	0.15

5. 行车干扰工程施工增加费

行车干扰工程施工增加费,是指由于边施工边维持通车,工程施工受行车干扰的影响,致使人工、机械效率降低而增加的费用。该费用受行车影响部分的工程项目的人工费和机械使用之和为基数,按表7.9的费率计算。

7.1 建筑安装工程费

表 7.9 行车干扰工程施工增加费费率表 %

工程类别	施工期间平均每昼夜双向行车次数（汽车、畜力车合计）							
	51～100	101～500	501～1000	1001～2000	2001～3000	3001～4000	4001～5000	>5000
人工土方	1.64	2.46	3.28	4.10	4.76	5.29	5.86	6.44
机械石方	1.39	2.19	3.00	3.89	4.51	5.02	5.56	6.11
汽车运输	1.36	2.09	2.85	3.75	4.35	4.84	5.36	5.89
人工石方	1.66	2.40	3.33	4.06	4.71	5.24	5.81	6.37
机械石方	1.16	1.71	2.38	3.19	3.70	4.12	4.56	5.01
高级路面	1.24	1.87	2.50	3.11	3.61	4.01	4.45	4.88
其他路面	1.17	1.77	2.36	2.94	3.41	3.79	4.20	4.62
构造物Ⅰ	0.94	1.41	1.89	2.36	2.74	3.04	3.37	3.71
构造物Ⅱ	0.95	1.43	1.90	2.37	2.75	3.06	3.39	3.72
构造物Ⅲ	0.95	1.42	1.90	2.37	2.75	3.05	3.38	3.72
技术复杂大桥	—	—	—	—	—	—	—	—
隧道	—	—	—	—	—	—	—	—
钢材及钢结构	—	—	—	—	—	—	—	—

6. 安全及文明施工措施费

安全及文明施工措施费，是指工程施工期间为满足安全生产、文明施工、职工健康生活所发生的费用。安全及文明施工措施费以各类工程的直接工程费之和为基数，按表 7.10 的费率计算。

表 7.10 安全及文明施工措施费费率表 %

工程类别	费率	工程类别	费率
人工土方	0.59	构造物Ⅰ	0.72
机械土方	0.59	构造物Ⅱ	0.78
汽车运输	0.21	构造物Ⅲ	1.57
人工石方	0.59	技术复杂大桥	0.86
机械石方	0.59	隧道	0.73
高级路面	1.00	钢材及钢结构	0.53
其他路面	1.02		

注 设备安装工程按表中费率的 50% 计算。

7. 临时设施费

临时设施费，是指施工企业为进行建筑安装工程施工所必需的生活和生产的临时建筑物、构筑物和其他临时设施的费用等，但不包括概、预算定额中临时工程在内。

临时设施费用内容包括临时设施的搭设、维修、拆除费或摊销费。

临时设施费以各类工程的直接工程费之和为基数，按表 7.11 的费率计算。

表 7.11　　　　　　　　　　　临时设施费费率表　　　　　　　　　　　　　　　%

工程类别	费率	工程类别	费率
人工土方	1.57	构造物Ⅰ	2.65
机械土方	1.42	构造物Ⅱ	3.14
汽车运输	0.92	构造物Ⅲ	5.81
人工石方	1.60	技术复杂大桥	2.92
机械石方	1.97	隧道	2.57
高级路面	1.92	钢材及钢结构	2.48
其他路面	1.87		

8. 施工辅助费

施工辅助费，包括生产工具用具使用费、检验试验费和工程定位复测、工程点交、场地清理等费用。

施工辅助以各类工程的直接工程费之和为基数，按表 7.12 的费率计算。

表 7.12　　　　　　　　　　　施工辅助费率表　　　　　　　　　　　　　　　%

工程类别	费率	工程类别	费率
人工土方	0.89	构造物Ⅰ	1.30
机械土方	0.49	构造物Ⅱ	1.56
汽车运输	0.16	构造物Ⅲ	3.03
人工石方	0.85	技术复杂大桥	1.68
机械石方	0.46	隧道	1.23
高级路面	0.80	钢材及钢结构	0.56
其他路面	0.74		

9. 工地转移费

工地转移费，是指施工企业根据建设任务的需要，由已竣工的工地或后方基地迁至新工地的搬迁费用。

工地转移费以各类工程的直接工程费之和为基数，按表 7.13 的费率计算。工地转移里程数在表列里程之间时，费率以内插计算。工地转移距离在 50km 以内的工程不计算工地转移费。

表 7.13　　　　　　　　　　　工地转移费费率表　　　　　　　　　　　　　　　%

工程类别	工地转移里程（km）					
	50	100	300	500	1000	每增加100
人工土方	0.15	0.21	0.32	0.43	0.56	0.03
机械石方	0.50	0.67	1.05	1.37	1.82	0.08

7.1 建筑安装工程费

续表

工程类别	工地转移里程（km）					
	50	100	300	500	1000	每增加100
汽车运输	0.31	0.40	0.62	0.82	1.07	0.05
人工石方	0.16	0.22	0.33	0.45	0.58	0.03
机械石方	0.35	0.43	0.74	0.97	1.28	0.06
高级路面	0.61	0.83	1.30	1.70	2.27	0.12
其他路面	0.56	0.75	1.18	1.54	2.06	0.10
构造物Ⅰ	0.56	0.75	1.18	1.54	2.06	0.11
构造物Ⅱ	0.66	0.89	1.40	1.83	2.45	0.13
构造物Ⅲ	1.31	1.77	2.77	3.62	4.85	0.25
技术复杂大桥	0.75	1.01	1.58	1.06	2.76	0.14
隧道	0.52	0.71	1.11	1.45	1.94	0.10
钢材及钢结构	0.72	0.97	1.51	1.97	2.64	0.13

7.1.3 间接费

间接费，由规费和企业管理费两项组成。

按照《编制办法》取定间接费的费率。间接费工程类别划分和其他工程费工程类别划分完全相同。

1. 规费

规费，是指法律、法规、规章、规程规定施工企业必须缴纳的费用（简称规费）。其内容包括包括施工企业按照规定标准为职工缴纳的养老保险费、失业保险费、医疗保险费、住房公积金和工伤保险费等。

各项规费以各类工程的人工费之和为基数，按国家或工程所在地法律、法规、规章、规定的标准计算。

2. 企业管理费

企业管理费，由基本费用、主副食运费补贴、职工探亲路费、职工取暖补贴和财务费用5项组成。

（1）基本费用。基本费用，是指施工企业为组织施工生产和经营管理所需的费用。其内容包括管理人员工资、办公费、差旅交通费、固定资产使用费、工具用具使用费、劳动保险费、工会经费、职工教育经费、保险费、工程保修费、工程排污费、税金，以及上述项目以外的其他必要的费用支出，共13项。

该费用以各类工程的直接费之和为基数，按表7.14的费率计算。

（2）主副食运费补贴。主副食运费补贴，是指施工企业在远离城镇及乡村的野外施工购买生活必需品所增加的费用。该费用以各类工程的直接费之和为基数，按表7.15的费率计算。

第 7 章 公路工程概、预算费用计算与编制示例

表 7.14　　　　　　　　　　　基 本 费 用 费 率 表　　　　　　　　　　　　　%

工程类别	费率	工程类别	费率
人工土方	3.36	构造物Ⅰ	4.44
机械土方	3.26	构造物Ⅱ	5.53
汽车运输	1.44	构造物Ⅲ	9.79
人工石方	3.45	技术复杂大桥	4.72
机械石方	3.28	隧道	4.22
高级路面	1.91	钢材及钢结构	2.42
其他路面	3.28		

表 7.15　　　　　　　　　　　主副食运费补贴费率表　　　　　　　　　　　　　%

工程类别	综合里程 (km)										
	1	3	5	8	10	15	20	25	30	40	50	每增加10
人工土方	0.17	0.25	0.31	0.39	0.45	0.56	0.67	0.76	0.89	1.06	1.22	0.16
机械土方	0.13	0.19	0.24	0.30	0.35	0.43	0.52	0.59	0.69	0.81	0.95	0.13
汽车运输	0.14	0.20	0.25	0.32	0.37	0.45	0.55	0.62	0.73	0.86	1.00	0.14
人工石方	0.13	0.19	0.24	0.30	0.34	0.42	0.51	0.58	0.67	0.81	0.92	0.12
机械石方	0.12	0.18	0.22	0.28	0.33	0.41	0.49	0.55	0.65	0.76	0.89	0.12
高级路面	0.08	0.12	0.15	0.20	0.22	0.28	0.33	0.38	0.44	0.52	0.60	0.08
其他路面	0.09	0.12	0.15	0.20	0.22	0.28	0.33	0.38	0.44	0.52	0.61	0.09
构造物Ⅰ	0.13	0.18	0.23	0.28	0.32	0.40	0.49	0.55	0.65	0.76	0.89	0.12
构造物Ⅱ	0.14	0.20	0.25	0.30	0.35	0.43	0.52	0.60	0.70	0.83	0.96	0.13
构造物Ⅲ	0.25	0.36	0.45	0.55	0.64	0.79	0.96	1.09	1.28	1.51	1.76	0.24
技术复杂大桥	0.11	0.16	0.20	0.25	0.29	0.36	0.43	0.49	0.57	0.68	0.79	0.11
隧道	0.11	0.16	0.19	0.24	0.28	0.34	0.42	0.48	0.56	0.66	0.77	0.10
钢材及钢结构	0.11	0.16	0.20	0.26	0.30	0.37	0.44	0.50	0.59	0.69	0.80	0.11

$$每综合里程 = 粮食运距 \times 0.06 + 燃料运距 \times 0.09 + 蔬菜运距 \times 0.15 + 水运距 \times 0.7 \tag{7.12}$$

粮食、燃料、蔬菜、水的运距均为全线平均运距；综合里程数在表列里程之间时，费率可内插；综合里程在1km以内的工程不计取本项费用。

（3）职工探亲路费。职工探亲路费，是指施工企业职工在探亲期间发生的往返车船费、市内交通费和途中住宿费等费用。

该费用以各类工程的直接费之和为基数，按表 7.16 的费率计算。

（4）职工取暖补贴。职工取暖补贴，是指按规定发放给职工的冬季职暖费或在施工现场设置的临时取暖设施的费用。

该费用以各类工程的地直接费之和为基数，按工程所在地的气温区（见《编制办法》附录七）选用表 7.17 的费率计算。

7.1 建筑安装工程费

表 7.16　　　　　　　　　职工探亲路费费率表　　　　　　　　　　　%

工 程 类 别	费 率	工 程 类 别	费 率
人工土方	0.10	构造物Ⅰ	0.29
机械土方	0.22	构造物Ⅱ	0.34
汽车运输	0.14	构造物Ⅲ	0.55
人工石方	0.10	技术复杂大桥	0.20
机械石方	0.22	隧道	0.27
高级路面	0.14	钢材及钢结构	0.16
其他路面	0.16		

表 7.17　　　　　　　　　职工取暖补贴费率表　　　　　　　　　　　%

工程类别	气 温 区						
	准二区	冬一区	冬二区	冬三区	冬四区	冬五区	冬六区
人工土方	0.03	0.06	0.10	0.15	0.17	0.26	0.31
机械石方	0.06	0.13	0.22	0.33	0.44	0.55	0.66
汽车运输	0.06	0.13	0.21	0.31	0.41	0.51	0.62
人工石方	0.03	0.06	0.10	0.15	0.17	0.25	0.31
机械石方	0.05	0.11	0.17	0.26	0.35	0.44	0.53
高级路面	0.04	0.07	0.13	0.19	0.25	0.31	0.38
其他路面	0.04	0.07	0.13	0.18	0.24	0.30	0.36
构造物Ⅰ	0.06	0.12	0.19	0.28	0.36	0.46	0.56
构造物Ⅱ	0.06	0.13	0.20	0.30	0.41	0.51	0.62
构造物Ⅲ	0.11	0.23	0.37	0.56	0.74	0.93	1.13
技术复杂大桥	0.05	0.10	0.17	0.26	0.34	0.42	0.51
隧道	0.04	0.08	0.14	0.22	0.28	0.36	0.43
钢材及钢结构	0.04	0.07	0.12	0.19	0.25	0.31	0.37

（5）财务费用。财务费用，是指施工企业为筹集资金而发生的各项费用，包括企业经营期间发生的短期贷款利息净支出、汇兑净损失、调剂外汇手续费、金融机构手续费，以及企业筹集资金发生的其他财务费用。

财务费用以各类工程的直接费之和为基数，按表 7.18 的费率计算。

表 7.18　　　　　　　　　财务费用费率表　　　　　　　　　　　%

工 程 类 别	费 率	工 程 类 别	费 率
人工土方	0.23	构造物Ⅰ	0.37
机械土方	0.21	构造物Ⅱ	0.40
汽车运输	0.21	构造物Ⅲ	0.82
人工石方	0.22	技术复杂大桥	0.46
机械石方	0.20	隧道	0.39
高级路面	0.27	钢材及钢结构	0.48
其他路面	0.30		

3. 辅助生产间接费

辅助生产间接费，是指由施工单位自行开采加工的砂、石等材料及施工单位自办的人工装卸和运输的间接费。

辅助生产间接费按人工费的5%计。该项费用并入材料预算单价内构成材料费，不直接出现在概（预）算中。

高原地区施工单位的辅助生产，按其他工程费中高原地区施工增加费费率，以直接工程费为基数计算高原地区施工增加费（其中人工采集、加工材料，人工装卸、运输材料按人工土方费率计算；机械采集、加工材料按机械石方费率计算；机械装、运输材料按汽车运输费率计算）。

7.1.4 利润

利润，是指施工企业完成所承包工程应取得的盈利。按直接费与间接费之和扣除规费后金额的7%计算，即

$$利润 = (直接费 + 间接费 - 规费) \times 7\% \tag{7.13}$$

7.1.5 税金

税金，是指按国家税法规定应计入建筑安装工程造价内的营业税、城市维护建设税及教育费附加等。计算公式为

$$综合税金额 = (直接费 + 间接费 + 利润) \times 综合税率 \tag{7.14}$$

综合税率计算分以下3种情况：

（1）纳税地点在市区的企业，综合税率为：3.41%

（2）纳税地点在县城、乡镇的企业，综合税率为：3.35%

（3）纳税地点不在市区、县城、乡镇的企业，综合税率为：3.22%

【例7.3】 某二级公路一座钢筋混凝土矩形板桥（小桥），经过计算直接费125300元，间接费27500元（其中规费3000元），工程公司缴税地点在市区，试计算该矩形板桥的利润和税金。

解： 该桥是一座小桥，是项目表中的一个"节"，根据题意计算如下：

按照式（7.13）：利润 = (125300 + 27500 − 3000) × 7% = 10486（元）；

按照式（7.14）：综合税金额 = (125300 + 27500 + 10486) × 3.41% = 5568.05（元）。

7.2 设备、工具、器具及家具购置费

7.2.1 设备购置费

设备购置费，是指为满足公路的营运、管理、养护需要，购置的达到固定资产标准的设备和虽低于固定资产标准但属于设计明确列入设备清单的设备的费用，包括渡口设备，隧道照明、消防、通风的动力设备，高等级公路的收费、监控、通信、供电设备，养护用的机械、设备和工具、器具等的购置费用。设备与材料的划分标准见附录四。

设备购置费包括设备原价、运杂费、运输保险费和采购及保管费，按式（7.15）计算。

7.2 设备、工具、器具及家具购置费

$$设备购置费=设备原价+运杂费(运输费+装卸费+搬运费)$$
$$+运输保险费+采购及保管费 \tag{7.15}$$

需要安装的设备,需要另计算设备的安装工程费。

1. 设备原价

(1) 国产设备原价。国产设备原价,一般是指设备制造厂的交货价,即出厂价或订货合同价。另外,还需计算必要的包装费和手续费。即

$$设备原价=出厂价(或供货地点价)+包装费+手续费 \tag{7.16}$$

(2) 进口设备原价。进口设备原价,是指进口设备的抵岸价,即抵达买方边境港口或边境车站,且交完关税为止形成的价格。即

$$进口设备原价=货价+国际运费+运输保险费+银行财务费+外贸手续费+关税+增值税+消费税+商检费+检疫费+车辆购置附加费 \tag{7.17}$$

进口设备原价的各组成部分计算详见《编制办法》。

2. 设备运杂费

国产设备运杂费,是指由设备制造厂交货地点起至工地仓库(或施工组织设计指定的需要安装设备的堆放地点)止所发生的运费和装卸费;进口设备运杂费指由我国到岸港口或边境车站起至工地仓库(或施工组织设计指定的需要安装设备的堆放地点)止所发生的运费和装卸费。运杂费计算公式为

$$运杂费=设备原价×运杂费费率 \tag{7.18}$$

设备运杂费费率见表 7.19。

表 7.19 设 备 运 杂 费 费 率 表

运输里程 (km)	100 以内	101~200	201~300	301~400	401~500	501~750	751~1000	1001~1250	1251~1500	1501~1750	1751~2000	2000 以上每增 250
费率(%)	0.8	0.9	1.0	1.1	1.2	1.5	1.7	2.0	2.2	2.4	2.6	0.2

3. 设备运输保险费

设备运输保险费,是指国内运输保险费。其计算公式为

$$运输保险费=设备原价×保险费费率 \tag{7.19}$$

设备运输保险费费率一般为 1‰。

4. 设备采购及保管费

设备采购及保管费,是指采购、验收、保管和收发设备所发生的各种费用。这包括设备采购人员、保管人员和管理人员的工资、工资附加费、办公费、差旅交通费、设备供应部门办公和仓库所占固定资产使用费、工具用具使用费、劳动保护费、检验试验费等。其计算公式为

$$采购及保管费=设备原价×采购及保管费费率 \tag{7.20}$$

对于需要安装的设备,采购保管费费率为 2.4‰,不需要安装的设备采购保管费的费率为 1.2‰。

7.2.2 工器具及生产家具购置费

工器具及生产家具（简称工器具），是指建设项目交付使用后，为满足初期正常营运必须购置的第一套不构成固定资产的设备、仪器、仪表、工卡模具、器具、工作台（框、架、柜）等的费用。该费用不包括构成固定资产的设备、工器具和备品、备件，及已列入设备购置费中的专用工具和备品、备件。

工器具购置购置费的计算方法同设备购置费。

7.2.3 办公和生活用家具购置费

办公和生活用家具购置费，是指为保证新建、改建项目初期正常生产、使用和管理所必须购置的办公和生活用家具、用具的费用。办公和生活用家具包括行政、生产部门的办公室、会议室、资料档案室、阅览室、单身宿舍及生活福利设施等的家具、用具。

办公和生活用家具购置费按表 7.20 的规定计算。

表 7.20 办公和生活用家具购置费标准表

工程所在地	路线（元/公路公里）				有看桥房的独立大桥（元/座）	
	高速公路	一级公路	二级公路	三级、四级公路	一般大桥	技术复杂大桥
内蒙古、黑龙江、青海、新疆、西藏	21500	15600	7800	4000	24000	60000
其他省、自治区、直辖市	17500	14600	5800	2900	19800	49000

注 改建工程按表列数 80% 计。

7.3 工程建设其他费用

7.3.1 土地征用及拆迁补偿费

土地征用及拆迁补偿费，是指按照《中华人民共和国土地管理法》及《中华人民共和国土地管理法实施条例》、《中华人民共和国基本农田保护条例》等法律、法规的规定，为进行公路建设需征用土地所支付的费用。

1. 费用内容

土地征用及拆迁补偿费包括土地补偿费、征用耕地安置补助费、拆迁补偿费，复耕费、耕地开垦费和林植被恢复费，共 6 项。这是公路建设征用土地花费的各项费用。

2. 计算方法

土地征用及拆迁补偿费应根据审批单位批准的建设工程用地和临时用地面积及其附着物的情况，以及实际发生的费用项目，按国家有关规定及工程所在地的省、自治区、直辖市人民政府颁发的有关规定和标准计算。

森林植被恢复费应根据审批单位批准的建设工程占用林地的类型及面积，按国家有关规定及工程所在地的省、自治区、直辖市人民政府颁发的有关规定和标准计算。

当与原有的电力电信设施、水利工程、铁路及铁路设施互相干扰时，应与有关部门联系，商定合理的解决方案和补偿金额，也可由这些部门按规定编制费用以确定补偿金额。

7.3.2 建设项目管理费

建设项目管理费，包括建设单位（业主）管理费、工程质量监督费、工程监理费、工程定额测定费、设计文件审查费和竣（交）工验收试验检测费，共6项。

1. 建设单位（业主）管理费

建设单位（业主）管理费，是指建设单位（业主）为建设项目的立项、筹建、建设、竣（交）工验收、总结等工作所发生的费用，不包括应计入设备、材料预算价格的建设单位采购及保管设备、材料所需的费用。

建设单位（业主）管理费的计算方法：以建筑安装工程费总额为基数，按表7.21的费率，以累进办法计算。

表 7.21 建设单位管理费费率表

第一部分 建设安装工程费（万元）	费率（%）	算 例 （万元）	
		建筑安装工程费	建设单位（业主）管理费
<500	3.48	500	500×3.48％＝17.4
501～1000	2.73	1000	17.4＋500×2.73％＝31.05
1001～5000	2.18	5000	31.05＋4000×2.18％＝118.25
5001～10000	1.84	10000	118.25＋5000×1.84％＝210.25
10001～30000	1.52	30000	210.25＋20000×1.52％＝514.25
30001～50000	1.27	50000	514.25＋20000×1.27％＝768.25
50001～100000	0.94	100000	768.25＋50000×0.94％＝1238.25
100001～150000	0.76	150000	1238.25＋50000×0.76％＝1618.25
150001～200000	0.59	200000	1618.25＋50000×0.59％＝1913.25
200001～300000	0.43	300000	1913.25＋100000×0.43％＝2343.25
>300000	0.32	310000	2343.25＋10000×0.32％＝2375.25

水深大于15m、跨度不小于400m的斜拉桥和跨度不小于800m的悬索桥等独立特大型桥梁工程的建设单位（业主）管理费按表7.21中的费率乘以1.0～1.2的系数计算；海上工程［指由于风流影响，工程施工期（不包括封冻期）全年月平均工作日少于15d的工程］的建设单位（业主）管理费按表7.21中的费率乘以1.0～1.3的系数计算。

2. 工程质量监督费

工程质量监督费，是指根据国家有关部门规定，各级公路工程质量监督机构对工程建设质量和安全生产实施监督应收取的管理费用。其计算方法为：

工程质量监督费以建筑安装工程费总额为基数乘以0.15％费率计算。

3. 工程监理费

工程监理费，是指建设单位（业主）委托具有公路工程监理资格的单位，按施工监理规范进行全面的监督和管理所发生的费用。

工程监理费以建筑安装工程费总额为基数，按表7.22的费率计算。

表 7.22　　　　　　　　　　工 程 监 理 费 费 率 表

工程类别	高速公路	一级及二级公路	三级及四级公路	桥梁及隧道
费率（%）	2.0	2.5	3.0	2.5

注　表中的桥梁指水深大于15m、斜拉桥和悬索等独立特大型桥墩梁工程；隧道指水下隧道工程。

建设单位（业主）管理费和工程监理费均为实施建设项目管理的费用，在保证监理费用的前提下，可统筹使用。

4. 工程定额测定费

工程定额测定费，是指各级公路（交通）工程定额（造价管理）站为测定劳动定额、搜集定额资料、编制工程定额及定额管理所需要的工作经费。

工程定额测定费以建筑安装工程费总额为基数，按0.12%计算。

5. 设计文件审查费

设计文件审查费，是指国家和省级交通主管部门在项目审批前，为保证勘察设计工作的质量，组织有关专家或委托有资质的单位，对设计单位提交的建设项目可行性研究报告和勘察设计文件以及对设计变更、调整概算进行审查所需要的相关费用。

设计文件审查费以建筑安装工程费总额为基数，按0.1%计算。

6. 竣（交）工验收试验检测费

竣（交）工验收试验检测费，是指在公路建设项目交工验收和竣工验收前，由建设单位（业主）或工程质量监督机构委托有资质的公路工程质量检测单位按照有关规定对建设项目的工程质量进行检测，并出具检测意见所需要的相关费用。

竣（交）工验收试验检测费按表7.23的规定计算。

表 7.23　　　　　　　　竣（交）工验收试验检测费标准表

项　　目	路线（元/公路公里）				独立大桥（元/座）	
	高速公路	一级公路	二级公路	三级、四级公路	一般大桥	技术复杂大桥
试验检测费	15000	12000	10000	5000	30000	100000

对于竣（交）工验收试验检测费，高速公路、一级公路按四车道计算，二级及以下等级公路按双车道计算，每增加一条车道，按表7.23的费用增加10%。

【例7.4】　某一级公路工程，全长60km，经计算建筑安装工程费为135625.4万元，试分别计算建设单位（业主）管理费、工程质量监督费、工程监理费、工程定额测定费、设计文件审查费和竣（交）工验收试验检测费共6项费用。

解：根据题意，建筑安装工程费为135625.40万元，各项费用计算如下：

（1）建设单位（业主）管理费。按表7.21的费率，以累进办法计算。查表7.21得到50001～100000万元的管理费用为1238.25万元，则本工程项目建设单位（业主）管理费为

$$1283.25+(135625.4-100000)\times 0.76\%=1509.00（万元）$$

（2）工程质量监督费：$135625.4\times 0.15\%=203.44$（万元）。

（3）工程监理费：$135625.4\times 2.5\%=3390.64$（万元）。

(4) 工程定额测定费：135625.4×0.12‰＝162.75（万元）。

(5) 设计文件审查费：135625.4×0.1‰＝135.63（万元）。

(6) 竣（交）工验收试验检测费。按照表7.23规定，60×1.2＝72（万元）；建设单位（业主）管理费共计：

$$1509.00+203.44+3390.64+162.75+135.63+72=5473.46(万元)$$

7.3.3 研究试验费

研究试验费是指为本建设项目提供或验证设计数据、资料进行必要的研究试验所需的费用，按照设计规定在施工过程中必须进行的试验、验证所需的费用，以及支付科技成果、先进技术的一次性技术转让费。该费用不包括：

(1) 应用科技3项费用（即新产品试制费、中间试验费和重要科学研究补助费）开支的项目。

(2) 应由施工辅助费开支的施工企业对建筑材料、构件和建筑物进行一般鉴定、检查所发生的费用及技术革新研究试验费。

(3) 应由勘察设计费或建筑安装工程费用中开支的项目。

计算方法：按照设计的提出的研究试验内容和要求进行编制，不需验证设计基础资料的不计本项费用。

7.3.4 建设项目前期工作费

建设项目前期工作费，是指委托勘察设计、咨询单位对建设项目进行可行性研究、工程勘察设计，以及设计、监理、施工招标文件及招标标底或造价控制值文件编制时，按规定应支付的费用。费用内容包括：

(1) 编制项目建议书（或预可行性研究报告）、可行性研究报告、投资估算，以及相应的勘察、设计、专题研究等所需的费用。

(2) 初步设计和施工图设计的勘察费（包括测量、水文调查、地质勘探等）、设计费、概、预算及调整概算编制费等。

(3) 设计、监理、施工招标文件及招标标底（或造价控制值或清单预算）文件编制费等。

计算方法：依据委托合同计列，或按国家颁发的收费标准和有关规定进行编制。

7.3.5 专项评价（估）费

专项评价（估）费，是指依据国家法律、法规规定必须进行评价（评估）、咨询时，按规定应支付的费用。该费用包括环境影响评价费、水土保持评估费、地震安全性评价费、地质灾害危险性评价费、压覆重要矿床评估费、文物勘察费、通航论证费、行洪论证（评估）费、使用林地可行性研究报告编制费、用地预审报告编制费等费用。

计算方法：按国家颁发的收费标准和有关规定进行编制。

7.3.6 施工机构迁移费

施工机构迁移费，是指施工机构根据建设任务的需要，经有关部门决定成建制地（指工程处等）由原驻地迁移到另一地区所发生的一次性搬迁费用。

费用内容包括：职工及随同家属的差旅费，调迁期间的工资，施工机械、设备、工具、用具和周转性材料的搬运费。但该项不包括因工程中标、盲目调遣施工队伍和规定距离内的施工力量调动引起的迁移费用。

计算方法：施工机构迁移费应经建设项目的主管部门同意按实计算。但计算施工机构迁移费后，其他工程费内的工地转移费应按照施工机构迁移后的新地点距离工程现场的距离计算。

7.3.7 供电贴费

供电贴费，是指按照国家规定，建设项目应交付的供电工程贴费、施工临时用电贴费。

计算方法：按国家有关规定计列（目前停止征收）。

7.3.8 联合试运转费

联合试运转费，是指新建、改（扩）建工程项目，在竣工验收前按照设计规定的工程质量标准，进行动（静）载荷载实验所需的费用，或进行整套设备带负联合试运转期间所需的全部费用抵扣试车期间收入的差额。该费用不包括应由设备安装工程项下开支的调试费的费用。

费用计算方法：联合试运转费以建筑安装工程费总额为基数，独立特大型桥梁按 0.075% 计算，其他工程按 0.05% 计算。

7.3.9 生产人员培训费

生产人员培训费，是指新建、改（扩）建公路工程项目，为保证生产的正常运行，在工程竣工验收交付使用前对运营部门生产人员和管理人员进行培训所必需的费用。

费用内容包括：培训人员的工资、工资性补贴、职工福利费、差旅交通费、劳动保护费、培训及教学实习费等。

计算方法：按设计定员和 2000 元/人的标准计算。

7.3.10 固定资产投资方向调节税

固定资产投资方向调节税，是指为了贯彻国家产业政策，控制投资规模，引导高效方向调整投资结构，加强重点建设，促进国民经济持续发展，依照《中华人民共和国固定资产投资方向调节税暂行条例》规定，公路建设项目应缴纳的固定资产投资方向调节税。

计算方法：按国家有关规定计算（目前暂停征收）。

7.3.11 建设期贷款利息

建设贷款利息，是指建设项目中分年度使用国内贷款或国外贷款部分，在建设期内应归还的贷款利息。费用内容包括各种金融机构贷款、企业集资、建设债券和外汇贷款等利息。

计算方法：根据不同的资金来源按需付息的分年度投资计算。计算公式如下：

建设期贷款利息＝∑(上年末付息贷款本息累计＋本年度付息贷款额÷2)×年利率

$$S = \sum_{n=1}^{N}(F_{n-1} + b_n \div 2)i \tag{7.21}$$

式中　S——建设期贷款利息，元；

　　　N——项目建设期，年；

　　　n——施工年度；

　　　F_{n-1}——建设期第（$n-1$）末需付息贷款本息累计，元；

　　　b_n——建设期第 n 年度付息贷款额，元；

　　　i——建设期贷款年利率，%。

【例 7.5】 某高速公路工程需要贷款 120000 万元，建设期 3 年，每年贷款额均为 40000 万元，年贷款利率 8%，试计算建设期的贷款利息是多少？

解：根据题意，按照式（7.21），各年的贷款利息计算如下。

第 1 年：$S_1=(40000\div 2)\times 8\%=1600$（万元），第 1 年末本息累计 41600 万元。

第 2 年：$S_2=(41600+40000\div 2)\times 8\%=4928$（万元），第 2 年末本息累计 41600+40000+4928=86528 万元。

第 3 年：$S_3=(86528+40000\div 2)\times 8\%=8522.24$（万元）。

建设期的贷款利息总额为：$S=S_1+S_2+S_3=1600+4928+8522.24=15050.24$（万元）。

7.4　预备费和回收金额

7.4.1　预备费

在公路工程建设期限内，应严格控制预备费的使用。凡需动用预备费时，应有交通部门或按其隶属关系报有关部门核定批准。预备费由价差预备费及基本预备费两部分组成。

1. 价差预备费

价差预备费，是指设计文件编制年至工程竣工年期间，第一部分费用的人工费、材料费、机械使用费、其他工程费、间接费等，以及第二部分、第三部分费用由于政策、价格变化可能发生上浮而预留的费用，和外资贷款汇率变动部分的费用。

设计文件编制至工程完工在一年以内的工程，不列此项费用。

（1）价差预备费计算方法。价差预备费以概（预）算或修正概算第一部分建筑安装工程费总额为基数，按设计文件编制年始至建设项目工程竣工年终的年数和年工程造价增长率计算。计算公式如下：

$$价差预备费 = P[(1+i)^{n-1}-1] \tag{7.22}$$

式中　P——建筑安装工程费总额，元；

　　　i——年工程造价增长率，%；

　　　n——设计文件编制年至建设项目开工年＋建设项目设期限，年。

（2）年工程造价增长率取定方法。

1）价格指数法：按有关部门公布的工程投资价格指数计算。

2）综合分析预测法：由设计单位会同建设单位根据该工程人工费、材料费、施工机械使用费、其他工程费、间接费以及第二、三部分费用可能发生和上浮等预留费用，以第一部分建安费为基数进行综合分析预测。

【例 7.6】 某特大隧道工程，于 2001 年 9 月编制完成预算，计划 2003 年 9 月开工，2006 年 8 月竣工，隧道的建筑安装工程费总额为 35000 万元，经测算工程造价涨价率为 7.2%，计算该工程项目的价差预备费。

解： 由本体题意知

$$n=3+3=6（年）$$

$$价差预备费 = 35000 \times [(1+7.2\%)^{6-1}-1] = 14549.81（万元）$$

2. 基本预备费

基本预备费，是指在初步设计和概算中难以预料的工程和费用。

(1) 费用内容。

1) 在进行技术设计、施工图设计和施工过程中，在批准的初步设计和概算范围内所增加的工程费用。

2) 在设备订货时，由于规格、型号改变的价差；材料货源变更、运输距离或方式的改变以及因规格不同而代换使用等原因发生的价差。

3) 由于一般自然灾害所造成的损失和预防自然灾害所采取的措施费用。

4) 在项目主管部分组织竣（交）工验收时，验收委员会（或小组）为鉴定工程质量必须开挖和修复隐蔽工程的费用。

5) 投保的工程根据工程特点和保险合同发生的工程保险费用。

(2) 基本预备费计算。基本预备费以概、预算项目表中第一部分、第二部分、第三部分费用之和，扣除固定资产方向调节税和建设期贷款利息两面项费用后的金额为基数，按下列费率计算。

1) 设计概算按 5% 计列。

2) 修正概算按 4% 计列。

3) 施工图预算按 3% 计列。

采用施工图预算加系数包干承包的工程，以施工图预算中直接费与间接费之和为基数，包干系数为 3%。施工图预算包干费用由施工单位包干使用，一般在包干范围内不得调整承包费用，但不包括因水文地质条件变化造成的基础变更、结构变更、标准提高、工程规模改变而增加的费用。

【例 7.7】 某桥梁工程编制设计概算，经计算第一部分、第二部分、第三部分投资合计为 3300 万元，其中第三部分投资中固定资产投资方向调节税为 0，建设期贷款利息为 220 万元。计算工程的基本预备费。

解： 编制设计概算费率为 5%，则

$$基本预备费 = (3300-0-220) \times 5\% = 154（万元）$$

7.4.2 回收金额

概、预算定额所列材料一般不计回收，只对按全部材料计价的一些临时工程项目和由于工程规模或工期限制达到规定周转次数的拱盔、支架及施工金属设备的材料计算回收金额。回收率见表 7.24。

表 7.24　　　　　　　　　　　回 收 率 表　　　　　　　　　　　　　　%

回收项目	使用年限或周转次数				计算基数
	一年或一次	两年或两次	三年或三次	四年或四次	
临时电力、电信线中	50	30	10	—	材料原价
拱盔、支架	60	45	30	15	
施工金属设备	65	65	50	30	

注　施工金属设备指钢壳沉井、钢护筒等。

7.5　各项费用的计算程序和计算方式

公路工程建设各项费用之间有着紧密的联系，其计算也有着一定的规律和程序。各项费用的计算程序及计算方式见表 7.25。各项费用的具体计算方法还应参照本章 7.1～7.4 节的有关方法和规定。

表 7.25　　　　　公路工程建设各项费用的计算程序及计算方式

代号	项目		说明及计算
（一）	直接工程费		按编制年工程所在地的预算价格计算
（二）	其他工程费		（一）×其他工程费综合费率； 或各类工程人工费和机械费之和×其他工程费综合费率
（三）	直接费		（一）＋（二）
（四）	间接费		各类工程人工费×规费综合费率＋（三）×企业理费综合费率
（五）	利润		［（三）＋（四）－规费］×利润率
（六）	税金		［（三）＋（四）＋（五）］×综合税率
（七）	建筑安装工程费		（三）＋（四）＋（五）＋（六）
（八）	设备、工具、器具的购置费（包括备品备件）		Σ（设备、工具、器具购置数量×单价＋运杂费）×（1＋采购保管费率）
	办公及生活用家具的购置费		按有关规定计算
（九）	工程建设其他费		
	土地征用及拆迁费用		按有关规定计算
	建设项目管理费	建设单位（业主）管理费	（七）×费率
		工程质量监督费	（七）×费率
		工程监理费	（七）×费率
		工程定额测定费	（七）×费率
		设计文件审查费	（七）×费率
		竣（交）工验收试验检测费	按有关规定计算
	研究试验费		按有关规定计算
	前期工作费		按批准的计划编制

续表

代号	项 目	说 明 及 计 算
（九）	专项评价（估）费	按有关规定计算
	施工机构迁移费	按实计算
	供电贴费	按有关规定计算
	联合试运转费	（七）×费率
	固定资产投资方向调节税	按有关规定计算
	建设期贷款利息	按实际贷款数和利率计算
（十）	预备费	包括价差预备费和基本预备费两项
	价差预备费	按规定的公式计算
	基本预备费	[（七）＋（八）＋（九）－固定资产投资方向调节税－建设期贷款利息]×费率
	预备费中施工图预算包干系数	[（三）＋（四）]×费率
（十一）	建设项目总费用	（七）＋（八）＋（九）＋（十）

7.6 公路工程概、预算文件编制步骤

7.6.1 公路工程概、预算编制的依据

1. 概算编制依据

（1）国家发布的有关法律、法规、规章、规程等。

（2）批准的可行性研究报告及投资估算、设计图表资料和文字说明等有关资料。

（3）现行的《公路工程概算定额》、《公路工程预算定额》、《公路工程机械台班费用定额》及《公路工程基本建设项目概算预算编制办法》。

（4）工程所在地的人工、材料、设备预算价格等。

（5）初步设计（或技术设计）图纸等设计文件。

（6）工程所在地的自然、技术、经济条件等资料。

（7）工程施工方案。

（8）有关合同、协议等。

（9）工程所在地省级交通主管部门发布的补充计价依据。

（10）其他有关资料。

2. 施工图预算编制依据

（1）国家发布的有关法律、法规、规章、规程等。

（2）现行的《公路工程预算定额》、《公路工程机械台班费用定额》及《公路工程基本建设项目概算预算编制办法》。

(3) 批准的初步设计文件及其概算、设计图表资料和文字说明等有关资料。
(4) 施工图纸等设计文件。
(5) 工程所在地的人工、材料、设备预算价格等。
(6) 工程所在地的自然、技术、经济条件等资料。
(7) 工程施工组织设计或施工方案。
(8) 有关合同、协议等。
(9) 工程所在地省级交通主管部门发布的补充计价依据。
(10) 其他有关资料。

7.6.2 概、预算费用计算与文件编制的步骤

概、预算费用计算及文件编制是一项非常严谨的工作，各项费用的计算是否准确直接关系到概预算文件的编制质量，影响着的工程建设各方的经济利益。为了确保工程概预算文件编制的质量，必须按照公路工程概预算内在的规律和国家有关规定，同时按照一定的程序步骤来进行。下面具体阐述公路工程概预算费用计算及文件编制的步骤。

1. 编制前的准备工作

(1) 熟悉设计图纸和有关资料。应对相应阶段的初步设计、技术设计和施工图设计图纸进行检查和整理，熟悉图纸的内容，搜集相应的标准图、技术规范及工程建设文件资料，对工程的全局做到融会贯通、心中有数。

(2) 准备工具书与表格。准备现行的《公路工程基本建设概算预算编制办法》、《公路工程概算定额》、《公路工程预算定额》、《公路工程机械台班费用定额》，以及各省、自治区、直辖市的地方法规规定和补充编制办法，准备概预算表格，法定的表格是表 6.3～表 6.15（01 表～12 表），表格样式不可改变。

(3) 考虑合理的施工方案或施工组织设计。工程的施工方案或施工组织设计不同，将使计算的概预算价值不同，影响到费用计算结果，必须加以考虑。如施工工艺、施工技术方法、材料运距等均会对概预算价值产生影响。

(4) 搜集和调查材料的市场价格信息。包括各省、自治区、直辖市公路管理部门发布的材料市场价格信息和自行调查的各地的价格信息，作为编制材料与算价格的依据。

2. 分项工程与工程量计算

公路工程概预算是以分项工程概预算表为基础计算和汇总而得到的，所以公路工程的分项工程与工程量计算是一项基础工作，也是概预算费用计算的关键。

(1) 分项工程列项 分项工程列项应满足 3 个条件。

1) 必须按照《编制办法》规定的公路工程概预算项目划分的规定，按照项、目、节、细目进行划分列项。必须划分到节、细目的深度，08-2 表（见表 6.11）的分项工程是以节或细目为单元计算的。

2) 必须考虑《公路工程概算定额》、《公路工程预算定额》的概预算项目，以便于定额套用。

3) 必须符合费率要求，其他工程费、间接费的费率区分了 13 个不同的工程类别。工程类别不同，相应费率也不同。

(2) 划分工程细目。一个分项工程有一个或几个工程细目，08-2 表（见表 6.11）中的工程细目是工程量计算的最基础单元，应该结合工程内容、公路概、预算项目划分和概预算定额充分考虑。

(3) 工程量的计算。工程量的计算要结合图纸内容、概预算定额的说明和工程量计算规则进行。定额消耗量是以每个工程细目为基础分别套用的，因此应先分别计算出分项工程中每个工程细目的工程量。工程量计算应做到做到以下几点：

1) 计算口径一致。即工程细目与概预算定额表的工作内容一致。

2) 计量单位一致。各工程细目的工程量计量必须与所套用概预算定额中相应项目的单位一致。

3) 严格按照概预算定额的章、节前说明或工程量的计算规则的要求计算工程量。

4) 防止重项或陋项。

3. 建筑安装工程费的计算与编制

(1) 填写建筑安装工程费计算数据表 08-1 表（见表 6.10）。根据划分的项、目、节及其工程细目，对于每一个项逐一填写本项中目、节、细目的名称、个数和单位、数量。08-1 表（见表 6.10）主要供计算机软件运算使用，也是概预算费用计算时的分项和工程量计算结果的汇总。

(2) 分析人工、材料、机械类型和数量，初编分项工程概预算表，即 08-2 表（见表 6.11）。根据划分的分项工程（即节），结合公路工程概预算定额，将编制范围、工程名称、工程项目、工程细目、定额单位和工程量等填入 08-2 表（见表 6.11）中；然后套用定额查取相应的工人、材料、机械使用的定额消耗量。

(3) 计算自采材料价格，编制 10 表（见表 6.13）。根据 08-2 表（见表 6.11）所发生的自采材料规格名称，结合外业调查资料，套用预算定额"材料采集及加工"项目，编制自采材料场价格计算表 10 表（见表 6.13），作为 09 表（见表 6.12）计算的材料原价。

(4) 计算材料预算价格，编制 09 表（见表 6.12）。根据 08-2 表（见表 6.11）发生的材料种类以及 10 表（见表 6.13）自采材料的料场价格，分别逐一统计填写各类材料的规格、单位，原价按照调查搜集的信息或计算数据填入，运杂费、场外运输损耗及采购保管费按照规定或标准填入，最后得出每一种材料的预算价格。09 表（见表 6.12）的编制应随着 08-2 表（见表 6.11）而交错进行，需要不断统计、计算。

(5) 计算机械台班单价，编制 11 表（见表 6.14）。根据 08-2 表（见表 6.11）、10 表（见表 6.13）所出现的机械规格、名称，套用《公路工程机械台班费用定额》，计算各类机械的台班费单价，填写入 11 表（见表 6.14）中。

(6) 汇总工、料、机单价，编制 07 表（见表 6.9）。计算工程所在地区的人工工资单价，并根据 09 表（见表 6.12）、11 表（见表 6.14）的计算结果，填写"人工、材料、机械台班单价汇总表"，即 07 表（见表 6.9），以汇总成完成各类工人、材料、机械使用单价。

(7) 取定其他工程费、间接费费率，编制 04 表（见表 6.6）。根据工程的自然条件、施工条件等具体情况，按照工程类别的划分和规定的费率，填写到 04 表（见有 6.6）中，分别计算和汇总每一工程类别的其他工程费和间接费的综合费率。

（8）分项工程建筑安装工程费的计算，续编完成08-2表（见表6.11）。对于某一个分项工程的08-2表（见表6.11）的续编完成，标志着分项工程的建筑安装工程费计算的结束。它综合反映了该分项工程的人工、材料及机械台班的消耗数量和建筑安装工程费的各项费用，也包含了工人、材料、机械使用的单价。08-2表（见表6.11）的接续编制办法是：在初编的08-2表（见表6.11）中，根据07表（表6.9）、04表（见表6.6）的计算结果，分别填写相应的工人、材料、机单价，再分别乘以相应的工、料、机消耗数量，得出相应的人工费、材料费和机械费，计算直接工程费；套用概预算定额得到定额基价；计算其他工程费、间接费；在根据《编制办法》的规定，计算利润和税金；汇总直接工程费、其他工程费、间接费、利润和税金得到建筑安装工程费。

如果分项工程中含有工程细目是属于需要安装的设备，必须首先分析计算出设备的工程数量，其购置费用统计到05表（见表6.7）中，在08-2表（见表6.11）的中列出工程细目，其安装费用计算过程、方法和一般建筑工程细目相同。

（9）汇总计算工程项目的建筑安装工程费，编制03表（见表6.5）。根据08-2表（见表6.11）的计算结果，分别将每个分项工程的直接工程费（包括人工费、材料费、机械使用费）、其他工程费、间接费、利润和税金填入建筑安装工程费计算表，即03表（见表6.5），汇总得到一个单项工程或单位工程的建筑安装工程费及其各组成部分的费用，并计算出每个分项工程的单价指标。

4. 设备、工具、器具购置费的计算，编制05表

根据具体的设备、工具、器具的购置清单（包括设备的规格、单位、数量），按照《编制办法》规定的计算标准和方法进行计算。办公和生活用家具购置费用也包括在05表（见表6.7）中，按照《编制办法》规定的标准方法计算。

5. 工程建设其他费用、回收金额的计算，编制06表

根据施工方或施工组织设计的规定，结合外业调查资料和工程实际发生的情况，按照国家、地方有关政策文件规定以及《编制办法》计算工程建设其他费用；按照《编制办法》的标准计算回收金额。完成06表（见表6.8）的编制。

6. 计算公路工程概预算总价值，编制01表，01-1表

01表（见表6.3）为总概预算表。它是计算公路工程的单项工程或单位工程的概预算总价值的汇总表，需要严格按照公路工程概预算项目划分的规定来填写。编制01表（见表6.3）的具体方法是：将复核后的03表（见表6.5）、05表（见表6.7）、06表（见表6.9）及01表（见表6.3）的结果，按照公路工程概预算项目划分的要求，填写入总概预算表01表（见表6.3）中，并计算预备费，计算出公路工程的概预算总金额、技术经济指标等。概预算总金额减回收金额得到公路工程项目基本造价。

如果一个建设项目分若干个单项工程时，应该编制01-1表（见表6.1），即总概预算汇总表。它是反映一个建设项目的各项费用组成、概预算总价值和技术经济指标。01-1表（见表6.1）由01表（见表6.3）汇总而成，"项"必须保留，"目""节"可根据情况删减。

7. 实物消耗量计算，编制12表、用工附表、02表，02-1表

（1）计算辅助生产实物消耗量，编制12表（见表6.15）。根据10表（见表6.13）所列的自采材料规格、名称，把按照定额计算的辅助生产用人工、材料、机械台班消耗数量填写到12表（见表6.15）中。

（2）计算其他各类用工、增工数量，可自行编制辅助表格。其他各类用工增工、数量只作为计算实物消耗量的依据，其费用已包含在概预算费用中，不再单独计费，只计算用工数量。其他各类用工包括"冬雨季及夜间施工增工"和"临时设使用工"两项，按照《编制办法》规定的标准计算，见附录三。

（3）计算单项工程或单位工程的实物消耗量，编制02表（见表6.4）。根据08-2表（见表6.11）、12表（见表6.15）和各类用工、增工辅助表格的计算结果，按照分项计算汇总得到"人工、主要材料、机械台班数量汇总表"，即02表（见表6.4）。

（4）建设项目实物消耗量计算，编制02-1表（见表6.2）。若一个建设项目分若干个单项编制概预算时，需要反映建设项目总实物消耗量，需要编制02-1表（见表6.2），即总概预算人工、主要材料、机械台班数量汇总表。应按照不同的单项工程分别列项，并在02-1表（见表6.2）中将一个建设项目的全部人工、材料、机械台班数量汇总计算。

8. 编写编制说明、目录及封面

概、预算费用计算及各类表格全部完成后，必须编制"概预算说明"。编制说明应结合编制概、预算文件和费用计算的过程，结合工程的实际情况，写出编制说明。编制说明的主要内容按照《编制办法》的规定，主要包括设计文件依据，概、预算计价依据，有关建设文件，编制中存在的问题以及不能在概预算表格中反映的事项等。

目录和封面编制有规定的格式，应按照格式填写。目录按照甲组文件、乙组文件逐项按照标号顺序由01表~12表（见表6.1~表6.15）排列，封面应该列出概预算类型、工程项目分段路线桩号或独立大中桥名称、编制人和复核人签字盖章。

9. 复核、装订与报批

概、预算文件全部完成后应进行一次全面的复核，确认无误后签字盖章，上报待批。

应当说明的是：概、预算各项费用的计算过程相互交叉，计算表格间的逻辑关系变得复杂。因此，上述费用计算的步骤和表格填写顺序并不是一成不变的。而且有些费用实际若不发生（如自采材料有些工程就不存在），则10表（见表6.13）就不必填写。为了正确的计算公路工程概、预算费用和编制高质量的概、预算文件，要求概、预算编制人员必须掌握《编制办法》的有关规定，深刻理解概、预算的理论方法和内在规律，熟悉工程内容和施工技术，精通各类表格的计算、填写方法等。

10. 概预算编制注意事项

（1）2007版公路系列定额及《编制办法》发生了较大变化。2007版的《编制办法》与旧编制办法相比，虽然格式变化不大，但内容实质有很多不同，涉及概预算项目划分、表格内容、费用计算方法等。比如新办法的项、目、节划分更加详细，而且增加了工程细目；08-2表（见表6.11）中还增加了间接费、利润及税金，计算出建筑

安装工程费；取消了基价计费基础，而是按照费用类型不同分别以直接工程费、人工费等做为取费基础；自办运输的人工在概预算表当中不再单独显示，02 表（见表 6.4）不在计算此项等。

（2）理清费用计算过程中各表格间的内在联系和交叉关系。07 表（见表 6.9）、08-2 表（见表 6.11）、09 表（见表 6.12）、10 表（见表 6.13）、11 表（见表 6.14）在编制过程中是交叉进行、相互补充的。02 表（见表 6.4）的编制又是和 08-2 表（见表 6.11）、12 表（见表 6.15）以及增工用工附表前后联系。前后表格中的数据应该严格前后呼应。

（3）分项注意事项。编制 08-2 表（见表 6.11）时，对于建筑安装工程的分项工程内容，以概、预算项目表中"目""节"或"细目"为单元的，每个分项工程中又包括了一个或几个"工程细目"。

设备及工具、器具购置费是以"项"或"节"为单元分项计算的，直接填入 05 表（见表 6.7）。

对于工程建设其他费，是以"项"或"目"为单元计算的，直接填入 06 表（见表 6.8）。

分项除按照公路概、预算项目划分规定外，还要符合公路工程概、预算定额的项目划分方法，并考虑其他工程费和间接费的费率的不同类型。

（4）正确计算工程量。工程量计算准确与否直接关系到概预算价值，必须按照图纸设计内容、工程量计算规则和定额说明准确计算。要把图纸工程量一一核对，而且要和定额项目的口径一致，尤其应注意定额表的工作范围、单位、附注的说明，这些都与工程量计算关系很大。

（5）注意各地方的概、预算编制规定。各省、自治区、直辖市会根据全国统一的编制办法制定一些本地区内使用的补充编制办法或规定，也是编制概、预算的重要依据，不可忽视。如各地区一般发布人工工资单价、材料价格信息、其他工程费和间接费费率，以及概、预算有关费用标准等，应直接作为概、预算费用计算的依据。

（6）加强复核工作，确保概、预算编制质量。每个表格均有"编制"、"复核"两人完成，不可自编自核，更不要不经复核就加以使用。概、预算费用计算完成后，要进行造价分析加以验证，保证概预算的编制质量。造价分析也是概、预算人员主动参与工程的设计方案优化的体现。

7.7 公路工程概、预算编制示例

7.7.1 工程背景资料

京汕高速公路第×合同段路线工程，位于河北某地，要求在施工图设计阶段编制施工图预算。

公路工程该合同段全长 5000m，工程内容涉及临时工程、路基及路面工程的各个部分内容，并按照当前比较先进的施工工艺和技术方法编制工程总预算，包括了路基挖、运、填土，路面的垫层、石灰土底基层、水泥碎石基层、沥青混凝土和水泥混凝土面层等工项目。

该项预算编制范围包括了公路工程概、预算费用构成的绝大多数费用类型。

7.7.2 示例文件的目录文件和编制说明

依据《编制办法》要求，结合本合同段工程实际情况编写目录、编制说明。主要内容如下。

1. 目录文件

本工程项目的甲组文件：

编制说明

总概（预）算（01表）：

人工、主要材料、机械台班数量汇总表（02表）

建筑安装工程费计算表（03表）

其他工程费及间接费综合费率计算表（04表）

设备、工具、器具购置费计算表（05表）

工程建设其他费用及回收金额计算表（06表）

人工、材料、机械台班单价汇总表（07表）

本工程项目的乙组文件：

建筑安装工程费计算表（08－1表）

分项工程概（预）算表（08－2表）

材料预算单价计算表（09表）

自采材料料场价格计算表（10表）

机械台班单价计算表（11表）

辅助生产工、料、机械台班单位数量表（12表）

2. 编制说明

（1）建设项目依据京汕高速公路第×合同段路线工程设计图纸、工程现场勘察资料等。

（2）采用《公路工程基本建设项目概算预算编制办法》(JTG B06—2007)、《公路工程预算定额》(JTG/T B06—02—2007)、《公路工程机械台班费用定额》(JTG/T B06—03—2007)。

人工工资单价依据××省发布的预算价格为49.2元/每工日（仅仅用于本案例举例使用）。材料价格来自自行市场调查或部分采用了××省发布的材料价格信息。片石为自采材料。机械台班单价的依据依据2007版定额计算取定。

（3）与概、预算有关的协议书、会议纪要的等主要内容。

（4）总概、预算金额为157640335元，单位造价31528067元，基本符合平原微丘地区的高速公路造价指标。

（5）其他与概、预算有关的事项。

7.7.3 示例文件的概、预算费用计算表格

本预算的概预算表格按照2007年《编制办法》编制，并且包括了当前公路工程概预

7.7 公路工程概、预算编制示例

算的全部表格类型。在选例中尽量保持了原预算内容，但由于篇幅所限，有些表格进行了适当缩略（如08-1表，08-2表等）。

为编排方便起见，表格中部分较大的"金额"均保留了整数，注意在实际编制概预算时要保留两位小数点，即计算到"分"。

概、预算费用计算表格详见以下示例系列表格，见表7.26～表7.39。

表 7.26 总 预 算 表

建设项目名称：京汕高速公路第×合同段路线工程

编制范围：K0+000～K5+000

第1页 共3页 01表

项	目	节	细目	工程或费用名称	单位	数量	预算金额（元）	技术经济指标	各项费用比例（%）	备注
				第一部分 建筑安装工程费	公路公里		141341699		89.66	
一				临时工程	公路公里		300000		0.19	
	1			临时便道	km	30	300000	10000		
二				路基工程	km	5	19301536	3860307.2	12.24	
	1			场地清理	m²	130000	53499	0.41		
		1		清理与掘除	m²	130000	53499	0.41		
			1	清除表土	m³	130000	50642	0.39		
			2	伐树、挖根、除草	棵	84	2857	34.01		
	2			挖方	m³	160224	454067	2.83		
		1		挖土方	m³	160224	454067	2.83		
			1	挖路基土方	m³	160224	454067	2.83		
	3			填方	m³	138124	13089411	94.77		
		1		路基填方	m³	138124	12677087	91.78		
			1	利用土方填筑	m³	138124	731732	5.3		
			2	借土方填筑	m³	138124	11945355	86.48		
		2		结构物台背回填	m³	9200	412324	44.82		
	4			特殊路基处理	km	5	1593642	318728.4		
		1		软土处理	km	5	1593642	318728.4		
			1	砂、砂砾垫层	m³	7175	867821	120.95		
			2	预压与超载预压	m²	600	42462	70.77		
			3	土工格栅	m²	40293	683359	16.96		
	5			排水工程	km	5	2540681	508136.2		
		1		泄水槽	m³	3852	2540681	659.57		
	6			防护与加固工程	km	5	1570236	314047.2		

编制：×××   复核：×××

续表

建设项目名称：京汕高速公路第×合同段路线工程

编制范围：K0＋000～K5＋000　　　　　　　　　　　　　第2页　共3页　01表

项目	节	细目	工程或费用名称	单位	数量	预算金额（元）	技术经济指标	各项费用比例（％）	备注
二	6	1	坡面植物防护	m²	119903	1003	0.01		
		1	铺（植）草皮	m²	119903	1003	0.01		
		2	坡面防护	m³	3173	1569233	494.56		
		1	预制块混凝土护坡	m³	3173	1569233	494.56		
三			路面工程	km	5	121740163	24358032.4	77.23	
	1		路面垫层	m²	121140	1485829	12.27		
	2		路面底基层	m²	121140	2336203	19.29		
		1	石灰稳定底基层	m²	121140	2336203	19.29		
	3		路面基层	m²	121140	62065829	512.35		
		1	石灰稳定类基层	m²	121140	1273235	10.51		
		2	水泥稳定类基层	m²	985211	31176700	31.64		
			水泥稳定级配碎石16	m²	985211	31176700	31.64		
		3	石灰粉煤灰稳定类基层	m²	985211	29308562	29.75		
			石灰粉煤灰碎石5∶15∶80（18cm）	m²	985211	29308562	29.75		
		4	稳定土厂拌设备安装拆除	座	1	307332	307332		
	4		透层、粘层、封层	m²	1321780	9606184	7.27		
		1	透层	m²	1321780	6949707	5.26		
		2	粘层	m²	1321780	2656477	2.01		
	5		沥青混凝土面层	总额	1	46041570	46091569		
		1	粗粒式沥青混凝土面层8cm	m²	112522	6395104	56.83		
		2	改性沥青混凝土面层4cm	m²	122501	3638174	29.7		
		3	细粒式沥青混凝土面层6cm	m²	749214.4	35125077	46.95		
		4	沥青混合料拌和设备安装拆除	总额	1	883215	883215		
	6		水泥混凝土面层18cm	m²	3482.4	204548	58.74		
			第二部分　设备及工具、器具购置费	公路公里		820000		0.52	
一			设备购置费	总额	1	300000	300000	0.19	
二			工具、器具购置	总额	1	500000	500000	0.32	
三			办公及生活用家具购置	公路公里	1	20000	20000	0.01	
			第三部分　工程建设其他费用	公路公里		10887171		6.91	
一			土地征用及拆迁补偿费	公路公里	5	50000	10000	0.03	
二			建设项目管理费	公路公里		3612586		2.29	
	1		建设单位管理费	公路公里		2731654			

编制：×××　　　　　　　　　　　　　　　　　　　　　　　　　复核：×××

7.7 公路工程概、预算编制示例

续表

建设项目名称：京汕高速公路第×合同段路线工程
编制范围：K0+000~K5+000

第3页 共3页 01表

项	目	节	细目	工程或费用名称	单位	数量	预算金额（元）	技术经济指标	各项费用比例（%）	备注
二	2			工程质量监督费	公路公里		212088			
	3			工程监理费	公路公里		282783			
	4			工程定额测定费	公路公里		169670			
	5			设计文件审查费	公路公里		141392			
	6			竣（交）工验收试验检测费	公路公里	5	75000	15000		
三				研究试验费	公路公里	5	100000	20000	0.06	
四				建设项目前期工作费	公路公里	5	25000	5000	0.02	
五				专项评价（估）费	总额	1	30000	30000	0.02	
六				施工机构迁移费	公路公里					
七				供电贴费	公路公里					
八				联合试运转费	公路公里		7069585		4.48	
九				生产人员培训费	公路公里					
十				固定资产投资方向调节税	公路公里					
十一				建设期贷款利息	公路公里					
				第一、第二、第三部分费用合计	公路公里		153048870		97.09	
				预备费	元		4591466		2.91	
一				价差预备费	元					
二				基本预备费	元		4591466		2.91	
				新增加费用项目（不作预备费基数）	公路公里					
				预算总金额	元		157640336		100	
				其中：回收金额	元					
				公路基本造价	公路公里		157640336		100	

编制：××× 复核：×××

表 7.27　　人工、主要材料、机械台班数量汇总表

建设项目名称：京汕高速公路第×合同段路线工程

编制范围：K0+000~K5+000　　　　　　　　　　　　　　　　　第 1 页　共 1 页　02 表

序号	规格名称	单位	代号	总数量	分项统计					场外运输损耗	
					临时工程	路基工程	路面工程		辅助生产	其他	%	数量
1	人工	工日	1	108154		34726	57619		1985	13824		
2	买土	m³		1354954		1354954						
3	买水	m³		35318		35318						
4	土工格栅	m²	772	44105		44105						
5	32.5级水泥	t	832	20627		2196	18226				1	204
6	石油沥青	t	851	9268		6	8992				3	270
7	煤	t	864	387			383				1	4
8	水	m³	866	34085		10016	24069					
9	生石灰	t	891	29636		943	27829				3	863
10	土	m³	895	110513		7681	99613				3	3219
11	砂	m³	897	26407			25763				2.5	644
12	片石	m³	931	1343			1343					
13	粉煤灰	m³	945	64245			62374				3	1871
14	矿粉	m³	949	7286			7214				1	72
15	碎石（1.5cm）	m³	965	36855			36490				1	27
16	碎石（2.5cm）	m³	966	5293			5240				1	28
17	碎石（4cm）	m³	952	3572		2691	846				1	24
18	碎石	m³	958	397926			393986				1	25
19	石屑	m³	961	14509			14365				1	26
20	块石	m³	981	1677			1677					30
21	其他材料费	元	996	88986		14134	74852					
22	设备摊销费	元	997	231630			231630					
23	135kW 内推土机	台班	1006	31		31						
24	3.0m³ 轮胎式装载机	台班	1051	657			654		3			
25	150kW 以内平地机	台班	1058	611			611					
26	6~8t 光轮压路机	台班	1075	1430		482	948					
27	12~15t 光轮压路机	台班	1078	6218		1747	4470					
28	235kW 稳定土拌和机	台班	1155	446		11	435					
29	300t/h 稳定土厂拌设备	台班	1160	256			256					
30	4000L 以内沥青洒布车	台班	1193	159			159					
31	20~25t 轮胎式压路机	台班	1225	116			116					
32	15t 以内自卸汽车	台班	1388	7213			7213					
33	6000L 以内洒水汽车	台班	1405	2650		628	2022					
34	12t 以内汽车式起重机	台班	1451	7			7					
35	小型机具使用费	元	1998	10514		32	7711					2772

编制：×××　　　　　　　　　　　　　　　　　　　　　　　　　　复核：×××

注　本表例做了简化处理。

7.7 公路工程概、预算编制示例

表 7.28 建筑安装工程费计算表

建设项目名称：京汕高速公路第×合同段路线工程
编制范围：K0+000~K5+000

第 1 页 共 2 页　03 表

序号	工程名称	单位	工程量	直接费（元）						间接费（元）	利润（元）7.0%	税金（元）3.41%	建安工程费	
				直接工程费			合计	其他工程费	合计				合计（元）	单价（元）
				人工费	材料费	机械使用费								
1	临时便道	km	30						300000				300000	10000
2	清除表土	m²	130000	3838		36928	40765	1647	42412	3468	3092	1670	50642	0.39
3	伐树、挖根、除草	棵	84	1281		613	1894	74	1968	651	143	94	2857	34.01
4	挖路基土方	m³	160224	35474		329628	365101	14750	379851	31550	27693	14973	454067	2.83
5	利用土方填筑	m³	138124	20387		582092	602479	24340	626819	35085	45698	24129	731732	5.3
6	借土方填筑	m³	138124	106477	9590632	977018	10674127	36725	10710852	87996	752603	393904	11945355	86.48
7	结构物台背回填	m³	9200	56745	186336	77838	320919	14666	335585	38709	24433	13597	412324	44.82
8	砂、砂砾垫层	m³	7175	5613	706465	6699	718964	32857	751820	32646	54738	28617	867821	120.95
9	预压与超载预压	m³	600	10695	329	20169	31194	1426	32620	6067	2375	1400	42462	70.77
10	土工格栅	m²	40293	92777	439580		532357	24329	556686	63609	40531	22534	683359	16.96
11	泄水槽	m³	3852	905898	796465	14168	1716531	102477	1819008	503534	134359	83780	2540681	659.57
12	铺（植）草皮	m²	119903	72	712		784	47	831	78	61	33	1003	0.01
13	预制块混凝土护坡	m³	3173	469271	612107	12391	1093769	65298	1159067	272806	85613	51746	1569233	494.56
14	路面垫层	m²	121140	203835	690463	262399	1156698	52861	1209559	139210	88064	48996	1485829	12.27
15	石灰稳定类底基层	m²	121140	318269	1150729	350556	1819554	83154	1902707	217928	138530	77038	2336203	19.29
16	石灰稳定基层	m²	121140	175227	575397	240360	990984	45288	1036271	119530	75448	41986	1273235	10.51
17	水泥稳定级配碎石16	m²	985211	368390	23024274	2372547	25765210	1177470	26942680	1244335	1961616	1028068	31176700	31.64

编制：×××　　复核：×××

第7章 公路工程概、预算费用计算与编制示例

续表

建设项目名称：京汕高速公路第×合同段路线工程
编制范围：K0+000~K5+000

第 2 页 共 2 页　表 03

序号	工程名称	单位	工程量	直接费（元） 直接工程费 人工费	材料费	机械使用费	合计	其他工程费	合计	间接费（元）	利润（元）7.0%	税金（元）3.41%	建安工程费 合计（元）	单价（元）
18	石灰粉煤灰碎石 5:15:80 (18cm)	m²	985211	1250587	15566191	7058781	33875560	1091113	24966673	1557675	1817749	966465	29308562	29.75
19	稳定土厂拌设备安装拆除	座	1	51694	105141	78773	235608	10767	246376	32884	17938	10134	307332	307331.59
20	透层	m²	1321780	117057	5542951	70046	5730054	261863	5991917	292366	436254	229170	6949707	5.26
21	粘层	m²	1321780	45522	2120003	24450	2189975	100082	2290057	112089	166732	87599	2656477	2.01
22	粗粒式沥青混凝土面层 8cm	m²	112522	20860	4663271	665111	5349242	275486	5624728	155526	403968	210882	6395104	56.83
23	改性沥青混凝土面层 4cm	m²	122501	11427	2670672	361253	3043353	156733	3200085	88287	229830	119971	3638174	29.7
24	细粒式沥青混凝土面层 6cm	m²	749214	107930	25948815	3326504	29383249	1513237	30896486	851337	2218986	1158268	35125077	46.88
25	沥青混合料拌和设备安装拆除	座	1	155979	345079	178696	679755	35007	714762	87994	51334	29124	883215	883214.91
26	水泥混凝土面层 18cm	m²	3482.4	8070	128834	31338	168242	8664	176907	8191	12705	6745	204548	58.74
	各项费用合计	公路公里		4543375	94864633	17078359	116836367	5130361	121966728	5983550	8790493	4650925	141341697	

编制：×××　　　　　　　　　　　　　　　　　　　复核：×××

7.7 公路工程概、预算编制示例

表 7.29 其他工程费及间接费综合费率计算表

建设项目名称：京汕高速公路第×合同段路线工程
编制范围：K0+000～K5+000
第 1 页 共 1 页 04 表

序号	工程类别	其他工程费率（%）							综合费率		间接费率（%）										
		冬季施工增加费	雨季施工增加费	夜间施工增加费	高原地区施工增加费	风沙地区施工增加费	沿海地区施工增加费	行车干扰增加费	安全及文明施工措施费	临时设施费	施工辅助费	工地转移费	Ⅰ	Ⅱ	养老保险费	失业保险费	医疗保险费	住房公积金	规费 工伤保险费	综合费率	企业管理费 基本费用	主副食运费补贴	职工探亲路费	职工取暖补贴	财务费用	综合费率

由于原表结构复杂，现按行列出各工程类别数据：

序号	工程类别	冬施	雨施	夜施	高原	风沙	沿海	行车	安全文明	临时设施	施工辅助	工地转移	综合Ⅰ	养老	失业	医疗	住房	工伤	间接综合	基本	主副食	探亲	取暖	财务	综合
1	人工土方	0.59	0.11						0.59	1.57	0.89	0.15	3.9	20	2	6.5	15	1	44.5	3.36	0.31	0.1	0.1	0.23	4.1
2	机械土方	0.93	0.11						0.59	1.42	0.49	0.5	4.04	20	2	6.5	15	1	44.5	3.26	0.24	0.22	0.22	0.21	4.15
3	汽车运输	0.17	0.11						0.21	0.92	0.16	0.31	1.88	20	2	6.5	15	1	44.5	1.44	0.25	0.14	0.21	0.21	2.25
4	人工石方	0.13	0.07						0.59	1.6	0.85	0.16	3.4	20	2	6.5	15	1	44.5	3.45	0.24	0.1	0.1	0.22	4.11
5	机械石方	0.18	0.1						0.59	1.97	0.46	0.36	3.66	20	2	6.5	15	1	44.5	3.28	0.22	0.22	0.17	0.2	4.09
6	高级路面	0.72	0.1						1	1.92	0.8	0.61	5.15	20	2	6.5	15	1	44.5	1.91	0.15	0.14	0.13	0.27	2.6
7	其他路面	0.29	0.09						1.02	1.87	0.74	0.56	4.57	20	2	6.5	15	1	44.5	3.28	0.15	0.16	0.12	0.3	4.01
8	构造物Ⅰ	0.66	0.08						0.72	2.65	1.3	0.56	5.97	20	2	6.5	15	1	44.5	4.44	0.23	0.29	0.19	0.37	5.52
9	构造物Ⅱ	0.81	0.08	0.35					0.78	3.14	1.56	0.66	7.38	20	2	6.5	15	1	44.5	5.53	0.25	0.34	0.2	0.4	6.72
10	构造物Ⅲ（一般）	1.6	0.17	0.7					1.57	5.81	3.03	1.31	14.2	20	2	6.5	15	1	44.5	9.79	0.45	0.55	0.37	0.82	12
11	技术复杂大桥	0.93	0.1	0.35					0.86	2.92	1.68	0.75	7.59	20	2	6.5	15	1	44.5	4.72	0.2	0.2	0.17	0.46	5.75
12	隧道	0.27							0.73	2.57	1.23	0.52	5.32	20	2	6.5	15	1	44.5	4.22	0.19	0.27	0.14	0.39	5.21
13	钢材及钢结构（一般）	0.07		0.35					0.53	2.48	0.56	0.72	4.71	20	2	6.5	15	1	44.5	2.42	0.2	0.16	0.12	0.48	3.38

编制：×××　　复核：×××

表 7.30　设备、工具、器具购置费计算表

建设项目名称：京汕高速公路第×合同段路线工程

编制范围：K0+000～K5+000　　　　　　　　　　　　　　　　第1页　共1页　05表

序号	设备、工具、器具规格名称	单位	数量	单价（元）	金额（元）	说明
一	设备购置费	总额	1	300000	300000	
二	工具、器具购置	总额	1	500000	500000	
三	办公及生活用家具购置	公路公里	1	20000	20000	

编制：×××　　　　　　　　　　　　　　　　　　　　　　　　复核：×××

表 7.31　工程建设其他费用及回收金额计算表

建设项目名称：京汕高速公路第×合同段路线工程

编制范围：K0+000～K5+000　　　　　　　　　　　　　　　　第1页　共1页　06表

序号	费用名称及回收金额项目	说明及计算公式	金额（元）	备注
	第三部分　工程建设其他费用		10887171	
一	土地征用及拆迁补偿费		50000	
二	建设单位管理费		3612586	
1	建设单位管理费	{建设单位管理费}（建安费为基数）	2731654	2731653.8
2	工程质量监督费	{建安费}×0.15%	212088	141391697.26×0.15%
3	工程监理费	{建安费}×0.2%	282783	141391697.26×0.2%
4	工程定额测定费	{建安费}×0.12%	169670	141391697.26×0.12%
5	设计文件审查费	{建安费}×0.1%	141392	141391697.26×0.1%
6	竣（交）工验收试验检测费		75000	
三	研究试验费		100000	
四	建设项目前期工作费		25000	
五	专项评价（估）费		30000	
八	联合试运转费	{建安费}×0.05	7069585	141391697.26×0.05
	预备费		4591466	
	2. 基本预备费	$(\{I\}-\{N\}-\{P\})\times 3\%$	4591466	(153048868.60−0.00−0.00)×3%

编制：×××　　　　　　　　　　　　　　　　　　　　　　　　复核：×××

7.7 公路工程概、预算编制示例

表 7.32 人工、材料、机械单价汇总表

建设项目名称：京汕高速公路第×合同段路线工程
编制范围：K0+000～K5+000

第 1 页　共 1 页　　07 表

序号	名　称	单位	代号	预算单价（元）	备注
1	买土	m³		7	
2	买水	m³		3	
3	人工	工日	1	49.2	
4	机械工	工日	2	49.2	
5	锯材木中板 δ=19～35	m³	102	1350	
6	型钢	t	182	3700	
7	铁件	kg	651	4.4	
8	U形锚钉	kg	775	4.67	
9	32.5级水泥	t	832	320	
10	石油沥青	t	851	3800	
11	煤	t	864	265	
12	电	kW·h	865	0.55	
13	水	m³	866	0.5	
14	生石灰	t	891	132.39	
15	土	m³	895	8	
16	4000L以内沥青洒布车	台班	1193	406.6	
17	320t/h以内沥青混合料拌和设备	台班	1207	39928.91	
18	12.5m以内带自动找平沥青混合料摊铺机	台班	1214	3245.66	
19	16～20t轮胎式压路机	台班	1224	618.66	
20	3.0～9.0m滑模式水泥混凝土推铺机	台班	1234	2345.5	
21	中（粗）砂	m³	899	39.4	
22	砂砾	m³	902	75.76	
23	片石	m³	931	66.63	
24	粉煤灰	m³	945	20.97	
25	矿粉	m³	949	125	
26	碎石（2cm）	m³	951	70.35	
27	碎石	m³	958	75.06	
28	块石	m³	981	96.86	
29	其他材料费	元	996	1	
30	135kW以内履带式推土机	台班	1006	1183.58	
31	3.0m³轮胎式装载机	台班	1051	904	
32	150kW以内轮胎式平地机	台班	1058	1083.36	
33	6～8t光轮压路机	台班	1075	251.49	
34	12～15t光轮压路机	台班	1078	411.77	
35	235kW以内稳定土拌和机	台班	1155	1744.66	
36	电动混凝土切缝机	台班	1245	141.52	
37	300t/h以内稳定土厂拌设备	台班	1160	949.2	
38	6000L以内洒水汽车	台班	1405	515.01	
39	60m³/h以内水泥混凝土搅拌站	台班	1327	1941.18	
40	15t以内自卸汽车	台班	1388	685.04	

编制：×××　　复核：×××

注　本表例作了简化处理。

表 7.33 建筑安装工程费计算数据表

建设项目名称：京汕高速公路第×合同段路线工程
编制范围：K0+000～K5+000

第 1 页 共 1 页　　定额 08-1 表

项目的代号	本项目数	目的代号	本目节数	节的代号	本节细目数	细目的代号	费率编号	定额个数	定额代号	项或目或节或定额的名称	单位	数量	定额调整情况
一	1									临时工程	公路公里	30	
		2								临时便道	km	5	
二	6									路基工程	m²	130000	
		1	1							场地清理	m²	130000	
				1		1				清理与掘除	m²		
					2		2	1	1-1-1-12	135kW 以内推土机清除表土	100m³	195	
										伐根、挖根、除草	棵	84	
							1	1	1-1-1-2	人工伐树、推土机推挖树根（90kW）	10棵	8.4	
		⋮								路面工程	km	5	
三	6	3	4	1						路面基层	m²	121140	
					1		7	1	2-1-3-19	石灰稳定类基层	m²	121140	
						2				压实厚度 15cm 机械拌和石灰土石灰剂量 10%	1000m²	121.14	
				2						水泥稳定类基层	m²	985211	
					1		7	3	2-1-7-5	水泥碎石压实厚度 16cm 水泥剂量 5%	1000m²	985.211	
							7		2-1-8-21	15t 以内自卸汽车装载第一个 1km	1000m³	157.634	
							7		2-1-9-5	平地机 150kW 以内铺筑基层	1000m²	985.211	

编制：×××　　复核：×××

注 本表例作了简化处理。

7.7 公路工程概、预算编制示例

表 7.34 分项工程预算表（一）

编制范围：K0+000～K5+000　　　　　　　　　　　　　　　　　　　第 1 页　共 3 页　　08-2 表
工程名称：清除表土

序号	工料机名称		单位	单价（元）	定额	数量	金额（元）	定额	数量	金额（元）	定额	数量	合计金额（元）
	工程项目				伐树、挖根、除草、清除表土								
	工程细目				135kW 以内推土机清除表土								
	定额单位				100m³								
	工程数量				195								
	定额表号				1-1-1-12								
1	人工		工日	49.2	0.4							78	3838
2	135kW 以内履带式推土机		台班	1183.58	0.16							31.2	36928
3	定额基价		元	1	209							40755	40755
	直接工程费		元				40765						40765
	其他工程费		Ⅰ		4.04		1647						1647
			Ⅱ										
间接费	规费		元		4.15		1708						1708
	企业管理费		元		4.15		1760						1760
	利润及税金		元		10.41		4762						4762
	建筑安装工程费		元				50642						50642

编制：×××　　　　　　　　　　　　　　　　　　　　　　　　　　　　复核：×××

第7章 公路工程概、预算费用计算与编制示例

表 7.35 分项工程预算表（二）

编制范围：K0+000～K5+000
工程名称：水泥稳定级配碎石 16 基层

定额表号 2-1-8-2 第 2 页 共 3 页

序号	工程项目 工程细目 定额单位 工程数量 定额表号 工料机名称	单位	单价(元)	水泥稳定类 水泥碎石压实厚度16cm 水泥剂量5% 1000m² 985.211 2-1-7-5+6×1.0		厂拌基层稳定土混合料运输 15t以内自卸汽车装载第一个1km 1000m³ 157.634 2-1-8-21		机械铺筑厂拌基层稳定土混合料 平地机150kW以内铺筑基层 1000m² 985.211 2-1-9-5		合计	
				定额	数量	金额(元)	定额	数量	金额(元)	定额	数量	金额(元)	数量	金额(元)
1	人工	工日	49.2	3	2955.633	145417				4.6	4531.971	222973	7487.604	368390
2	32.5级水泥	t	320	17.872	17607.69	5634461							17607.69	5634461
3	水	m³	0.5	22	21674.642	10837							21674.642	10837
4	碎石	m³	75.06	235.01	231534.44	17378975							231534.44	17378975
5	3.0m³ 轮胎式装载机	台班	904	0.51	502.458	454222							502.458	454222
6	150kW以内平地机	台班	1083.36							0.31	305.415	330875	305.415	330875
7	6～8t 光轮压路机	台班	251.49							0.14	137.93	34688	137.93	34688
8	12～15t 光轮压路机	台班	411.77							1.27	1251.218	515214	1251.218	515214
9	300t/h稳定土拌厂拌设备	台班	949.2	0.26	256.155	243142							256.155	243142
10	15t以内自卸汽车	台班	685.04				5.9	930.039	637114				930.039	637114
11	6000L以内洒水汽车	台班	515.01							0.31	305.415	157292	305.415	157292

编制：××× 复核：×××

7.7 公路工程概、预算编制示例

续表

编制范围：K0+000～K5+000
工程名称：水泥稳定级配碎石16基层

第3页 共3页 08-2表

序号	工程项目 工程细目 定额号	工程单位 工程数量 定额单位	工料机名称	单位	单价（元）	水泥稳定类 水泥碎石压实厚度 16cm 水泥剂量5% 1000m² 985.211 2-1-7-5+6×1.0		厂拌基层稳定 土混合料运输 15t以内自卸汽车 装载第一个1km 1000m³ 157.634 2-1-8-21		机械铺筑厂拌 基层稳定土混合料 平地机150kW 以内铺筑基层 1000m² 985.211 2-1-9-5		合计	
						定额	数量	金额（元）	定额	数量	金额（元）	定额	数量	金额（元）	数量	金额（元）
12			定额基价	元	1	13048	12855033	12855033	4042	637156	637156	1280	1261070	1261070	14753259	14753259
			直接工程费	元				23867055			637114			1261042		2576520
	其他工程费			I		4.57		1090724	4.57		29116	4.57		57630		1177470
				II												
	间接费	规费		元		44.5		64711	44.5		26716	44.5		99223		163934
		企业管理费		元		4.01		1000807	4.01		73790	4.01		52879		1080401
	利润及税金			元		10.41		2766459	10.41			10.41		149436		2989684
	建筑安装工程费			元				28789755			766736			1620209		31176700

编制：×××   复核：×××

第7章 公路工程概、预算费用计算与编制示例

表 7.36 材料预算单价计算表

建设项目名称：京汕高速公路第×合同段路线工程
编制范围：K0+000~K5+000

第 1 页 共 1 页　　　09 表

序号	规格名称	单位	原价（元）	供应地点	运输方式、比重及运距（km）	毛重系数或单位毛重	运杂费构成说明或计算式	单位运费（元）	原价运费合计（元）	场外运输损耗 费率（%）	场外运输损耗 金额（元）	采购及保管费 费率（%）	采购及保管费 金额（元）	预算单价（元）
1	生石灰	t	100	正定——A	汽车,1.0,50.0	1	[(0.5×50.0+0.4×1.0)×1.0]	25.4	125.4	3	3.762	2.5	3.229	132.39
2	中(粗)砂	m³	30		汽车,1.0,50.0	1.5	[(0.5×50.0+0.4×1.0)×1.5]	37.5	37.5	2.5	0.938	2.5	0.961	39.4
3	砂砾	m³	25		汽车,1.0,50.0	1.7	[(0.5×50.0+0.4×1.0)×1.7]	43.18	73.18	1	0.732	2.5	1.848	75.76
4	片石	m³	30		汽车,1.0,50.0	1.6	[(0.5×50.0+0.4×1.0)×1.6]	40	65			2.5	1.625	66.63
5	碎石(2cm)	m³	30		汽车,1.0,50.0	1.5	[(0.5×50.0+0.3×1.0)×1.5]	37.95	67.95	1	0.68	2.5	1.716	70.35
6	碎石(4cm)	m³	30		汽车,1.0,50.0	1.5	[(0.5×50.0+0.3×1.0)×1.5]	37.95	67.95	1	0.68	2.5	1.716	70.35
7	碎石	m³	35		汽车,1.0,50.0	1.5	[(0.5×50.0+0.4×1.0)×1.5]	37.5	72.5	1	0.725	2.5	1.831	75.06
8	路面用碎石(1.5cm)	m³	35		汽车,1.0,50.0	1.5	[(0.5×50.0+0.4×1.0)×1.5]	38.1	73.1	1	0.731	2.5	1.846	75.68
9	路面用碎石(2.5cm)	m³	35		汽车,1.0,50.0	1.5	[(0.5×50.0+0.4×1.0)×1.5]	38.1	73.1	1	0.731	2.5	1.846	75.68
10	路面用碎石(3.5cm)	m³	35		汽车,1.0,50.0	1.5	[(0.5×50.0+0.4×1.0)×1.5]	38.1	73.1	1	0.731	2.5	1.846	75.68
11	块石	m³	94.5		汽车,1.0,0.0	1.85			94.5			2.5	2.362	96.86

编制：×××　　　　复核：×××

7.7 公路工程概、预算编制示例

表 7.37 自采材料料场价格计算表

建设项目名称：京汕高速公路第×合同段路线工程
编制范围：K0+000～K5+000

第 1 页 共 1 页 10 表

序号	定额号	材料名称规格	单位	料场单价（元）	人工（劳务工）49.2元/工日		间接费（元）占人工费5.0%	3.0m³轮胎式装载机904.0元/台班		3t以内自卸汽车295.08元/台班		9m³/min以内机动空气压缩机547.93元/台班		小型机具使用费1.0元		…	
					定额	金额	金额	定额	金额	定额	金额	定额	金额	定额	金额	定额	金额
1	8-1-6-5, 9-1-6-9, 9-1-6-10, 9-1-10-13	块石	m³	94.5	1.184	58.253	2.913	0.002	1.537	0.022	6.374	0.04	21.643	1.653	1.653		

编制：×××　　　　　　　　　　　　　　　　　　复核：×××

第7章 公路工程概、预算费用计算与编制示例

表7.38 机械台班单价计算表

建设项目名称：京汕高速公路第×合同段路线工程
编制范围：K0+000~K5+000

第1页 共1页 第1页 共1页 11表

序号	定额号	机械规格名称	台班单价（元）	不变费用			可变费用										养路费及车船税（元）	可变费用合计（元）
				调整系数 1	调整	定额	机械工 49.2元/工日		重油 2.8元/kg		汽油 5.2元/kg		柴油 4.9元/kg		煤 265.0元/t		电 0.55元/kwh		水 0.5元/m³		木柴 0.49元/kg			
							定额	费用	定额	费用	定额	费用	定额	费用	定额	费用	定额	费用	定额	费用	定额	费用		
1	1006	135kW以内履带式推土机	1183.6	604.69	604.7		2	98.4					98.06	480.49										578.89
2	1051	3.0m³轮胎式装载机	904	241.36	241.4		2	98.4					115.15	564.24										662.64
3	1075	6~8t光轮压路机	251.49	107.57	107.6		1	49.2					19.33	94.72										143.92
4	1078	12~15t光轮压路机	411.77	164.32	164.3		1	49.2					40.46	198.25										247.45
5	1160	300t/h稳定土厂拌设备	949.2	455.64	455.6		4	196.8									539.56	296.76						493.56
...																								
21	1245	电动混凝土切缝机	141.52	81.23	81.23		1	49.2									20.16	11.09						60.29
22	1272	250L强制式通搅拌机	96.79	18.58	18.58		1	49.2									52.74	29.01						78.21
23	1307	6m³内混凝土泵车	1231.2	909.82	909.8		1	49.2					55.54	272.15										321.35
28	1388	15t以内自卸汽车	685.04	303.18	303.2		1	49.2					67.89	332.66										
30	1405	6000L以内酒水汽车	515.01	257.9	257.9		1	49.2					42.43	207.91										257.11
34	1726	32kVA电弧焊机	104.64	7.24	7.24		1	49.2									87.63	48.2						97.4

编制：××× 复核：×××

注 本表例作了简化处理。

表 7.39　　　　　　　　　辅助生产工料机单位数量表

建设项目名称：京汕高速公路第×合同段路线工程

编制范围：K0+000~K5+000　　　　　　　　　　　　　　　　　　第1页 共1页 12表

序号	规格名称	单位	人工/劳务工	空心钢钎	φ50mm以内合金钻头	硝铵炸药	导火线	普通雷管	3.0m³轮胎式装载机	3t以内自卸汽车	9m³/min以内机动空气压缩机	小型机具使用费	…
			工日	kg	个	kg	m	个	台班	台班	台班	元	
1	块石	m³	1.184	0.009	0.03	0.119	0.36	0.35	0.002	0.022	0.04	1.653	

编制：×××　　　　　　　　　　　　　　　　　　　　　　　　复核：×××

思 考 题

1. 什么是直接工程费？其构成是什么？
2. 什么是其他工程费？其他工程费各项费用的计算方法是什么？
3. 什么是规费？计算方法是什么？
4. 什么是企业管理费？计算方法是什么？
5. 设备购置费的内容是什么？办公和生活用家具购置费如何计算？
6. 简要说明工程建设其他费的组成类型。各类费用的计算方法有哪些？
7. 什么是价差预备费？计算方法是什么？
8. 什么是基本预备费？计算方法是什么？
9. 简述公路工程概、预算编制的依据。
10. 简述概、预算费用计算与概、预算文件编制的步骤。

实 训 题

1. 已知某地区，基本工资780元/月，地区生活补贴140元/月+工资性津贴60元/月，试计算该地区每工日人工费单价。

2. 某路面工程碎石，调查供应价格为28元/t，运价为0.6元/(t·km)，装卸费3.5元/t，运输距离80km，场外运输损耗率为1.4%，采购保管费率2.5%。试计算碎石的预算价格。

3. 某一级公路水泥稳定碎石基层，经过计算直接费1520万元，间接费90万元（其中规费21万元），工程公司缴税地点在市区，试计算水泥稳定碎石基层目的利润和税金。

4. 某高速公路工程，全长45km，经计算建筑安装工程费为912000万元，试分别计算建设单位（业主）管理费、工程质量监督费、工程监理费、工程定额测定费、设计文件审查费和竣（交）工验收试验检测费共6项费用，并计算建设项目管理费总额。

5. 某高速公路工程需要贷款 87000 万元，建设期 3 年。其中：第一年贷款金额 20000 万元，第二第一年贷款金额 40000 万元，第三年贷款金额 27000 万元，年贷款利率 10%，试计算建设期的贷款利息。

6. 某特大桥梁工程于 2005 年 4 月编制完成预算，计划 2007 年 5 月开工，2009 年 8 月竣工，工程的建筑安装工程费总额为 6200 万元，经测算工程造价涨价率为 6.5%，计算该工程项目的价差预备费。

7. 某二级公路工程编制设计修正概算，经计算第一部分、第二部分、第三部分投资合计为 13600 万元，其中第三部分投资中固定资产投资方向调节税为 0，建设期贷款利息为 600 万元。计算工程的基本预备费。

8. 山东某平原微丘地区公路一个标段水泥稳定碎石基层 34200m^2，已知由 08－2 表（见表 6.11）计算的该基层分项工程的人工费 95000 元，材料费 1050000 元，机械费 29500 元，直接工程费为前三项合计 1440000 元。

该工程处于冬一区（Ⅰ），雨量区Ⅱ区，雨季期 4 个月，特殊地区施工增加费不计，规费费率设为 0.5%，主副食补贴运距 10km，利润率 7%，税金费率 3.41%。

试计算该分项工程的：

（1）其他工程费、直接费；

（2）间接费；

（3）建筑安装工程费和平米造价指标。

9. 某沥青混凝土面层工程，40mm 厚（SMA－13）28500m^2，60mm 厚（AC－20）中面层，10cm（AC－25）厚下面层，中间设置黏层沥青，根据本地区市场价格和全国公路定额以及地方标准，计算沥青面层的预算价格。

10. 某公路工程的路基挖土方 21520m^3，浆砌片石锥坡 3215m^3，18cm 厚水泥稳定土基层 35200m^2，透层 35200m^2，6cm 厚中粒式沥青混凝土 33100m^2，结合《编制办法》和公路预算定额，根据当地价格情况，编制以上分项工程建筑安装工程费用的预算，并填写相关表格（除 05 表、06 表、10 表和 12 表以外的所有表格）。

第8章 公路工程量清单计价与招标投标

8.1 工程量清单计价概述

8.1.1 公路工程量清单计价概念

公路工程量清单计价，是指公路建设工程招标投标中，投标人以招标人提供的工程量清单为平台，根据自身技术、财务、管理能力进行的自主投标报价，并按照规定的评标办法确定中标者的工程计价模式。

公路工程量清单计价概念应从以下几个方面理解。

（1）工程量清单计价虽属招标投标范畴，但相应的建设工程施工合同签订、工程竣工结算均应执行该计价相关规定。

（2）工程量清单由招标人提供，招标标底及投标标价均应据此编制。投标人不得改变工程量清单中的数量。工程量清单编制应遵守《公路工程标准施工招标文件（2009年版）》〔交公路发（2009）221号〕（以下简称《公路工程标准文件》）中技术规范的规定。

（3）根据"国家宏观调控，市场竞争形成价格"的价格确定原则，国家不再统一定价，工程造价由投标人根据人工、材料、机械的市场价格自主确定。

（4）"低价中标"是核心。为了有效控制投资，制止哄抬标价。低价中标的低价是指经过评标委员会评定的合理低价，并非恶意低价。

工程量清单计价是改革和完善工程价格管理体制的一个重要组成部分。工程量清单计价方法是相对于传统的定额计价方法的一种新的计价模式，或者说是一种市场定价模式，是由建设产品的买方和卖方在建设市场上依据供求状况、信息状况进行自由竞价，最终签订工程合同的方法。在工程量清单的计价过程中，工程量清单为建设市场的交易双方提供了一个平等的平台，确定其内容和编制原理是整个计价方式改革中的重要工作。工程量清单的计量和计价，可以实现工程量计算规则统一化，工程量计算方法标准化，工程造价确定市场化。

8.1.2 工程量清单组成及内容

工程量清单是由招标人提供的一系列载明工程数量等工程信息的文字说明和表格。它由工程量清单说明、投标报价说明、计日工说明、工程量清单表、计日工表、暂估价表、投标报价汇总表及工程量清单单价分析表8部分组成，参见《公路工程标准文件》上册。下面阐述公路工程量清单的主要组成内容。

8.1.2.1 工程量清单说明

工程量清单说明，在某些合同文件中被称为清单前言。工程量清单说明主要有以下方面的内容：

（1）工程量清单编制依据。工程量清单是根据招标文件中包括的、有合同约束力的图纸以及有关工程量清单的国家标准、行业标准、合同条款中约定的工程量计算规则编制。约定计量规则中没有的子目，其工程量按照有合同约束力的图纸所标示尺寸的理论净量计算。

（2）工程量清单与其他招标文件、技术规范、图纸工程量表的关系。规定工程量清单应与招标文件中的投标人须知、通用合同条款、技术规范及图纸等文件一起查阅和理解。工程量清单各章是按《公路工程标准施工招标文件》（2009年版）中技术规范的相应章次编号的，因此工程量清单中各章的工程子目的范围与计量等应与"技术规范"相应章节的范围、计量与支付条款结合起来理解或解释。图纸中所列工程数量表及数量汇总表仅是提供资料，不是工程量清单的外延，当图纸与工程量清单所列数量不一致时，以工程量清单所列数量作为报价的依据。

（3）工程量清单中工程量的性质与作用。规定工程量清单中所列工程数量是估算的或设计的预计数量，仅作为投标报价的共同基础，不作为最终结算与支付的依据。实际支付应按实际完成的工程量，由承包人按技术规范规定的计量方法，以监理人认可的尺寸、断面计量，按工程量清单的单价和总额价计算支付金额；或者根据具体情况，按合同条款的相关规定，由监理人确定的单价或总额价计算支付金额。当工程量清单中所列工程量在实际实施过程中发生变动时，丝毫不会降低或影响合同条款的效力，也不免除承包人按规定的标准进行施工和修复缺陷的责任。

8.1.2.2 投标报价说明

承包人填报工程量清单子目价格时的要求主要包括以下几个方面。

（1）工程量清单中的每一子目须填入单价或价格，且只允许有一个报价。

（2）除非合同另有规定，工程量清单中有标价的单价和总额价均已包括了为实施和完成合同工程所需要的劳务、材料、机械、质检（自检）、安装、缺陷修复、管理、保险、税费、利润等费用，以及合同明示或暗示的所有责任、义务和一般风险。

（3）工程量清单中投标人没有填入单价或价格的子目，其费用视为已分摊在工程量清单的其他相关子目的单价或价格之中。承包人必须按监理工程师指令完成工程量清单中未填入单价或价格的子目，但不能得到结算与支付。

（4）符合合同条款规定的全部费用应认为已被计入有标价的工程量清单所列各子目之中，未列子目不予计量的工作，其费用应视为已分摊在该合同工程的有关子目的单价或总额价之中。

（5）承包人用于该合同工程的各类装备的提供、运输、维护、拆卸、拼装等支付的费用，已包括在工程量清单的单价或总额价之中。

8.1.2.3 计日工说明

承包人使用计日工的要求主要包括以下几个方面。

（1）未经监理人书面指令，任何工程不得按计日工施工，接到监理人按计日工施工的书面指令，承包人也不得拒绝。投标人应在计日工单价表中填列计日工的基本单价或租价，该基本单价或租价适用于监理人指令的任何数量的计日工的结算与支付。计日工的劳务、材料和施工机械由招标人（或发包人）列出正常的估价数量，投标人报出单价，计算出计日工总额后列入工程量清单汇总表中并进入评价标。计日工不参与调价。

（2）计日工劳务。在计算应付给承包人的计日工工资时，工时应从工人到达施工现场，并开始从事指定的工作算起，到返回原出发地点为止，扣去用餐和休息的时间。只有直接从事指定的工作，且能胜任该工作的工人才能计工，但不包括领工（工长）和其他质检管理人员。承包人可以得到用于计日工劳务的全部工时的支付，此支付按承包人填报的"计日工劳务单价表"所列单价计算，该单价应包括基本单价及承包人的管理费、税费、利润等所有附加费，说明如下：

1）劳务基本单价包括承包人劳务的全部直接费用，如工资、加班费、津贴、福利费及劳动保护费等。

2）劳务附加费包括承包人的利润、管理、质检、保险、税费，易耗品的使用、水电及照明费，工作台、脚手架、临时设施费，手动机具与工具的使用及维修，以及上述各项伴随而来的费用。

（3）计日工材料。承包人可以得到计日工使用的材料费用的支付，此费用按承包人"计日工材料单价表"所列单价计算，该单价应包括基本单价及承包人的管理费、税费、利润等所有附加费，说明如下：

1）材料基本单价按供货价加运杂费（到达承包人现场仓库）、保险费、仓库管理费以及运输损耗等计算。

2）材料附加费包括承包人的利润、管理、保险、税费及其他附加费。

3）从现场运至使用地点的人工费和施工机械使用费不包括在上述基本单价内。

（3）计日工施工机械。承包人可以得到用于计日工作业的施工机械费用的支付，该费用按承包人填报的"计日工施工机械单价表"中的租价计算。该租价应包括施工机械的折旧、利息、维修、保养、零配件、油燃料、保险和其他消耗品的费用以及全部有关使用这些机械的管理费、税费、利润和司机与助手的劳务费等费用。在计日工作业中，承包人计算所用的施工机械费用时，应按实际工作小时支付。除非经监理人的同意，计算的工作小时才能将施工机械从现场某处运到监理人指令的计日工作业的另一现场往返运送时间包括在内。

8.1.2.4 工程量清单表

工程量清单表，通常根据招标工程的不同性质分章顺序排列。工程量清单表反映了施工项目中各分部工程子目及其数量，它是工程量清单的主体部分。

工程量清单表按内容不同可分为如下两部分：

（1）工程量清单的"总则"部分。该部分说明合同需要发生的各种开办项目，其计价特点主要是采用总额包干，因此，其计量单位大部分为"总额"。格式见表8.1。

（2）根据图纸需要发生的工程子目部分，包括路基、路面、桥梁涵洞、隧道、安全设施及预埋管线和绿化及环境保护设施，见公路工程量清单第200章至第700章。该部分说明了施工项目中各工程子目将要发生的工程量，计价特点是单价不变，实际工程量由计量确定。表8.2是路基土石方的工程量清单表格式（节选）。路面、桥涵、隧道等其他内容不再逐一叙述。

表 8.1　　　　　　　　　　　　　工程量清单（总则）

清单　100章　总则

细目号	细目名称	单位	数量	单价	合价
101－1	保险费				
－a	按合同条款规定，提供建筑工程一切险	总额			
－b	按合同条款规定，提供每三方责任险	总额			
102－1	竣工文件	总额			
102－2	施工环保费	总额			
103－1	临时道路修建、养护与拆除（包括原道路的养护费）	总额			
103－2	临时占地	总额			
103－3	临时供电设施				
－a	设施架设、拆除	总额			
－b	设施维修	月			
103－4	电信设施的提供、维修与拆除	总额			
103－5	供水与排污设施	总额			
104－1	承包人驻地建设	总额			

清单　第100章合计　人民币＿＿＿＿＿＿。

表 8.2　　　　　　　　　　　路基土石方的工程量清单（节选）

清单　第200章　路基

子目号	子目名称	单位	数量	单价	合价
202－1	清理与掘除				
－a	清理现场	m²			
－b	砍伐树木	棵			
－c	挖附树根	棵			
202－2	挖除旧路面				
－a	水泥混凝土路面	m²			
－b	沥青混凝土路面	m²			
－c	碎石路面	m²			
202－3	拆除结构物				
－a	钢筋混凝土结构	m³			
－b	混凝土结构	m³			
⋮	⋮				

清单　200章合计　人民币＿＿＿＿＿＿。

8.1.2.5 计日工表

计日工表有计日工劳务、计日工材料、计日工施工机械以及计日工汇总表4个方面的内容组成。计日工劳务表格式见表8.3。

表8.3 计 日 工 劳 务 表

编 号	子 目 名 称	单 位	暂定数量	单 价	合 价
101	班长	h			
102	普通工	h			
103	焊工	h			
104	电工	h			
105	混凝土工	h			
106	木工	h			
107	钢筋工	h			
⋮	⋮				

劳务小计金额：_____
(计入"计日工汇总表")

8.1.2.6 暂估价表

暂估价表包括材料暂估价表、工程设备暂估价表、专业工程暂估价表。材料暂估价表格式见表8.4。

表8.4 材 料 暂 估 价 表

序 号	名 称	单 位	数 量	单 价	合 价	备 注

8.1.2.7 投标报价汇总表

投标报价汇总表用于承包人投标时汇总基于投标单价、合价基础上的投标总报价，格式见表8.5。

表8.5 投 标 报 价 汇 总 表

_____(项目名称)_____标段

序 号	章 次	科 目 名 称	金 额（元）
1	100	总则	
2	200	路基	
3	300	路面	
4	400	桥梁、涵洞	
5	500	隧道	
6	600	安全设施及预埋管线	
7	700	绿化及环境保护设施	

续表

序 号	章 次	科 目 名 称	金 额（元）
8		第100章至第700章清单合计	
9		已包含在清单合计中的材料、工程设备、专业工程暂估价合计	
10		清单合计减去材料、工程设备、专业工程暂估价合计（即8-9）=10	
11		计日工合计	
12		暂列金额（不含计日工总额）	
13		投标价(8+11+12)=13	

注　材料、工程设备、专业工程暂估价已包括在清单合计中，不应重复计入投标报价。

8.1.2.8　工程量清单单价分析表

工程量清单单价分析表是分析完成工程量清单各子目工程所需的人工费、材料费、机械使用费、管理费、税费、利润风险费用和其他费用构成的综合单价，其格式见表8.6。

表8.6　　　　　　　　　工程量清单单价分析表

序号	编码	子目名称	人工费			材料费					机械使用费	其他	管理费	税费	利润	综合单价
						主材										
			工日	单价	金额	主材耗量	单位	单价	主材费	辅材费	金额						

8.1.3　工程量清单计价的特点

（1）工程量清单是招标投标的产物。工程施工的方式主要采用招标投标的发承包方式。在工程招标投标过程中，由于工程质量标准、工程数量都在招标文件中规定，故投标人的竞争主要是在规定的质量、数量、工期条件下的单价的竞争。这就为施工技术水平高、能保证工程质量又能保证价低的企业获得工程承包合同创造了条件。工程采购实行招标投标制度后，工程量清单是招标文件和合同文件的重要组成部分，所以工程量清单是招标投标的产物。

（2）清单与技术规范一致。技术规范在招标文件中与合同条件、工程量清单一样是一份十分重要的文件，它详细具体地说明了承包商履约合同时应遵守的施工技术规范以及计量与支付的规定等。由于不同性质的工程，其技术特点和质量要求及标准等都不相同，所以，技术规范应根据不同的工程性质及特点分章、分节、分部、分项来编写。而工程量清单则是完成这一工程某章、某节、某项内容具体的工程数量，它是按照技术规范要求实施工程所需完成的工程量的一种预测，其编号与技术规范相同，也相应分章、节、项等，因而与技术规范保持了高度的一致性。

（3）清单与图纸一致性。设计图纸及有关技术资料是工程项目的原始资料，它说明了工程项目的位置、地质条件、工程要求及建设标准。工程量清单的工程数量就是根据工程设计图纸的实物量和技术规范的要求计算出来的。当设计图纸发生变更或出现错误时，工程量清单的子目及工程数量都会发生变化或相应出错，有的承包商会利用工程量清单与设计图纸的一致性对二者进行仔细研究，为其谋求更大利润寻找突破口。

（4）清单与标底一致性。编写工程量清单的一个重要目的，就是在招标投标时为所有的投标人提供一个共同计算标价的基础，所有的投标人都要以工程量清单所列工程数量为依据，并参照招标文件的要求，结合自己的经验进行报价。同时，招标工程的标底也是以此为依据计算出来的，所以投标人的报价与招标人编制的标底保持了高度的一致性。

（5）清单计价与定额计价既有联系又有区别。工程定额是在合理的生产组织，合理的使用资源和正常的施工条件下，完成符合国家技术标准、技术规范（包括设计、施工、验收等技术规范）和质量评定标准的单位合格产品或劳动量所消耗的人工、材料、施工机械台班数量的标准。工程定额是由国家或地方主管部门颁布，反映了整个社会某一具体劳动的平均先进水平或平均水平；清单计价的依据则是反映本企业的消耗水平，是个别水平，因此，它可能比国家颁布的定额水平高，也可能比国家颁布的定额水平低。

（6）清单中的工程数量为预计值。为了使所有投标者有一个平等竞价的基础，在广泛实施的单价合同中，其清单工程量是业主或者招标代理所做的一种准确性较高的预估数量。其数量只供投标人在投标报价时作为计算总价的依据，不作为实际结算的依据。

（7）单价或总额范畴。清单中的单价或者总额价内容广泛，包括所有的人工、材料、机械消耗费用、企业管理费用、税收、保险、利润以及合同所明示或暗示的承包商应承担的各种风险费用，其单价或总额是承包者在该项目中所能获得的所有费用，因此，投标单位应将各种间接费用合理分摊在清单单价或总额中。

（8）造价结算的依据。一般情况下，清单单价是承包商施工中进行造价结算的依据，当工作内容无变更，物价上涨在经验承包商能够预见的合理幅度内时，其结算单价就是清单单价，当工作内容有变更，物价上涨幅度过大时，可以根据工程变更令或合同中调价规定对单价进行必要的变更。

8.1.4 工程量清单的计量方法

公路工程标准施工的技术规范共分7章，总则，路基，路面，桥梁、涵洞，隧道，安全设施及预埋管线，绿化及环境保护设施。工程量清单各章次内容是按"技术规范"的相应章次内容编排的，工程量清单各子目的计量方法在"技术规范"各节的子目中进行了详

细规定,且内容繁多,在此不再详细累述,具体内容详见《公路工程标准施工招标文件》(下册)。

8.1.5 工程量清单计价的编制依据与计价程序

1. 编制依据

工程量清单的计价依据是计价时不可缺少的重要资料,内容包括工程量清单及技术规范、定额、招标文件、施工图及施工图答疑、施工组织设计或施工方案、材料预算价格及费用标准和费用等。

(1) 工程量清单及技术规范。工程量清单是由招标人提供的,供投标人计价的工程量资料。其内容包括工程量清单表、计日工表、暂估价表、投标报价汇总表、工程量清单单价分析表及工程量清单说明。其中工程量清单表列出了各分部工程中应有的子目名称、数量、单价及合价,计日工表又包括劳务、材料、施工机械和计日工汇总表。技术规范是指对施工项目提出的施工技术要求。

(2) 定额。定额包括消耗量定额和企业定额。消耗量定额是由当地建设行政主管部门根据合理的施工组织设计,按照正常的施工条件制定的生产一个规定计量单位工程合格产品所需人工、材料、机械台班的社会平均消耗量。主要供编制标底使用,这个消耗量标准也可供施工企业在计价时参考。企业定额是施工企业根据本企业的施工技术和管理水平以及有关工程造价资料制定的,供本企业使用的人工、材料、机械台班消耗量。企业定额是本企业投标计价时的重要依据。

(3) 招标文件。招标文件的具体要求是工程量清单计价的前提条件,只有清楚地了解招标文件的具体要求,如招标范围、内容、施工现场条件等,才能正确计价。

(4) 施工图及施工图答疑。施工图及施工图答疑是编制工程量清单的依据,也是计价的重要依据。

(5) 施工组织设计或施工方案。施工组织设计或施工方案是计算施工技术措施费用的依据。如路基处理措施、路面的施工方法、桥梁的施工工艺都要在施工组织设计中进行明确,不同的工艺和方法其计价结果是不同的。

(6) 材料预算价格及费用标准。材料预算价格即材料单价,材料费占工程造价的比重高达60%左右,材料预算价格的确定非常重要。材料预算价格应在调查研究的基础上根据市场确定。

(7) 费用。包括其他工程费、管理费等,按照一定比例的系数计算,费用比例系数的测算应根据企业自身具体情况而定。

2. 计价程序

工程量清单计价的一般程序为:

(1) 熟悉施工图纸及相关资料,了解现场情况。在编制工程量清单之前,要先熟悉施工图纸,以及图纸答疑、地质勘探报告,到工程建设地点了解现场实际情况,以便正确编制工程量清单。

(2) 认真研究合同文件编制工程子目清单并计算子目单价。计算各分部工程子目单价并填写工程量清单表。工程量清单表共分7部分(总则,路基,路面,桥涵,隧道,安全设施及预埋管线,绿化及环境保护设施),分析列出每部分所包含的工程内容及工程量,分别计算有关工程内容的施工直接成本并摊入间接费、利润、税金及风险费等费用,进而确定各子目的单价。

(3) 计算清单子目价格及分部分项工程费。在子目单价确定之后,根据工程量清单及子目单价,计算单位工程的各分部分项工程费用。

(4) 计算单位工程费。将分部工程费进行汇总,形成整个单位工程费。

(5) 计算单项工程费进而形成整个建设项目的总价。

8.2　公路工程量清单招标

8.2.1　公路工程的招标方式与招标文件组成
8.2.1.1　招标方式

《公路工程施工招标投标管理办法》(交通部令 2006 年第 7 号)规定招标方式为公开招标和邀请招标两种。

1. 公开招标

招标中投标单位的数量不受限制,凡符合规定条件的承包商均可自愿参加投标的方式称为公开招标,也称为无限竞争性招标。

其优点是:

(1) 业主优选承包商的范围大。

(2) 有助于开展全面竞争,打破垄断和地区保护主义。

(3) 有利于促使承包商努力提高管理水平、完善自身条件、提高工程质量、缩短工期、降低造价。

其缺点是:

(1) 招标工作量大,招标费用增多。

(2) 招标单位多,使投标的社会成本增大,也就增大了最终由建设单位负担的社会成本。

2. 邀请招标

投标单位数量要受到限制,一般选择 5~8 家符合规定条件的承包商投标,但同一合同段不得少于 3 家,对其发出邀请参加投标,这种方式称为邀请招标,也称有限竞争招标。对被邀请的投标单位通常应考虑评价他们的业绩、社会信誉、施工技术力量、管理水平、财务状况等方面,且处于同一水平并均能胜任本标段工程要求的施工单位。这样,业主在评标中主要看投标单位的报价(类比价)是否具有竞争力。这种招标方式的优点是:

(1) 体现了公平竞争的要求。

(2) 降低了招标和投标的社会费用。

(3) 大大减少了评标的难度,增加了评标的客观公正性。

因此,这种招标方式在国际招标中广为采用。这里还要指出,这种招标方式对社会上的承包商有很大的促进作用,使他们在提高管理水平,提高施工业务能力,完善施工机械设备,提高企业人员素质,通过做好工程来取得良好的社会信誉等方面加倍努力,以增强企业的竞争能力；否则，连被邀请的资格条件都没有，当然就不可能承包到工程任务，企业的生存也就成了问题。

在招标中还有一种排他性邀请招标。被邀请的投标单位不是经过公开资格预审后选择的，而是处于排斥某些单位参加，由于工程性质特殊（只有少数单位能胜任）或工程保密等考虑而由业主确定的。显然，这种方式限制了竞争，违反了机会均等原则，不利于建立统一、开放、竞争有序的公路建筑市场。这种方式在公路施工招标中不宜采用。

8.2.1.2 招标文件组成

1. 招标文件的内容及要求

《公路工程标准文件》中规定，招标文件由下列内容组成：招标公告（或投标邀请书）、投标人须知、评标办法、合同条款及格式、工程量清单、图纸、技术规范、投标文件格式、投标人须知前附表规定的其他材料。对招标文件的澄清、修改，构成招标文件的组成部分。

2. 招标文件澄清和修改应注意的问题

招标文件的澄清将在投标人须知前附表规定的投标截止时间15天前以书面形式发给所有购买招标文件的投标人，但不能指明澄清问题的来源。如果澄清发出的时间距投标截止时间不足15天，相应延长投标截止时间。招标人有责任保证所有购买招标文件的投标人收到招标文件的澄清。

在投标截止期15天前，招标人可以书面形式修改招标文件，并通知所有已购买招标文件的投标人。如果修改招标文件的时间距投标截止时间不足15天，相应延长投标截止时间。招标人有责任保证所有购买招标文件的投标人收到招标文件的修改。

招标文件的具体内容及标准格式详见《公路工程标准文件》。

8.2.2 公路工程招标工作程序

8.2.2.1 招标应具备的条件

根据我国《公路工程施工招标投标管理办法》的规定并结合公路建设项目招标的实际，施工招标应具备的条件是：

（1）初步设计和概算文件已被批准。

（2）工程已正式列入国家或地方公路建设计划，业主已办理工程项目报建手续。

（3）建设资金已经落实。

（4）征地拆迁工作已基本完成或落实，能够分年度连续施工。

（5）施工图设计已完成或能满足招标（编制招标文件）的需要，并能满足工程开工后连续施工的要求。

（6）由于监理单位和监理工程师的姓名要作为合同条款写入招标文件之中，因此，除上述5个基本条件外，公路施工招标之前，监理单位应已选定。

8.2.2.2 招标的基本程序

公路工程项目招标应按下列程序进行，公路工程施工招标程序如图8.1所示。

（1）确定招标方式。采用邀请招标的，应当按照国家规定报有关主管部门审批。

（2）编制投标资格预审文件和招标文件。

(3) 发布招标公告，发售投标资格预审文件；采用邀请招标的，可直接发出投标邀请书，发售招标文件。

(4) 对潜在投标人进行资格审查。

(5) 向资格预审合格的潜在投标人发出投标邀请书和发售招标文件。

(6) 组织潜在投标人考察招标项目工程现场，召开标前会。

(7) 接受投标人的投标文件，公开开标。

(8) 组建评标委员会评标，推荐中标候选人。

(9) 确定中标人。

(10) 发出中标通知书。

(11) 与中标人订立公路工程施工合同。

8.2.2.3 评标方法

评标活动遵循公平、公正、科学和择优的原则。

公路工程的评标方法和清单报价有着密切联系，所以在招标文件中要说明在该项目实行的评标方法。公路招标评标办法有合理低价法、综合评估法和经评审的最低价法3种。

图 8.1 施工招标的基本程序

1. 合理低价法

评标委员会对满足招标文件实质要求的投标文件，根据规定的评分标准进行打分，并按得分由高到低顺序推荐中标候选人，或根据招标人授权直接确定中标人，但投标报价低于其成本的除外。

评审因素与标准：形式评审标准、资格评审标准，响应性评审应制定相应标准，投标文件应当满足标准的要求；评分因素包括施工组织设计、项目管理机构、其他因素和评标价，在运用合理低价法评标时，评标价满分为100分，其他都是0分。

合理低价法是综合评估法的评分因素中评标价得分为100分、其他评分因素分值为0分的特例。合理低价法即《公路工程施工招标投标管理办法》中规定的合理低价法。除技术特别复杂的特大桥和长大隧道工程外，公路工程施工招标评标一般应当使用合理低价法。

2. 综合评估法

综合评估法与合理低价法的区别是评分标准的不同。在综合评估法中，施工组织设计、项目管理机构、其他因素和评标价分别赋予不同的权重和分值（合计满分100分），评标价所占权重不应低于50%，并按得分由高到低顺序推荐中标候选人，或根据招标人授权直接确定中标人，但投标报价低于其成本的除外。

招标人应根据项目具体情况确定各评分因素及评分因素权重分值，并对各评分—进行

细分（如有）、确定各评分因素细分项的分值，各评分因素权重分值合计应为 100 分。各评分因素（评标价除外）得分均不应低于其权重分值的 60%，且各评分因素得分应以评标委员会各成员的打分平均值确定，该平均制以去掉一个最高和一个最低分后计算。综合评估法仅使用于技术特别复杂的特大桥梁和长大隧道工程。

3. 经评审的最低投标价法

经评审的最低投标价法与合理低价法基本相同。评标委员会对满足招标文件实质要求的投标文件，对评标价按规定标准进行修正计算。并按照经评审的投标价由低到高的顺序推荐中标候选人，或根据招标人授权直接确定中标人，但投标报价低于其成本的除外。此法对施工组织设计和项目管理机构等评分因素不作要求。

此法适用于使用世界银行、亚洲开发银行等国际金融组织贷款的项目和规模较小、技术含量较低的工程。

8.2.3 工程量清单编制方法与示例

1. 工程量清单的编制

工程量清单是招标文件的组成部分，共由 8 部分内容组成（前面已述），是编制标底和投标报价的依据。已标价、经算术性修正无误且施工单位已确认的最终工程量清单是签订合同、调整工程量和办理工程结算的基础。

工程量清单应由有编制招标文件能力的招标人或受其委托具有相应资质的工程造价咨询机构，依据有关计价方法、招标文件的要求、设计文件和施工现场实际情况进行编制。

2. 工程量清单项目的设置

公路工程的清单项目按照章、节、条、子目的序列表达，根据清单项目具体情况可适当简化。例如 8.1 节表 8.2 中清单编号 202-3-a，对应《公路工程标准文件》中技术规范，表示工程量清单第 200 章，第 2 节，第 3 条，a 子目"拆除钢筋混凝土结构"，如图 8.2 所示。工程量清单的项目设置规则是统一工程量清单子目号、项目名称、计算单位和工程内容范围，以便于工程量计算和报价，是编制工程量清单的依据。

图 8.2 工程量清单子目编码结构

3. 工程量清单编制示例

某隧道工程的工程量清单见表 8.7。

计日工表、暂估价表、工程量清单汇总表、单价分析表格式见本章 8.1 节，不再叙述。

4. 工程量固化清单及编制

工程量固化清单，即固化的工程量清单，是指使用 Excel 软件制作的工程量清单电子固化表格文件。

需要说明的是在招标文件中，招标人通常使用工程量固化清单，使投标人无法修改工程量清单 Excel 电子文件的数据、格式及运算定义。投标人只需填写工程量清单中的单价和总金额，即可完成投标工程量清单的编制，打印出投标工程量清单，编入投标文件。投标人必须严格遵循工程量固化清单电子文件中的数据定义、格式及运算定义，否则，评标委员会将对其按无效标处理。

表 8.7　　某隧道工程的工程量清单

合同段：A 合同段　　　　　　　　　　　　　　　　　　　货币单位：人民币元

清单　第 500 章　隧道

子目号	子目名称	单位	数量	单价	合价
502－1	洞口、明洞开挖				
－a	土方	m³	5756.000		
－b	石方	m³	2467.000		
502－4	洞门建筑				
－b	M10 浆砌块石	m³	863.200		
503－1	洞身开挖				
－a	土方	m³	15278.400		
－b	石方	m³	33211.100		
503－3	初期支护				
－b	C25 喷射混凝土	m³	1032.900		
－c	注浆锚杆（直径 22mm）	m	70919.200		
－e	钢筋网	kg	35019.200		
504－1	洞身衬砌				
－b	C25 防水混凝土	m³	7756.500		
－e	带肋钢筋（HRB335）	kg	307650.000		
504－2	C15 片石混凝土仰拱、铺底	m³	2056.300		
	清单第 500 章合计	人民币元			

《公路工程标准文件》鼓励招标人采用工程量固化清单，并对工程量清单固化方法进行了详细说明。采用工程量固化清单，一是可防止投标人恶意修改工程量清单细目或数量；二是避免投标人因计算错误而被废标；三是可以减少评标阶段的算术性符合工作量。

8.3　公路工程量清单投标报价

8.3.1　投标文件的组成

投标人编写的投标文件，应包括下列各项内容。
（1）投标函及投标函附录。
（2）法定代表人身份证明或附有法定代表人身份证明的授权委托书。
（3）联合体协议书。
（4）投标保证金。
（5）已标价工程量清单。

（6）施工组织设计。

（7）项目管理机构。

（8）拟分包项目情况表。

（9）资格审查资料。

（10）承诺函。

（11）调价函及调价后的工程量清单（如有）。

（12）投标人须知前附表规定的其他材料。

投标人编写的投标文件，若采用双信封形式，应将上述内容分别密封在两个信封。即将投标函（报价部分）、已标价工程量清单，调价函及调价后的工程量清单（如有）单独装在包括投标报价和工程量清单的第二个信封，其余全部装在第一个信封。

有关各项投标文件组成内容参见《公路标准施工文件》。投标函是投标文件的纲要内容，下面仅列出不采用双信封格式的投标函格式：

投 标 函

_____（招标人名称）：

1. 我方已仔细研究_____（项目名称）_____标段施工招标文件的全部内容（含补遗书第_____号至第_____号），在考察工程现场后，愿意以人民币（大写）_____元（￥_____）的投标总报价（或根据招标文件规定修正核实后确定的另一金额），工期_____日历天，按合同约定实施和完成承包工程，修补工程中的任何缺陷，工程质量达到_____。

2. 我方承诺在投标有效期内不修正、撤销投标文件。

3. 随同本投标函提交投标保证金一份，金额为人民币（大写）_____元（￥_____）。

4. 如我方中标：

（1）我方承诺在收到中标通知书后，在中标通知书规定的期限内与你方签订合同。

（2）随同本投标函递交的投标函附录属于合同文件的组成部分。

（3）我方承诺按照招标文件规定向你方递交履约担保。

（4）我方承诺在合同约定的期限内完成并移交全部合同工程。

5. 我方在此声明，所递交的投标文件及有关资料内容完整、真实和准确，且不存在《公路工程标准施工招标文件》第二章"投标人须知"第1.4.3项规定的任何一种情形。

6. 在合同协议书正式签署生效之前，本投标函连同你方的中标通知书将构成我们双方之间共同遵守的文件，对双方具有约束力。

7. _____（其他补充说明）。

投标人：_____（签字盖章）

法定代表人或其委托代理人：_____（签字）

地址：_____

8.3.2 投标报价的基本程序和要点

8.3.2.1 投标报价的基本程序

投标报价的基本程序和步骤如图 8.3 所示。

8.3.2.2 投标报价的要点

1. 认真研究合同条件

合同条件对投标报价影响较大的主要内容有：

(1) 承包人权利、义务的基本规定。通常承包人义务越多、风险责任越大，其成本和报价越高。

(2) 工期。首先分析招标文件中的工期是否合理，通常情况下合理工期能降低施工成本和投标报价。

(3) 分析拖期损失偿金和有关规定。

(4) 分析保修期的有关规定。

(5) 保函的要求。保函包括履约保函、预付款保函、临时进口施工机具税收保函以及维修期保函等，保函数值的要求和有效期的规定，允许开保函的银行限制。这与投标者计算保函手续费和用于银行开保函所需占用的抵押资金有重要关系。

(6) 保险。是否指定了保险公司、保险的种类和最低保险额，这将影响保险费用的计算。通常保险尽管需要保险费的支出，但同时减少了承包人的风险责任，可相应降低投标报价。

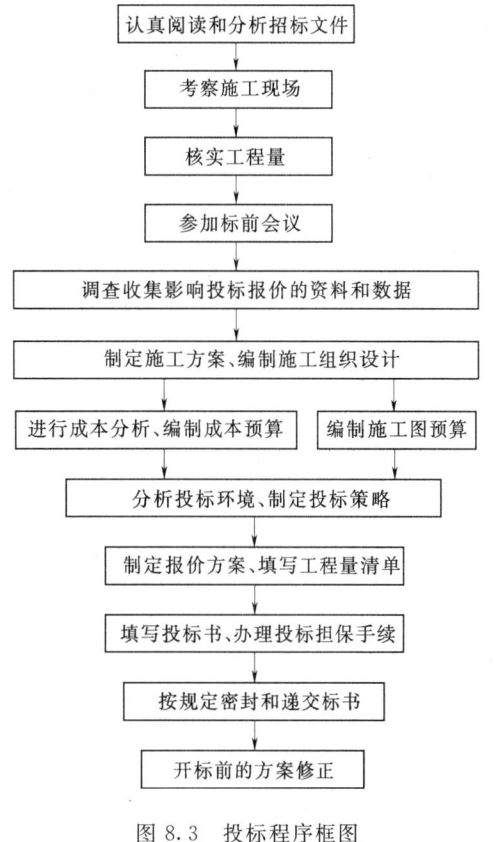

图 8.3 投标程序框图

(7) 付款条件。是否具有预付款，预付款如何扣回；期中付款方法，包括付款比例、保留金比例、保留金最高限额、退回保留金的时间和方法，拖期付款的支付等；每次期中付款有无最小金额限制、业主付款的时间限制等。这些是承包人计算流动资金及其利息费用的重要因素。

(8) 税收。税收影响着材料设备价格的计算。

(9) 劳务国籍的限制。

(10) 战争和自然灾害等不可抗力因素造成损害的补偿办法和规定，中途停工的处理办法和补救措施等。

(11) 有无提前竣工奖励。

(12) 货币。对货币币种的规定。

(13) 争议、仲裁或诉诸法律等的规定。

(14) 有关工程变更、索赔及价格调整的规定。表面上这些规定会增加业主支出，但由于承包人风险责任较小,相应能降低投标报价。

2. 认真研究技术规范

技术规范中质量标准和验收标准越高,承包人的义务越多,施工难度越大,其施工成本和投标报价越高。技术规范中规定的计量方法是承包人进行单价分析以及编制相应单价的依据。

对于技术规范中的工作内容,在工程量清单中未列出来的或明文包括进去的,也要在所列项目中计算进去,否则将成为漏项。如有不明确之处,则在标前会议向业主提出澄清。

此外,应了解有无特殊施工技术要求和有无特殊材料设备技术要求,有关选择代用材料、设备的规定,以便针对相应的定额,计算有特殊项目的价格。

3. 认真分析报价要求

报价要求通常明列在工程量清单、投标人须知、合同条件、技术规范等文件中,要特别认真加以研究。

(1) 认真研究合同的种类。不同的工程类别适用于不同种类的合同。

(2) 仔细研究招标文件中的工程量表的编制体系和方法。

(3) 研究永久性以外的项目有何报价要求。

4. 认真研究承包人的风险

承包人的风险责任规定,在招标文件中直接或间接地体现出来。一般地,承包人的风险责任越大,其报价越高。因此需要研究招标文件中对承包人不利,需承担很大风险的各种规定和条款。

在研究和分析招标文件的过程中,有时会发现一些漏洞和疏忽,这些漏洞和疏忽对自己有利的,可以在制定投标策略时作为参考;对自己不利的,可以按规定向业主提出,由业主在标前会议中解答。

5. 注意核实工程量

招标项目的工程量在招标文件的工程量清单中有详细说明,但由于种种原因,工程量清单中的工程数量有时会和施工图中的数量存在不一致的现象。因此有必要进行复核。

(1) 核实工程量的主要作用如下。

1) 全面掌握本项目需发生的各分项工程的数量,便于投标中进行准确的报价。

2) 及时发现工程量清单中关于工程量的错误和漏洞,为制定投标策略提供依据。

3) 有利于促使投标单位对技术规范中的计量支付规定作进一步的研究,便于精确地编写各工程子目的单价。

(2) 核实工程量时应注意做好如下几项工作。

1) 全面核实设计图纸中各分项工程的工程量。

2) 计算受施工方案的影响而需额外发生和消耗的工程量。

3) 根据技术规范中计量与支付的规定,折算出新的工程量。

8.3.3 工程量清单报价方法与示例

8.3.3.1 投标报价的编制依据

(1) 工程招标文件。
(2) 国家或地方颁发的计价定额。
(3) 企业定额。
(4) 图纸等公路工程设计文件。
(5) 标准、规范、规程等技术资料。
(6) 工程施工组织设计或施工方案。
(7) 当地工程造价管理机构发布的工程造价信息或市场价格信息。
(8) 合同条件,尤其是有关工期、质量、支付条件、外汇比例的规定。
(9) 其他。

8.3.3.2 清单子目单价计算

清单子目单价采用综合单价报价。

综合单价是指完成工程量清单中每一个规定计量单位项目,所需的人工费、材料费、机械使用费、管理费、保险、税费和利润等费用,并考虑一定的风险因素的清单子目单价。清单中的每一个分部分项子目均由"量"和"价"两个因素组成,"量"是按照工程量计算规则计算出来的将要实施的子目工程数量;而"价"则是按照上述定义计算出来的综合单价,两者相乘即得到该子目的价格。

综合单价的大小主要取决于人工、材料和机械三者费用之和,所以在计算人工、材料和机械三者的消耗量和综合单价时要十分注意。人工、材料、机械的消耗量应该根据企业定额或国家、地方统一的消耗量标准确定;人工、材料、机械的综合单价要通过对市场信息进行综合分析和调整后,确认根据企业实际状况,具有一定的竞争性才可使用。综合单价中的管理费、保险、税费和利润等费用是在直接费的基础上,按照一定的取费标准而得到。

在工程量清单中,除第 100 章按总额(或项)计价外,其余各章分项子目的单价都可以采用综合单价法计算。将各章的单价与量相乘再进行汇总即可得到投标报价。

例如桥梁基础灌注桩分项工程,清单单位以桩长计,根据桩的直径,确定施工每延米桩长的综合单价。首先依据现场条件确定灌注桩的施工方案,然后进行综合单价计算,其费用组成包括:

(1) 直接成本费用。完成成孔的综合费用;完成混凝土浇筑、养护的综合费用;临时工程费;施工措施费;其他工程费用。
(2) 完成灌注桩所发生的管理成本费用。
(3) 根据国家的政策要求所应缴纳的保险、规费和税金等费用。
(4) 根据企业管理水平及市场竞争情况,确定预期的利润。
(5) 依据施工条件确定风险费用。

将以上 5 部分费用进行汇总,得到完成该灌注桩的总费用。用总费用除以灌注桩的总长度,得到灌注桩的综合单价。

8.3.3.3 投标报价分析

初步计算出标价之后，应对标价进行多方面的分析和评估，其目的是探讨标价的经济合理性，从而做出最终报价决策。标价分析包括单价分析与总价分析。单价分析就是对工程量清单中所列分项单价进行分析和计算，确定出每一分项的单价和合价，分析标价计算中使用的劳务、材料、施工机械的基础单价以及选用的工程定额是否合理，是否符合拟投标工程的实际情况。同时，应根据以往本企业的投标报价资料进行对比分析，合理确定投标单价和总报价。

标价分析评估从以下几个方面进行。

1. 标价的宏观审核

标价的宏观审核是依据长期的工程实践中积累的大量的经验数据，用类比的方法，从宏观上判断初步计算标价的合理性，可采用下列宏观指标和评审方法。

（1）首先应当分项统计计算书中的汇总数据，并计算其比例指标。

（2）通过对各类指标及其比例关系的分析，从宏观上分析标价结构的合理性。例如，分析、汇总直接费和总的管理费比例关系，劳务费和材料费的比例关系，临时设施和机具设备费与总的直接费用的比例关系，利润、流动资金及其利息与总标价的比例关系等。承包过类似工程的有经验的承包人不难从这些比例关系中判断标价的构成是否基本合理。如果发现有不合理的部分，应当初步探讨其原因。首先研究拟投标工程与其他类似工程是否存在某些不可比因素，如果考虑了不可比因素的影响后，仍存在不合理的情况，就应当深入探讨其原因，并考虑调整某些子目的单价。

（3）探讨上述平均人月产值和人年产值的合理性和实现的可能性。如果从本公司的实践经验角度判断这些指标过高或过低，就应当考虑所采用定额的合理性。

（4）参照同类工程的经验，扣除不可比因素后，分析单位工程价格及用工、用料量的合理性。

（5）从上述宏观分析得出初步印象后，对明显不合理的标价构成部分进行微观方面的分析检查。重点是在提高工效、改变施工方案、降低材料设备价格和节约管理费用等方面提出可行措施，并修正初步计算标价。

2. 标价的动态分析

标价的动态分析是假定某些因素发生变化，测算标价的变化幅度，特别是这些变化对计划利润的影响。

（1）工期延误的影响。由于承包人自身的原因，如材料设备交货拖延，管理不善造成工期延误，质量问题造成返工等，承包人可能会增大管理费、劳务费、机械使用费以及占用的资金及利息，这些费用的增加不可能通过索赔得到补偿，而且还会导致误期赔偿。一般情况下，可以测算工期延长某一段时间，上述各种费用增大的数额及其占总标价的比率。这种增大的开支部分只能用风险费和计划利润来弥补。因此，可以通过多次测算，得知工期拖延多久，利润将全部丧失。

（2）物价和工资上涨的影响。通过调整标价计算中材料设备和工资上涨系数，测算其对工程计划利润的影响。同时切实调查工程物资和工资的升降趋势和幅度，以便作出恰当判断。通过这一分析，可以得知投标计划利润对物价和工资上涨因素的承受能力。

(3) 其他可变因素的影响。影响标价的可变因素很多，而有些是投标人无法控制的，如贷款利率的变化、政策法规的变化等。通过分析这些可变因素的变化，可以了解投标项目计划利润的受影响程度。

3. 标价的盈亏分析

初步计算的标价经过宏观审核与进一步分析检查，可能对某些分项的单价作必要的调整，然后形成基础标价，再经过盈亏分析，提出可能的低价标和高价标，供投标报价决策时选择。盈亏分析包括盈余分析和亏损分析两个方面。

(1) 盈余分析。

盈余分析是标价组成的各个方面挖掘潜力、节约开支，计算出基础标价可能降低的数额，即所谓"挖潜盈余"进而算出低价标。盈余分析主要从以下几个方面进行。

1) 定额和效率。即工料、机械台班消耗定额以及人工、机械效率分析。
2) 价格分析。即对劳务、材料、施工机械台班（时）价格3个方面进行分析。
3) 费用分析。即对管理费、临时设施费等方面逐项分析。
4) 其他方面。如流动资金与贷款利息，保险费、维修费等方面逐项符合，找出有潜可挖之处。

考虑到挖潜不可能百分之百实现，还需乘以一定的修正系数（一般取 0.5~0.7），据此求出可能的低价标，即

$$低价标＝基础标价－（挖潜盈余×修正系数）$$

(2) 亏损分析。

亏损分析是分析在算标时由于对未来施工过程中可能出现的不利因素考虑不周和估计不足，可能产生的费用增加和损失。主要从以下几个方面分析。

1) 人工、材料、机械设备价格。
2) 自然条件。
3) 管理不善造成质量、工作效率等问题。
4) 建设单位、监理工程师方面问题。
5) 管理费损失。

以上分析估计出的亏损额，同样乘以修正系数（0.5~0.7），并据此求出可能的高标价，即

$$高标价＝基础标价＋（估计亏损×修正系数）$$

8.3.3.4 工程量清单投标报价示例

某高速公路 A 合同段，长 15km，路基宽 26m，其中挖方路段长 4.5km，填方路段长 10.5km。路面结构为级配碎石、水泥稳定土、粗粒式、中粒式、细粒式改性沥青混合料，路面在 8km 处有一座钢筋混凝土预应力箱梁桥。

投标单位依据施工图以及招标文件的具体要求，按公路预算定额进行单价分析计算各分部分项工程的单价（其单价计算参照第 6、7 章的方法），然后系统填写工程量清单表，相关工程量清单表格见表 8.8~表 8.13。

表 8.8　　　　　　　　　　　　　投 标 报 价 汇 总 表

序　号	章　次	科 目 名 称	金　额（元）
1	100	总则	10787463
2	200	路基	75756224
3	300	路面	62049330
4	400	桥梁、涵洞	3376219
5	500	隧道	
6	600	安全设施及预埋管线	
7	700	绿化及环境保护设施	
8		第100章至第700章清单合计	151969236
9		已包含在清单合计中的材料、工程设备、专业工程暂估价合计	
10		清单合计减去材料、工程设备、专业工程暂估价合计（即 8－9＝10）	151969236
11		计日工合计	
12		暂列金额（不含计日工总额）	
13		投标报价（8＋11＋12）＝13	151969236

表 8.9　　　　　　　　　　　　　工 程 量 清 单（一）

合同段：A 合同段　　　　　　　　　　　　　　货币单位：人民币元

清单　第 100 章　总则

子目号	子目名称	单　位	数　量	单　价	合　价
101－1	保险费				
－a	按合同条款规定，提供建筑工程一切险	总额	1.000	660355.34	660355.34
－b	按合同条款规定，提供第三方责任险	总额	1.000	327107.69	327107.69
102－1	竣工文件	总额	1.000	100000.00	100000.00
102－2	施工环保费	总额	1.000	2000000.00	2000000.00
102－3	安全生产费	总额	1.000	5000000.00	5000000.00
102－4	工程管理软件	总额	1.000	200000.00	200000.00
103－5	供水与排污设施	总额	1.000	500000.00	500000.00
104－1	承包人驻地建设	总额	1.000	2000000.00	2000000.00

清单第 100 章合计　10787463 人民币元

8.3 公路工程量清单投标报价

表 8.10　　　　　　　　　　工 程 量 清 单（二）

合同段：A 合同段　　　　　　　　　　货币单位：人民币元

清单　第 200 章　路基

子目号	子目名称	单位	数量	单价	合价
202-1	清理与掘除				
-a	清理现场	m²	3068000.00	3.54	10860720.00
203-1	路基挖方				
-a	挖土方	m³	367714.00	8.76	3221175.64
-b	挖石方	m³	1676225.00	30.58	51258960.50
-d	挖淤泥	m³	140436.00	14.22	1996999.92
204-1	路基填筑（包括填前压实）				
-a	换填土	m³	74216.00	12.60	93512.16
-i	换填片石	m³	66220.00	22.80	1509816.00
205-4	膨胀土处理				
-a	石灰土改良	m³	56400.00	21.48	1211472.00
207-3	M10 浆砌 C10 混凝土预制块截水沟	m	4238.00	224.20	950159.60
208-1	植物护坡				
-a	种草	m²	14306.00	6.44	92130.64
208-3	M7.5 浆砌片石护坡				
-b	方格护坡	m³	16988.00	268.50	4561278.00

清单第 200 章合计　　75756224 人民币元

表 8.11　　　　　　　　　　工 程 量 清 单（三）

合同段：A 合同段　　　　　　　　　　货币单位：人民币元

清单　第 300 章　路面

子目号	子目名称	单位	数量	单价	合价
304-3	水泥稳定土基层				
-a	厚 350mm	m²	202660.000	75.13	15225845.80
-b	厚 370mm	m²	28280.000	84.58	2391922.40
306-3	级配碎石基层				
-a	厚 100mm	m²	22481.000	15.89	357223.09
-b	厚 200mm	m²	215524.000	29.91	6446322.84
309-2	中粒式沥青混凝土				
-a	厚 50mm	m²	221153.000	52.16	11535340.48
309-3	粗粒式沥青混凝土				
-a	厚 60mm	m²	221153.000	59.87	13240430.11
310-2	封层				
-a	沥青石屑下封层	m²	226357.000	8.70	1969305.90
311-1	细粒式改性沥青混合料路面				
-a	厚 40mm	m²	221153.000	49.21	10882939.13

清单第 300 章合计　　62049330 人民币元

表 8.12　　　　　　　　　　　　　工 程 量 清 单（四）

合同段：A 合同段　　　　　　　　　　　　　　　　　　　　　　　货币单位：人民币元

清单　第 400 章　桥梁

子目号	子目名称	单位	数量	单价	合价
403-1	基础钢筋（包括灌注桩、承台、沉柱、沉井）				
-a	光圆钢筋（HPB235、HPB300）	kg	745.800	6.88	5131.10
-b	带肋钢筋（HPB335、HPB400）	kg	21311.200	7.19	153227.53
403-2	下部结构钢筋				
-a	光圆钢筋（HPB235、HPB300）	kg	2398.200	7.18	17219.08
-b	带肋钢筋（HPB335、HPB400）	kg	7214.400	7.46	53819.43
403-3	上部结构钢筋				
-a	光圆钢筋（HPB235、HPB300）	kg	72661.900	7.27	528252.01
-b	带肋钢筋（HPB335、HPB400）	kg	49927.600	7.54	376454.10
404-1	干处挖土方	m³	2611.000	28.29	73865.19
404-3	干处挖石方	m³	269.400	76.73	20671
407-1	挖孔灌注桩（直径1.8m）	m	65.500	2154.05	141090.28
410-1	混凝土基础（包括支撑梁、桩基承台、但不包括桩基）				
-a	C15 片石混凝土桥台	m³	970.300	317.55	308118.77
410-2	混凝土下部结构				
-a	C20 混凝土桥台	m³	926.000	563.64	521930.64
-b	C30 混凝土柱式桥墩	m³	64.700	588.44	38072.07
410-4	预制混凝土上部结构				
-a	C40 预制混凝土箱梁	m³	953.600	758.38	723191.17
411-2	先张法预应力钢绞线				
-a	直径 15mm 钢绞线	kg	25851.600	16.06	415176.70

清单第 400 章合计　3376219 人民币元

8.3.4　投标策略和技巧

作为投标单位，必须研究投标策略和投标技巧，并恰当运用，使中标率提高并达到最好的经济效益。投标策略是投标人根据企业实际情况和公路工程市场形势，进行充分调查研究，做出工程项目投标的战略性选择和决定。投标技巧是指在投标报价中采用一些策略与方法，使投标者的报价既让业主可以接受，而且中标后又能获得更多的利润。因此，投标技巧的首要目标是确定一个最具有竞争力的总价以求中标。第二目标则是在总价确定以后，如何调整内部各个项目的报价，以期既不提高总价，不影响中标，又能在结算时得到更理想的经济效益。

8.3.4.1　投标策略

（1）赢利策略。在报价中以较大的利润为投标目标的策略。通常是在建筑市场任务多，投标单位对该项目拥有技术上的垄断优势、工期短、竞争对手少（非我莫属）时予以采用。

8.3 公路工程量清单投标报价

表 8.13 工程量清单单价分析表

序号	编码	子目名称	人工 工日	人工 单价(元)	人工 金额(元)	材料 主材料量	材料 单位	材料 单价(元)	材料 主耗材(元)	材料 辅材费(元)	材料 金额(元)	机械使用费(元)	其他(元)	管理费(元)	税费(元)	利润(元)	综合单价(元)
1	202-1-a	清理现场	0.0025	50.39	0.13								0.08	0.16	0.12	0.22	3.54
2	203-1-a	挖土方	0.0048	50.39	0.24							2.83	0.16	0.30	0.29	0.55	8.76
3	203-1-b	挖石方	0.0547	50.39	2.76	空心钢钎 0.0135	kg	7.00			2.16	7.22	0.66	1.94	1.01	1.86	30.58
						直径50mm以内合金钻头 0.0208	个	27.21	0.57								
						硝铵炸药 0.1539	kg	6.00	0.92								
						导火线 0.4058	m	0.80	0.32								
						普通雷管 0.3191	个	0.70	0.22								
						其他材料费 0.0222	元	1.00	0.02								
4	203-1-a	挖淤泥	0.0100	50.39	0.50							11.52	0.27	0.57	0.47	0.89	14.22
5	204-1-a	换填土	0.0030	50.39	0.15						6.5	4.97	0.14	0.26	0.20	0.38	12.6
6	204-1-i	换填片石	0.0807	50.39	4.07						10.00	5.32	0.29	2.00	0.42	0.70	22.80
7	205-4-a	石灰土改良	0.0864	50.39	4.35	生石灰 0.0840	t	105.00	8.82		8.82	3.37	0.59	2.40	0.71	1.24	21.48

注 工程量清单单价分析表数据很多,在此只代表性的列出了一部分。

（2）微利保本策略。在施工成本费、利税费及风险费用中，降低利润目标，甚至不考虑利润的一种策略。通常在企业工程任务不饱满，建筑市场供不应求（即任务少，施工企业多），竞争对手强以及业主按最低标价定标时采用。

（3）先亏后盈策略。有的承包商，为了打进某一地区，或对一些大型工程中的第一期工程，采取一种不惜代价、只求中标的低价报价方案。这样在后续工程或第二期工程招标时，凭借经验、临时设施及创立的信誉等因素，比较容易中标，并争取获利。通常只是在市场竞争激烈，承包商又急于打入该建筑市场（甚至独占该建筑市场）时采用。使用这种策略投标，一定要弄清楚业主肯定按最低价来确定中标单位，这种报价方法应谨慎采用。

（4）冒险投标策略。在报价中不考虑风险费用，如果无风险发生，则报价成功，如风险发生，则要承担大的风险损失。通常也是在上述的情况下采用。其损失则要靠以后长期经营来挽回。

8.3.4.2 附加策略

在采用上述 4 种策略的基础上可再采用以下几种附加策略。

（1）优化设计策略。即发现并修改原有施工图设计中存在的不合理情况或采用新技术优化设计方案。投标者应对原招标文件的设计和施工方案仔细研究，提出更合理的方案以吸引业主，促成自己的方案中标。这种新的建议方案可以降低总造价，或者提前竣工，或者使工程运用更合理。但要注意的是对原招标方案一定也要报价，以供业主比较，否则将成为废标。

（2）缩短工期策略。通过先进的施工方案、施工方法、科学的施工组织管理或优化设计来缩短工期。当投标工期是关键工期时，则业主在评标过程中会将由于缩短工期所带来的预期受益定量考虑，从而增大中标机会。

（3）采用多方案报价。对于一些招标文件，如果发现工程范围不很明确，条款不清楚或很不公正，或技术规范要求过于苛刻时，则要在充分估计投标风险的基础上，按原招标文件报一个价，然后再提出："如某条款作某些变动，报价可降低多少……"，报一个较低的价。这样可以降低总价，以吸引业主。

（4）采用突然降价法报价。报价是一项保密的工作，但是竞争对手有时通过各种渠道、手段来刺探情报，因此在报价时可以采取迷惑对方的手法。即先按一种情况报价或表现出自己对该工程兴趣不大，到快投标截止时，再突然降价。

（5）附加优惠策略。投标时根据所掌握的招标单位信息，结合企业的实际能力，提出对招标单位有吸引力、在投标对手中有竞争力的优惠条件，如帮助业主融资、提供贷款、解决材料及设备的采购供应，协助业主进行三大目标控制，提出工期优惠、先进设备、技术转让，为业主解决某些困难等，以此增加中标机会。

（6）低价索赔策略。在认真分析研究招标文件后，发现存在许多漏洞甚至许多错误或业主不能提供必要的施工条件，开工后必然出现业主违约的情况时，可有意将价格报低，先争取中标，中标后通过索赔来挽回低报价的损失。

8.3.4.3 投标技巧的研究与应用

承包商研究投标技巧应在保证工程质量与工期的前提下进行，其目的是为了中标并获得所期望的效益。为此，承包商在投标程序全过程都要研究投标报价技巧问题。

（1）不平衡报价法。不平衡报价法，也叫前重后轻法报价法，是指在总价基本确定的前提下，通过调整内部各个子项的报价，既不影响总报价，又可在中标后获得较好的经济效益的投标报价技巧。一般可以在以下几个方面考虑采用不平衡报价法：

1）对能早期结账收回工程款的项目（如开工费、土方、基础等）的单价可报以高价，以有利于资金周转，对后期项目单价可适当降低。

2）估计今后工程可能增加的项目，可提高其单价；而工程量可能减少的项目，则可降低其单价。

要提醒注意的是：上述两种情况要统筹考虑。对于工程量清单有错误的早期工程，如不能完成工程量表中的数量，则不能盲目提高单价，应在具体细致分析后确定。

3）图纸内容不明确或有错误，估计修改后工程量要增加的，可提高其单价，而工程内容不明确的，其单价可降低。

4）没有工程量只填报单价的项目（如疏浚工程中的开挖淤泥工作等），其单价宜高，这样既不影响总的投标报价，又可多获利。

5）在单价包干混合制合同中，有某些项目业主要求采用包干报价时，宜报高价。一是这类项目多半有风险；二是这类项目在完成后可全部按报价结账，即可以全部结算回来。而其余单价项目则可适当降低。

6）暂定项目。对这类项目要具体分析，因这一类项目要开工后再由业主研究是否实施，由哪一家承包商实施。如果工程不分标，只由一家承包商施工，则其中必须施工的单价可高些，不一定施工的则应低些；如果工程分标，该暂定项目也可能由其他承包商施工时，则不宜报高价，以免提高总报价。

（2）"单价分析表"报价。投标时可将单价分析表中的人工费及机械设备费报得较高，而材料费算得较低，这主要是为了在今后补充项目报价时可以参考选用"单价分析表"中较高的人工费和机械设备费，而材料则往往采用市场价，因而可以获得较高的收益。

（3）计日工单价的报价。如果是单纯报计日工单价，而且不计入总价中，可以报高些，以便在业主额外用工或使用施工机械是多盈利。但如果计日工单价要计入总价时，则需具体分析是否报高价，以免抬高总报价，同时应考虑到，如果计日工单价过高，则业主可能会不用或少用承包人的计日工。总之，要分析业主在开工后可能使用的计日工数量，再来确定报价方法。

（4）开口升级报价法。即将报价看成是协商的开始，报价时利用招标文件中规定的不明确的有利条件，将造价很高的一些单项工程的报价抛开作为活口，将标价降低至无法与之竞争的数额。利用这种"最低标价"来吸引业主，从而取得与业主商谈的机会，利用活口进行升级加价，以达到最后赢利的目的。

（5）议标的投标技巧。议标对我国的工程项目并不适用，国际上在一些情况下采用议标方式。若采用议标方式，即通常选择2~3家条件较优者进行谈判，则投标人可利用议标谈判来施展竞争手段，就有可能通过修改投标书的某些内容来增加获胜机会。根据规定，投标人在标书有效期内，是不能修改其报价的。在议标中，投标者适时提出降价要求是议标的主要手段，是被允许的。但需要注意的是：

1）要摸清招标人的意图，在得到其希望降低标价的暗示后，在提出降价要求。

2) 降低投标价要适当，不要损害投标人自己的利益。

3) 降低投标价不能导致工程质量和工期收到影响，必须保证其达到规定要求。

必须指出：投标的各类策略、技巧手段的应用存在一定的风险。因此，投标策略和技巧要结合工程的客观实际和企业自身状况适当采用，否则会带来一定的损失。投标策略技巧是一项提高企业中标率和最终获取较高经济效益的有效方法，也是投标企业经营管理的重要工作。投标人应在每一次投标前进行充分的分析研究，适时决策、不断积累经验和资料，为今后企业获取工程承包权奠定基础。

思 考 题

1. 什么是工程量清单计价？
2. 工程量清单有哪几部分组成？
3. 工程量清单计价依据是什么？
4. 工程量清单计价的程序是什么？
5. 简述工程量清单计价的特点。
6. 工程招标的方式有几种？
7. 简述招标文件的组成。
8. 简述招标工作的程序。
9. 工程量清单项目是怎么设置的？
10. 工程量清单子目有哪些组成部分？
11. 简述投标报价的基本程序。
12. 简述工程量清单单价的费用组成有哪些？如何计算？
13. 简述投标文件的组成。
14. 投标的策略和技巧有哪些？

实 训 题

1. 熟悉《公路工程标准文件》的工程量清单部分和招标投标部分内容，分析公路招标投标文件的编制内容、方法和相关规定。

2. 某公路工程的路基挖土方 21520m^3，浆砌片石锥坡 3215m^3，18cm 厚水泥稳定土基层 35200m^2，透层 35200m^2，6cm 厚中粒式沥青混凝土 32100m^2，结合《公路工程标准文件》和公路定额，根据当地价格情况，编制以上分项工程的工程量清单，并计算各清单子目单价。

第9章 公路工程概、预算审查与工程结（决）算

9.1 公路工程概、预算审查

公路工程概、预算文件是确定工程造价的重要文件，也是论证和评价公路基本建设投资效益和制定投资计划的重要依据。随着高等级公路的不断建造，投资的数额亦越来越大，其概、预算文件的编制质量不仅直接关系到公路基本建设计划的制定和执行，而且直接关系到投资效益。因此，概、预算审查有着很重要的意义。

概、预算审查有利于合理分配投资资金，加强管理，设计概、预算编制得偏高或偏低，均会影响其真实性，会影响投资比例的合理分配；有助于促进设计的技术先进性和经济合理性，对进一步优化设计有指导意义；概、预算审查可促使建设项目的总投资做到准确、完整，防止任意扩大投资规模或出现漏项，使投资与实际造价基本接近，同时为招、投标提供一个较可靠的依据；施工图预算审查有助于准确核实工程造价，节约国家资金，同时也有利于施工企业经济核算，改善经营管理。

9.1.1 概、预算审查方法和依据

公路工程概、预算审核应做到编制与核审分离，技术上先进，经济上合理，使概、预算更能反映工程实际情况。

1. 审查方式

审查公路工程概、预算的方式应因地制宜，一般采用下列两种方式。

（1）单独审查。主要是由建设单位或有关主管部门主持对概、预算进行单独审查，将审查中出现的问题向设计单位提出，根据有关定额和有关文件进行研究协商，并加以修改。这种方式比较灵活，不受时间和场所的限制，故使用较广泛。

（2）多方会审。主要由建设单位或主管部门组织并主持，邀请有关专家及有关单位参加，组成会审小组，对编制文件进行全面审查，这种方式通常用于大、中型建设项目的概、预算的审查。

2. 审查方法

审查概预算的方法也应根据具体情况确定，一般有下列两种方法。

（1）全面审查法。即按照各阶段设计图的要求，结合有关概、预算定额和编制办法的要求，以及施工组织设计文件，对分项工程的细目和各项内容逐一全面地进行审查。其审查方法与编制的过程基本相同，这种方法比较全面、细致，审查质量较高，但工作量大。因此，它适合一些工程量较小、工艺简单、差错率较高的工程。

（2）重点审查法。一般是根据审查人员积累的经验，对差错率较高的地方进行审查，特别适用于易重项、漏项的工程，采用新工艺、新技术而使用有关补充定额的工程，或由

于设计变更引起的概、预算造价增减的工程等，还有公路工程中属于非公路专业的工程，如房屋等是否执行了有关专业部和工程所在地区统一的直接费用定额和相应间接费定额等。

3. 审查的依据

(1) 工程设计图纸。
(2) 国家和地方统一制定的工程概、预算定额。
(3) 当地的费用定额、人工和材料价格、价格调整指数等相关取费规定。
(4) 行业主管部门制定的相关专业定额等。

9.1.2 概、预算审查步骤与审查内容

1. 概、预算审查的步骤

(1) 安排好审查时间。
(2) 应搜集整理有关资料，如定额、编制办法、设计图纸、有关造价文件等。
(3) 深入调查现场，熟悉现场状况，获取有关基础资料、施工组织设计文件。
(4) 组织审查。应由建设单位或主管部门组织牵头，按照不同的审查方法对设计概、预算进行仔细地审查。
(5) 搞好审查定案。通过审查，把存在的问题提交原编制单位和有关单位共同协商、研究，修改错漏之处，然后据此修正工程概、预算。

审查、核定并经上级有关部门批准后的概、预算作为进行工程项目建设投资管理的重要依据。

2. 概、预算审查的内容

根据《财政性基本建设资金投资项目工程预、决算审查操作规程》的规定，对工程预算需进行审查的内容包括建设项目工程预算是否控制在概算允许范围以内，工程量计算、定额套用与换算、费用和费率计取是否合理、准确。在概预算审查时，应重点审查以下事项：

(1) 概、预算编制人员是否具有"概、预算人员资格证书"，审核人员是否具有"编审资格证书"，对无证书者所编、审的概、预算一律不得受理。
(2) 审查概、预算的编制依据。包括审查编制依据的合法性、时效性和适用范围等。
(3) 工程量计算是否符合规定的计算规则、计算方法，计算结果是否准确，有无多算、重算、漏算。
(4) 多个单项工程构成一个建设项目时，要审查工程项目是否包含了各个单项工程，费用内容是否正确、项目是否齐全等。
(5) 分部分项工程概、预算定额选用与套用是否符合规定，定额抽换是否正确。
(6) 有关取费是否执行了定额基价与《公路工程基本建设项目概算、预算编制办法》中相应的计算基数和费率标准。
(7) 设备、材料是否按国家定价或市场计价。
(8) 计算数据是否有错误。

审查公路工程概预算是政策性较强、要求较高、工作量很大的工作。在审查过程中，要实事求是，严格审查。作为审核人员应对审核成果作出结论，并对审查成果负责。

9.2 公 路 工 程 结 算

9.2.1 工程结算概念与结算方式

1. 工程结算的概念

工程结算,从广义来说,是合同双方按完成的合格工程量或工作量,依据协定的计价条款及有关规定,合理确定造价并办理支付的过程。公路工程项目施工结算按要求、作用、时间的不同可分为期中结算(按月结算)和竣工结算两种。

期中结算是业主与承包商之间,根据监理工程师签认的某一时期内"中间证书"中合格工程量及相应单价确定承包人应获取的工程款项,以及工程变更、工程索赔、价格调整等承包人应获得的其他款项进行的结算。

竣工结算是工程竣工后,业主与承包人之间对于承包工程内容进行的全部建筑安装工程费用的结算,是对原合同协议价格进行调整修正总结性的技术经济文件,也是期中结算的最后汇总确认。竣工结算是业主和承包商之间确定的最后的工程造价。

2. 工程结算方式

根据财政部、建设部 2004 年 10 月 20 日发布实施的《建设工程价款结算暂行办法》(财建〔2004〕369 号)的规定,工程价款结算应按合同约定的结算方式进行。

按现行规定,工程价款结算可以采取以下方式。

(1) 按月结算。即对当月完成的合格工程产品,实行按月支付进度款,竣工后清算的办法。合同工期在两个年度以上的工程,还要在年终进行工程盘点,办理年度结算。这是工程中最常用的一种结算方法。

(2) 竣工后一次结算。工程建设期在 12 个月以内,或者工程承包合同价值在 100 万元以下的,可以实行工程价款每月月中预支,竣工后一次结算。

(3) 分段结算与支付。即当年开工、当年不能竣工的工程按照工程形象进度,划分不同阶段支付工程进度款,具体划分在合同中明确。分段结算可以按工程进度拨付工程款。例如,工程开工后,按工程合同造价拨付 20%;工程基础完成后,拨付 30%;工程主体完成后,拨付 40%;工程竣工验收后,拨付 5%;工程尾款 5%。

(4) 结算双方约定的其他方式。

9.2.2 工程结算的内容

公路工程结算,无论是期中结算(公路工程每月结算一次),还是最终结算(竣工结算),主要根据《公路工程标准文件》的规定,以工程量清单和工程承包合同为依据进行结算。也就是说,在施工过程中或工程竣工后,在对承包商进行工程价款支付时,均以清单和合同条款中约定的已发生项目的工程量进行支付。所以工程结算的内容包括工程量清单中的项目和合同中约定的项目两大部分。

1. 按清单结算的项目

(1) 以物理和自然单位结算的项目。按照《公路工程标准文件》的规定,此类项目结算是指工程量清单中单价子目和总价子目的结算。已标价工程量清单中的单价子目工程量为估算工程量。结算工程量是承包人实际完成的，并按合同约定的计量方法进行计量的工程量。总价子目的计量和支付应以总价为基础，不因第物价波动的因素而进行调整，承包人实际完成的工程量，是进行工程目标管理和控制进度支付的依据。单价子目已完成工程量按月计量，总价子目的计量周期按批准的支付分解报告确定。

工程量清单中，绝大部分清单结算的项目是以物理单位计量和结算的，其费用约占工程总费用的 85% 左右，其费用计算方法是以每月完成工程项目的计量的数量与报价单中相应的单价相乘来计算结算的金额。以自然单位计量和结算的清单结算的项目分为按项结算和单纯按自然单位计价结算两种情形：工程量清单中多数属于开办费性质的项目如承包人的驻地建设、临时工程等都属于按项的总包干额结算的项目；清单中另有一些支付细目属于单纯按自然单位计价结算的项目，如桥梁支座以块计价、照明灯柱以根计价以及砍伐树木以棵计价等，它们都只需将实际数量与报价单中的单价相乘即可。

(2) 暂列金额（不含计日工总额）。招标工程的暂列金额指已标价工程量清单中所列的暂列金额，适用于在签订协议书时尚未确定或不可预见变更的施工及其所需材料、工程设备、服务等的金额，包括以计日工方式支付的金额。公路工程暂列金额不含计日工总额，指包括在合同之内，并在工程量清单中以"暂列金额"名称表明的一笔资金。除合同另有规定外，暂定金额应根据监理工程师指示（由监理工程师报业主批准后指令）全部或部分地使用，或者根本不予动用。暂定金额的结算应根据监理工程师的要求，承包人应提交有关暂定金额开支的全部报价、发票、凭单、账目和数据，经审核后才能进行暂定金额项目的支付。

(3) 计日工。指对零星工作采取的一种计价方式，按合同中的计日工子目及其单价计价付款。

计日工的发生应以监理工程师的指示为依据，计日工的结算应以工程量清单中所报单价乘以监理工程师批准的计日工的数量进行计算。

发包人认为有必要时，由监理人通知承包人以计日工方式实施变更的零星工作。其价款按列入已标价工程量清单中的计日工计价子目及其单价进行计算。

2. 按合同结算的项目

(1) 开工预付款的支付与结算。预付款用于承包人为合同工程施工购置材料、工程设备、施工设备、修建临时设施以及组织施工队伍进场等。预付款的额度和预付办法在专用合同条款中约定。预付款必须专用于合同工程。

开工预付款是一项业主提供给承包人用作开办费用的提前付款（又称前期付款）。根据《公路工程标准文件》专用条款第 17.2 款的规定，在承包人提交了履约担保和签订了合同协议书并提交了开工预付款担保后，监理工程师应按投标书附录中规定的金额签发开工预付款，并报业主审批。监理人应在当期进度付款证书中向承包人支付开工预付款的 70% 的价款；在承包人承诺的主要设备进场后，再支付预付款 30% 的价款。

开工预付款按完成的工程量的一定百分比扣款。扣回时间开始于期中支付证书中工程量清单累计支付金额超过合同价值的 30% 的当月，止于支付金额达合同价值的 80% 的当月。开工预付款在进度付款证书的累计金额未达到签约合同价的 30% 之前不予扣回，全部金额在进度付款证书的累计金额达到签约合同价的 80% 时扣完。

开工预付款扣回计算公式为

$$G = \frac{MB}{合同价 \times 50\%} \quad (9.1)$$

式中　G——期中支付证书扣回预付款数额；

　　　M——在规定工程支付金额范围内期中支付证书当期完成的工程量清单金额；

　　　B——已付开工预付款。

【例 9.1】 某工程合同价为 1500 万元，开工预付款在投标书附录中规定的额度为 10%，5 月份完成 200 万元的工程内容，且到第 5 个月时累计支付工程金额为 600 万元，试计算该月应当扣回开工预付款的金额。

解： $1500 \times 30\% = 450$（万元）

5 月份累计支付 600 万元已超过合同价的 30%，即已超过 150（600－450）万元，则 150 万元应按合同规定扣回开工预付款。

本月应扣回的开工预付款为

$$G = \frac{MB}{合同价 \times 50\%} = \frac{150 \times 1500 \times 10\%}{1500 \times 50\%} = 30（万元）$$

即 5 月份应扣回的开工预付款 30 万元。

(2) 材料、设备预付款的支付与结算。《公路工程标准文件》专用条款第 17.2 款规定，当材料、设备已用于或安装在永久工程之中时，材料、设备预付款应从进度付款证书中扣回，扣回期不超过 3 个月。已经支付材料、设备预付款的材料、设备的所有权应属于发包人。

国际上公路工程材料、设备预付款按照定期扣回法扣回。该方法是对本月到现场材料设备支付预付款的同时，扣回上月已支付的预付款。因此当合同文件规定材料预付款按所购材料、设备支付单据开列费用的 75% 支付时，本月实际预付款金额的计算公式为

本月预付款金额＝本月末现场材料设备价值的 75%－上月末现场材料设备价值的 75%

【例 9.2】 某工程施工工期为 8 个月，经监理工程师每月对现场材料的盘点，每月现场材料的价值见表 9.1。合同中规定材料与付款的支付额度为材料、设备价值的 75%，现将计算出每月材料预付款的支付金额列于表 9.2 中。

表 9.1　材料盘点统计表

月份	材料价值（万元）	材料价值的 75%（万元）	备注
1	500	375	开工的第一各月
2	400	300	
3	500	375	
4	200	150	
5			工程结束

表 9.2　材料支付款统计表（定期扣回）

月份	本月末现场材料价值的 75%（万元）	上月末现场材料价值的 75%（万元）	本月支付金额（万元）
1	375		375
2	300	375	－75
3	375	300	75
4	150	375	－225
5		150	－150

表 9.2 中本月支付金额为负数时为扣回金额，例如，第 2 个月扣回材料预付款 75 万元，这是因为上月已支付 375 万元，而本月现场材料价值的 75% 只有 300 万元，因此扣回 75 万元实际是上个月的材料预付款全部扣回后又支付本月现场材料价值 75% 的付款。这样逐月进行支付与扣回，当工程结束时，可将材料预付款全部扣回。

（3）质量保证金的扣除。质量保证金是为了确保在施工阶段或在缺陷责任期间，承包人履行缺陷的修复义务而事先从应付给承包人款项中扣留的一笔费用。

根据《公路工程标准文件》通用条款 17.4 款的规定，监理人应从第一个付款周期开始，在发包人的进度付款中，按专用合同条款的约定扣留质量保证金，直至扣留的质量保证金总额达到专用合同条款约定的金额或比例为止。质量保证金的计算额度不包括预付款的支付、扣回以及价格调整的金额。保留金应按投标书附录中规定的百分率乘以承包人应得的款项计算。

承包人所得款项中应计算保留金的款项为：本月完成的工程价款＋本月完成的计日工的价款＋本月应支付的暂定金额＋根据合同规定本月应结算的其他款额＋费用和法律的变更发生的款额。

【例 9.3】 某施工合同，其保留金的扣留比例为 5%。假设承包人在该月完成的工程价款为 400 万元，完成的计日工价款为 20 万元，发生的暂定金额为 60 万元，设备、材料预付款为 80 万元，其他应付款为 20 万元。求本月应扣的保留金。

解：根据《公路工程标准文件》第 17.4 款的规定，本月应扣的保留金为

$$(400+20+60+20)\times 5\% = 25(万元)$$

（4）工程变更费用。工程变更费用是指根据《公路工程标准文件》通用条款进行结算。

（5）工程索赔费用。工程索赔费用是指根据《公路工程标准文件》通用条款规定进行结算。

（6）工程价格调整。工程价格调整是指根据《公路工程标准文件》通用条款进行结算。

以上（4）（5）（6）三项内容分别在 9.2.3 和 9.2.4 中专门讲述。

（7）拖期损失偿金（违约罚金）。《公路工程标准文件》通用条款第 11.5 款规定，由于承包人原因造成工期延误，承包人应支付逾期竣工违约金。

逾期竣工违约金的计算方法在专用合同条款中约定。逾期交工违约金的计算：每逾期一天支付_____元人民币，时间自预定的竣工日期起到工程接收证书中写明的实际竣工日期止（扣除已批准的延长工期），按天计算。逾期竣工违约金累计金额最高不超过签约合同价的 10%。发包人可以从应付或到期应付给承包人的任何款项中或采用其他方法扣除此违约金。承包人支付逾期竣工建约金，不免除承包人完成工程及修补缺陷的义务。

（8）提前竣工奖励。《公路工程标准文件》通用条款规定：发包人要求承包人提前竣工，或承包人提出提前竣工的建议能够给发包人带来效益的，应由监理人与承包人共同协商采取加快工程进度的措施和修订合同进度计划。发包人应承担承包人由此增加的费用，

并向承包人支付专用合同条款约定的相应奖金。

《公路工程标准文件》专用条款规定：发包人不得随意要求承包人提前交工，承包人也不得随意提出提前交工的建议。如遇特殊情况，确需将工期提前的，发包人和承包人必须采取有效措施，确保工程质量。如果承包人提前交工，发包人支付奖金的计算方法在项目专用合同条款数据表中约定，时间自交工验收证书中写明的实际交工日期起至预定的交工日期止，按天计算。但奖金最高限额不超过项目专用合同条款数据表中写明的限额。

（9）迟付款利息。《公路工程标准文件》通用条款17.3款规定：发包人应在监理人收到进度付款申请单后的28天内，将进度应付款支付给承包人，发包人不按期支付的，按专用合同条款的约定支付逾期付款违约金。在其专用条款中又规定，如果业主在规定期限内未能付款，则业主应按投标书附件中规定的利率向承包人支付全部未付款额的利息，计算基数为发包人的全部未付款额，时间从应付而未付该款额之日算起（不计复利）。

单利法计算公式为

$$迟付款利息 = Pnr \tag{9.2}$$

国际上土木工程合同关于迟付款问题，可以采用复利法计算，其公式为

$$迟付款利息 = P[(1+r)^n - 1] \tag{9.3}$$

式中 P——迟付的费用数额；
　　 r——日利率；
　　 n——迟付款天数。

迟付款天数指业主的实际付款时间超过规定的期中支付或最终支付的截止日期的天数。

【例 9.4】 某工程第 6 期期中支付证书，支付金额为 5600000 元，监理工程师提交支付证书的日期为 5 月 10 日，而业主到 8 月 5 日才支付该证书的付款，如果合同条件规定，期中支付证书应在 45 天内支付，且 $r=0.033\%$，那么这笔款项的迟付款利息额为多少？

解：

1) 迟付款天数为

$$n = 86 - 45 = 41(\text{d})$$

2) 迟付款利息。

采用复利法，迟付款利息为

$$5600000 \times [(1+0.00033)^{41} - 1] = 76270(\text{元})$$

采用单利法时，迟付款利息为

$$5600000 \times 41 \times 0.00033 = 75768(\text{元})$$

总之，工程结算所处理的支付项目就是本节所讲的两大类共计 12 项，不论是期中结算还是竣工结算都要以已发生的项目费用为依据进行结算，并严格按照规定的程序

进行。

9.2.3 工程变更与工程索赔的费用结算

9.2.3.1 工程变更的费用结算

1. 工程变更的范围与内容

（1）增加或减少本合同中的任何工程的数量。

（2）取消合同中的任何单项工程。

（3）改变合同中的任何工作的性质、质量或种类。

（4）改变本工程任何部分的标高、线形、位置和尺寸。

（5）完成本工程所必需的任何种类的附加工作。

（6）改变本工程任何分项工程规定的施工顺序或时间安排。

上述变更均不应使本合同作废或无效。所有这类变更（如果有）的结果应该根据《公路工程标准文件》第 15.4 款规定予以作价。但是，如果发出本工程的变更指令（简称变更令）是因承包人过错、承包人违反合同或承包人责任造成的，则这种违约引起的任何额外费用应由承包人承担。

2. 工程变更费用计算

变更工程立项之后，应进行费用的估算。将工程变更看作是合同调整的一部分，工程变更费用与工程结算款项同期支付。

工程变更费用估算的主要工作包括确定项目与细目、计算变更工程量、确定单价与金额。

（1）确定项目与细目。变更工程如与工程量清单中有相同的项目或细目，则应与工程量清单中的细目划分及计算要求一致；工程量清单中没有相同的新增项目，必须首先明确工程细目的计量要求、技术标准以及每个计量细目所包括的所有工作内容，避免漏计或重计。

（2）计算变更工程量。按照变更工程项目、细目的划分内容，根据变更设计图纸及其他资料计算变更工程各项目、细目的预计工程数量。计量的结果汇总于"中间计量证书"和"竣工计量证书"等有关表格之中，结算按计量的工程量进行。

（3）确定单价与金额。变更工程价格的增加或减少额，应以工程量清单中的单价或总额价为依据。已标价工程量清单中有适用于变更工作的子目的，采用该子目的单价。已标价工程量清单中无适用于变更工作的子目，但有类似子目的，可在合理范围内参照类似子目的单价，由监理人按合同条款规定商定或确定变更工作的单价。已标价工程量清单中无适用或类似子目的单价，可按照成本加利润的原则，由监理人按合同条款规定商定或确定变更工作的单价。由监理工程师和承包人协商价格时，如果不能达成协议，则监理工程师应根据情况在报业主批准后，确定出合理的单价或总额价，并通知承包人，抄送业主。

9.2.3.2 工程索赔的费用结算

索赔是指在合同履行过程中，作为合同一方，因他方不履行或未能正确履行合同所规定的义务而遭受到损失，向对方提出赔偿要求的过程。

1. 索赔的分类

(1) 按索赔的目的分类。

1) 工期索赔。即承包商要求得到工期的延长。

2) 费用索赔。是指由于他方原因造成工程成本的增加，承包商可根据合同规定提出费用补偿要求。

(2) 按索赔的处理方式分类。

1) 单项索赔。它是指在工程施工过程中，出现了干扰原合同的索赔事件，承包商为此事件提出的索赔。如业主发出设计变更指令，造成承包商成本增加、工期延长，承包商为变更设计这一事件提出索赔要求就可能是单项索赔。

2) 一揽子索赔，又称总索赔。它是指承包商在工程竣工前后，将施工过程中已提出但未解决的索赔汇总一起，向业主提出一份总索赔报告的索赔。此方式难以索赔成功，应避免应用。

(3) 按索赔的依据分类。

1) 合同内索赔。此种索赔是以合同条款为依据，在合同中有明文规定的索赔，如工期延误、工程变更、业主不按合同规定支付进度款等这种索赔，由于在合同中明文规定往往容易得到。

2) 合同外索赔。此种索赔一般是难于直接从合同的某条款中找到依据，但可以根据含义推出隐含在条款中的索赔权，称为"默示条款"，如外汇汇率由于外汇政策变化等。

3) 道义索赔。看到承包商为完成某项困难的施工，承担了额外费用损失，由于善良意愿，给承包商适当的经济补偿。

(4) 按索赔的对象分类。

划分为承包商向业主提出的索赔和业主向承包商提出的反索赔。

2. 工程索赔的计算

(1) 实际费用法。实际费用法又叫分项法。该方法是按每个索赔事件所引起的损失的费用项目分别计算索赔值的一种方法。该方法是在明确责任的前提下，将需索赔的费用分项列出，并提供相应的工程记录、收据、发票等证据资料，这样可以在较短的时间内给以分析、核实，确定索赔费用，顺利解决索赔。在实际中，绝大多数工程的索赔都采用分项法计算。

(2) 总费用法。它是把固定总价合同转化为成本加酬金合同，以承包商的额外成本为基点加上管理费和利润等附加费作为索赔值。利息支出按实际时间和利率计算。

费用索赔结算就是把合同履行过程中所发生的每一次索赔费用进行汇总，是施工单位在合同价格之外获得的费用补偿。

9.2.4　工程价款调整

由于工程建设的周期长、涉及的经济关系和法律关系复杂、受自然条件和客观因素的影响大，导致项目的实际情况与项目招标投标时的情况不一致。例如由于物价上涨和国家政策法令的变动引起的资源价格变化，而造成合同价款调整不可避免。

在经济发展过程中，物价水平是动态的、经常不断变化的，有时上涨快，有时上涨慢，有时甚至表现为下降。工程建设项目中合同周期较长的项目，随着时间的推移，经常

要受到物价浮动等多种因素的影响，其中主要是人工费、材料费、施工机械费、运费等动态影响。这样就有必要在工程价款结算中充分考虑动态因素，也就是要把多种动态因素纳入到结算过程中加以认真计算，使工程价款结算能够基本上反映工程项目的实际消耗费用。这对于避免业主和承包商双方遭受不必要的损失，维护合同双方的正当权益是十分必要的。

1. 造价指数调整法

这种方法是甲乙方采用当时的预算（或概算）定额单价计算出承包合同价，待竣工时，根据合理的工期及当地工程造价管理部门所公布的该月度（或季度）的工程造价指数，对原承包合同价款予以调整，重点调整那些由于实际人工费、材料费、施工机械费等费用上涨及工程变更因素造成的价差，并对承包商给以调价补偿。

2. 调价文件计算法

这种方法是甲乙方采取按当时的预算价格发承包，在合同工期内，按照造价管理部门调价文件的规定，进行抽料补差（在同一价格期内按所完成材料用量乘以价差）。也有的地方定期发布主要材料供应价格和管理价格，对这一时期的工程进行抽料补差。

按照《公路工程标准文件》条款规定，施工期内，因人工、材料、设备和机械台班价格波动影响合同价格时，人工、机械使用费按照国家或省、自治区、直辖市建设行政管理部门、行业建设管理部门或其授权的工程造价管理机构发布的人工成本信息、机械台班单价或机械使用费系数进行调整。需要进行价格调整的材料，其单价和采购数应由监理人复核。监理人确认需调整的材料单价及数量，作为调整工程合同价格差额的依据。

3. 调值公式法

FIDIC 土木工程施工合同是在国际土木工程建设中得到广泛认可的合同文本，大多数工程项目都采用 FIDIC 方法对建设工程价款的进行动态结算。在绝大多数国际工程项目中，甲乙双方在签订合同时就明确列出调值公式，并以此作为价差调整的计算依据。我国公路工程领域引进国外先进管理经验比较早，现在公路工程基本都采用调值公式法调整物价风险。

《公路工程标准文件》通用条款第 16.1 款规定除非合同专用条款另有规定，凡是合同预期工期在 24 个月以上者，在合同执行期间，人工和材料的价格波动时，应对合同价格进行调整，调价时，应按下述公式计算，每年进行一次调整。价格调整公式为

$$\Delta P = P_0 \left[A + \left(B_1 \times \frac{F_{t1}}{F_{01}} + B_2 \times \frac{F_{t2}}{F_{02}} + B_3 \times \frac{F_{t3}}{F_{03}} + \cdots + B_n \times \frac{F_{tn}}{F_{0n}} \right) - 1 \right] \quad (9.4)$$

式中　ΔP——需调整的价格差额；

P_0——约定的付款证书中承包人应得到的已完成工程量的金额，此项金额不应包括价格调整、不计质量保证金的扣留和支付、预付款的支付和扣回；

A——支付中不进行调价部分所占的权重系数；

B_i——各可调因子的变值权重（即可调部分的权重）为各可调因子在投标函投标总报价中所占的比例，$i = 1, 2, 3, \cdots, n$；

F_{ti}——各可调因子的现行价格指数,指付款项目约定的付款证书相关周期最后一天的前42天的各可调因子的价格指数,$i=1$、2、3、…、n;

F_{0i}——各可调因子的基本价格指数,指基准日期的各可调因子的价格指数,$i=1$、2、3、…、n。

以上价格调整公式中的各可调因子、定值和变值权重,以及基本价格指数及其来源需在投标函附录价格指数和权重表中约定。价格指数应首先采用有关部门提供的价格指数,缺乏上述价格指数时,可采用有关部门提供的价格代替。

在采用价格调整公式进行调价时,还应遵守以下规定:

(1) 合同价格在投标所在年份不作调整,此后每年调整一次。

(2) 调值公式中当期价格指数,采用本合同工程所在省、自治区、直辖市统计部门正式公布的该计算年份的《建筑业产值价格指数》统计资料中各项相关的价格环比指数。

(3) 权重系数由业主根据标底资料测算确定范围,在招标文件发出前填写;承包人在投标时应在此范围内填写各因素的权重关系,合同实施期间将按此权重系数进行调价。如果由于工程实际或根据工程的变更或其他原因,造成权重系数不合理或不适用,则权重系数应由监理人与承包人、发包人协商后予以调整。

4. 法律变化引起的价格调整

在基准日后,因法律变化导致承包人在合同履行中所需要的工程费用发生除合同条款约定以外的增减时,监理人应根据法律、国家或省、自治区、直辖市有关部门的规定,按合同条款商定或确定需调整的合同价款。

9.3 公路工程竣工决算

公路工程竣工决算是在公路、桥梁建设项目完成后,由建设单位(业主)根据工程结算及其他有关工程资料按一定格式和要求进行编制的,它以实物数量和货币指标为计量单位,是综合反映竣工项目从筹建开始到项目竣工交付使用为止的全部建设费用、建设成果和财务情况的总结性文件,是竣工验收报告的重要组成部分。竣工决算是正确核定新增固定资产价值,考核分析投资效果,建立健全经济责任制的依据,是反映建设项目实际造价和投资效果的文件。

9.3.1 竣工决算的作用

竣工决算是建设各方考核经济活动成果的主要依据。它具有以下几个方面的作用:

(1) 竣工决算是检查基本建设投资计划、设计概算执行情况和考核投资效果的依据。

(2) 竣工决算是核定新增固定资产和流动资产价值的依据,也是建设单位向使用或管理单位移交财产的依据。

(3) 竣工决算是综合全面地反映竣工项目建设成果及财务情况的总结性文件。

(4) 竣工决算为建立交通基本建设工程技术经济档案,修订工程定额提供资料和依据。

(5) 竣工决算是工程造价积累的基础资料之一。

9.3.2 竣工决算报告的编制依据

竣工决算报告作为考核交通建设项目投资效益、反映建设成果的文件，是建设单位向生产、使用或管理单位移交财产的依据。建设单位从项目筹建开始，即应明确专人负责，做好有关资料的收集、整理、积累、分析工作。项目竣工时，应组织工程技术、计划、财务、物资、统计等有关人员共同完成工程竣工决算报告的编制工作。编制竣工决算报告所依据的文件、资料包括：

（1）经批准的可行性研究报告、初步设计、概算或调整概算、变更设计以及开工报告等文件。

（2）历年的年度基本建设投资计划。

（3）经审核批复的历年年度基本建设财务决算。

（4）编制的施工图预算、承包合同、工程结算等有关资料。

（5）历年有关财产物资、统计、财务会计核算、劳动工资、审计及环境保护等有关资料。

（6）工程质量鉴定、检验等有关文件，工程监理有关资料。

（7）施工企业交工报告等有关技术经济资料。

（8）有关建设项目附产品、简易投产、试运营（生产）、重载负荷试车等产生基本建设收入的财务资料。

（9）有关征地拆迁资料（协议）和土地使用权确权证明。

（10）其他有关的重要文件。

9.3.3 竣工决算报告文件的组成

根据财政部、原国家发展计划委员会联合发布的《建设项目（工程）竣工验收办法》的要求，交通部根据公路桥梁建设项目的特点于 2000 年 4 月制定了《交通基本建设项目竣工决算报告编制办法》，作为公路桥梁工程项目编制竣工决算的法定性文件和依据。各省、自治区、直辖市根据具体实际情况，可对交通部的竣工决算编制办法的内容及有关表格进行修改及增减，制订适用于本地区的竣工决算报告的标准及格式，也是编制竣工决算的依据。

竣工决算报告文件由竣工决算报告的封面及目录，竣工工程的平面示意图、竣工决算报告说明书、竣工决算表格等组成。

1. 竣工决算报告的封面及目录

竣工决算报告的封面如下：

建设单位	建设项目名称
主管部门	建设项目类别
级　　别	建设性质
交通基本建设项目竣工决算报表	
建设单位盖章	建设单位负责人
编报日期　　　年　　月　　日	

(1)"主管部门"填写须上报竣工决算报告的主管部门或单位。
(2)"建设项目名称"填写批准的项目初步设计文件中注明的项目名称。
(3)"建设项目类别"是指"大中型"或"小型"。
(4)"建设性质"是指建设项目属于新建、改建、扩建、续建等内容。
(5)"级别"是指中央级或地方级的建设项目。

2. 竣工工程平面示意图

竣工工程平面示意图可根据初步设计文件中的"路线地理位置图"、独立的公路桥梁位置平面图进行编制。

3. 竣工决算报告说明书

竣工决算报告说明书是竣工决算报告的重要组成部分,主要内容包括工程项目概况及组织管理情况,工程建设过程和工程管理工作中的重大事件、经验教训,工程投资支出和财务管理工作的基本情况(包括主要会计事项处理原则,财产物资清理及债权债务清偿情况,基建结余资金、基建收入等的上交分配情况,主要技术经济指标的分析、计算情况等),工程遗留问题等。

4. 竣工决算表格

竣工决算报告表式分为竣工决算审批表、工程概况专用表和财务通用表 3 类表格。

(1)竣工决算审批表(交建竣 1 表)。竣工决算审批表见表 9.3。

表 9.3　　　　　　　　交通基本建设项目竣工决算审批表　　　　　　交建竣 1 表

建设项目法人 (建设单位)		建设性质	
建设项目名称		主管部门	

主管部门(单位)意见

　　　　　　　　　　　　　　　　　　　　　　　　　　　　　　　　盖　章
　　　　　　　　　　　　　　　　　　　　　　　　　　　　　　　　年　月　日

省级交通部门主管或部属一级单位意见

　　　　　　　　　　　　　　　　　　　　　　　　　　　　　　　　盖　章
　　　　　　　　　　　　　　　　　　　　　　　　　　　　　　　　年　月　日

交通部审批意见

　　　　　　　　　　　　　　　　　　　　　　　　　　　　　　　　盖　章
　　　　　　　　　　　　　　　　　　　　　　　　　　　　　　　　年　月　日

(2)工程概况专用表。交通基本建设项目的工程概况专用表包括交建竣 2.1 表～交建竣 2.5 表。这里仅说明公路建设项目概况表(交建竣 2.1 表)情况,见表 9.4。此表用来反映建设项目总投资、基建投资支出、新增生产能力、主要材料消耗和主要技术经济指标等方面的设计或概算数与实际完成数的情况。

表 9.4　　　　　　　　　　公路建设项目工程概况表　　　　　　　　　　交建竣 2.1 表

建设项目或单位工程名称					工程主要特征、完成的主要工程量及主要技术经济指标	设计	实际
建设地址或地理位置					1. 公路等级		
建设时间	计划	从　年　月　日开工至　年　月　日竣工			2. 计算行车速度（km/t）		
	实际	从　年　月　日开工至　年　月　日竣工			3. 路线总长（km）		
初步设计和概算批准机关、文号					4. 路基宽度（m）		
					5. 路基土石方（万 m^2）		
调整概算批准机关、日期、文号					6. 路面结构		
					7. 路面建筑（万 m^2/km）		
开工报告批准时间					8. 桥梁总长（m/座）		
主要设计单位					9. 隧道总长（m/座）		
主要监理单位					10. 涵洞同道（m/道）		
主要施工单位					11. 互通式立交（处）		
工程质量监督部门					12. 分离式立交及平交（处）		
总投资（万元）	批准概算		竣工决算		13. 防护工程（万 m^3）		
					14. 连接线长度（km）		
主要材料消耗	设计		实际		15. 管理及养护用房（m^2）		
钢材（t）					16. 服务区（处）		
木材（m^3）					17. 停车区（处）		
水泥（t）					18. 养护工区（处）		
沥青（t）					19. 封闭工程（km）		
基建支出合计（万元）	批准概算		竣工决算		22.		
建筑安装工程					23.		
设备工具器具					24.		
待摊投资					25.		
其中：建设单位管理费					26. 平均每公里造价（万元）		
其他投资					27. 拆迁房屋（m^2）		
待核销基建支出					28. 迁移人口（人）		
非经营项目转出投资					29. 占地面积（亩）		
主要收尾工程					32.		
工程内容或名称	投资额（万元）		预计完成时间		33.		
					工程质量评定：优良　项；合格　项；不合格　项　总评		

（3）财务通用表。这类表包括财务决算总表、资金来源情况表、待核销基建支出和转出投资明细表、工程造价和概算执行情况表、外资使用情况表、基本建设项目交付使用资

产总表和基本建设项目交付使用资产明细表等。

1) 财务决算总表（交建竣 3.1 表）见表 9.5。此表是用来反映公路建设项目的全部资金来源和资金占用（支出）情况，是考核和分析投资效果的依据。该表是采用平衡表形式，即资金来源合计等于资金占用（支出）合计。

表 9.5　　　　　　　　　　　建设项目财务决算总表　　　　　　交建竣 3.1 表　单位：元

资　金　来　源	金　　　额	资　金　占　用	金　　　额
一、基建拨款		一、基本建设支出	
1. 预算拨款		1. 交付使用资产	
2. 基建基金拨款		2. 在建工程	
3. 进口设备转帐拨款		3. 待核销基建支出	
4. 器材转账拨款		4. 非经营项目转出投资	
5. 煤代油专用基金拨款		二、应收生产单位投资借款	
6. 自筹资金拨款		三、拨付所属投资借款	
7. 其他拨款		四、器材	
二、项目资本		其中：待处理器材损失	
1. 国家资本		五、货币资金	
2. 法人资本		六、预付及应收款	
3. 个人资本		七、有价证券	
三、项目资本公积		八、固定资产	
四、基建借款		固定资产原价	
五、上级拨入投资借款		减：累计折旧	
六、企业债券资金		固定资产净值	
七、待冲基建支出		固定资产清理	
八、应付款		待处理固定资产损失	
九、未交款			
1. 未交税金			
2. 未交基建收入			
3. 未交基建包干节余			
4. 其他未交款			
十、上级拨入资金			
十一、留成收入			
合计		合计	

2) 资金来源情况表（交建竣 3.2 表）见表 9.6。反映建设项目投资计划安排和投资资金拨付到位情况。分年度的实际拨借款数不包括基建借款挂账和不挂账的借款利息数。

表 9.6　　　　　　　　　　　资 金 来 源 情 况 表　　　　　　交建竣 3.2 表　单位：元

资　金　来　源	年　度		年　度		年　度		合　计	
	计划数	实际数	计划数	实际数	计划数	实际数	计划数	实际数
一、基建拨款								
1.								
2.								
3.								
二、项目资本								
1.								
2.								
3.								
三、项目资本公积								
四、基建投资借款								
1.								
2.								
3.								
五、上级拨入投资借款								
六、企业债券资金								
七、								
合计								

3）待核销基建支出和转出投资明细表（交建竣 3.3 表）见表 9.7。反映项目建设过程中不能计入交付使用财产价值的投资资金运用情况，按照规定的内容分项逐笔填列。

表 9.7　　　　　　　　待核销基建支出和转出投资明细表　　　　　交建竣 3.3 表　单位：元

项　目	金　额	内　容	批准单位	文　号
一、待核销基建支出合计				
1.				
2.				
3.				
4.				
…				
二、非经营项目转出投资合计				
1.				
2.				
3.				
4.				
…				

4）工程造价和概算执行情况表（交建竣 4 表）见表 9.8。反映工程实际建设成本和总造价，以及概算投资节余和概算投资包干部分节余的情况，本表按照概算的项目或单项工

程（费用项目）填列。待摊投资按照某一单项工程投资占全部投资的比例分摊到单项工程里。不计入固定资产价值的支出不分摊待摊投资。

表9.8　　　　　　　　　　　工程造价和概算执行情况表　　　　　　交建竣4表　单位：元

项目	工程总概算			概算包干数	工程造价			其中：						概算投资节余			概算投资包干节余	备注
	合计	人民币	外币		合计	人民币	外币	建安投资	设备投资	其他投资	待摊投资	待核销基建支出	转出投资	合计	人民币	外币		
1	2=3+4	3	4	5	6=7+8 或 =9+10+11+12+13	7	8	9	10	11	12	13	14	15=2-6	16=3-7	17=4-8	18=2-5	
⋮																		

5）外资使用情况表（交建竣5表）见表9.9。外资使用情况表是反映建设项目外资使用情况，按照使用外资支出费用项目比例的报表。此表应说明批准初步设计时的汇率、计账汇率、竣工时的汇率以及外资贷款转贷金额和转贷单位等情况。各有关表格中，外币折合人民币时，应以项目竣工时的汇率为准。

表9.9　　　　　　　　　　　　外资使用情况表　　　交建竣5表　单位：外币种类（　）

项目	计量单位	工程量或数量	外币概算金额（币种）	外币实际支出金额	外币实际支出较概算增减金额	备注
⋮						

6）基本建设项目交付使用资产总表（交建竣6.1表）和基本建设项目交付使用资产明细表（交建竣6.2表）见表9.10、表9.11。该类表反映建设项目建成后新增固定资产和流动资产价值。按照固定资产和流动资产分别列报，并按规定的财产分类目录详细填报。移交给其他单位的资产是按列入工程项目总概算，但建成后不由项目管理单位管理经批准移交其他单位的资产（单项工程）。交付使用财产明细表作为建设单位管理项目资产使用，不纳入上报的竣工决算报表。

表9.10　　　　　　　　　　基本建设项目交付使用资产总表　　　　交建竣6.1表　单位：元

单项工程项目名称（1栏）	总计（2栏）	固定资产				流动资产（7栏）	无形资产（8栏）	递延资产（9栏）
		建安工程（3栏）	设备（4栏）	其他（5栏）	合计（6栏）			

表 9.11　　　　　　　　　基本建设项目交付使用资产明细表　　　　交建竣 6.2 表　　单位：元

单项工程项目名称	建筑工程			设备　工具　器具　家具						流动资产		无形资产		递延资产	
	结构	面积（m²）	价值（元）	名称	规格型号	单位	数量	价值（元）	设备安装费（元）	名称	价值（元）	名称	价值（元）	名称	价值（元）

思　考　题

1. 工程概预算审查的方法有哪几种？
2. 工程概预算审查的内容有哪些？
3. 什么是工程结算？工程结算的方式有哪几种？
4. 工程结算的内容有哪些？
5. 工程变更费用估算如何进行？
6. 工程索赔的分类？索赔费用的计算方法？
7. 价款调整结算的方法有几种？公路工程中常用的是哪一种？
8. 公路工程竣工结算的作用是什么？竣工决算说明书的主要内容是什么？
9. 竣工决算表格有哪些？各种表格反映的主要内容是什么？

实　训　题

某公路工程项目 2012 年 10 月份应支付工程款 6250 万元，投标日期为 2011 年 8 月份，合同约定的调价公式为 $\Delta P = P_0 \left[0.35 + \left(0.15 \times \frac{F_{t1}}{F_{01}} + 0.2 \times \frac{F_{t2}}{F_{02}} + 0.15 \times \frac{F_{t3}}{F_{03}} + 0.1 \times \frac{F_{t4}}{F_{04}} + 0.05 \times \frac{F_{tn}}{F_{0n}} \right) - 1 \right]$，其中 F_{ti}（$i=1、2、3、\cdots、n$）为人工、沥青、钢材、水泥、施工机械的当期价格指数，F_{0i}（$i=1、2、3、\cdots、n$）为基期价格指数。请根据当地情况估测价格指数，计算该月公路工程费用支付价格调整值。

第10章 同望 WECOST 软件在编制公路工程概、预算中的应用

随着科技的飞速发展，计算机在公路工程造价管理的应用越来趋广泛，而且明显地增强了企业的经济效益和社会效益，应用计价软件已成为公路工程造价管理的必然趋势。本章主要介绍同望 WECOST 计价软件的原理及其在编制公路工程概、预算中的应用。

10.1 同望 WECOST 软件介绍

10.1.1 应用计算机技术的优点

工程造价文件编制是一项政策性强、技术性要求高、非常重要且繁琐的工作。在编制公路工程造价文件及计算造价过程中，需要进行大量的数据分析和计算。利用计算机编制工程造价是减轻编制劳动强度、提高数据正确性、提高编制质量的有效途径。

10.1.2 同望 WECOST 软件功能

WECOST 采用全新技术架构，系统操作更加符合用户习惯、贴心易用，界面直观，功能更加强大，真正实现了多专业、多阶段、多种计价模式、编制审核功能一体化。同望 WECOST 软件功能比较强大，分述如下。

（1）项目管理灵活多样。系统可以实现多专业的大型综合性建设项目造价管理，同一建设项目下可以任意分解不同层次的子项目，各子项目可以兼顾公路、房建、通信等多种不同专业的计价依据，同时可按项目分解的层次进行费用汇总，输出汇总后的项目报表。

（2）编制预算书轻松自如。编制预算书时可以方便地选择系统内置的项目模板或者导入工程量清单，对项、目、节、细目可自由进行升级、降级操作，还可以调用本专业定额以外的其他专业定额。

（3）定额选套及调整方便直观。系统选套定额方便灵活，既可以从定额库里选择所需要的定额，又可以通过设置的分项模板批量套取定额。同时系统还提供丰富、便捷的定额调整功能，包括标准换算、混合料配比、子目系数、辅助定额等调整选项，还可对相同调整内容的定额进行批量调整，调整后的定额可存入"我的定额库"，方便下次选用。

（4）取费程序灵活定义。在系统内置的标准费用项目基础上可以自定义新的费用模板，进行新增或删除费用项目、灵活定义或修改计算公式、修改费率及设置不计费项目等操作，同时还可进行不同模板之间费用逐项对比分析，找出差异。自定义的取费模板可以

保存并继续应用到其他建设项目中。

（5）工料机汇总、反查、调整省时省力。对于特别耗时的材料价格查询和录入，预算员可以通过建立自己的工料机价格库，批量地导入到系统中，系统自动进行相应工料机价格替换，未刷新的工料机价格，系统提示预算员手工录价。系统还可以实现反查工料机具体消耗，批量设置材料运输的起讫地点等功能。特别是项目级工料机汇总功能，极大提高了造价文件编制审查的效率。

（6）多种清单调价方式，调价快速灵活。系统提供"正向调价"和"反向调价"两种调价方式。"正向调价"可调整工料机消耗、工料机单价和综合费率；"反调调价"即通过输入一个目标价，系统自动反算出工料机的消耗、工料机单价和综合费率。

（7）"分项模板"快速复制，经验共享。系统提供了强大的"分项模板"功能，可以保存不同层级的分部分项工程，包括其下所套用的定额、工程量、工料机和调整信息。可在同一项目或不同建设项目之间自由复制，还可导出、导入分项模板，实现经验共享。

（8）支持多级审核和查询，审核处处留痕。系统支持多级审核，审核时可以对编制文件进行修改，并留下相应的审核痕迹，各级审核可用不同颜色标识区分（设置不同部门的审核颜色），方便查看，可查询任意级别审核内容和结果，并输出相应的审核报表。

（9）维护"我的定额和我的工料机库"。系统不仅内置了全国各省的公路补充定额，用户还可以方便地把系统定额、补充定额和系统工料机保存到"我的定额库"和"我的工料机库"，并对其进行管理和维护，逐步形成企业定额库。

（10）WCOST 数据完美导入。系统提供了旧版同望 WCOST 造价软件的数据接口，对于用 WCOST 编制的历史数据文件，可以通过文件导入或数据库导入的方式导入到 WECOST 中进行编辑。

（11）WECOST 网络协作平台有序管理。WECOST 网络协作平台像一条纽带，把各个单机编审软件有序联结。系统通过 B/S 结构的网络协作平台进行统一的组织机构维护和用户管理，实现网上传输数据，控制编审权限及文件的上传和下载，版本发布及数据集中管理。

（12）丰富实用的项目级编审报表。系统内置丰富实用的项目级汇总报表，包括编制和审核汇总报表，并可进行批量导出或打印。

（13）轻松拓展到工程造价整体解决方案（简称 IPCS）。WECOST 作为 IPCS 整体架构的一部分，可以根据用户管理的需要轻松实现向 IPCS 扩展，满足用户对项目工程造价全生命周期全方位、动态管理的需求。

10.1.3 系统工作原理

根据未来工程造价管理发展的趋势，WECOST 采用了网络（即 B/S 结构）和单机（即 C/S 结构）相结合的使用模式，既可以在 C/S 系统下实现的造价文件的编制、审核，又能够通过 B/S 平台系统按设定的流程进行有序控制及流转，真正实现了数据集中管理，分级分组授权查询访问，满足了造价规范化、审批网络化及数据共享、数据查询的高端需求，如图 10.1 所示。

10.1 同望 WECOST 软件介绍

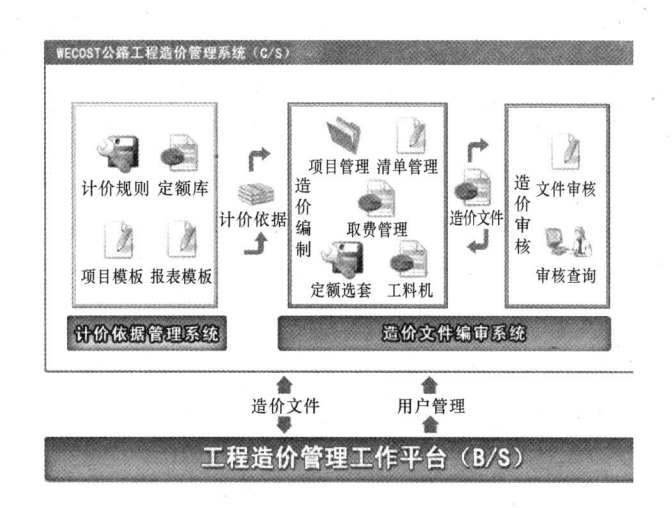

图 10.1 系统工作原理图

10.1.4 运行环境与数据导入导出

10.1.4.1 运行环境

系统平台：Windows 2000/Xp/Vista，Linux，Unix 等各种操作系统。

配置：主频 1GB 以上 CPU，512MB 以上内存，500MB 以上可用硬盘空间。

10.1.4.2 数据文件导入导出

下面仅介绍数据文件导入的操作，导出与导入操作基本相同。

1. 在项目管理界面导入 WECOST 数据

在项目管理界面右键单击，选择【导入】→【导入 EC 数据】，如图 10.2（a）所示，或单击【文件】→【导入】→【导入 EC 数据】，如图 10.2（b）所示，选择后缀名为".ecp 或.ecb"的文件，单击【打开】，文件则被导入到指定位置。

2. 从数据库里导入 WECOST 数据

从数据库里导入项目数据：在项目管理界面右键单击，选择【导入】→【导入 WCOST 数据】，或者单击【文件】→【导入】→【导入 WCOST 数据】，弹出导入 WCOST 项目数据对话框，单击【WCOST 主数据库文件】后面的"▭"按钮，选择后缀名为"*..MDB"的数据库文件（注：该文件通常在 WCOST 的安装目录下），然后在

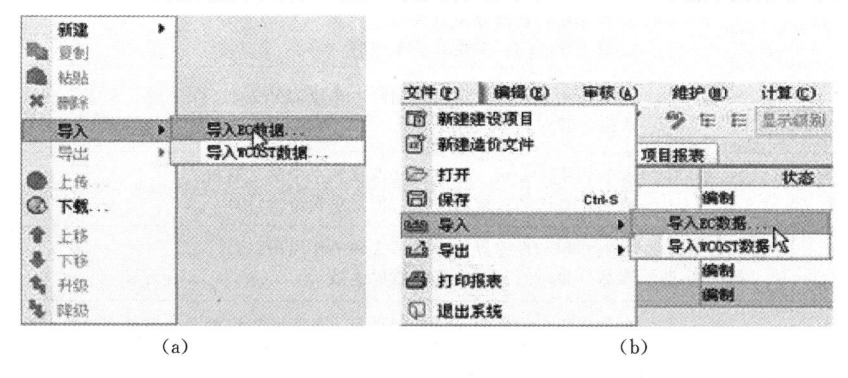

(a)   (b)

图 10.2 在项目管理界面导入 WECOST 数据

项目信息框里选中需要导入的建设项目,单击确定即可,如图 10.3 所示。

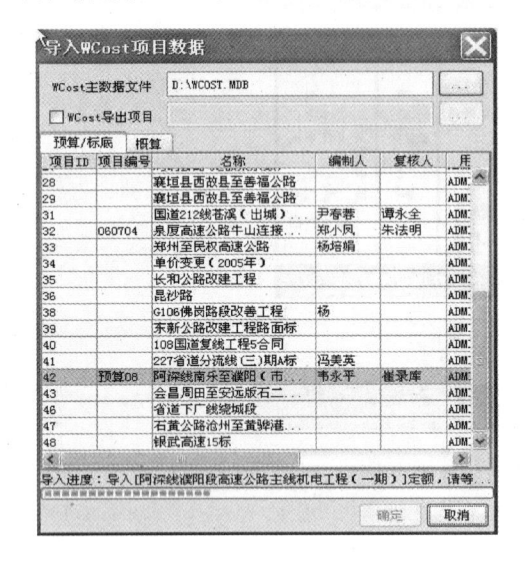

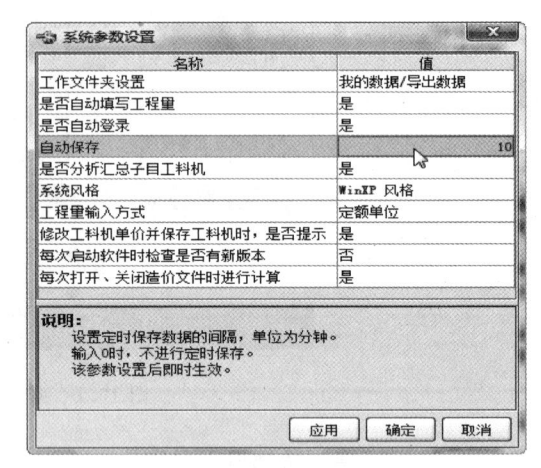

图 10.3　从数据库导入 WECOST 数据

图 10.4　系统设置示意图

10.1.5　同望 WECOST 系统设置

单击【工具】→【系统参数设置】,在弹出对话框中,用户可根据自己的需求配置系统参数,如图 10.4 所示。

选中系统参数,在下半界面会显示该参数的作用和配置生效说明。进行设置时,可参看说明设置。参数设置说明表见表 10.1。

表 10.1　　　　　　　　　　参 数 设 置 说 明 表

参数名称	系统默认值	参 数 说 明
工作文件夹设置	我的数据/导出数据	参数作用:设置导入导出文件夹; 改后生效时间:未进行过导入导出操作,即时生效。如进行过导入导出操作,下次启动软件生效
是否自动填写工程量	是	参数作用:新建子节点时自动继承父节点工程量,修改父节点工程量时,同时修改与父节点工程量相同的子节点工程量; 改后生效时间:即时生效。再次新增或修改时按新设置规则进行
自动登陆	否	参数作用:自动登录系统; 改后生效时间:下次登陆系统时
自动保存	10	参数作用:保存数据时间间隔,单位为分钟; 改后生效时间:即时生效
是否分析汇总子目工料机	是	参数作用:分析、汇总选套在预算书中的工料机; 改后生效时间:即时生效,但需重新造价计算
系统风格	Windows Xp 风格	参数作用:设置界面表现形式和操作风格; 改后生效时间:下次启动软件生效
工程量输入方式	自然单位	参数作用:输入定额的工程量时,是否除以定额单位系数。设置"自然单位"则除以单位系数,设置"定额单位"则不处理; 改后生效时间:即时生效

10.1 同望 WECOST 软件介绍

续表

参数名称	系统默认值	参 数 说 明
修改工料机单价并保存时，是否提示	是	参数作用：在预算书界面，修改分部分项或定额下工料机单价时，是否弹出对话框询问； 改后生效时间：即时生效
每次启动软件时检查是否有新版本	是	参数作用：自动检查最新版本； 改后生效时间：下次启动软件生效
每次打开、关闭造价文件时进行计算	是	参数作用：打开或关闭造价文件时，进行造价计算； 改后生效时间：下次打开关闭文件时

10.1.6 同望 WECOST 系统常用单位

1. 用户单位

在维护菜单中，单击【单位维护】→【用户单位】，如图 10.5 所示。

新增：单击新增 ，输入单位后回车即可。

删除：选择要删除的单位记录，单击删除 即可。

保存：用户操作完毕后单击关闭 时系统自动进行保存。

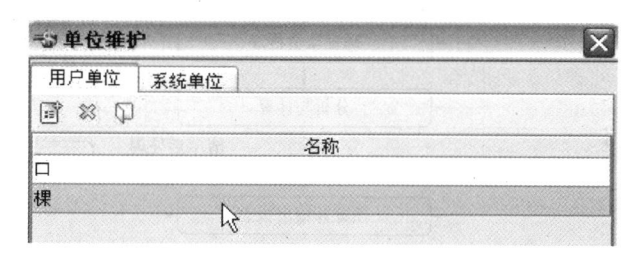

图 10.5 用户单位示意图

2. 系统单位

在维护菜单中，单击【单位维护】→【系统单位】，如图 10.6 所示。

显示系统提供的全部单位记录。该处只做显示使用，不可操作。

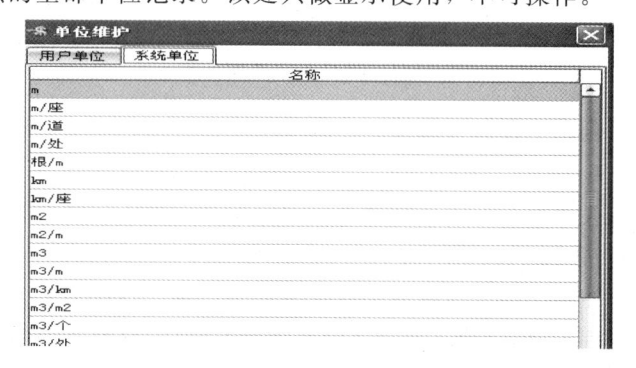

图 10.6 系统单位示意图

10.2 同望 WECOST 公路工程造价管理系统应用

10.2.1 造价文件编制程序

运用同望 WECOST 公路工程造价管理系统编制计价文件的程序包括创建并分解建设项目、编制子项造价文件和项目汇总与输出，如图 10.7 所示。

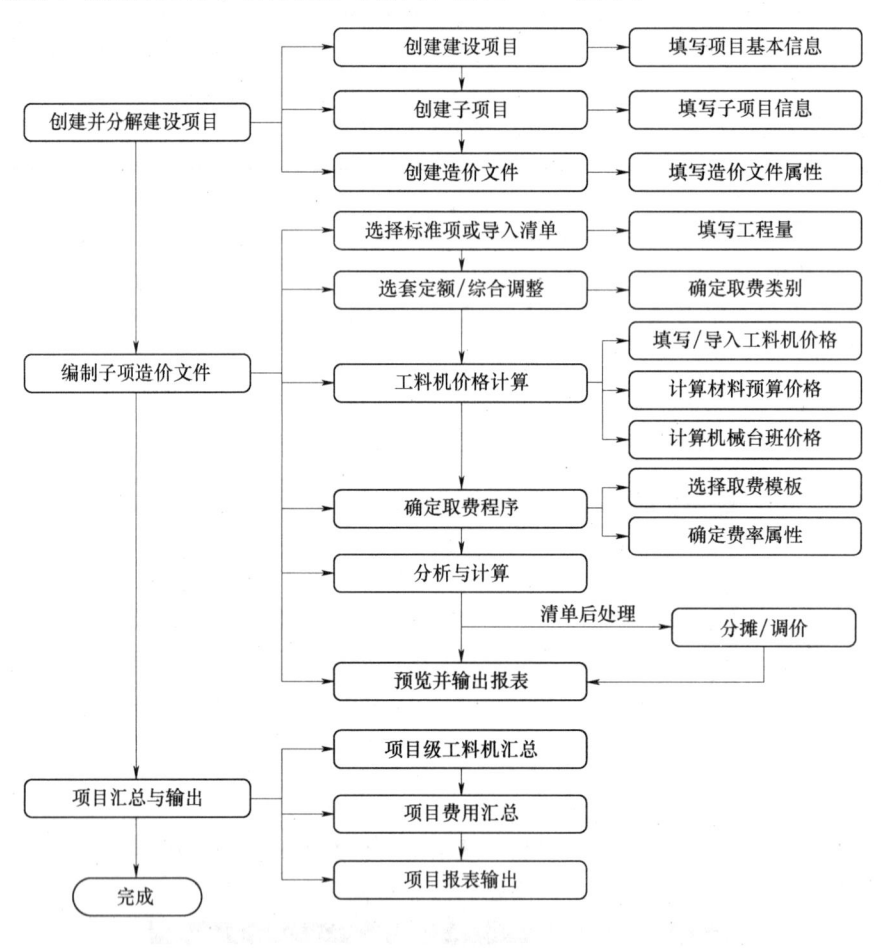

图 10.7 造价文件编制程序

10.2.2 用软件进行公路工程概预算编制步骤

1. 创建建设项目

右键单击创建建设项目：在项目管理窗口空白处右键单击，弹出右键菜单，选择【新建】→【建设项目】，如图 10.8 所示。

输入项目信息：在弹出的创建建设项目对话框中，输入【编号】（可以以创建文件的日期为编号，方便管理）、【名称】，选择【编制类型】（注：编制类型的选择决定项目级报表的输出样式），然后单击【确认】，即完成创建建设项目，如图 10.9 所示。

10.2 同望 WECOST 公路工程造价管理系统应用

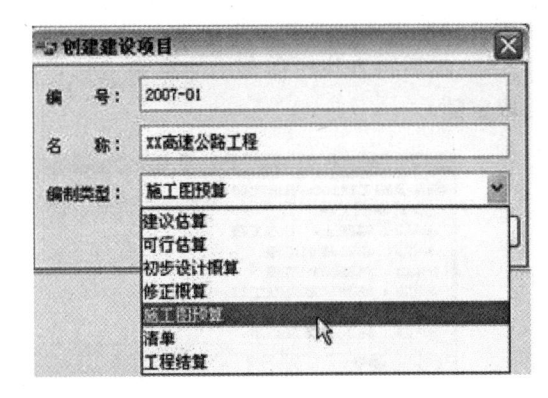

图 10.8 新建建设项目示意图　　图 10.9 建设项目设置示意图

编辑建设项目信息：建设项目建立好以后，选中新建的建设项目，双击项目编号、项目名称处可以修改该建设项目的【编号】和【工程名称】，或者直接在右侧的【基本信息】窗口修改项目信息。

2．创建子项目

右键单击新建的建设项目，选择【新建】→【子项目】。子项目可根据实际需要创建，或是省略上述操作直接在建设项目下创建造价文件。

3．创建造价文件

在工具栏里直接单击快捷键，新建造价文件。

图 10.10 新建造价文件示意图

输入造价文件基本信息：在弹出的窗口中，输入【编号】、【名称】，选择【计价依据】、【主定额】和【项目模板】，单击确定，如图 10.10 所示。

4．选择标准项

在"预算书"界面的右边工具栏，单击【标准模板】按钮，或者直接单击停靠在预算书右侧的【标准模板】按钮，系统弹出选择标准模板对话框，勾选节点后，双击或右键单击选择【添加选中】即可，如图 10.11 所示。

5．选套定额

（1）直接套用定额。在"预算书"界面单击需要套取定额的位置，右键单击并选择【选择】→【定额】，或者直接单击停靠在预算书右或下侧的【定额库】按钮，则系统弹出定额库窗口，如图 10.12 所示，

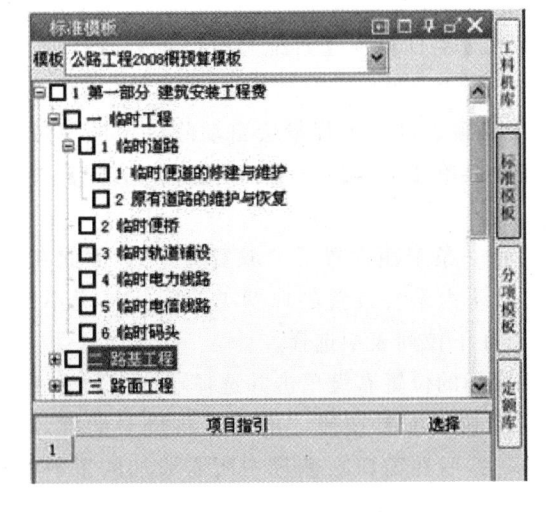

图 10.11 标准模板示意图

269

从"定额"的下拉框中选择需要的定额库（注：系统默认的定额库是创建造价文件时的选择的主定额库），然后再查找所需套用的定额子目，双击选入或者右键单击选择【添加选中行】来套取定额。

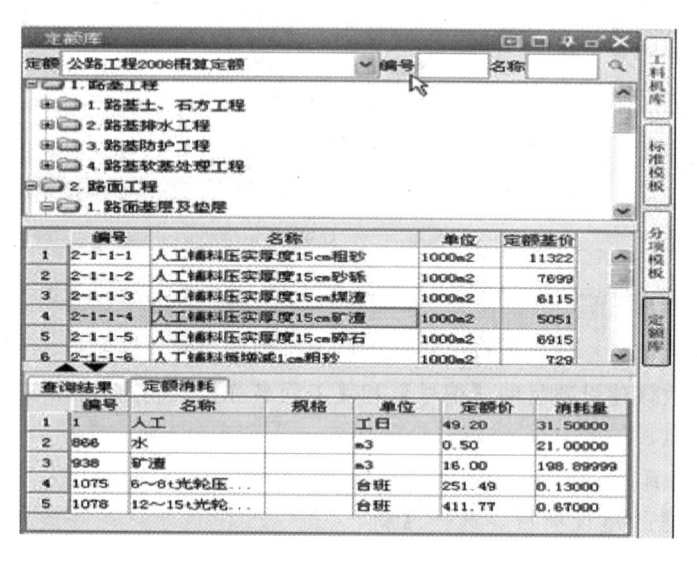

图 10.12　直接套用定额示意图

（2）添加补充定额。如果在编制造价文件时，所需项目定额在交通运输部发布的定额库中查找不到，系统还提供了编制补充定额的功能。在"预算书"界面单击需要套取定额的位置，右键单击并选择【增加】→【定额】或直接单击工具栏中的快捷图标，新增一条空记录，在定额编号中录入新编号，系统会自动提示并在新增补充定额编号前加"LB"作为补充的标识，接着用户需输入补充定额的名称、工程量，选择单位，然后在"预算书"下的"人材机"窗口选择、增加补充定额的人材机消耗。

（3）填写工程量。系统默认子节点自动继承父节点工程量。当修改上级节点工程量时，下级节点工程量如果跟父节点工程量相同的也跟着自动改变，不相同的不变。

如不需要自动继承工程量功能，可在主菜单【工具】→【系统参数设置】，把"是否自动填写工程量"的值设置为"否"。

系统默认以自然单位处理工程量，即输入定额子目的工程量会自动除以定额单位系数。如用户需按定额单位处理工程量时，可在主菜单【工具】→【工程量输入方式】的下拉列表中，把"自然单位"改为"定额单位"。

（4）确定取费类别。系统根据施工划分为每一条定额设置了"取费类别"，因此在选套定额后，用户可不再选择"取费类别"。如果认为系统设置的取费类与实际情况不符，可直接以数字键选择相应"取费类别"，也可以在下拉列表中选择。

（5）选套工料机。在"预算书"界面需要增加的位置右键单击并选择【选择】→【工料机】，或者直接单击停靠在预算书右侧的【工料机库】按钮，出现工料机对话框，从【工料机】的下拉列表中选择需要的工料机库，然后在窗口右侧选中所需添加的工料机，双击或右键单击选择【添加选中行】，将工料机添加到预算书中，如图 10.13 所示。

10.2 同望 WECOST 公路工程造价管理系统应用

图 10.13 选套示意图

6. 定额调整

在"预算书"界面，单击需要调整的定额，系统在靠右下方窗口里设置"标准换算（BZ）"、"混合料配比（PB）"、"子目系数（XS）"、"辅助定额（FZ）"等定额调整窗口，用户可根据工程实际情况对需要调整的定额进行调整，所有的定额调整信息会记录在"调整列表"里。

（1）标准换算。在定额调整信息视窗中，单击"BZ"按钮，系统会列出该定额常用的换算。如砂浆、混凝土标号，厚度和运距的综合调整等。

用户只需要在调整的复选框中打勾，并根据工程具体情况输入相关参数后，系统会自动调整消耗量和定额名称，如图 10.14 所示。

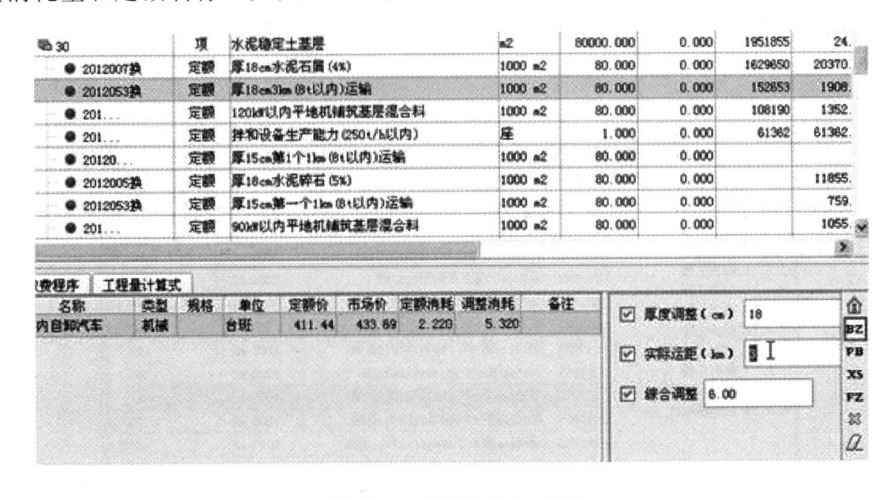

图 10.14 定额调整示意图

（2）混合料配比调整。在"预算书"界面里，选中需进行混合料配比调整的定额，单击"PB"按钮，直接在"调整为"一栏中输入目标比例。输入第一个材料的配合比例后，系统会根据比例之和"100%"自动计算并生成第二个材料的配合比例，同时自动修改定额名称，如图 10.15 所示。

图 10.15　混合料配合比调整示意图

（3）子目系数调整。在"预算书"界面里，选择需要乘系数的定额，在定额调整信息窗口中单击"XS"按钮，根据调整需要，在【人工系数】、【材料系数】、【机械系数】调整框里输入对应系数后回车，系统自动计算消耗量并显示调整信息。如要对定额中所有的工料机消耗乘以相同的系数时，则只要在【单价系数】框里填系数后回车即可。不调整时"子目系数"全部默认为 1。

（4）辅助定额调整。辅助定额是对主定额的标准量进行增减的调整。

在"预算书"界面里，选中需要进行调整的定额，单击"FZ"按钮，然后在调整信息框空白处右键单击选择【增加】，如图 10.16（a）所示，则弹出选择定额对话框，找到

(a) 增加选项示意图

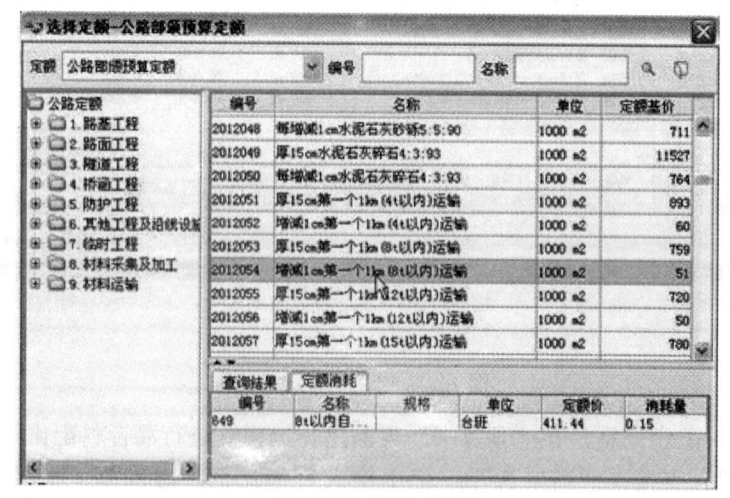

(b) 添加辅助定额示意图

图 10.16　辅助定额调整示意图

10.2 同望 WECOST 公路工程造价管理系统应用

对应的辅助定额后，双击或右键单击选择【添加选中行】，如图 10.16（b）所示，辅助定额被添加到调整信息窗口中，填写调整系数即可。

（5）调整工料机。在"人材机"界面中，右键单击，在右键菜单中用户可根据需要【增加】/【选择】/【删除】/【替换】工料机，同时还可以将新增的补充工料机保存至"我的工料机库"。

1）工料机的增、删及替换。

增加：右键单击并选择【增加】→【人工】/【材料】/【机械】，可直接输入新增工料机的【编号】（注：新增补充工料机的编号须不同于部颁标准工料机编号）、【名称】、【市场价】、【消耗量】；或者单击新增行"编号"栏中的"[...]"按钮，在弹出的工料机库中选择所需工料机，如图 10.17 所示。

图 10.17 工料机增删示意图

选择：右键单击菜单【选择】，弹出工料机库，双击或右键单击并选择【添加选中行】选择所需工料机。

删除：选中某条工料机，右键单击选择【删除】即可。

替换：选中某条工料机，右键单击选择【替换】，从弹出的工料机库中选择工料机，双击或右键单击选择【添加选中行】即可替换当前工料机。

2）保存工料机。选中某条工料机，右键单击选择【保存到我的工料机库】，如图 10.18（a）所示，弹出用户工料机库对话框，选择某章节，双击或右键单击选择【保存工料机到该章节】即可，如图 10.18（b）所示。

(a) 保存到我的工料机库　　　　　(b) 保存工料机到该章节

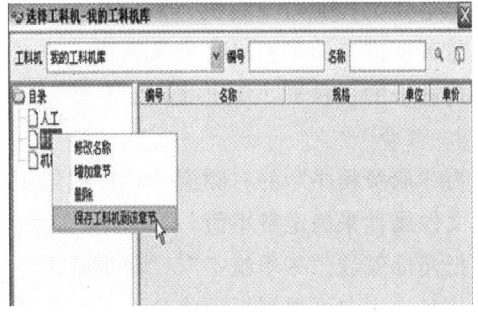

图 10.18 工料机保存示意图

3）按编号排序。在"人材机"窗口，右键单击选择【按编号排序】，系统会自动按编号的升序排列；再次选择【按编号排序】，系统按编号降序进行排列，再次选择，编号按降序排列。

273

4）工料机上移、下移。可根据用户需要移动工料机的排序位置。

7. 工料机分析

工料机分析是对单位工程造价基础数据的分析，是计算各类费用的基础。在完成"预算书"窗口的操作后，切换进入"工料机汇总"窗口，系统会自动汇总当前单位工程的工料机，包括工料机编号、名称、单位、消耗量及单价信息，并可按人工、材料、机械分类显示。在"工料机汇总"界面可以对工料机进行调整、查询及替换。

（1）单价乘系数。在"工料机汇总"界面，选中要调整的工料机，右键单击并选择【单价乘系数】，系统弹出输入价格系数对话框，输入系数后单击【确定】，所选工料机的预算价随之改变。

（2）工料机反查。在"工料机汇总"界面，选中需要查询的工料机，右键单击并选择【工料机反查】，弹出的"材机查询"窗口会显示所有包含该条工料机信息的分部分项项目和定额子目。利用工料机反查功能查询石油沥青的使用情况，如图10.19所示。

(a) 查询方法　　　　　　　　　　　(b) 查询窗口

图 10.19　工料机反查示意图

（3）工料机替换。在"工料机汇总"界面进行工料机替换，可以实现对整个项目同一材料的统一替换。

选中需要替换的工料机，右键单击并选择【工料机替换】，弹出替换工料机对话框，输入需替换进来的工料机代号及名称，或者单击【选择】按钮，在弹出的工料机库中选择需替换进来的工料机，单击【确定】即可。

8. 取费

在"取费程序"的右侧窗口，可根据工程所在地选择相应的费率文件属性，通过选择费率文件属性来确定费率值。

把光标停放"冬季施工"、"雨季施工"费率项目上时，系统会在线提示该费率属性的详细信息，用户可根据提示信息选择所需要的属性值。

设置好了费率属性后，可在"取费程序"靠左下方的窗口查看设置好的取费费率，如下图。系统中所有的费率项设置的费率值均可在此窗口查看，包括利润、税金、冬、雨、夜增工率等。

9. 分析与计算

"分析与计算"是对造价文件中各项费用的综合分析计算，计算出来的结果是报表的

10.2 同望 WECOST 公路工程造价管理系统应用

数据来源。在分析计算以前,用户应完成在"预算书"、"工料机汇总"、"取费程序"界面的操作,最后才进行分析计算。

在"取费程序"界面确认好取费费率后,单击主菜单【计算】→【分析与计算】,或者单击工具栏的" "图标进行分析计算。

10. 报表输出

系统报表包括"预算书报表"和"项目报表"。"项目报表"提供了"编制报表"和"审核报表"两种应用功能。

(1) 预算书报表。进行"分析与计算"后切换到报表窗口,在窗口左侧报表树中选中报表,系统会自动生成并显示相应的数据报表,如图 10.20 所示。

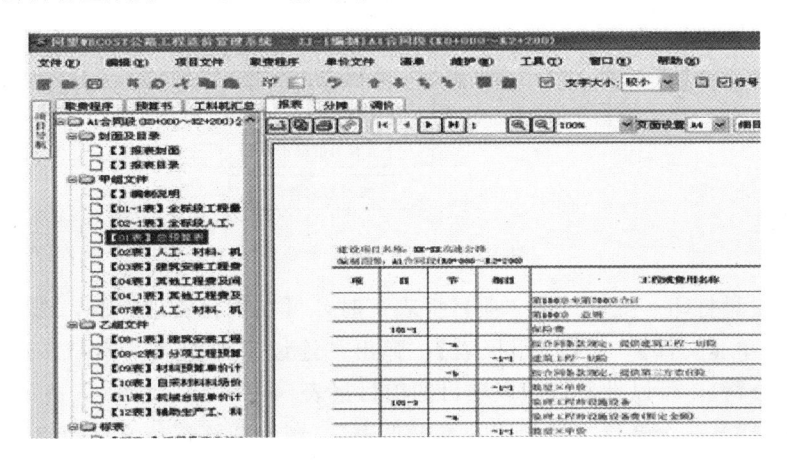

图 10.20 预算书报表示意图

(2) 项目报表。在"预算书"界面右上角单击"返回按钮",系统退回至"项目管理"界面,切换到"项目报表"界面,可以看到窗口左侧的项目报表树有"编制报表"和"审核报表",用户可根据需要汇总输出,如图 10.21 所示。

图 10.21 项目报表示意图

注意:如果有多个造价文件参与项目汇总,需确认建设项目文件的【编制类型】和下属所有造价文件的"计价依据"是否对应。例如某建设项目文件的【编制类型】选择的是【施工图预算，那其所属造价文件的【计价依据】必须为【预算计价依据】，这样才能保证正常输出相应的汇总报表。

11. 打印和导出报表

（1）打印报表。

1）报表单张打印。切换至"报表"或"项目报表"窗口，用户选择生成需要的报表，然后单击打印按钮直接打印，也可根据表头上方的报表工具菜单设置打印，如图 10.22 所示。

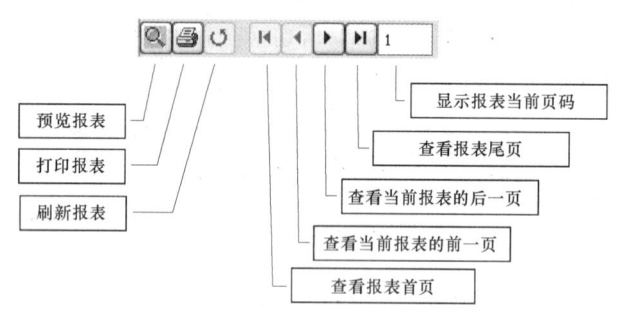

图 10.22 功能按钮示意图

2）报表批量打印。批量打印"项目报表"时，可在项目管理界面，选中建设项目节点，选择主菜单【文件】→【打印报表】，弹出"连续打印报表"窗口，选择汇总项目（如 XX 高速公路），可以批量打印该项目的项目报表。

如果要打印某一个造价文件的"预算书报表"，则选择该造价文件节点，即可在不打开预算书编制界面的情况下连续打印其下的所有预算书报表。当然也可将根据需要将不要打印的报表前"选择"里的勾去掉，如图 10.23 所示。

图 10.23 预算书连续打印示意图

3）显示打印时间。用户可以根据自己的需求，勾选显示打印时间，以控制报表是否显示打印时候的计算机时间。

10.2 同望 WECOST 公路工程造价管理系统应用

4) 报表设置。在预算书报表界面或项目报表界面，按标表设置按钮，会出现报表设置对话框，能够设置报表名称、页面边距、纸张大小等一些调节报表的参数，如图 10.24 所示。

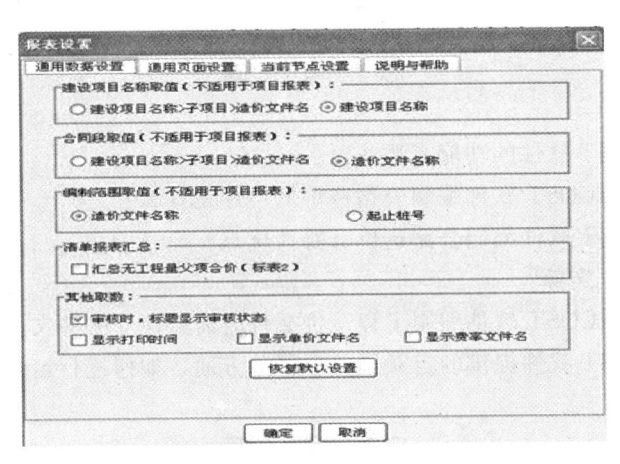

图 10.24 报表设置示意图

(2) 导出报表。

1) 单张报表导出。切换至"报表"或"项目报表"窗口，用户选择生成需要的报表，然后单击导出按钮，弹出保存窗口，选择好保存路径和导出文件类型后，单击确定导出报表。

2) 批量报表导出。切换至"报表"或"项目报表"窗口，选择主菜单【文件】→【打印报表】，在连续打印报表对话框中的第一个下拉列表中，选择"连续导出"，如图 10.25 所示。

图 10.25 导出报表格式示意图

在第二个下拉列表框中，可以选择报表导出的格式，分别有"│Single sheet"，导

出为 EXCEL 单工作表的格式；"Multiple sheets"，导出为 EXCEL 多个工作表格式；WORD 以及 PDF 格式。在预览报表的状态下单击图标，可将报表保存为 EXCEL、PDF 等格式。

思 考 题

1. 同望 WECOST 软件的功能有哪些？
2. 应用同望 WECOST 软件编制公路造价的程序是什么？
3. 同望 WECOST 软件编制公路造价有哪些优点？
4. 如何选用补充定额？
5. 运用同望 WECOST 软件编制工程造价文件时需要建立哪些文件？
6. 同望 WECOST 软件提供的定额调整有哪些方面，如何进行定额调整？

实 训 题

1. 以本书第 7 章后面实训题第 8 题、第 9 题为工程基础资料，应用同望 WECOST 软件编制公路工程概算文件。

2. 以本教材第 7 章第 7.7 节的"京汕高速公路第×合同段路线工程"的背景和概预算项目为基础资料，应用同望 WECOST 软件编制公路工程预算文件。

附　　录

附录一　公路交工前养护费指标

公路交工前养护费为陆续完工的路段，在路段交工初验时止，以路面为主包括路基、构造物在内的养护费用。该费用按全线里程及平均养护月数，以下列标准计算：

(1) 三级、四级公路每月养护费按每公里每月 60 个工日计算。
(2) 二级及二级以上公路每月养护费按每公里每月 30 个工日计算。
(3) 另按路面工程类别计算其他工程费和间接费。

附录二　绿化补助费指标

新建公路的绿化补助费指标如下：
(1) 平原微丘陵区：5000 元/km。
(2) 山岭重丘陵区：1000 元/km。

以上费用标准内已包括其他直接费、现场经费和间接费。

本指标仅适用于一般二级以下等级公路建设项目。

附录三　冬雨季及夜间施工增工百分率、临时设施用工指标

1. 冬雨季及夜间施工增工百分率按下表计算

项目	雨季施工（雨量区）		冬季施工							
			冬一区		冬二区		冬三区	冬四区	冬五区	冬六区
	Ⅰ	Ⅱ	Ⅰ	Ⅱ	Ⅰ	Ⅱ				
路线	0.30	0.45	0.70	1.00	1.40	1.80	2.40	3.00	4.50	6.75
独立大中桥	0.30	0.45	0.30	0.40	0.50	0.60	0.80	1.00	1.50	2.25

2. 临时设施用工指标按下表计算

项目	路　线（1km）					独立大中桥（100m² 桥面）
	公路等级					
	高速公路	一级公路	二级公路	三级公路	四级公路	
工日	2340	1160	340	160	100	60

附录四　设备与材料的划分标准

工程建设设备与材料的划分，直接关系到投资构成的合理划分、概预算的编制以及施工产值的计算等方面，为合理确定工程造价，加强对建设过程投资管理，统一概预算编制口径，现对交通工程中设备与材料的划分提出如下划分原则和规定。本规定如与国家主管部门新颁布的规定相抵触时，按国家规定执行。

1. 设备与材料的划分原则

（1）设备划分原则。凡是经过加工制造，由多种材料和部件按各自用途组成生产加工、动力、传送、储存、运输、科研等功能的机器、容器和其他机械、成套装置等均为设备。设备分为标准设备和非标准设备：标准设备（包括通用设备和专用设备）是指按国家规定的产品标准批量生产的、已进入设备系列的设备；非标准设备是指国家未定型、非批量生产的、由设计单位提供制造图纸，委托承制单位或施工企业在工厂或施工现场制作的设备。设备一般包括以下各项：

1）各种设备的本体及随设备到货的配件、备件和附属于设备本体制作成型的梯子、平台、栏杆及管道等。

2）各种计量器、仪表及自动化控制装置、实验的仪器及属于设备本体部分的仪器仪表等。

3）附属于设备本体的油类、化学药品等设备的组成部分。

4）用于生产、生活或附属于建筑物的水泵、锅炉及水处理设备、电气、通风设备等。

（2）材料划分原则。为完成建筑、安装工程所需的原料和经过工业加工在工艺生产过程中不起单元工艺生产用的设备本体以外的零配件、附件、成品、半成品等均为材料。材料一般包括以下各项：

1）设备本体以外的不属于设备配套供货，需由施工企业进行加工制作或委托加工的平台、梯子、栏杆及其他金属构件等，以及成品、半成品形式供货的管道、管件、阀门、法兰等。

2）设备本体以外的各种行车轨道、滑触线、电梯的滑轨等均为材料。

2. 设备与材料的划分界限

（1）设备。

1）通信系统。市内、长途电话交换机、程控电话交换机、微波、载波通信设备，电报和传真设备，中、短波通信设备及中短波电视天线装置，移动通信设备、卫星地球站设备，通信电源设备，光纤通信数字设备，有线广播设备等各种生产及配套设备和随机附件等。

2）监控和收费系统。自动化控制装置、计算机及其终端、工业电视、检测控制装置、各种探测器、除尘设备、分析仪表、显示仪表、基地式仪表、单元组合仪表、变送器、传送器及调节阀、盘上安装器、压力、温度、流量、差压、物位仪表，成套供应的盘、箱、柜、屏（包括箱和已经安装就位的仪表、元件等）及随主机配套供应的仪表等。

3）电气系统。各种电力变压器、互感器、调压器、感应移相器、电抗器、高压断路器、高压熔断器、稳压器、电源调整器、高压隔离开关、装置式空气开关、电力电容器、蓄电池、磁力启动器、交直流报警器、成套箱式变电站、共箱母线、封闭式母线槽、成套供应的箱、盘、柜、屏及其随设备带来的母线和支持瓷瓶等。

4）通风及管道系统。空气加热器、冷却器、各种空调机、风尘管、过滤器、制冷机组、空调机组、空调器、各类风机、除尘设备、风机盘管、净化工作台、风淋室、冷却塔、公称直径300mm以上的人工阀门和电动阀门等。

5）房屋建筑电梯、成套或散装到货的锅炉及其附属设备、汽轮发电机及其附属设备、电动机、污水处理装置、电子秤、地中衡、开水炉、冷藏箱，热力系统的除氧器水箱和疏水箱，工业水系统的工业水箱，油冷却系统的油箱，酸碱系统的酸碱储存槽，循环水系统的旋转滤网、启闭装置的启闭机等。

6）消防及安全系统。隔膜式气压水罐（气压罐）、泡沫发生器、比例混合器、报警控制器、报警信号前端传输设备、无线报警发送设备、报警信号接收机、可视对讲主机、联动控制器、报警联动一体机、重复显示器、远程控制器、消防广播控制柜、广播功放、录音机、广播分配器、消防通信电话交换机、消防报警备用电源、x射线安全检查设备、金属武器探测门、摄像设备、监视器、镜头、云台、控制台、监视器柜、支台控制器、视频切换器、全电脑视频切换设备、音频、视频、脉冲分配器、视频补偿器、视频传输设备、汉字发生设备、录像、录音设备、电源、CRT显示终端、模拟盘等。

7）炉窑砌筑。装置在炉窑中的成品炉管、电机、鼓风机和炉窑传动、提升装置，属于炉窑本体的金属铸体、锻件、加工件及测温装置、仪器仪表、消烟、回收、除尘装置，随炉供应已安装就位的金具、耐火衬里、炉体金属预埋件等。

8）各种机动车辆。

9）各种工艺设备在试车时必须填充的一次性填充材料（如各种瓷环、钢环、塑料环、钢球等），各种化学药品（如树脂、珠光砂、触煤、干燥剂、催化剂等）及变压器油等，不论是随设备带来的，还是单独订货购置的，均视为设备的组成部分。

（2）材料。

1）各种管道、管件、配件、公称直径300mm以内的人工阀门、水表、防腐保温及绝缘材料、油漆、支架、消火栓、空气泡沫枪、泡沫炮、灭火器、灭火机、灭火剂、泡沫液、水泵接合器、可曲橡胶接头、消防喷头、卫生器具、钢制排水漏斗、水箱、分气缸、疏水器、减压器、压力表、温度计、调压板、散热器、供暖器具、凝结水箱、膨胀水箱、冷热水混合器、除污器、分水缸（器）、各种风管及其附件和各种调节阀、风口、风帽、罩类、消声器及其部（构）件、散流器、保护壳、风机减震台座、减震器、凝结水收集器、单双人焊接装置、煤气灶、煤气表、烘箱灶、火管式沸水器、水型热水器、开关、引火棒、防雨帽、放散管拉紧装置等。

2）各种电线、母线、绞线、电缆、电缆终端头、电缆中间头、吊车滑触线、接地母线、接地极、避雷线、避雷装置（包括各种避雷器、避雷针等）、高低压绝缘子、线夹、穿墙套管、灯具、开关、灯头盒、开关盒、接线盒、插座、匣盒保险器、电杆、横担、铁塔、各种支架、仪表插座、桥架、梯架、立柱、托臂、人孔手孔、挂墙照明配电箱、局部照明变压器、按钮、行程开关、刀闸开关、组合开关、转换开关、铁壳开关、电扇、电铃、电表、蜂鸣器、电笛、信号灯、低音扬声器、电话单机、熔断器等。

3）循环水系统的钢板闸门及拦污栅、启闭构架等。

4) 现场制作与安装的炉管及其他所需的材料或填料、现场砌筑用的耐火、耐酸、保温、防腐、捣打料、绝热纤维、天然白泡石、玄武岩、金具、炉门及窥视孔、预埋件等。

5) 所有随管线（路）同时组合安装的一次性仪表、配件、部件及元件（包括就地安装的温度计、压力表）等。

6) 制造厂以散件或分段分片供货的塔、器、罐等，在现场拼接、组装、焊接、安装内件或改制时所消耗的物料均为材料。

7) 各种金属材料、金属制品、焊接材料、非金属材料、化工辅助材料、其他材料等。

（3）对于一些在制造厂未整体制作完成的设备，或分片压制成型，或分段散装供货的设备，需要建筑安装工人在施工现场加工、拼装、焊接的，按上述划分原则和其投资构成应属于设备购置费。为合理反映建筑安装工人付出的劳动和创造的价值，可按其在现场加工组装焊接的工作量，将其分片或组装件按其设备价值的一部分以加工费的形式计入安装工程费内。

（4）供应原材料。在施工现场制作安装或施工企业附属生产单位为本单元承包工程制作并安装的非标准设备，除配套的电机、减速机外，其加工制作消耗的人工、材料（包括主材）、机械等均应计入安装工程费内。

（5）凡是制造厂未制造完成的设备，已分片压制成型、散装或分段供货，需要建筑安装工人在施工现场拼装、组装、焊接及安装内件的，其制作、安装所需的物料为材料，内件、塔盘为设备。

附录五　公路工程概、预算项目表

项	目	节	细目	工程或费用名称	单位	备　注
				第一部分　建筑安装工程费	公路公里	建设项目路线总长度（主线长度）
一				临时工程	公路公里	
	1			临时道路	km	新建便道与利用原有道路的总长
		1		临时便道的修建与维护	km	新建便道长度
		2		原有道路的维护与恢复	km	利用原有道路长度
		……				
	2			临时便桥	m/座	指汽车便桥
	3			临时轨道铺设	km	
	4			临时电力线路	km	
	5			临时电信线路	km	不包括广播线
	6			临时码头	座	按不同的形式划分节或细目
二				路基工程	km	扣除桥梁、隧道和互通立交的主线长度，独立桥梁或隧道为引道或接线长度
	1			场地清理	km	
		1		清理与掘除	m²	按清除内容的不同划分细目
			1	清除表土	m³	
			2	伐树、挖根、除草	m²	
		……				
		2		挖除旧路面	m²	按不同的路面类型和厚度划分细目
			1	挖除水泥混凝土路面	m²	
			2	挖除沥青混凝土路面	m²	
			3	挖除碎（砾）石路面	m²	
		……				
		3		拆除旧建筑物、构筑物	m³	按不同的构筑材料划分细目

续表

项目	目	节	细目	工程或费用名称	单位	备注
二	1	3	1	拆除钢筋混凝土结构	m³	
			2	拆除混凝土结构	m³	
			3	拆除砖石及其他砌体	m³	
				……		
	2			挖方	m³	
		1		挖土方	m³	按不同的地点划分细目
			1	挖路基土方	m³	
			2	挖改路、改河、改渠土方	m³	
				……		
		2		挖石方	m³	按不同的地点划分细目
			1	挖路基石方	m³	
			2	挖改路、改河、改渠石方	m³	
				……		
		3		挖非适用材料	m³	
		4		弃方运输	m³	
	3			填方	m³	
		1		路基填方	m³	按不同的填筑材料划分细目
			1	换填土	m³	
			2	利用土方填筑	m³	
			3	借土方填筑	m³	
			4	利用石方填筑	m³	
			5	填砂路基	m³	
			6	粉基灰及填石路基	m³	
				……		
		2		改路、改河、改渠填方	m³	按不同的填筑材料划分细目
			1	利用土方填筑	m³	
			2	借土方填筑	m³	
			3	利用石方填筑	m³	
				……		
		3		结构物台背回填	m³	按不同的填筑材料划分细目
			1	填碎石	m³	
				……		
	4			特殊路基处理	km	指需要处理的软弱路基长度
		1		软土处理	km	按不同的处理方法划分细目

续表

项目	目	节	细目	工程或费用名称	单位	备注
二	4	1	1	抛石挤淤	m³	
			2	砂、砂砾垫层	m³	
			3	灰土垫层	m³	
			4	预压与超载预压	m²	
			5	袋装砂井	m	
			6	塑料排水板	m	
			7	粉喷桩与旋喷桩	m	
			8	碎石桩	m	
			9	砂桩	m	
			10	土工布	m²	
			11	土工格栅	m²	
			12	土工格室	m²	
				……		
		2		滑坡处理	处	按不同的处理方式划分细目
			1	卸载土石方	m³	
			2	抗滑桩	m³	
			3	预应力锚索	m	
				……		
		3		岩溶洞回填	m³	按不同的回填材料划分细目
			1	混凝土	m³	
				……		
		4		膨胀土处理	km	按不同的处理方法划分细目
			1	改良土	m³	
				……		
		5		黄土处理	m³	按黄土的不同特性划分细目
			1	陷穴	m³	
			2	湿陷性黄土	m²	
				……		
		6		盐渍土处理	m²	按不同的厚度划分细目
				……		
	5			排水工程	km	按不同的结构类型分节
		1		边沟	m³/m	按不同的材料、尺寸划分细目
			1	现浇混凝土边沟	m³/m	

附录五　公路工程概、预算项目表

续表

项目	节	细目		工程或费用名称	单位	备 注
二	5	1	2	浆砌混凝土预制块边沟	m³/m	
			3	浆砌片石边沟	m³/m	
			4	浆砌块石边沟	m³/m	
				……		
		2		排水沟	处	按不同的材料、尺寸划分细目
			1	现浇混凝土排水沟	m³/m	
			2	浆砌混凝土预制块排水沟	m³/m	
			3	浆砌片石排水沟	m³/m	
			4	浆砌块石排水沟	m³/m	
				……		
		3		截水沟		按不同的材料、尺寸划分细目
			1	浆砌混凝土预制块截水沟	m³/m	
			2	浆砌片石截水沟	m³/m	
				……		
		4		急流槽	m³/m	按不同的材料、尺寸划分细目
			1	现浇混凝土急流槽	m³/m	
			2	浆砌片石急流槽	m³/m	
				……		
		5		暗沟	m³	按不同的材料、尺寸划分细目
				……		
		6		渗（盲）沟	m³/m	按不同的材料、尺寸划分细目
				……		
		7		排水管	m	按不同的材料、尺寸划分细目
				……		
		8		集水井	m³/个	按不同的材料、尺寸划分细目
				……		
		9		泄水槽	m³/个	按不同的材料、尺寸划分细目
				……		
	6			防护与加固工程	km	按不同的结构类型分节
		1		坡面植物防护	m²	按不同的材料划分细目
			1	播种草籽	m²	
			2	铺（植）草皮	m²	
			3	土工织物植草	m²	

续表

项目	目	节	细目	工程或费用名称	单位	备 注
二	6	1	4	植生袋植草	m²	
			5	液压喷播植草	m²	
			6	客土喷播植草	m²	
			7	喷混植草	m²	
				……		
		2		坡面圬工防护	m³/m²	按不同的材料和形式划分细目
			1	现浇混凝土护坡	m³/m²	
			2	预制块混凝土护坡	m³/m²	
			3	浆砌片石护坡	m³/m²	
			4	浆砌块石护坡	m³/m²	
			5	浆砌片石骨架护坡	m³/m²	
			6	浆砌片石护面墙	m³/m²	
			7	浆砌块石护面墙	m³/m²	
				……		
		3		坡面喷浆防护	m²	按不同的材料划分细目
			1	抹面、捶面护坡	m²	
			2	喷浆护坡	m²	
			3	喷射混凝土护坡	m³/m²	
				……		
		4		坡面加固	m²	按不同的材料划分细目
			1	预应力锚索	t/m	
			2	锚杆、锚钉	t/m	
			3	锚固板	m³	
				……		
		5		挡土墙	m³/m	按不同的材料和形式划分细目
			1	现浇混凝土挡土墙	m³/m	
			2	锚杆挡土墙	m³/m	
			3	锚碇板挡土墙	m³/m	
			4	加筋土挡土墙	m³/m	
			5	扶壁式、悬臂式挡土墙	m³/m	
			6	桩板墙	m³/m	
			7	浆砌片石挡土墙	m³/m	
			8	浆砌块石挡土墙	m³/m	

续表

项目	节	细目	工程或费用名称	单位	备 注
二	6	5			
		9	浆砌护肩墙	m³/m	
		10	浆砌（干砌）护脚	m³/m	
			……		
		6	抗滑桩	m³	按不同的规格划分细目
			……		
		7	冲刷防护	m³	按不同的材料和形式划分细目
		1	浆砌片石河床铺砌	m³	
		2	导流坝	m³/处	
		3	驳岸	m³/m	
		4	石笼	m³/处	
			……		
		8	其他工程	km	根据具体情况划分细目
			……		
三			路面工程	km	
	1		路面垫层	m²	按不同的材料分节
		1	碎石垫层	m²	按不同的厚度划分细目
		2	砂砾垫层	m²	按不同的厚度划分细目
			……		
	2		路面底基层	m²	按不同的材料分节
		1	石灰稳定类底基层	m²	按不同的厚度划分细目
		2	水泥稳定类底基层	m²	按不同的厚度划分细目
		3	石灰粉煤灰稳定类底基层	m²	按不同的厚度划分细目
		4	级配碎（砾）石底基层	m²	按不同的厚度划分细目
			……		
	3		路面基层	m²	按不同的材料分节
		1	石灰稳定类基层	m²	按不同的厚度划分细目
		2	水泥稳定类基层	m²	按不同的厚度划分细目
		3	石灰粉煤灰稳定类基层	m²	按不同的厚度划分细目
		4	级配碎（砾）石底基层	m²	按不同的厚度划分细目
		5	水泥混凝土基层	m²	按不同的厚度划分细目
		6	沥青碎石混合料基层	m²	按不同的厚度划分细目
			……		
	4		透层、黏层、封层	m²	按不同的形式分节

续表

项目	节	细目		工程或费用名称	单位	备 注
三	4	1		透层	m²	
		2		黏层	m²	
		3		封层	m²	按不同的材料划分细目
			1	沥青表处封层	m²	
			2	稀浆封层	m²	
				……		
			4	单面烧毛纤维土工布	m²	
			5	玻璃纤维格栅	m²	
				……		
	5			沥青混凝土面层	m²	指上面层面积
		1		粗粒式沥青混凝土面层	m²	按不同的厚度划分细目
		2		中粒式沥青混凝土面层	m²	按不同的厚度划分细目
		3		细粒式沥青混凝土面层	m²	按不同的厚度划分细目
		4		改性沥青混凝土面层	m²	按不同的厚度划分细目
		5		沥青玛琋脂碎石混合料面层	m²	按不同的厚度划分细目
				……		
	6			水泥混凝土面层	m²	按不同的材料分节
		1		水泥混凝土面层	m²	按不同的厚度划分细目
		2		连续配筋混凝土面层	m²	按不同的厚度划分细目
		3		钢筋	t	
	7			其他面层	m²	按不同的类型分节
		1		沥青表面处治面层	m²	按不同的厚度划分细目
		2		沥青贯入式面层	m²	按不同的厚度划分细目
		3		沥青上拌下贯式面层	m²	按不同的厚度划分细目
		4		泥结碎石面层	m²	按不同的厚度划分细目
		5		级配碎（砾）石面层	m²	按不同的厚度划分细目
		6		天然砂砾面层	m²	按不同的厚度划分细目
				……		
	8			路槽、路肩及中央分隔带	km	
		1		挖路槽	m²	按不同的土质划分细目
			1	土质路槽	m²	
			2	石质路槽	m²	
		2		培路肩	m²	按不同的厚度划分细目

续表

项目	目	节	细目		工程或费用名称	单位	备 注
三	8	3			土路肩加固	m²	按不同的加固方式划分细目
			1		现浇混凝土	m²	
			2		铺砌混凝土预制块	m²	
			3		浆砌片石	m²	
					……		
			4		中央分隔带回填土	m³	
			5		路缘石	m³	按现浇和预制安装划分细目
					……		
		9			路面排水	km	按不同的类型分节
			1		拦水带	m	按不同的材料划分细目
				1	沥青混凝土	m	
				2	水泥混凝土	m	
			2		排水沟	m	按不同的类型划分细目
				1	路肩排水沟	m	
				2	中央分隔带排水沟	m	
					……		
			3		排水管	m	按不同的类型划分细目
				1	纵向排水管	m	
				2	横向排水管	m/道	
					……		
			4		集水井	m³/个	按不同的规格划分细目
					……		
四					桥梁涵洞工程	km	指桥梁长度
	1				漫水工程	m/处	
			1		过水路面	m/处	
			2		混合式过水路面	m/处	
	2				涵洞工程	m/道	按不同的结构类型分节
			1		钢筋混凝土管涵	m/道	按管径和单孔、双孔划分细目
				1	1—φ1.0m 圆管涵	m/道	
				2	1—φ1.5m 圆管涵	m/道	
				3	倒虹吸管	m/道	
					……		
			2		盖板涵	m/道	按不同的材料和涵径划分细目

续表

项目	目	节	细目	工程或费用名称	单位	备注
四	2	2	1	2.0m×2.0m 石盖板涵	m/道	
			2	2.0m×2.0m 钢筋混凝土盖板涵	m/道	
				……		
		3		箱涵	m/道	按不同的涵径划分细目
			1	4.0m×4.0m 钢筋混凝土箱涵	m/道	
				……		
		4		拱涵	m/道	按不同的材料和涵径划分细目
			1	4.0m×4.0m 石拱涵	m/道	
			2	4.0m×4.0m 钢筋混凝土拱涵	m/道	
				……		
	3			小桥工程	m/座	按不同的结构类型分节
		1		石拱桥	m/座	按不同的跨径划分细目
		2		钢筋混凝土矩形板桥	m/座	按不同的跨径划分细目
		3		钢筋混凝土空心板桥	m/座	按不同的跨径划分细目
		4		钢筋混凝土T形梁桥	m/座	按不同的跨径划分细目
		5		预应力混凝土空心板桥	m/座	按不同的跨径划分细目
				……		
	4			中桥工程	m/座	按不同的结构类型或桥名分节
		1		钢筋混凝土空心板桥	m/座	按不同的跨径或工程部位划分细目
		2		钢筋混凝土T形梁桥	m/座	按不同的跨径或工程部位划分细目
		3		钢筋混凝土拱桥	m/座	按不同的跨径或工程部位划分细目
		4		预应力混凝土空心板桥	m/座	按不同的跨径或工程部位划分细目
				……		
	5			大桥工程	m/座	按桥名或不同的工程部位分节
		1		××大桥	m²/m	按不同的工程部位划分细目
			1	天然基础	m³	
			2	桩基础	m³	
			3	沉井基础	m³	
			4	桥台	m³	
			5	桥墩	m³	
			6	上部构造	m³	注明上部构造跨径组成及结构形式
				……		

附录五　公路工程概、预算项目表

续表

项目	节	细目		工程或费用名称	单位	备　注
四	5	2		……	m²/m	
	6			××特大桥工程	m²/m	按桥名分目，按不同的工程部位分节
		1		基础	m²/座	按不同的形式划分细目
			1	天然基础	m³	
			2	桩基础	m³	
			3	沉井基础	m³	
			4	承台	m³	
				……		
		2		下部构造	m³/座	按不同的形式划分细目
			1	桥台	m³	
			2	桥墩	m³	
			3	索塔	m³	
				……		
		3		上部构造	m³	按不同的形式划分细目，并注明其跨径组成
			1	预应力混凝土空心板	m³	
			2	预应力混凝土T形梁	m³	
			3	预应力混凝土连续梁	m³	
			4	预应力混凝土连续刚构	m³	
			5	钢管拱桥	m³	
			6	钢箱梁	t	
			7	斜拉索	t	
			8	主缆	t	
			9	预应力钢材	t	
				……		
		4		桥梁支座	个	按不同规格划分细目
			1	矩形板式橡胶支座	dm³	
			2	圆形板式橡胶支座	dm³	
			3	矩形四氟板式橡胶支座	dm³	
			4	圆形四氟板式橡胶支座	dm³	
			5	盆式橡胶支座	个	
				……		
		5		桥梁伸缩缝	m	指伸缩缝长度，按不同规格划分细目
			1	橡胶伸缩装置	m	

续表

项目	节	细目	工程或费用名称	单位	备注
四	6	5	2 模数式伸缩装置	m	
			3 填充式伸缩装置	m	
			……		
		6	桥面铺装	m³	按不同的材料划分细目
			1 沥青混凝土桥面铺装	m³	
			2 水泥混凝土桥面铺装	m³	
			3 水泥混凝土垫平层	m³	
			4 防水层	m²	
			……		
		7	人行道系	m	指桥梁长度，按不同的类型划分细目
			1 人行道及栏杆	m³/m	
			2 桥梁钢防撞护栏	m	
			3 桥梁波形梁护栏	m	
			4 桥梁水泥混凝土防撞墙	m	
			5 桥梁防护网	m	
			……		
		8	其他工程	m	指桥梁长度，按不同类型划分细目
			1 看桥房及岗亭	座	
			2 砌筑工程	m³	
			3 混凝土构件装饰	m²	
			……		
五			交叉工程	处	按不同的交叉形式分目
	1		平面交叉道	处	按不同的类型分节
			1 公路与铁路平面交叉	处	
			2 公路与公路平面交叉	处	
			3 公路与大车道平面交叉	处	
			……		
	2		通道	m/处	按结构类型分节
			1 钢筋混凝土箱式通道	m/处	
			2 钢筋混凝土板式通道	m/处	
			……		
	3		人行天桥	m/处	
			1 钢结构人行天桥	m/处	

续表

项目	目	节	细目		工程或费用名称	单位	备注
五	3		2		钢筋混凝土结构人行天桥	m/处	
	4				渡槽	m/处	按结构类型分节
			1		钢筋混凝土渡槽	m/处	
			2		……		
	5				分离式立体交叉	处	按交叉名称分节
		1			××分离式立体交叉	处	按不同的工程内容划分细目
			1		路基土石方	m³	
			2		路基排水防护	m³	
			3		特殊路基处理	km	
			4		路面	m²	
			5		涵洞及通道	m³/m	
			6		桥梁	m²/m	
					……		
		2			……		
	6				××互通式立体交叉	处	按互通名称分目（注明其类型），按不同的分部工程分节
			1		路基土石方	m³/km	
				1	清理与掘除	m²	
				2	挖土方	m³	
				3	挖石方	m³	
				4	挖非适用材料	m³	
				5	弃方运输	m³	
				6	换填土	m³	
				7	利用土方填筑	m³	
				8	借土方填筑	m³	
				9	利用石方填筑	m³	
				10	结构物台背回填	m³	
			2		特殊路基处理	km	
				1	特殊路基垫层	m³	
				2	预压与超载预压	m²	
				3	袋装砂井	m	
				4	塑料排水板	m	
				5	粉喷桩与旋喷桩	m	
				6	碎石桩	m	

续表

项目	目	节	细目	工程或费用名称	单位	备注
五	6	2	7	砂桩	m	
			8	土工布	m²	
			9	土工格栅	m²	
			10	土工格室	m²	
				……		
		3		排水工程	m³	
			1	混凝土边沟、排水沟	m³/m	
			2	砌石边沟、排水沟	m³/m	
			3	现浇混凝土急流槽	m³/m	
			4	浆砌片石急流槽	m³/m	
			5	暗沟	m³	
			6	渗（盲）沟	m³/m	
			7	拦水带	m	
			8	排水管	m	
			9	集水井	m³/个	
				……		
		4		防护工程	m³	
			1	播种草籽	m²	
			2	铺（植）草皮	m²	
			3	土工织物植草	m²	
			4	植生袋植草	m²	
			5	液压喷播植草	m²	
			6	客土喷播植草	m²	
			7	喷混植草	m²	
			8	现浇混凝土护坡	m³/m²	
			9	预制块混凝土护坡	m³/m²	
			10	浆砌片石护坡	m³/m²	
			11	浆砌块石护坡	m³/m²	
			12	浆砌片石骨架护坡	m³/m²	
			13	浆砌片石护面墙	m³/m²	
			14	浆砌块石护面墙	m³/m²	
			15	喷射混凝土护坡	m³/m²	
			16	现浇混凝土挡土墙	m³/m	

项目	目	节	细目	工程或费用名称	单位	备注
五	6	4	17	加筋土挡土墙	m³/m	
			18	浆砌片石挡土墙	m³/m	
			19	浆砌块石挡土墙	m³/m	
				……		
		5		路面工程	m²	
			1	碎石垫层	m²	
			2	砂砾垫层	m²	
			3	石灰稳定类底基层	m²	
			4	水泥稳定类底基层	m²	
			5	石灰粉煤灰稳定类底基层	m²	
			6	级配碎（砾）石底基层	m²	
			7	石灰稳定类基层	m²	
			8	水泥稳定类基层	m²	
			9	石灰粉煤灰稳定类基层	m²	
			10	级配碎（砾）石基层	m²	
			11	水泥混凝土基层	m²	
			12	透层、黏层、封层	m²	
			13	沥青混凝土面层	m²	
			14	改性沥青混凝土面层	m²	
			15	沥青玛琋脂碎石混合料面层	m²	
			16	水泥混凝土面层	m²	
			17	中央分隔带回填土	m³	
			18	路缘石	m³	
				……		
		6		涵洞工程	m/道	
			1	钢筋混凝土管涵	m/道	
			2	倒虹吸管	m/道	
			3	盖板涵	m/道	
			4	箱涵	m/道	
			5	拱涵	m/道	
		7		桥梁工程	m²/m	
			1	天然基础	m³	
			2	桩基础	m³	

续表

项目	节	细目	工程或费用名称	单位	备 注
五	6	7	3	沉井基础	m³	
			4	桥台	m³	
			5	桥墩	m³	
			6	上部构造	m³	
				……		
		8		通道	m/处	
六				隧道工程	km/座	按隧道名称分目，并注明其形式
	1			××隧道	m	按明洞、洞门、洞身开挖、衬砌等分节
		1		洞门及明洞开挖	m³	
			1	挖土方	m³	
			2	挖石方	m³	
				……		
		2		洞门及明洞修筑	m³	
			1	洞门建筑	m³/座	
			2	明洞衬砌	m³/m	
			3	遮光棚（板）	m³/m	
			4	洞口坡面防护	m³	
			5	明洞回填	m³	
				……		
		3		洞身开挖	m³/m	
			1	挖土石方	m³	
			2	注浆小导管	m	
			3	管棚	m	
			4	锚杆	m	
			5	钢拱架（支撑）	t/榀	
			6	喷射混凝土	m³	
			7	钢筋网	t	
				……		
		4		洞身衬砌	m³	
			1	现浇混凝土	m³	
			2	仰拱混凝土	m³	
			3	管、沟混凝土	m³	
				……		

附录五 公路工程概、预算项目表

续表

项目	目	节	细目	工程或费用名称	单位	备 注
六	1	5		防水与排水	m³	
			1	防水板	m²	
			2	止水带、条	m	
			3	压浆	m³	
			4	排水管	m	
				……		
		6		洞内路面	m²	按不同的路面结构和厚度划分细目
			1	水泥混凝土路面	m²	
			2	沥青混凝土路面	m²	
				……		
		7		通风设施	m	按不同的设施划分细目
			1	通风机安装	台	
			2	风机启动柜洞门	个	
				……		
		8		消防设施	m	按不同的设施划分细目
			1	消防室洞门	个	
			2	通道防火闸门	个	
			3	蓄（集）水池	座	
			4	喷防火涂料	m²	
				……		
		9		照明设施	m	按不同的设施划分细目
			1	照明灯具	m	
				……		
		10		供电设施	m	按不同的设施划分细目
		11		其他工程	m	按不同的内容划分细目
			1	卷帘门	个	
			2	检修门	个	
			3	洞身及洞门装饰	m²	
				……		
	2			××隧道	m	
七				公路设施及预埋管线工程	公路公里	
	1			安全设施	公路公里	按不同的设施分节
			1	石砌护栏	m³/m	

续表

项目	目	节	细目	工程或费用名称	单位	备注
七	1		2	钢筋混凝土防撞护栏	m³/m	
			3	波形钢板护栏	m	按不同的形式划分细目
			4	隔离栅	km	按不同的材料划分细目
			5	防护网	km	
			6	公路标线	km	按不同的类型划分细目
			7	轮廓标	根	
			8	防眩板	m	
			9	钢筋混凝土护柱	根/m	
			10	里程碑、百米桩、公路界碑	块	
			11	各类标志牌	块	按不同的规格和材料划分细目
			12	……		
		2		服务设施	公路公里	按不同的设施分节
			1	服务区	处	按不同的内容划分细目
			2	停车区	处	按不同的内容划分细目
			3	公共汽车停靠站	处	按不同的内容划分细目
		3		管理、养护设施	公路公里	按不同的设施分节
			1	收费系统设施	处	按不同的内容划分细目
				1 设备安装	公路公里	
				2 收费亭	个	
				3 收费天棚	m²	
				4 收费岛	个	
				5 通道	m/道	
				6 预埋管线	m	
				7 架设管线	m	
				……		
			2	通信系统设施	公路公里	按不同的内容划分细目
				1 设备安装	公路公里	
				2 管道工程	m	
				3 人（手）孔	个	
				4 紧急电话平台	个	
				……		
			3	监控系统设施	公路公里	按不同的内容划分细目
				1 设备安装	公路公里	

续表

项	目	节	细目	工程或费用名称	单位	备注
七	3	3	2	光（电）缆敷设	km	
				……		
		4		供电、照明系统设施	公路公里	按不同的内容划分细目
			1	设备安装	公路公里	
				……		
		5		养护工区	处	按不同的内容划分细目
			1	区内道路	km	
				……		
	4			其他工程	公路公里	
			1	悬出路台	m/处	
			2	渡口码头	处	
			3	辅道工程	km	
			4	支线工程	km	
			5	公路交工前养护费	km	按附录一（略）计算
八	1			绿化及环境保护工程	公路公里	
				撒播草种和铺植草皮	m²	按不同的内容分节
			1	撒播草种	m²	按不同的内容划分细目
			2	铺植草皮	m²	按不同的内容划分细目
			3	绿地喷灌管道	m	按不同的内容划分细目
		2		种植乔木、灌木	株	按不同的内容分节
			1	种植乔木	株	按不同的树种划分细目
			1	高山榕	株	
			2	美人蕉	株	
				……		
			2	种植灌木	株	按不同的树种划分细目
			1	夹竹桃	株	
			2	月季	株	
				……		
			3	种植攀缘植物	株	按不同的树种划分细目
			1	爬山虎	株	
			2	葛藤	株	
				……		
			4	种植竹类植物	株	按不同的内容划分细目

续表

项	目	节	细目	工程或费用名称	单位	备注
八	2	5		种植棕榈类植物	株	按不同的内容划分细目
		6		栽植绿篱	m	
		7		栽植绿色带	m²	
	3			声屏障	m	按不同的类型分节
		1		消声板声屏障	m	
		2		吸音砖声屏障	m³	
		3		砖墙声屏障	m³	
				……		
	4			污水处理	处	按不同的内容分节
	5			取土、弃土场防护	m³	按不同的内容分节
				……		
九				管理、养护及服务房屋	m²	
	1			管理房屋	m²	
		1		收费站	m²	
		2		管理站	m²	
		3		……		
	2			养护房屋	m²	按房屋名称分节
		1		……		
	3			服务房屋	m²	按房屋名称分节
		1		……		
				第二部分 设备及工具、器具购置费	公路公里	
一				设备购置费	公路公里	
	1			需安装的设备	公路公里	
		1		监控系统设备	公路公里	按不同设备分别计算
		2		通信系统设备	公路公里	按不同设备分别计算
		3		收费系统设备	公路公里	按不同设备分别计算
		4		供电照明系统设备	公路公里	按不同设备分别计算
	2			不需安装的设备	公路公里	
		1		监控系统设备	公路公里	按不同设备分别计算
		2		通信系统设备	公路公里	按不同设备分别计算
		3		收费系统设备	公路公里	按不同设备分别计算
		4		供电照明系统设备	公路公里	按不同设备分别计算
		5		养护设备	公路公里	按不同设备分别计算
二				工具、器具购置	公路公里	
三				办公及生活用家具购置	公路公里	
				第三部分 工程建设其他费用	公路公里	
一				土地征用及拆迁补偿费	公路公里	

附录五　公路工程概、预算项目表

续表

项目	目	节	细目	工程或费用名称	单位	备注
二				建设项目管理费	公路公里	
	1			建设单位（业主）管理费	公路公里	
	2			工程质量监督费	公路公里	
	3			工程监理费	公路公里	
	4			工程定额测定费	公路公里	
	5			设计文件审查费	公路公里	
	6			竣（交）工验收试验检测费	公路公里	
三				研究试验费	公路公里	
四				建设项目前期工作费	公路公里	
五				专项评价（估）费	公路公里	
六				施工机构迁移费	公路公里	
七				供电贴费	公路公里	
八				联合试运转费	公路公里	
九				生产人员培训费	公路公里	
十				固定资产投资方向调节税	公路公里	
十一				建设期贷款利息	公路公里	
				第一、二、三部分费用合计	公路公里	
				预备费	元	
				1. 价差预备费	元	
				2. 基本预备费	元	预算实行包干时列系数包干费
				概（预）算总金额	元	
				其中：回收金额	元	
				公路基本造价	公路公里	

301

参 考 文 献

［1］ 严玲，尹贻林．工程计价学［M］．北京：机械工业出版社，2006．
［2］ JTG/T B06—01—2007 公路工程概算定额．北京：人民交通出版社，2007．
［3］ JTG/T B06—02—2007 公路工程预算定额．北京：人民交通出版社，2007．
［4］ JTG/T B06—03—2007 公路工程机械台班费用定额．北京：人民交通出版社，2007．
［5］ 交通部公路工程定额站．公路工程施工定额［M］．北京：人民交通出版社，1997．
［6］ JTG B06—2007 公路工程基本建设项目概算预算编制办法．北京：人民交通出版社，2007．
［7］ 田国锋．市政工程施工组织管理与概预算［M］．北京：中国环境科学出版社，2000．
［8］ 邢凤岐．公路工程投资估算与概、预算编制示例［M］．北京：人民交通出版社，1998．
［9］ 张起森．公路施工组织及概预算［M］．2 版．北京：人民交通出版社，1999．
［10］ 沈其明．公路工程概预算手册［M］．北京：人民交通出版社，2004．
［11］ 顾众．公路工程定额指标及编制办法示例和投资造价实务全书［M］．北京：中国物价出版社，1997．
［12］ 陆其春．公路工程造价［M］．2 版．北京：人民交通出版社，2007．
［13］ 张国栋．公路工程预算定额应用释义手册［M］．北京：人民交通出版社，2002．
［14］ 交通部公路工程定额站、湖南省交通建设造价管理站等．公路工程工程量清单计量规则［M］．北京：人民交通出版社，2004．
［15］ 米永胜，等．公路施工组织与概预算［M］．北京：机械工业出版社，2005．
［16］ 马敬坤．公路施工组织设计［M］．北京：人民交通出版社，2003．
［17］ 崔艳梅．公路施工组织与概预算［M］．济南：山东大学出版社，2005．
［18］ 廖品槐，刘武．公路工程监理［M］．北京：机械工业出版社，2005．
［19］ 廖正环．公路施工技术与管理［M］．北京：人民交通出版社．2006．
［20］ 叶加冕．道路工程施工组织与管理［M］．北京：科学出版社，2005．
［21］ 李继业．建筑施工组织与管理［M］．北京：科学出版社 2001．
［22］ 罗娜．工程进度控制［M］．2 版．北京：人民交通出版社，2007．
［23］ 丛培经．实用工程项目管理手册［M］．北京：中国建筑工业出版社，2005．
［24］ 本书编写组．建筑施工手册［M］．北京：中国建筑工业出版社，1999．
［25］ 文德云．公路工程建设招标与投标［M］．北京：人民交通出版社，2002．
［26］ 交通部公路工程定额站，湖南省交通厅交通建设造价管理站．公路工程施工招投标与计量［M］．北京：人民交通出版社，2007．
［27］ 周小安，齐永生．公路工程费用控制［M］．北京：人民交通出版社，2007．
［28］ 袁剑波．工程费用监理［M］．2 版．北京：人民交通出版社，2007．
［29］ 交通部．公路工程标准施工招标文件［M］．北京：人民交通出版社，2009．
［30］ 宾雪峰．公路工程造价编制与案例分析［M］．北京：人民交通出版社，2012．